Michael Jäckel

Einführung in die Konsumsoziologie

Michael Jäckel

Einführung in die Konsumsoziologie

Fragestellungen – Kontroversen – Beispieltexte

4., durchgesehene und aktualisierte Auflage

VS VERLAG

Bibliografische Information der Deutschen Nationalbibliothek
Die Deutsche Nationalbibliothek verzeichnet diese Publikation in der Deutschen Nationalbibliografie; detaillierte bibliografische Daten sind im Internet über <http://dnb.d-nb.de> abrufbar.

1. Auflage 2004
2., überarbeitete und erweiterte Auflage 2006
3., überarbeitete und erweiterte Auflage 2010
4., durchgesehene und aktualisierte Auflage 2011

Lektorat: Frank Engelhardt | Cori Mackrodt

VS Verlag für Sozialwissenschaften ist eine Marke von Springer Fachmedien.
Springer Fachmedien ist Teil der Fachverlagsgruppe Springer Science+Business Media.
www.vs-verlag.de

Umschlaggestaltung: KünkelLopka Medienentwicklung, Heidelberg
Druck und buchbinderische Verarbeitung: Ten Brink, Meppel
Gedruckt auf säurefreiem und chlorfrei gebleichtem Papier
Printed in the Netherlands

ISBN 978-3-531-18014-4

Meinen Geschwistern

Inhalt

Verzeichnis der Abbildungen

Vorwort zur vierten Auflage

Nachdem die dritte Auflage innerhalb weniger Monate vergriffen war, wurde das vorliegende Lehrbuch kurzfristig für die vierte Auflage komplett durchgesehen, überarbeitet und aktualisiert.

Das Gesamtkonzept ist weitgehend beibehalten worden. An dieser Stelle geht mein Dank daher nochmals an alle, die an der ersten und zweiten Auflage mitgewirkt haben. Insbesondere Dr. Thomas Lenz und Dipl.-Soz. Thomas Grund sind hier zu nennen. An der aktuellen Auflage hat vor allem Gerrit Fröhlich mitgearbeitet, ergänzend auch Philipp Sischka und Fabian Strauß sowie Marc Elfert. Ihre Recherchen und Vorschläge waren sehr hilfreich. Für die formale Gestaltung des Buches danke ich vor allem Anne Beßlich.

Den Leserinnen und Lesern der bisherigen Auflagen danke ich für ihr Interesse an diesem Thema und hoffe, dass auch die neue Fassung dem Themengebiet in kompakter Form gerecht wird.

Trier, im Juni 2011 Michael Jäckel

Einleitung

Einführung in die Konsumsoziologie – Aufbau und Zielsetzung des Buches

„Jetzt ist alles aus den Fugen. Die Übereinstimmung ist dahin, und mit ihr das richtige Maß, die Schönheit." (Diderot 1993 [zuerst 1772], S. 5) Denis Diderots (1713-1784) Klage über die Folgen einer Entscheidung, die eine einst zufriedenstellende Komposition von Gegenständen in Unordnung bringt, gilt als eine frühe Kritik des Konsums. Sein Essay „Gründe, meinem alten Hausrock nachzutrauern, oder: Eine Warnung an alle, die mehr Geschmack als Geld haben" erschien im Jahr 1772, also zu einer Zeit, die allenfalls partielle Erscheinungen des Überflusses kannte und nur gelegentlich eine „poverty of affluence" (Wachtel 1983) beklagen musste. Der Essay beschreibt die Konsequenzen eines Verzichts auf Gewohnheiten, jenes Unbehagen, das heute noch den modernen Konsumenten ereilt, wenn er – von wem auch immer – dazu gedrängt wird, einen bequemen Pullover oder eine bequeme Hose einem zunächst weniger schmiegsamen Kleidungsstück zu opfern. Die Dringlichkeit eines Bedarfs hat somit nicht erst die Menschen in der aufkommenden Konsumgesellschaft beschäftigt. Diderot beschreibt aber auch eine psychologische Grundhaltung, die im Sinne einer Konsumkontrolle wirkt, und dies in einem doppelten Sinne: Die Internalisierung dieser Kontrolle begrenzt den Konsum, und die Entscheidung für neue Dinge bringt eine vorhandene Ordnung in Bewegung, deren Konsistenz wiederhergestellt werden muss. McCracken spricht sogar von einem „Diderot Effect" und von „Diderot Unities" (McCracken 1988, S. 118ff.). Somit kann auch für den Konsum eine "Ordnung der Dinge" angenommen werden. Mit Claude Lévi-Strauss betrachtet enthält auch ein Ensemble von Gütern ein Regelwerk, eine Struktur. Auch Jean Baudrillard macht deutlich, dass es um jene Vorgänge geht, „die zwischen

Menschen und Gegenständen Beziehungen stiften, und um jene dadurch sich ergebende Systematik der menschlichen Verhaltensweisen und Verhältnisse." (Baudrillard 1991, S. 11) In einer neueren Arbeit kommt Daniel Miller, der die Einwohner einer Straße in London zu den Gegenständen in ihren Haushalten befragt hat, zu dem Schluss, „daß sich in der auf Haushaltsebene zu beobachtenden Dingkultur ein Ordnungssystem widerspiegelt, das sich in nichts von der Kosmologie der Gesellschaft unterscheidet, sondern wie diese Dinge, Werte und Beziehungen zu einem mehr oder weniger kohärenten Ganzen zusammenfaßt.“ (Miller 2010, S. 217)

Obwohl somit bereits der Blick auf die historische Entwicklung der Konsumgesellschaft aufschlussreiche Beobachtungen mit sich bringen kann, ist die Beschäftigung mit den alltäglichen und weniger alltäglichen Formen des Ge- und Verbrauchs von Konsumgütern erst in den letzten zwei Jahrzehnten vermehrt in Angriff genommen worden (vgl. Siegrist u. a. 1997 sowie Haupt/Torp 2009). Zum Stand der Konsumsoziologie veröffentlichte Wiswede im Jahr 2000 einen Beitrag, den er „Konsumsoziologie – Eine vergessene Disziplin“ überschrieb. Der Autor stellt darin fest, dass die „soziologisch orientierte Konsumforschung [...] außerordentlich zersplittert, merkwürdig unterentwickelt und überdies in starkem Maße sozialkritisch geprägt [ist].“ Zudem habe sich die Soziologie „erst relativ spät und nicht entschieden genug mit empirisch-theoretischem Bezug“ (Wiswede 2000, S. 26) dem Thema „Konsum“ gewidmet. Angesichts des hohen öffentlichen Stellenwerts dieser Fragen für Wohlstandsgesellschaften mag auch diese Einschätzung überraschen (siehe insb. den Consumer Society Reader von Lee 2000).

Von einer vergessenen Disziplin zu sprechen, kann zugleich implizieren, dass das Thema nur beiläufig behandelt oder anderen Wissenschaftsbereichen überlassen wurde. „Consumer Behavior“ ist beispielsweise innerhalb der Marketingforschung eine feste Größe (vgl. Solomon 2009, Wells/Prensky 1996). Eine Durchsicht der Kapitel in entsprechenden Lehrbüchern zeigt, dass hier auf soziologisches Basiswissen Bezug genommen wird. Die geringe Beachtung des Themas „Konsum“ müsste demzufolge ihre Ursache eher innerhalb der Disziplin Soziologie selbst suchen. Aber in Nachschlagewerken und Überblicksdarstellungen spezieller Soziologien fehlt in der Regel ein Kapitel, das sich mit dem Konsum auseinandersetzt, nicht. Ein Blick auf die soziologische Forschung der letzten 30 Jahre vermittelt eher den Eindruck, dass einer Phase allgemeiner Konsumkritik eine Phase speziellerer Darstellungen (insbesondere Anfang der 1970er Jahre) folgte. Eine Verlagerung des Themas in umfassendere soziologische Zeitdiagnosen ist insbesondere im Zuge einer Wiederbelebung der Individualisierungsdebatte in der Soziologie zu beobachten gewesen. In diesem Kontext ist häufig die Behauptung artikuliert worden, dass es zu einer durchgängigen Marktabhängigkeit aller Lebenslagen gekommen sei (siehe auch die Beiträge in Beckert u. a. 2007 sowie Schrage 2009). Der Hinweis auf die zunehmende Bedeutung des Konsums als identitätsstiftender Faktor sei für eine Vielzahl von Menschen evident geworden. Damit wird zugleich die Frage des Verbrauchs von Gütern und Dienstleistungen an darüber hinausgehende Funktionen gekoppelt. Hier liegt die eigentliche Relevanz der soziologischen Perspektive, weil über den Faktor Kaufkraft hinaus Konsumentscheidungen und Konsumverläufe im Sinne eines nicht nur individuell bestimmten Prozesses analysiert werden.

Die vorliegende Einführung möchte sich nicht in erster Linie mit Phänomenen der Gegenwart auseinandersetzen, sondern bewusst eine historisch angelegte Vorgehensweise zur Bestimmung der Merkmale so genannter Konsumgesellschaften praktizieren.

Selbstverständlich hat es Konsum zu allen Zeiten gegeben (vgl. den Überblick bei Wyrwa 1997, S. 747ff.). Weitgehende Einigkeit darf aber hinsichtlich der Auffassung unterstellt werden, dass dieser erst in einer Phase an Bedeutung gewann, als der Anteil der Fremdversorgung (und hier zeigt sich eben auch in signifikanter Weise Marktabhängigkeit) anstieg. Die Erforschung des Konsums zeigt in dieser Hinsicht auch deutliche Parallelen zu der Erforschung der Freizeit. Beide Bereiche – auch darauf wird im Laufe dieser Einführung hingewiesen – hängen eng miteinander zusammen. Ähnlich wie die Konsumsoziologie war eine Soziologie der Freizeit lange Zeit ein eher randständiges Thema innerhalb der Fachdisziplin. So konnte man im Jahr 1985 in einem Einführungsband zur Soziologie der Freizeit lesen: „Eine Geschichte der Freizeit muß erst noch geschrieben werden." (Tokarski/Schmitz-Scherzer 1985, S. 14) Auch für die Geschichtswissenschaft ist dieser Teil des Alltags kein zentraler Schwerpunkt gewesen. Zwei Zitate sollen diese Behauptung unterstreichen: In seiner Geschichte des Alltags des deutschen Volkes stellt Kuczynski fest: „Auch wird sooft nicht beachtet, daß es gewissermaßen zwei Arten von Klassenkämpfen gibt: die großen Schlachten und den alltäglichen Kampf." (1981, S. 13) Der englische Historiker Cunningham bemerkte in seinem Buch »Leisure in the industrial revolution«: "Ten years ago it would have been almost impossible to have written a book of this kind. With a few honourable exceptions, the history of leisure had been ignored by historians." (1980, S. 9)

Ein Grund für diese Nichtbeachtung mag durchaus darin zu finden sein, dass in dem Bedürfnis nach überschaubaren und generalisierbaren Entwicklungslinien den Detailanalysen traditionell eine geringere Aufmerksamkeit zuteil wird. Gleichwohl sind diese in Sammelbänden zur historischen Konsum- und Freizeitforschung nicht unterrepräsentiert (vgl. beispielsweise die Beiträge in Siegrist u.a. 1997 sowie Scheuch 1972). Aber auch bezüglich des Ernährungsverhaltens (vgl. den Überblick bei Barlösius 1999 und Prahl/Setzwein 1999) als Teilbereich der Konsumforschung stellten Teuteberg und Wiegelmann noch 1972 fest: „Die Geschichte der Nahrung in Deutschland ist noch nicht geschrieben. Darüber können auch einige Versuche zu Gesamtdarstellungen und eine Fülle von Einzelstudien nicht hinwegtäuschen. Sie erscheint auf weite Strecken hin sogar noch so dunkel, daß hier völlig unbegründete Vermutungen, ja naive Legenden wuchern können." (Teuteberg/ Wiegelmann 1972, S. 21)

Unter anderem die Forschungen der gerade genannten Autoren haben dazu beigetragen, dass die dunklen Flecken weniger geworden sind (siehe auch die Beiträge in Teuteberg 2004 und Freedman 2007). Überhaupt ist eine deutliche Belebung der historischen Konsumforschung zu beobachten (vgl. beispielsweise die umfangreiche Arbeit zur Geschichte der Konsumgesellschaft von König aus dem Jahr 2000, ergänzend König 2008 und Kleinschmidt 2008). Ebenso wenig fehlt es an Versuchen zur Systematisierung von Merkmalen, die eine Konsumgesellschaft auszeichnen. Brewer beispielsweise hat vorgeschlagen, die Konsumgesellschaft als ein Sozialsystem zu betrachten, das

1. ein reichhaltiges Warensortiment für „Verbraucher der meisten, wenn auch nicht aller sozialer Kategorien" bereitstellt,
2. über hochkomplizierte „Kommunikationssysteme [verfügt], die Waren mit Bedeutung versehen und das Bedürfnis nach ihnen wecken.",
3. Objektbereiche von Gegenständen herausbildet und für diese Regeln des Geschmacks, im weiteren Sinne Mode und Stil begründet,
4. Freizeit und Konsum höher bewertet als Arbeit und Produktion,
5. den Konsumenten zu einer zentralen Sozialfigur avancieren lässt und
6. zugleich eine „tiefe Ambivalenz, manchmal sogar offene Feindschaft gegenüber dem Phänomen des Konsums" (Brewer 1997, S. 52ff.) aufweist.

Während der Hinweis auf ein reichhaltiges Warenangebot eine eindeutige Bestimmung des Ursprungs der Konsumgesellschaft noch nicht zulässt (reichhaltig ist ein relativer Begriff), lenkt die Hervorhebung eines hochkomplizierten Kommunikationssystems die Aufmerksamkeit auf die Anfänge der Massenkommunikation im 19. Jahrhundert, insbesondere im Bereich der Reklame und Werbung. Für die neuere Konsumgeschichte unterscheidet daher Brewer drei Perioden: „Da ist zunächst die Zeitspanne von der Mitte des 19. Jahrhunderts bis in die 1920er Jahre. Es ist die Periode der aufkommenden Moderne, die Zeit der Arkaden und Warenhäuser, der Grammophone, Radios und Massenpresse." (1997, S. 59) Hier wird das Wechselverhältnis zwischen neuen Kommunikationssituationen und neuen Marktsituationen zumindest angedeutet. Die zweite Periode umfasst den Zeitraum von 1930 bis 1950. Diesen Zeitraum setzt er gleich mit der Debatte um die Massengesellschaft, die in Teilen eben auch eine Kontroverse um den aufkommenden Massenkonsum gewesen ist. Als dritte Periode schlägt er schließlich die Postmoderne vor. Dieser Vorschlag erscheint aber im Gesamtkontext dieser historisch ausgerichteten Perspektive als eine Einengung auf Orientierungsprobleme des Konsumenten; Orientierungsprobleme, die wiederum aus einer Dominanz der Bild- und Informationsübermittlung im Zeitalter des Fernsehens resultieren können.

Diese Verengung dürfte der vielfältigen Bedeutung des Konsums in heutigen Gesellschaften nicht gerecht werden. Als Kernbestandteil dieser Periodisierung aber zeigt sich, dass der Herausbildung von Märkten in verschiedenen Bereichen eine hohe Relevanz zugeschrieben wird. Diese Auffassung vertritt auch Prinz in einer historischen Analyse der Bedeutung von Konsumvereinen in Deutschland und England vor 1914. Für ihn ist die Annahme zentral, „daß zusammen mit Industrialisierung und Klassenbildung die Kommerzialisierung der Grundbedürfnisse zum inneren Kern jenes tiefgreifenden sozialen Wandels gehört, den die europäischen Gesellschaften zwischen dem ausgehenden 18. Jahrhundert und dem Ersten Weltkrieg durchliefen. Erstmals in der Geschichte wurden für die große Mehrheit der Bevölkerung die, wie es zeitgenössisch in charakteristischer Ineinssetzung von Bedarf und Erfüllung hieß, unverzichtbaren »Lebens-Bedürfnisse« auf Märkten verhandelt." (1996, S. 13) Somit wird die sachlich oder sozial vermittelte Teilhabe an neuartigen Formen des Konsums zu einem zentralen Merkmal von Konsumgesellschaften.

Der Weg in die Konsumgesellschaft ist ein Weg, dessen Anfänge durchaus bereits in der vorindustriellen Phase erkennbar wurden. Jonathan Swift war es beispielsweise, der Erkenntnisse der heutigen Diffusionsforschung vorwegnahm: „Opinions, like fashions always descending from those of quality to the middle sort, and thence to the vulgar, where at length they are dropt and vanish." (Swift 1966 [zuerst 1708], S. 27) Die aufkommende Industriegesellschaft wird im Verlauf des 19. Jahrhunderts durch ein wachsendes Abhängigkeitsverhältnis von Produktion und Konsum bestimmt, das schließlich immer markantere Wegmarken setzt (vgl. auch Stehr 2007, S. 9ff. sowie S. 180ff.).

Der Begriff Konsumgesellschaft ist eine Bezeichnung, die – wie im Falle vieler anderer Gesellschaftsetiketten - die Aufmerksamkeit auf bestimmte signifikante Beobachtungen lenken möchte. Diese herauszuarbeiten ist Aufgabe des ersten Kapitels, das einige Aspekte aus der Geschichte des Konsums mit dem Aufkommen modernerer Erscheinungsformen verknüpft. Dazu gehört auch eine kurze Darstellung früher und modernerer Formen der Konsumkritik. In einem zweiten Kapitel wird insbesondere der Frage von Bedürfnissen und deren Entstehung Rechnung getragen. In diesem Zusammenhang bleiben konsumkritische Stimmen ebenfalls nicht aus. Darauf aufbauend wird speziell den von Brewer bereits genannten Kommunikationssystemen Rechnung getragen, die für den Bereich des Konsums in engem Zusammenhang mit Techniken und Strategien der Werbung zu sehen sind. Aber eine solche Beschreibung und Analyse bliebe unvollständig, wenn nicht auch den Konsumorten und dem Wandel der Einkaufsstätten Beachtung geschenkt würde. Dazu gehört eine Darstellung der Entstehung von Waren- und Kaufhäusern, aber auch der in der jüngeren Vergangenheit verstärkt zu beobachtende Aufbau von Erlebniswelten. Eine im Kern konsumsoziologische Fragestellung wird schließlich in Kapitel 4 aufgegriffen, wenn das Konsumverhalten entscheidungstheoretisch unter besonderer Berücksichtigung des engeren (Familie, Bezugsgruppe) und des weiteren sozialen Kontexts (soziale Schichten, Milieus) erörtert wird. Zentrale Ergebnisse der neueren Lebensstil-Forschung finden hier ebenso Berücksichtigung. Das Geflecht von Angebot und Nachfrage kommt ohne dynamische Faktoren nicht aus, die sich insbesondere an der Ausbreitung von Neuerungen/ Innovationen illustrieren lässt. Auch eine Soziologie der Mode hat hier ihren Platz (Kapitel 5). Zu einer Positionsbestimmung des Konsums muss schließlich auch gehören, wie sich das Verhältnis von Anbietern und Nachfragern gewandelt hat. Begriffe wie Käufermarkt und Verkäufermarkt, Prosument und Selbstbedienungsgesellschaft beschreiben neue Relationen in diesem Handlungsfeld. Eine signifikante Veränderung wird durch eine veränderte Preissensibilität verstärkt: die Ausweitung des Discount-Sektors. Damit in Verbindung steht unweigerlich auch der vermehrte Einsatz von Informations- und Kommunikationstechnologien für Kaufentscheidungen. Damit wird abschließend der Blick in die Zukunft gerichtet, ein Anliegen, das sich im letzten Jahrzehnt selbst einen Markt geschaffen hat. Trendforschung ist zu einer Zeit populär geworden, als die Rationalität des Verbrauchers zunehmend in Frage gestellt wurde. Die häufige Betonung der Unkalkulierbarkeit des Verbrauchers wirft insofern viele Anschlussfragen auf, beispielsweise, ob die behauptete Unberechenbarkeit an der Vielzahl der Möglichkeiten liegt, einem Verdruss über die Vielzahl der Möglichkeiten zuzuschreiben ist oder für ein neues Knappheitsbewusstsein steht (Kapitel 6). Das Schlusskapitel ist für diese Auflage neu konzipiert worden und widmet sich in thesenartiger Form der näheren Zukunft des Konsums.

Der Buchaufbau ist wie folgt gestaltet: Jedes Kapitel beginnt mit einer einführenden Darstellung, die durch Abbildungen und markante Kommentare ergänzt wird. Am Anfang steht meist eine Anekdote oder amüsante Begebenheit, die auf die nachfolgende Thematik einstimmt. An manchen Stellen sind Textbausteine zur besseren Verdeutlichung in den Fließtext eingebettet und mit dem Symbol 🗎 kenntlich gemacht. Darüber hinaus werden jedem Kapitel Originalbeiträge (Beispieltexte) hinzugefügt, die bestimmte Aspekte vertiefend darstellen, gleichzeitig aber auch zur weiteren Lektüre anregen sollen. Das Symbol 🗐 verweist auf diese Ergänzungen. Diesem Anliegen dienen auch die Lektüreempfehlungen, die mit dem Symbol 🕮 gekennzeichnet sind. Ein Sachregister mit zentralen Begriffen soll das Finden zentraler Informationen erleichtern helfen.

Die Beispieltexte wurden wie folgt bearbeitet:

- Hinweise auf weitere Literatur, die in der Textpassage auftauchen, wurden weitgehend weggelassen.
- Nur in Ausnahmefällen wurde der Fußnotenbereich mit abgedruckt.
- Auslassungen im Text wurden mit [...] gekennzeichnet.
- Formatierungen wie kursiv/fett etc. wurden in der Regel nicht übernommen.

Kapitel 1 Konsumgesellschaft und Konsumkritik. Ein historischer Aufriss

1.1 „... wir gemeine Leut.“ Vorbemerkungen zu Konsum und Besitz

In Georg Büchners Drama „Woyzeck“ behauptet die gleichnamige Hauptfigur von sich selbst, sie sei „ein armer Kerl“. So arm, dass – käme er in den Himmel – er dort noch donnern helfen müsse. Das jedenfalls erklärt Woyzeck dem Hauptmann, den er, im Gegensatz zu sich selbst, für „tugendhaft“ hält. Woyzeck sagt: „Sehn Sie, wir gemeine Leut, das hat keine Tugend, es kommt einem nur so die Natur; aber wenn ich ein Herr wär und hätt ein Hut und eine Uhr und eine Anglaise und könnt vornehm reden, ich wollt schon tugendhaft sein.“ (Büchner 1925 [zuerst 1879], S. 7)

Hut, Uhr und „Anglaise“ sind für Woyzeck die äußerlich sichtbaren Zeichen der Überlegenheit des Hauptmanns. Es sind also, neben der Sprache, Gegenstände, die den Stand des „armen Kerls“ von dem des Hauptmanns abgrenzen. Hut und Uhr besitzen für Woyzeck (und man darf vermuten auch für den Hauptmann) mehr als nur ihren reinen Gebrauchswert. Sie symbolisieren die Zugehörigkeit zu einer bestimmten Schicht (vgl. Ruppert 1993, S. 14f.).

Um 1840, in der Zeit, in der Büchner den „Woyzeck“ schrieb, waren der Konsum und der Besitz bestimmter Alltagsgegenstände noch stark an Klasse und Stand gebunden. Die bürgerliche Gesellschaft hatte die ständische noch längst nicht verdrängt, von einem „demokratisierten Konsum“ war man weit entfernt. Während der Adel sich ausschließlich durch den Geburtsstand definierte, konnte der Bürger sich seinen Platz, zumindest theoretisch, durch eigene Anstrengung erwerben. Dazu musste er allerdings nicht nur strengen Anforderungen an Leistung,

Bildung und ökonomische Verhältnisse genügen, sondern sich auch einem straffen Regelwerk unterwerfen. Ein spezifisch „bürgerlicher" Habitus, eine entsprechende Sprache und Tugenden wie Ordnung, Fleiß, Reinlichkeit und Sparsamkeit, wurden vom Bürger erwartet. Mit der äußerlichen Demonstration bestimmter Werte grenzte sich das Bürgertum gegen die Masse der Arbeiter ab, denen „Hut" und „Uhr" und „Anglaise" verwehrt blieben. Besitz und Konsum markierten den Unterschied zwischen den „Hauptmännern" und den „Woyzecks" besonders deutlich. Wer zum Bürgertum gehören wollte, musste beispielsweise „buchstäblich eine reine Weste haben."

Abbildung 1.1 Tischecke

Quelle: Henri Fantin-Latour (1872)

Das weiße, gestärkte Oberhemd wurde zum Symbol eines ganzen Standes. Ebenso grenzten sich „white collar worker" von jenen mit den blauen Kragen ab. Es entstand ein riesiger Markt für Firmen, deren Mittel „nicht nur sauber, sondern rein" zu waschen versprachen. Im

Gleichschritt mit den Innovationen auf dem Wasch- und Bleichmittelmarkt verfeinerten sich auch die Reinlichkeitsstandards der bürgerlichen Schichten.

1.2 „... für den Bauch Europas." Ständegesellschaft und Konsum

Der Besitz und Gebrauch von bestimmten Alltagsdingen war in der Ständegesellschaft Ausdruck eines spezifischen Habitus. Gebrauchsgegenstände verwiesen auf die soziale Stellung und den Lebensstil ihres Besitzers. Während die unteren Schichten mit dem Besitz weniger und einfacher Alltagsgegenstände auskommen mussten, konnten Adel und Teile des Bürgertums ihre Stellung durch den Konsum vielfältiger und (teilweise) nutzloser Verbrauchsgüter nach außen sichtbar machen.

Als Mitglied eines höheren Standes verfügte man über durch Tradition und Recht sanktionierte monopolistische Zugangsmöglichkeiten zu spezifischen Lebenschancen. Die Mitglieder des höheren Standes waren aber auch zu einer alle Bereiche des Alltagsverhaltens umfassenden „standesgemäßen" Lebensführung verpflichtet. Dazu zählten nicht nur Regelungen des Verhaltens und der Sitte, sondern auch Vorschriften zur Kleidung und allgemein zum Konsum. Insgesamt galt für die Ständegesellschaft ein hoher Regulierungsgrad des Verhaltens, diese Regulierungsdichte erfasste alle Bereiche des Lebens. Beispielhaft sei auf Regelungen für Hochzeitsfeiern verwiesen, die genaue Vorgaben bezüglich der für höhere und niedere Stände vorbehaltenen Speisen und Getränke enthielten (vgl. hierzu auch Becher 1990, S. 72).

Eine sehr anschauliche Darstellung von Standesdifferenzen findet sich in Fernand Braudels „Sozialgeschichte des 15. bis 18. Jahrhunderts". Für die Geschichte der Menschheit stellt er darin fest, dass in monotoner Wiederholung der Anbau und Konsum einfacher Grundnahrungsmittel einen Großteil der Lebenszeit aufzehrte. Die Beschaffenheit des Bodens und die Bevölkerungszahl einer Region setzten die Grenzen für die jeweils mögliche Art der Ernährung. Ob man Fleisch oder Getreide verbrauchte, hing aber nicht nur von religiösen oder kulturellen Vorgaben ab oder von der Region, in der man lebte, sondern auch vom sozialen Rang, den man innehatte (vgl. Braudel 1985, S. 103). Bis in das

17. Jahrhundert hinein galt zwar das Sprichwort: Seit mehr als 1000 Jahren wird für den Bauch Europas geschlachtet (vgl. Manceron 1972, S. 614; Braudel 1985, S. 104). Es waren aber vorwiegend die Tische in den Räumen der oberen Stände, die sich unter der Last des Fleisches bogen. Die Ernährung des einfachen Volkes war dennoch nicht vollständig von einem Brei- und Mus-Standard (vgl. Teuteberg/Wiegelmann 1972, S. 66) dominiert. Auch wenn in diesem Bereich Generalisierungen sehr schwierig sind, stellen Teuteberg und Wiegelmann bezüglich der Nahrungsgewohnheiten fest: „[...], daß die Menschen wohl immer eine gemischte Kost bevorzugt haben. Weder eine reine Pflanzennahrung, noch eine reine Fleischnahrung haben jemals auf die Dauer Bestand gehabt. Reine Pflanzennahrung war stets ein Notbehelf für die Armen in Krisenzeiten. Aber auch die Oberschichten, denen in der Nahrungsbeschaffung keine Grenzen gesetzt waren, ernährten sich bemerkenswerterweise niemals vom Fleisch allein." (Teuteberg/Wiegelmann 1972, S. 66)

Symptomatisch für die Ständedifferenzierung ist auch, dass bestimmte Grundnahrungsmittel, die sich im 18. und im frühen 19. Jahrhundert durchzusetzen begannen, nicht von vorneherein generelle Akzeptanz in der Bevölkerung fanden. Während beispielsweise die Kartoffel in den ärmeren und unteren Schichten nach anfänglicher Zurückhaltung zu einem wichtigen Grundnahrungsmittel wurde, galt der Verzehr dieser Speise den Mitgliedern oberer Schichten lange Zeit als unzumutbar. Erst Verfeinerungen des Produkts steigerten dann allmählich die Akzeptanz (vgl. hierzu ebenfalls Teuteberg/ Wiegelmann 1972, S. 42f.).

Das 18. Jahrhundert kann als ein Jahrhundert der ökonomischen Theorien bezeichnet werden, die damaligen Abhandlungen befassen sich allerdings weniger mit Fragen des Konsums, sondern vor allem mit Fragen der Produktion. Die Sorge um die Ernährung einer wachsenden Bevölkerung dominierte auch den Gelehrtendiskurs. Der englische Pfarrer Thomas Malthus sah beispielsweise die Bevölkerungszahl in geometrischer Progression, den Bodenertrag dagegen nur in arithmetischer Progression steigen. Die Frage, wie große Bevölkerungsteile mit Lebensmitteln versorgt werden konnten, schien also immer dringlicher zu werden.

Im Wesentlichen drei Veränderungen führten an der Wende vom 18. zum 19. Jahrhundert dazu, dass das Ernährungsproblem nicht in der befürchteten Weise auftrat:

1. Die Agrarrevolution: Gemeint ist hiermit eine Steigerung der Produktivität durch einen Übergang zur Fruchtwechselwirtschaft, den Einsatz künstlicher Düngungsmethoden, die Mechanisierung der landwirtschaftlichen Produktion und neue Formen der Bodenverteilung.
2. Die Transportrevolution: Die Erschließung neuer Märkte erfolgte über die Erschließung neuer Verkehrsinfrastrukturen (Eisenbahn, Schifffahrt usw.)
3. Der Aufstieg der Naturwissenschaften: Konservierungstechniken, wie beispielsweise das Konservierungsverfahren des französischen Kochs Nicolas Francois Appert (1804), erhöhten die Haltbarkeit von Lebensmitteln; der Lagerungsprozess von Lebensmitteln wird durch die Entwicklung von Kältemaschinen in der zweiten Hälfte des 19. Jahrhunderts verlängert; durch die Entwicklung von Transport und Kühltechnik wird „die ganze Welt zum Obstgarten, zum Gemüsebeet und zur Viehkoppel des Verbrauchers gemacht." (König 2000, S. 154)

Diese Veränderungen sind nach Sombart (1.a, siehe S. 56) als Emanzipation aus den Schranken der Natur beschreibbar. Diese Emanzipation ging langsam, aber kontinuierlich (und in den europäischen Staaten unterschiedlich schnell) einher mit einer Emanzipation der Beschränkungen des ökonomischen Handelns innerhalb der Ständegesellschaft. Adam Smith (1723-1790) hatte sich in seiner Abhandlung über den Wohlstand der Nationen beispielsweise sehr kritisch mit den Regelungen der damaligen Zunftverfassung auseinandergesetzt und formulierte als einer der ersten die These, dass der Zweck der Produktion im Konsum zu sehen sei. Ebenfalls im 18. Jahrhundert verortet der aufgeklärte Ökonom Johann Joachim Becher den Konsum als ein Bindemittel zwischen den Ständen. Der Konsum zeige, dass Handwerker, Bauern und Kaufleute aufeinander angewiesen seien. Hier wird bereits auf das Wechselspiel von Angebot und Nachfrage Bezug genommen (vgl. hierzu Wyrwa 1997, S. 749). Die Ausweitung des

Marktgeschehens, die Vergrößerung der Nachfrage ging einher mit einer sukzessiven Vergrößerung des Angebots.

Der empirische Nachweis dieses Zusammenhangs ist aufgrund einer zum damaligen Zeitpunkt kaum vorhandenen Statistik schwierig zu erbringen. Brewer weist auf Quellen hin, die zumindest Anhaltspunkte für eine Ausweitung des Besitzes bestimmter Produkte enthalten. Das Studium von Nachlassinventaren, Kriminalakten (die über Diebstähle berichten), aber auch Geschäftsakten und Schriftstücke zu Geschäfts- und Handelspraktiken erlauben Rückschlüsse auf den Besitz und den Umlauf von bestimmten Waren.

Brewer zitiert Ergebnisse aus holländischen Untersuchungen, wonach es zu einer Zunahme des Besitzes kommerziell vertriebener Manufakturwaren gekommen sei. Dazu zählte beispielsweise auch die Zahl der Gemälde in holländischen Haushalten. Ebenso sei es gegen Ende des 17. Jahrhunderts zu einer deutlichen Vermehrung von Fensterglas gekommen. Dies hatte – ähnlich wie die weiter oben erwähnten Innovationen auf dem Bleich- und Waschmittelmarkt – zur Konsequenz, dass sich die Sauberkeitsstandards in den Haushalten veränderten. Es wurde schlicht unmöglich, den Schmutz in den Häusern weiterhin einfach zu ignorieren (vgl. Levine 1998, S. 42).

Sukzessive dehnte sich der Kreis der Konsumenten aus. Während E.W. Heine in ironischer Form die Funktion der Bauern in der Feudalgesellschaft des Mittelalters noch wie folgt beschreiben konnte: „Es gab drei gottgewollte Stände: den Adel, die Kirche und die Bauern. Die Bauern mußten alle ernähren und kleiden, dafür wurden sie beschützt und mit den heiligen Sakramenten versehen.“ (Heine 1987, S. 78), wurde nun das Wechselspiel von Angebot und Nachfrage auch unter Inklusion der Landbevölkerung diskutiert.

Ende des 18. Jahrhunderts lebten in Deutschland noch ca. 80% der Bevölkerung auf dem Land. Noch im Jahr 1871 lebte lediglich ein Achtel der Bevölkerung des Deutschen Reiches in Mittel- und Großstädten, 1907 dagegen war es bereits ein Drittel. Für viele Menschen verband sich mit diesen Veränderungen auch ein Übergang von Gemeinschaft in Gesellschaft, ein Übergang von überschaubaren Verhältnissen in zunächst anonyme Lebenssituationen. Die Kontrastierung von Stadt und Land, wie sie in der Sozialtheorie und Sozialkritik des 19. Jahrhunderts beispielsweise sowohl von Karl Marx als auch von Wilhelm Heinrich

Riehl vorgenommen wurde, spiegelt die Konflikte einer ständisch-agrarischen mit einer kapitalistischen Gesellschaftsordnung. Der Mobilitätsschub des 19. Jahrhunderts veränderte die Strukturmerkmale der so genannten alteuropäischen Gesellschaft nachhaltig. Der österreichische Historiker Mitterauer hat dies wie folgt beschrieben: „Die Struktur dieser Gesellschaft war partikularistisch, das heißt, es bestand eine Vielzahl regionaler, lokaler und arbeitsmilieuspezifischer sozialer Einheiten, zwischen denen es im Vergleich zur Moderne nur relativ schwache Beziehungen gegeben hat." (Mitterauer 1986, S. 247f.) Veblen (1857-1929), ein bis heute vielfach zitierter Pionier der Konsumsoziologie, stellte bezüglich des Stadt/Land-Phänomens fest: „Bemerkenswert ist [...], daß der Konsum als Prestigemittel wie als Zeuge der Wohlanständigkeit in jenen Schichten der Gesellschaft am beliebtesten ist, wo auch der menschliche Kontakt des Individuums am größten und die Mobilität der Bevölkerung am stärksten ist. Der demonstrative Konsum verschlingt nämlich einen relativ größeren Teil des Einkommens der städtischen als der ländlichen Bevölkerung. Daraus geht hervor, daß die Städter, um den Schein zu wahren, in größerem Ausmaß von der Hand in den Mund leben als die Landbevölkerung." (Veblen 1958 [zuerst 1899], S. 95) „Menschlicher Kontakt" ist hier eher im quantitativen, nicht im qualitativen Sinne zu verstehen. Dieses Phänomen hat mit anderen Nuancierungen auch der deutsche Soziologe Georg Simmel (1858-1918) beschrieben, der aus der hohen Anonymität der Großstädte ein wachsendes Bedürfnis nach Unterschiedlichkeit abgeleitet hat. In seinem berühmten Essay „Die Großstädte und das Geistesleben" schrieb er bezüglich der unterschiedlichen Lebensbedingungen in der Stadt und auf dem Land, dass die Großstadt „schon in den sinnlichen Fundamenten des Seelenlebens, in dem Bewußtseinsquantum, das sie uns wegen unserer Organisation als Unterschiedswesen abfordert, einen tiefen Gegensatz gegen die Kleinstadt und das Landleben, mit dem langsameren, gewohnteren, gleichmäßiger fließenden Rhythmus ihres sinnlich-geistigen Lebensbildes [stiftet]." (Simmel 1995 [zuerst 1903], S. 117)

Ob man nun das ausgehende 18. Jahrhundert mit der Mitte des 19. Jahrhunderts, die Mitte des 19. Jahrhunderts mit dem Ende des 19. Jahrhunderts oder das Ende des 19. Jahrhunderts mit der Mitte des 20. Jahrhunderts vergleicht – immer werden signifikante Veränderungen der Lebensbedingungen sichtbar, die aus veränderten Rahmenbedingungen von Produktion und Konsum resultieren. Im Hinblick auf die Entstehung einer Konsumgesellschaft benennt König sechs Kriterien, die nach seiner Auffassung in besonderer Weise den Unterschied zwischen dem ausgehenden 18. und frühen 19. Jahrhundert und dem Beginn des 20. Jahrhunderts markieren:

- Neue Produktionstechniken erhöhen die Vielfalt und senken den Preis von Produkten (günstigere Kunststoffe versus teure Naturstoffe)
- Städtische Lebensverhältnisse überwiegen die ländlichen Lebensverhältnisse
- Ausweitung der Märkte über nationale Grenzen hinweg
- Das Einkommen der Erwerbsbevölkerung steigt an und lässt mehr Raum für freie Dispositionen
- Konsumhandlungen im Bereich von Luxusbedürfnissen und Grundbedürfnissen verschieben sich zugunsten der Luxusbedürfnisse
- Mit der Ausweitung der frei verfügbaren Zeit steigt auch die Bedeutung der Freizeit gegenüber der Arbeitszeit (vgl. König 2000, S. 32).

Im Folgenden soll zunächst das Verhältnis von Luxus und Notwendigkeit beleuchtet werden, in einem zweiten Schritt wird dann der wachsende Stellenwert des Konsums in den sich allmählich formierenden Industriegesellschaften anhand von zwei klassischen Autoren exemplarisch dargestellt.

1.3 „... die Farben grell und bestimmt." Konsum zwischen Notwendigkeit und Luxus

Die Welt um 1900 war eine „Welt der Knappheit" (Nipperdey 1990, S. 171). Luxus und Müßiggang waren vor der Zeit der Industrialisierung Oberschichtvergnügen. Der Begriff Luxuskonsum beschreibt aber nicht nur in historischer Perspektive ein Phänomen, das entweder den Ausschluss großer Teile der Bevölkerung von bestimmten Gütern und Dienstleistungen bezeichnet oder die Möglichkeit des zumindest gelegentlichen Konsums von Dingen, die nicht unmittelbar lebensnotwendig sind, aber Vergnügungen der besonderen Art darstellen. Im Großen und Ganzen dürfte zutreffend sein, dass vor der Zeit der Industrialisierung Luxus und damit in Verbindung stehender Müßiggang mit einer gehobenen Stellung in der gesellschaftlichen Hierarchie verbunden waren.

Luxus und Müßiggang sind relative Phänomene. Den Ausführungen von Sommerlad (1925, S. 446) zufolge lässt Luxus sich als Ausdruck von Übermut verstehen und als „[...] Gebrauch von Dingen, die weder nötig noch nützlich zur Erhaltung des Lebens und der Gesundheit, auch nicht nötig zur menschlichen Glückseligkeit sind." Auch nach heutigem Sprachverständnis bezeichnet das Wort Luxus Dinge und Verhaltensweisen, die ein als notwendig anerkanntes Maß der Bedürfnisbefriedigung übersteigen (vgl. hierzu ausführlich auch Grugel-Pannier 1996, S. 17ff.). Etymologisch betrachtet verweist das Substantiv Luxus auf Verschwenderisches, auf Schlemmerei, auf ausschweifende Aktivitäten. Die Vorstellung von Sombart, wonach Luxus „[...] jeder Aufwand [ist], der über das Notwendige hinausgeht" (Sombart 1967 [zuerst 1922], S. 86), bleibt also aktuell. Diese Definition von Luxus bedeutet aber auch, dass das Verhältnis von Luxus und Notwendigkeit vor dem Hintergrund der jeweiligen Lebensbedingungen und Wahlmöglichkeiten neu bestimmt werden muss.

Der Wert von Luxusgütern steht in engem Zusammenhang mit der Knappheit des jeweiligen Guts. Je höher der Verbreitungsgrad eines Guts, umso wahrscheinlicher wird es als eine Selbstverständlichkeit wahrgenommen. Die Standards der Beurteilung, ob ein Ding also noch Luxus oder schon Notwendigkeit ist, verschieben sich kontinuierlich, das Grundphänomen von punktueller Attraktivität und kontinuierlicher Abnutzung bleibt aber erhalten (1.b, siehe S. 57 und 1.c, siehe S. 59). Die Geschichte des Luxuskonsums ist auch eine Geschichte von Luxusverboten. Hätten sich beispielsweise im Italien des 15. Jahrhunderts die Luxusverbote in allen Bereichen konsequent durchsetzen lassen, wäre der Nachwelt manche Verzierung an öffentlichen Gebäuden vorenthalten worden (vgl. hierzu die Ausführungen bei Sommerlad 1925, S. 451). Die Regulierungsdichte der Ständegesellschaft und damit auch die Regulierung des Luxuskonsums war im Wesentlichen religiös untermauert. Sehr strenge Luxusverbote sind beispielsweise aus dem Genf zur Zeit Calvins bekannt, ebenso aus Florenz, das sich Ende des 15. Jahrhunderts durch den Dominikanermönch Savonarola in einen „religiösen Taumel" (Berhorst 2005, S. 124) versetzen ließ. Eine so genannte „Kinderpolizei" (Knaben im Alter zwischen zwölf und 20 Jahren) sorgte für die Einhaltung eines gottgefälligen Lebens: Schmuck, Puder, Spielkarten, Masken, Perücken, freizügige Gemälde – die Liste der zu konfiszierenden „eitlen Dinge" war lang.

Generell lässt sich sagen: Fast ebenso zahlreich wie die Wünsche nach Luxus waren die Versuche, ihn zu verbieten. Die Verbote richteten sich oft gegen luxuriöse Mahlzeiten (so Roms „Lex Didia" aus dem zweiten Jahrhundert vor Christus). Meist betrafen die Verbote Delikatessen, die neu auf den Markt kamen (z.B. Muscheln oder Spitzmäuse). Ebenso restriktiv verhielt man sich gegenüber dem Schmuck bzw. den Ausschmückungen an Gewändern. Karl V. verbot beispielsweise in den Niederlanden den Schnabelschuh (der auch heftigen Widerstand der Kirche hervorrief), dessen Ursprung das Fußleiden eines vornehmen Herrn gewesen sein soll.

Luxusverbote

„Die Frauen trugen überreichen Schmuck von Gold, Edelsteinen und Perlen, womit selbst die Kleider besetzt wurden. Die Stoffe waren Tuch, Linnen, Seide und Samt; die Farben grell und bestimmt. Vergebens erließen Magistrate Luxusverbote, denn die Sitte ist eine Macht, welche Gesetze niemals bewältigen. Schon im XIII. Jahrhundert verbot der Kardinal Latinus als Legat der Romagna die langen Schleppen bei Verlust der Absolution. »Dies war den Weibern bitterer als der Tod.« Er befahl ihnen, sittsam sich zu verhalten. Sie erhoben ein Geschrei; dann erschienen sie in den feinsten, golddurchwirkten Schleiern, verführerischer als zuvor. Die Signorie von Florenz verbot den Frauen, falsche dicke Zöpfe von weißer und gelber Seide über das Gesicht hängen zu lassen, und sie bestürmten (im Jahre 1326) die Herzogin von Kalabrien so lange, bis auf ihre Fürbitte jenes Verbot zurückgenommen wurde. Um die republikanische Mäßigkeit zu erhalten und der Verarmung zu steuern, erließen die Florentiner und andere Republiken Gesetze wider den Aufwand überhaupt. Die Römer werden ihnen gefolgt sein, indem sie ihre Moden und Luxusverbote zugleich aufnahmen. Die Kleidung der vornehmen Frauen Roms war übrigens so prächtig, daß sie von der Ungarnkönigin, der Mutter Ludwigs, bewundert wurde, als sie im Jahr 1343 nach Rom kam."

Quelle: Gregorovius 1926, S. 683ff.

Dass die Ablehnung des Luxus häufig begleitend zu der Ablehnung der Verschwendung erscheint, liegt nicht zuletzt an der umgangssprachlich ungenauen Trennung der beiden Begriffe. Während der Luxus vor allem in Bezug zu den dominierenden Weltanschauungen gesehen werden muss und sein Wert aus sozialen Vergleichsprozessen entsteht, ist Verschwendung eher eine Kategorie der „moralischen Ökonomie": Wer verschwendet, missachtet die Grenzen des verfügbaren Einkommens, konsumiert unproduktiv im Dienste der Eitelkeit und ohne Beachtung des ökonomischen Wertes (vgl. dazu Jäckel 2008b, S. 20).

Folgende Einschätzung aus dem Jahr 1771 mag hierfür symptomatisch sein: „Welch erbärmlicher Luxus ist doch das Porzellan! Mit einem Pfotenschlag kann eine Katze mehr Schaden anrichten als ein Hagelwetter über zwanzig Morgen Land." (Mercier 1979 [zuerst 1799], S. 220, zit. nach Braudel 1985, S. 192). Während für die einen Luxuskonsum reine Verschwendung war, entdeckten andere das ökonomische Potential des überflüssigen Verbrauchs. Das Argument der Verschwendung konkurrierte mit der Vorstellung, dass gerade die Nachfrage nach Luxusgütern ein wichtiger Motor der Ökonomie sei (vgl. zusammenfassend hierzu Jäckel/Kochhan 2000, S. 78ff.). Braudel beispielsweise vertrat die

Auffassung, dass der Wertverlust von Luxusgütern die herrschenden Klassen immer wieder zu neuen Produkten und Ideen getrieben hat, um einer Demokratisierung des Konsums solcher Güter nachhaltig entgegenwirken zu können. Im Grunde genommen wird hier das von Bourdieu als Distinktion beschriebene Phänomen vorweggenommen.[1] Landes wiederum unterstreicht in seiner Abhandlung über die industrielle Entwicklung in Westeuropa den ökonomischen „Auftrieb", der durch eine Aufhebung entsprechender Beschränkungen ausgelöst wurde. In „Der entfesselte Prometheus" heißt es z.B.: „In England waren Ende des 16. Jahrhunderts die Luxusgesetze tote Buchstaben. Jakob I. setzte sie deshalb 1604 außer Kraft." (Landes 1973, S. 60)

Die Relativität des Begriffs „Luxus" lässt sich anhand einer Vielzahl von Beispielen verdeutlichen:

- Stein symbolisierte als Baumaterial Wohlstand. Ärmere Bevölkerungsschichten waren gezwungen, ihr Bedürfnis nach einer Unterkunft mit anderen Materialien, wie zum Beispiel Lehm, zu befriedigen. Gleichwohl lassen sich bereits im 16. Jahrhundert Imitationen der Bauweisen adliger Häuser nachweisen. Burke (1981) zeigt für das England des 16. Jahrhunderts, dass die englischen Freibauern ihre Häuser nach den Vorbildern des Landadels gestalteten. Ebenso war der Bauernbarock eine Antwort auf den Barock, häufig inspiriert durch kirchliche Vorbilder.
- Gewürze genossen bis in das 17. Jahrhundert eine herausgehobene Stellung in Teilen Europas (vgl. Braudel 1985, S. 234). Je mehr sich Gewürze allerdings verbreiteten, desto mehr sank ihr Wert als exklusives Gut. Ähnlich verhielt es sich im Falle von Spirituosen, die zunächst knapp und begehrt, dann aber zu einer gängig gehandelten Ware wurden (Braudel 1985, S. 260f. sowie Schivelbusch 1990, S. 159ff.). Was für die Gewürze gilt, trifft auch auf eine Vielzahl von Genussmitteln zu, die sich im Laufe ihrer Verbreitung zu gewöhnlichen Lebensmitteln entwickelten.
- Das eingangs erwähnte Beispiel der Taschenuhr zeigt ebenfalls, dass ein begehrtes Statussymbol sehr rasch Anlass für Massenproduktion sein kann. In England hatte sich bereits im 18. Jahrhundert eine

[1] Siehe hierzu die Ausführungen in Kapitel 4.

darauf spezialisierte Industrie entwickelt. Die Tatsache, dass das Schmuggeln von billigen goldenen Uhren große Ausmaße anzunehmen begann, ist ein Indiz für die Begierde nach diesem Produkt. Der britische Historiker Thompson bemerkte hierzu: „Wann immer eine Gruppe von Arbeitern ihren Lebensstandard zu erhöhen vermochte, gehört der Erwerb von Uhren zum ersten, das die Beobachter vermerken." (1973, S. 88)

- Die Relativität lässt sich ebenso auf der Verhaltensebene illustrieren. Verhaltensweisen bei Tisch, wie sie sich insbesondere in den Zentren der höfischen Gesellschaft entfalteten, gelangten, beispielsweise durch die Beobachtungen des Dienstpersonals, auch allmählich in nicht-höfische Kreise. Der Mechanismus, den Norbert Elias umfassend analysiert hat, lässt sich mit seinen Worten vereinfacht wie folgt skizzieren: „Entwicklung höfischer Gebräuche, Ausbreitung nach unten, leichte soziale Deformation, Entwertung als Unterscheidungsmerkmal." (Elias 1997 [zuerst 1936], S. 226)

Die angeführten Beispiele illustrieren die Verbreitung bestimmter Konsummuster von oben nach unten. Von einer Einebnung der Lebensführung zu sprechen, ist eine Übertreibung gewesen (vgl. Landes 1973, S. 60). Die unteren Bevölkerungsschichten orientierten ihren Verbrauch an dem der oberen Klassen, konnten diesen aber nicht wirklich kopieren. Es lassen sich aber auch Beispiele für Produkte finden, die typischerweise zunächst von den unteren Schichten konsumiert wurden, jedoch unbeliebt im oberen Teil der Gesellschaft waren.

Das Beispiel der Kartoffel ist in diesem Zusammenhang bereits erwähnt worden. Ursula Becher zeigt in ihrer „Geschichte des modernen Lebensstils", dass die Kartoffel als Armenspeise galt und mit einem unangenehmen Völlegefühl in Verbindung gebracht wurde. Die Kartoffel hat wesentlich dazu beigetragen, dass der Bevölkerungszuwachs des 18. Jahrhunderts überhaupt bewältigt werden konnte. Bereitwillig akzeptiert hat man die Knollenfrucht allerdings keineswegs (vgl. Becher 1990, S. 75f.). „Tatsächlich", so Braudel, „regt sich überall Widerstand, wo sich der Kartoffelanbau ausbreitet und sich diese Knollenfrucht als Brotkonkurrenz aufdrängt. Man munkelt, ihr Genuß fördere die Lepra und verursache Blähungen." (Braudel 1985, S. 175) Der

Widerstand gegen die Kartoffel wurde auf verschiedenen Wegen gebrochen: durch die Not, die erfinderisch macht (ein Feldstück mit Kartoffeln bringt einen höheren Ertrag), durch pragmatische Gesichtspunkte (ein Kartoffelacker wird durch kriegerische Verwüstungen weniger in Mitleidenschaft gezogen) und durch die Erzeugung von Attraktivität. Friedrich der Große soll die Kartoffelfelder mit Wachen umstellt haben, damit beim Volk der Eindruck entstehen möge, dort etwas Besonderes vorfinden zu können. Die Kartoffel eroberte die Gesellschaft also von unten, nachdem sie teilweise vom Staat verordnet wurde.

Im Falle des Kaffees und anderer Warmgetränke verlief der Diffusionsprozess wiederum anders. Die heiße Schokolade „blieb ein Statussymbol der romanischen Aristokratie und versank mit dem Ancien Régime. Erst im 19. Jahrhundert wurde sie durch neue Verfahren als Kakao verbürgerlicht und in die Rolle des Kindergetränks abgedrängt." (Becher 1990, S. 77) Bei aller Vorsicht vor Generalisierungen lässt sich nach diesen Beobachtungen sagen: Nicht nur Not, sondern auch Überfluss macht erfinderisch. Ebenso führt der Weg der Innovationen häufiger von oben und unten in die Mitte der Gesellschaft als aus dieser heraus. Zu dem Erfinderischen gehört, dass der Luxus selbst immer neue Wege beschreitet.

Neue Wege des Luxus

„So fragt es sich, ob der private Luxus überhaupt noch eine Zukunft hat. Ich hoffe und fürchte: ja. Wenn es nämlich wahr ist, daß das Streben nach der Differenz zum Mechanismus der Evolution gehört und daß die Lust an der Verschwendung in der Triebstruktur wurzelt, dann kann der Luxus nie ganz und gar verschwinden, und die Frage ist nur, welche Gestalt er auf der Flucht vor seinem eigenen Schatten annehmen wird. Alles, was sich dazu sagen läßt, können nur Vermutungen sein.

Ich vermute also, daß es ganz andere Prioritäten sein werden, um die es bei künftigen Verteilungskämpfen geht. Knapp, selten, teuer und begehrenswert sind im Zeichen des wuchernden Konsums nicht schnelle Automobile und goldene Armbanduhren, Champagnerkisten und Parfüms, Dinge, die an jeder Straßenecke zu haben sind, sondern elementare Lebensvoraussetzungen wie Ruhe, gutes Wasser und genügend Platz. [...]

Alles in allem laufen diese Mutmaßungen auf eine Kehrtwendung hinaus, die reich an Ironien ist. Wenn sie etwas für sich haben, dann liegt die Zukunft des Luxus nicht wie bisher in der Vermehrung, sondern in der Verminderung, nicht in der Anhäufung, sondern in der Vermeidung. Der Überfluß tritt in ein neues Stadium ein, indem er sich negiert. Die Antwort auf das Paradox wäre dann ein weiteres Paradox: Minimalismus und Verzicht könnten sich als ebenso selten, aufwendig und begehrt erweisen wie einst die ostentative Verschwendung."

Quelle: Enzensberger 1996, S. 117f.

1.4 „Um Ansehen zu erwerben ..." Grundzüge der Konsumkritik Thorstein Veblens

Luxus und Notwendigkeit sind keine absoluten Kategorien, sondern Variablen des jeweiligen Wohlstandsniveaus. Was heute noch Luxus ist, kann morgen schon als üblicher Komfort und übermorgen als Selbstverständlichkeit gelten. Es ist also danach zu fragen, ob der Anlass für den Erwerb exklusiver Güter vorwiegend individuellen Bedürfnissen entspringt oder vielmehr den Lebensstandard einer Klasse repräsentiert. Somit einen Lebensstandard, der nach außen als Abgrenzungsmerkmal eingesetzt wird, nach innen aber nicht nur identitätsstiftend wirkt, sondern eben auch Konkurrenzsignale vermittelt. Im 19. Jahrhundert kann die Konkurrenz um bestimmte Formen der überdurchschnittlichen Lebensführung an den aufstrebenden Ambitionen des Bürgertums und den dadurch ausgelösten Irritationen auf Seiten des Adels (vgl. Reif 1995) beobachtet werden. Jenseits dieser Konkurrenzlage war der gesellschaftliche Alltag aber eben nicht durch ein hohes Maß an disponiblem Einkommen gekennzeichnet. Noch im Jahr 1845 konnte der damalige britische Parlamentsabgeordnete Benjamin Disraeli (1804 - 1881) die Welt von Arm und Reich wie folgt beschreiben: „Zwei Nationen, zwischen ihnen besteht keinerlei Verkehr und keinerlei

Sympathie. Die eine hat keine Ahnung von den Gebräuchen, den Gedanken und Gefühlen der anderen. Es ist, als ob sie in verschiedenen Erdteilen oder auf verschiedenen Planeten lebten. Zwei Nationen, entstanden aus verschiedenen Menschenschlägen, ernährt durch verschiedene Speise, verschiedene Gepflogenheiten beachtend und nach verschiedenen Gesetzen lebend [...]. Die Armen und die Reichen." (zit. nach König 2000, S. 30) Ein weiteres Indiz für diese großen sozialen Unterschiede sind die Massenproteste gegen Verteuerung von Grundnahrungsmitteln gewesen, die auch das 19. Jahrhundert noch geprägt haben (vgl. Prinz 1996, S. 13f.). Teilhabe am Wohlstand ist also vor allem ein Phänomen des 20. Jahrhunderts. Erst ein Anstieg des disponiblen Einkommens breiter Bevölkerungsschichten konnte zu einer Angleichung der Konsumgewohnheiten zwischen den „zwei Nationen" Arm und Reich führen.

Die ökonomische Ungleichheit war im 19. Jahrhundert augenfällig, und sie inspirierte neben sozialreformerischen Ideen auch den kritischen Blick auf die Lebensweise der Gesellschaftsgruppen, die sich standesgemäß mit besonderen Dingen umgaben. Obwohl nicht vor dem Hintergrund der europäischen Erfahrung und Entwicklung formuliert, sind die kritischen, zum Teil auch sarkastischen Beobachtungen Thorstein Veblens die wohl bekannteste Auseinandersetzung mit der Scheinwelt des Prestiges.

Kern der überwiegend in Essay-Form vorgetragenen Analyse ist die Beschreibung der Entstehung und Legitimation des Muße-Monopols einer bestimmten Klasse. Die von Veblen vorgetragene Kritik ist nicht so sehr das Resultat einer Sympathie mit den Schwachen und Unterdrückten, sondern der Ausdruck einer tiefen Enttäuschung über die Geringschätzung nützlicher Arbeit. Veblens gesellschaftliches Entwicklungsmodell, das hier nicht im Detail beschrieben werden kann, geht von der Annahme aus, dass auf der Ebene eines Quasi-Naturzustands das gesellschaftliche Zusammenleben in erster Linie von der Verwirklichung eines konkreten und daher objektiven und unpersönlichen Ziels geprägt war. Die Lebensgewohnheiten der Menschen waren durchdrungen von Friedfertigkeit und Arbeitsfreude. Ineffizienz und Nutzlosigkeit wurden verabscheut. Dieser idealtypische Urzustand geriet ins Ungleichgewicht, als Gesellschaften mehr zu produzieren begannen, als sie zum Leben benötigten. Sobald der Stolz in die eigenen Leistungen den Dienst an der Gemeinschaft bzw. Gesellschaft übertrifft, gesellt sich zu dem Gefühl der Überlegenheit auch ein Bedürfnis nach Inbesitznahme der erbrachten Leistungen. Diese beiden Motivationslagen durchziehen die gesamte Theorie von Veblen. Der „menschliche Urkonflikt" (Meier 1989, S. 167) zwischen egoistischen und gesamtgesellschaftlichen Interessen führt zur Legitimation von Ungleichheiten einerseits und damit korrespondierenden Klassenbildungen andererseits. Der gesamte Prozess der westlichen Zivilisation ist für Veblen durch das Fortwirken dieses Konfliktes, nämlich des Bedürfnisses nach nützlicher Arbeit (Werkinstinkt) und dem aggressiven räuberischen Instinkt, der den egoistischen individuellen Interessen dient, gekennzeichnet. Der Räuberhäuptling des Feudalismus ähnelt insofern dem Industriekapitän des 19. Jahrhunderts. Während der Feudalismus auch daran zu Grunde gegangen sein mag, dass er dem Müßiggang und der unnützen Arbeit zu viel Energie opferte, ist der Weg in die Industriegesellschaft für Veblen keineswegs ausschließlich dem Bedürfnis nach Rückkehr zur nützlichen Arbeit zuzuschreiben. Veblen, der den Begriff des Kapitalismus gerne durch die Formulierung „System des abwesenden Eigentümers und der gemieteten Arbeitskraft" ersetzte, sah auch in dieser quasi-friedlichen Gesellschaft wiederum die treibende Kraft des so genannten Werkinstinkts von einer neuen Variante des räuberischen Ausbeutungsstrebens überlagert. Die Konflikte der Industriegesellschaft sind diejenigen zwischen dem Geschäft auf der einen (business) und der fleißigen Arbeit (industry) auf der anderen Seite, der Konflikt zwischen dem Händlergeist (salesmanship) und dem Ethos des Facharbeiters (workmanship).

Veblens Ideen sind häufig als Ausdruck einer selbst erlebten sprachlichen und kulturellen Entfremdung interpretiert worden. Dieser sogenannte Veblen-Mythos behauptet, dass sich in den von Veblen vertretenen Thesen ein Unbehagen an der amerikanischen Kultur manifestiert habe. John Kenneth Galbraith weist diese Interpretation als weit übertrieben zurück (vgl. hierzu ausführlich Meier 1989, S. 158ff.). Allerdings weist auch ein weiterer Amerikaner, nämlich David Riesman, darauf hin, dass Veblens Gedankengebäude nicht frei von Populismus gewesen sei. In Anlehnung an den Historiker Hofstadter charakterisiert Riesman Populismus wie folgt: „[...] eine Mischung unausgegorener Grundvoraussetzungen, die die stärkste Volksbewegung der amerikanischen Geschichte zusammenhielt. Die Populisten glaubten daran, daß es in der Vergangenheit ein goldenes Zeitalter von Frieden und Glück gab; daß die Gesellschaft in einem harmonischen Zustand wäre, wenn sie nicht durch Macht und Geld korrumpiert würde; [...]." (Riesman 1973, S. 34) Von diesem Populismus kann auch die „Theorie der feinen Leute" nicht freigesprochen werden. Über seine Ziele schrieb Veblen im Jahr 1899: „Der Zweck des vorliegenden Buches besteht darin, Standort und Wert der müßigen Klasse als ökonomischen Faktor im modernen Leben zu untersuchen." (1958 [zuerst 1899], S. 19) Bereits die Unterscheidung von produktiven und nicht-produktiven Tätigkeiten illustriert Veblens Spiel mit populistischen Elementen: Denn es seien ausgerechnet die nicht-produktiven Beschäftigungen, denen – so Veblen – etwas Ehrenvolles zugeschrieben werde, während produktive Tätigkeiten oft als unwürdige Aufgaben angesehen würden. So genannte vornehme Klassen sind also nicht nur das Ergebnis einer technischen und wirtschaftlichen Entwicklung, die es einem bestimmten Teil der Gesellschaft erlaubt, sich von der Erzeugung der zum Leben notwendigen Güter zu befreien. Darüber hinaus ist die vornehme Klasse „das Ergebnis einer frühen Unterscheidung zwischen verschiedenen Tätigkeiten, einer Unterscheidung, der gemäß die einen Tätigkeiten wertvoll, die anderen unwürdig sind. Wertvoll sind danach jene Beschäftigungen, die man als Heldentaten bezeichnen kann, unwürdig hingegen alle jene notwendigen und täglichen Plackereien, die gewiß nichts Heldenhaftes an sich haben." (Veblen 1958 [zuerst 1899], S. 26) Während in der so genannten kriegerischen Phase der Menschheitsgeschichte das Anhäufen von Trophäen den Helden auszeichnete, ist es nun in der „quasi-friedlichen Epoche" das Anhäufen von Reichtum. Alleine das Anhäufen von Reichtum aber genügt nicht, um damit hinreichend Ansehen zu erlangen. Der Reichtum muss auch gezeigt und demonstrativ verbraucht werden. Hier, bei der Verdeutlichung der Konsequenzen des Reichtums und seiner adäquaten Verwendung und Zurschaustellung, liegt die Verbindungslinie der Veblenschen Ideen zur Konsumsoziologie der Gegenwart. Kaum ein anderer von Veblens Begriffen ist so häufig zitiert worden wie der Begriff des demonstrativen Konsums („conspicuous consumption"). Es sind aber insgesamt vier Phänomene, mit denen Veblen den Müßiggang der feinen Leute beschreibt. Veblen beschreibt auch Ausstrahlungseffekte auf die mittleren und unteren Klassen und begründet damit ein Phänomen, das bis heute unter dem Namen „Trickle down–Effekt“ bekannt ist. Im Folgenden sollen zunächst diese Formen des Konsums und Müßiggangs kurz skizziert werden:

- Demonstrativer Konsum („conspicuous consumption“): Mit diesem Begriff wird die Zurschaustellung von Reichtum bezeichnet. Kern dieser Art der Lebensführung ist das Sich-Umgeben mit Symbolen, die relativ eindeutig auf den jeweiligen Status schließen lassen. Besitztümer wie Häuser mit großen Gartenanlagen, eine eigene Pferdezucht, Gemäldegalerien, Bibliotheken mit seltenen Unikaten – die Liste ließe sich fortführen. Der Grund für dieses zur Expansion neigende Phänomen liegt in der damit verbundenen Konkurrenz innerhalb der müßigen Klasse selbst. Das jeweilige Aufwandsniveau, so Veblen, orientiert sich innerhalb der müßigen Klasse an den beobachtbaren Mitstreitern. Besonders deutlich wird das Zurschaustellen von Reichtum beispielsweise bei der Veranstaltung großer Festlichkeiten. Dort soll sich Protzverhalten auch darin gezeigt haben, dass man sich im Rahmen solcher Festbankette eine Zigarre mit einer Hundert-Dollar-Note anzündete (vgl. hierzu Knapp 1996, S. 195). Eine Konsequenz des Anhäufens von Gütern ist allerdings, dass der Eigentümer nicht mehr in der Lage ist, diese aus eigenen Kräften gebührend zur Schau zu stellen. Neben dem Ausweis von Kennerschaft, zum Beispiel in der genauen Auswahl von Speisen und Getränken und in der Art der Durchführung von Festen, wird durch die Anhäufung von Reichtümern, die einer alleine nicht mehr nutzen kann, ein weiteres Phänomen begründet, das als stellvertretender Konsum bezeichnet wird.
- Stellvertretender Konsum („vicarious consumption“): Der delegierte Konsum wird (als Fortleben einer patriarchalischen Tradition) von Frauen übernommen, deren Aufgabe es ist, „im Interesse ihres Herrn [zu] konsumieren [...].“ (Veblen 1958 [zuerst 1899], S. 65) Ebenso gehört zu diesem Phänomen der Delegation des Konsums, dass man Freunde – zugleich aber auch Rivalen – einlädt, ihnen wertvolle Geschenke macht und sie an den großen Festen teilhaben lässt. Dabei spielt eine wichtige Rolle, dass man diesen Beobachtern des eigenen Reichtums auch verdeutlicht: Nicht nur der Eigentümer

selbst, sondern seine Familie und die darüber hinaus vorhandene Dienerschaft kann an diesen Konsummöglichkeiten aktiv partizipieren. Diese Beteiligung muss aber nicht nur in aktiver Form (Verbrauch von Gütern) erfolgen, sondern sie kann ebenso als Müßiggang an den Tag gelegt werden.

- Demonstrativer Müßiggang („conspicuous absentation from labour"): Auch der Müßiggang kennt eine demonstrative und eine stellvertretende Variante. Die demonstrative Variante meint die nicht-produktive Verwendung der Zeit. Hier ist daran zu erinnern, dass der Begriff „nicht-produktiv" sowohl ehrenvolle Tätigkeiten als auch andere Aktivitäten meint, die seitens der müßigen Klasse als das persönliche Selbstbewusstsein stärkend und erhaltend eingestuft werden. In sehr deutlicher Form beschreibt Veblen diese Ansicht wie folgt: „Feine Leute glauben fest daran, daß gewisse niedrige Arbeiten, die im allgemeinen vom Dienstpersonal verlangt werden, auch geistig anstecken müssen. Ein plebejisches Milieu, mißliche, das heißt billige Behausungen und eine im landläufigen Sinne produktive Arbeit werden ohne Zögern verurteilt und gemieden, weil sie mit dem Leben auf einer befriedigenden geistigen Ebene – mit dem »höheren Denken« – unvereinbar sind." (Veblen 1958 [zuerst 1899], S. 53) Die Abkehr von der mühsamen Arbeit (worauf auch das französische Wort „travail" im etymologischen Sinne hinweist) verbindet sich mit der konsequenten Verfolgung der Ideale des vornehmen Lebens. Kultur, Wissenschaft, Sport, Spiel, Politik, Reisen – auch hier zählt Veblen viele Beispiele auf, die ihm als Beweis einer unproduktiven Zeitvergeudung gelten. Er schreibt diesen Aktivitäten zwar durchaus einen eigenen Wert zu, betont aber, dass dieser Eigenwert alleine wohl kaum begründen kann, warum die vornehme Klasse sich konsequent auf die Pflege dieser Traditionen konzentriert hat: „Doch hätten sie sich nicht vorzüglich als Beweise einer unproduktiven Zeitvergeudung geeignet, so wäre es ihnen wohl kaum gelungen, ihre Bedeutung als konventionelle Beschäftigungen der vornehmen Klasse zu bewahren." (Veblen 1958 [zuerst 1899], S. 60) Gute Manieren, gute Erziehung, grundsätzlich also das Beherrschen eines Verhaltens, das – wie in der Ständegesellschaft – durch eine hohe Regulierungsdichte gekennzeichnet ist, macht diesen demonstrativen Müßiggang aus. Er geht einher mit zahlreichen

Differenzierungen innerhalb der vornehmen Klasse selbst, vor allen Dingen aber auch mit einem Phänomen, das wiederum in der Lage ist, Reichtum zur Schau zu stellen bzw. zu demonstrieren: der stellvertretende Müßiggang.

- Stellvertretender Müßiggang („vicarious leisure"): Das Netzwerk der Regulierungen erfasst nicht nur die Eigentümer und ihre Familien selbst, sondern auch das Dienstpersonal. Auch dieses, so Veblen, muss Verhaltensweisen an den Tag legen, die sich fehlerfrei in die Lebensführung der müßigen Klasse einbinden lassen. Die Normen, die die müßige Klasse an sich selbst stellt, werden auch an die Dienerschaft weitergereicht. Fehlerhaftes Verhalten der Dienerschaft verweist auf fehlende Zeit und Mühe einer entsprechenden Ausbildung. Unmissverständlich stellt Veblen fest: „Wenn [...] die Leistung des Dieners beschränkte Mittel des Herren verrät, verfehlt sie ihren eigentlichen Zweck, denn der Diener soll ja die Zahlungsfähigkeit seines Herrn demonstrieren." (Veblen 1958 [zuerst 1899], S. 73)

Moderne Dienstboten

„Selbst wenn man anerkennt, daß der Kapitalismus die einzige vernünftige wirtschaftliche Organisationsform ist (was ich tue), muß man einräumen, daß in dem System, bleibt es sich allein überlassen, rasch eine Reihe grundlegender Fehlfunktionen auftreten, die auch die Reichen treffen. Versuchen wir es mit einer ganz unparteiischen Darstellung. Lassen wir einmal die Masse der Arbeitnehmer beiseite, deren Löhne und Gehälter immer mehr unter Druck geraten, lassen wir auch das Gemeinwohl beiseite, für das sich bei der allgemeinen Neigung zum Defizit anscheinend niemand interessiert. Versetzen wir uns nur in die Lage der Privilegierten, versuchen wir, kurzsichtig zu sein, und schauen wir nur auf ihre Sorgen, das heißt auf das Schicksal ihrer Gewinne.

Der Zuwachs bei den Gewinnen steigert die Einnahmen der oberen Schichten, aber das Einnahmeplus hat keine materielle Substanz. Der Großteil der Gewinne existiert auf dem Papier, als Ansammlung von Zahlen, und die Besitzenden können gar nicht alles für ihren persönlichen Konsum ausgeben. Sie können ihre Ausgaben für Personal steigern und durch den Einkauf von

Dienstleistungen einen Teil des Geldes nach unten umverteilen. In den Vereinigten Staaten ist das schon in erheblichem Umfang zu beobachten. Die Entwicklung des Dienstleistungssektors hat dort nicht zu einem modernen tertiären Bereich geführt, sondern bedeutete vielmehr die Rückkehr zur alten Verschwendungssucht der aristokratischen Gesellschaften der Vergangenheit. Damals konzentrierte sich aller Reichtum bei den Adligen, und sie ernährten Heerscharen von Dienern, die in Haus und Hof arbeiteten oder für ihre Herren kämpften. Die neue Plutokratie beschäftigt heute Anwälte, Steuerberater und Wachpersonal. Die besten Analysen dieser Umverteilungsprozesse stammen immer noch von den englischen Ökonomen wie Adam Smith, die damals am Ende des 18. Jahrhunderts, die massive Umverteilung von Geld nach unten durch die Beschäftigung von Dienstboten vor Augen hatten."

Quelle: Todd 2003, S. 124f.

Zu Recht darf die Frage gestellt werden, ob diese Beschreibungen des Konsumverhaltens am Ende des 19. Jahrhunderts zutreffend waren und inwiefern sie für die Beschreibung des Konsumverhaltens der nicht zur müßigen Klasse gehörenden gesellschaftlichen Gruppen zutreffend sein können. Es wird niemanden verwundern, dass Veblens Analyse zum Zeitpunkt seiner Publikation erheblichen Widerstand auslöste. Sein Buch war zunächst auch nicht sonderlich erfolgreich. Wenn man aber die Publikationen im Bereich der Konsumforschung vom Beginn des 20. Jahrhunderts bis heute durchsieht, dann begegnet einem der Name Veblen immer wieder. Auf die Ausstrahlungseffekte, die von den Lebensweisen der müßigen Klasse ausgehen, ist bereits hingewiesen worden. Veblen selbst war der Auffassung, dass in den mittleren und unteren Klassen die demonstrative Muße einen weitaus geringeren Stellenwert als Prestigebasis hat als der demonstrative Konsum. So stellt er beispielsweise fest: „Wenn wir die gesellschaftliche Stufenleiter hinabsteigen, erreichen wir einen Punkt, an dem die Pflichten der stellvertretenden Muße und des stellvertretenden Konsums allein auf der Frau lasten. In den westlichen Ländern befindet sich dieser Punkt gegenwärtig in der unteren Mittelklasse." (Veblen 1958 [zuerst 1899], S. 90) Solange die Industriegesellschaft durch eine geschlechtsspezifische Arbeitsteilung gekennzeichnet werden konnte, dürfte diese im Jahr 1899 geäußerte Einschätzung nicht völlig falsch sein. Sie muss allerdings ergänzt werden durch die Erkenntnisse, die bezüglich des Entscheidungsverhaltens in Haushalten vorliegen[2].

Für die Zunahme des demonstrativen Konsums hat Veblen vor allem die Zunahme der Anonymität in modernen Gesellschaften verantwortlich gemacht (1.d, siehe S. 62). Es ist bereits darauf hingewiesen worden, dass er der Differenzierung von Stadt und Land in dieser Hinsicht eine wichtige Bedeutung zugeschrieben und damit auch eine Kritik an den Folgen der Urbanisierung verbunden hat. Als Konsequenz der modernen industriellen Organisation sieht er „Individuen und Haushaltungen nebeneinander leben, zwischen denen sonst keinerlei Kontakt besteht. Die Nachbarn sind gesellschaftlich gesehen oft keine Nachbarn, ja nicht einmal Bekannte und trotzdem besitzt selbst ihre flüchtige gute Meinung einen hohen Wert. Die einzige Möglichkeit, diesen unerwünschten Zeugen des privaten Lebens die eigene finanzielle Stärke vor Augen zu führen, besteht darin, diese Stärke unermüdlich zu beweisen." (Veblen 1958 [zuerst 1899], S. 94f.) Veblen weist hier sehr deutlich auf die Bedeutung von Relationen (Stichwort: Nachbarn) für den demonstrativen Konsum hin. Zugleich wird die vereinheitlichende Wirkung von Prestigenormen evident.

Trotz dieser Tendenzen zur Vereinheitlichung der Konsum- und Lebensgewohnheiten durch Nachahmung – versinnbildlicht im bereits erwähnten „Trickle down-Effekt" – geht Veblen davon aus, dass insbesondere die müßige Klasse das entscheidende Orientierungskriterium für alle übrigen sozialen Klassen darstellt. Das jeweilige Aufwandsniveau für die eigene Lebensführung orientiere sich in der Regel an der nächst höher gelegenen Klasse. Aber nicht nur die mittleren Klassen erliegen der Faszination des Prestiges, auch die unteren Klassen werden von dem Einfluss dieser Prestigenormen erfasst (vgl. Veblen 1958 [zuerst 1899], S. 93).

In Abbildung 1.2 wird dieser Einfluss von Prestigenormen am Beispiel der Orientierungsfunktion des (Groß-)Bürgertums im Deutschen Reich für das aufstrebende Kleinbürgertum verdeutlicht. Gezeigt wird, dass die expandierende Berufsgruppe der Angestellten ebenso wie Beamte Ende des 19. Jahrhunderts einen Lebensstil imitieren, der ihnen an

[2] Siehe hierzu die Ausführungen in Kapitel 4.

anderer Stelle vorgelebt wird. Zugleich erfüllt diese Nachahmung aber eine weitere Funktion: die Abgrenzung nach unten, weil man nicht zur Masse der Arbeiter, nicht zur absoluten Mehrheit gehören möchte. Diese Doppelfunktion markiert gleichsam die Grenze des beschriebenen Ausstrahlungseffekts.

Abbildung 1.2 Großbürgertum und Kleinbürgertum: der Einfluss von Prestigenormen

Der Mittelstand imitiert den großbürgerlichen Stil: Auch die Angestellten und kleinen Beamten wohnen mit Kunstblumen, drapierten Gardinen und Pianoforte

Quelle: Riedle 2004, S. 120

Die Kritik an der Dominanz bestimmter Prestigenormen verbindet sich bei Veblen mit einem deutlich erkennbaren anti-ästhetischen Habitus. An einer Stelle schreibt er hierzu unmissverständlich: „Gußeiserne Gitter und Treppen und zum Labyrinth verschlungene Wege auf ebenem Grund sind vorzügliche Beispiele einer angeblichen Nützlichkeit, die sich in dieser Form wohl am weitesten von einem ursprünglichen Empfinden für zweckmäßige Schönheit entfernt."

(Veblen 1958 [zuerst 1899], S. 138) Für Veblen scheint ausschließlich das Zweckmäßige schön zu sein.

Veblens „Theorie der feinen Leute" enthält eine Vielzahl von Beispielen zum modernen Kampf um Überlegenheit, der sich viele Austragungsorte sucht. Ob im Sport, bei der Kleidung, beim Aufwand, der in sichtbaren und nicht-sichtbaren Konsum investiert wird – überall wird erkennbar, welcher Einfluss von den jeweils gültigen Standards der Wohlanständigkeit auf alle Klassen ausgehen kann. In dieser durchdringenden Wirkung von Prestigenormen sah Veblen gleichsam auch ein zentrales Hemmnis für die Veränderung gesellschaftlicher Verhältnisse. Hunt und Sherman schreiben hierzu: „Die materialistische Kultur des Geldes war für ihn vor allem eine Kultur des Neides und der sozialen Abgrenzung. Wenn der persönliche Wert des Einzelnen vor allem an seinem nach materiellen Kriterien bestimmten Prestige gemessen wird, dann besteht eine der mächtigsten gesellschaftlichen Triebkräfte im neiderfüllten Versuch der Imitation des Lebensstils der Oberschicht; und dieses Streben war für Veblen gleichzeitig der wichtigste Garant gesellschaftlichen, wirtschaftlichen und politischen Konservatismus." (Hunt/Sherman 1993, S. 104) Für diesen Konservatismus hat beispielsweise auch Goldthorpe in seiner Analyse der britischen Arbeiterklasse Hinweise finden können (vgl. Goldthorpe u.a. 1972, S. 73ff). Die Widersprüchlichkeit und die Bedeutung, die der gesamten Analyse von Veblen attestiert werden muss (vgl. hierzu beispielsweise Riesman 1973, S. 29ff.), lassen sich abschließend an mehreren Fällen verdeutlichen. Es zeigt sich, dass Veblens Ideen in verschiedenen Diskussionszusammenhängen weiterleben und als Referenzpunkt für Kontroversen dienen:

- Als Veblen-Güter bezeichnet man Produkte, deren Nachfrage mit steigendem Preis zunimmt. Dieser auch als Veblen-Effekt bezeichnete Vorgang ist eine Steigerung des Phänomens, dass man niedrigen Preisen misstrauen müsse.
- Die demokratisierende Wirkung des Konsums mag man daran ablesen, dass in Discount-Märkten Pflegesets für den heimischen Rasen angeboten werden. Solomon stellt in der ersten Auflage seines Lehrbuchs „Consumer Behavior"[3] bezüglich des veränderten Stel-

[3] Mittlerweile in der 9. Auflage erschienen.

lenwerts des Rasens fest: „Homes, especially those of the working class, traditionally were surrounded by „useful" plants bearing fruits, vegetables and so on for the family to consume. By planting grass instead, the home owner may be saying symbolically that he or she can afford to waste this valuable space and devote it strictly to decoration." (Solomon 1992, S. 406)

- Allerdings lassen sich auch gegenläufige Phänomene beobachten. Es konkurrieren beispielsweise trickle down-Phänomene mit trickle round- und trickle up-Fällen (vgl. auch Trigg 2001). So kann der Erfolg der Jeans nicht auf das Vorbild der upper class zurückgeführt werden. Als Arbeitskleidung entstammt die Jeans der working class. Um sich von der ambitionierten, ehrgeizigen middle class abzugrenzen, nimmt die upper class wiederum Geschmacksurteile der Arbeiterklasse auf und verfremdet diese, z.B. „peasant dishes". Die Expansion der Körperkultur und gesundheitsdienlicher Aktivitäten ist ein typisches Mittelklasse-Phänomen, das kaum vorwiegend auf der Nachahmung der oberen Klasse beruht. Die Ausbreitung von neuen Musikstilen nimmt seinen Ausgangspunkt dagegen häufig in Subkulturen. Von dort bewegen sie sich allmählich in das Zentrum der Gesellschaft und werden kommerzialisiert (vgl. Karrer 1995).
- Eine neuere Form von Grenzüberschreitung wird als „omnivorousness" (vgl. Peterson/Kern 1996) bezeichnet und im Deutschen mit dem eher abschreckenden Begriff „Allesfresser" übersetzt. Gemeint ist in beiden Fällen die Diffusion von Geschmacksvorlieben über den Kern ihrer Zielgruppe hinaus. Die Kartoffelsuppe im Gourmetrestaurant beispielsweise, also einfache Gerichte in einem gehobenen Umfeld, zeigt eine andere Variante der Ausweitung des Konsumfelds. Was sich zunächst im Sinne einer Demokratisierung interpretieren ließe, erweist sich bei näherer Betrachtung als Fortführung traditioneller Differenzen mit anderen Mitteln.
- In Anlehnung an Veblen haben Sullivan und Gershuny den Begriff „inconspicuous consumption" geprägt. Sie beschreiben damit ein Phänomen, das insbesondere in höheren Einkommensgruppen mit geringer Freizeit zu beobachten ist. Es werden viele Verbrauchsgüter gekauft, aber der Gebrauch findet nur sporadisch oder gar nicht statt: „Expensive leisure goods that symbolize a wished-for-self-identity or lifestyle are purchased by high-income earners with little

leisure time. [...] the purchased goods remain ‚in storage' at home as symbols of a potential but unrealized and, in the meantime, unrealizable future." (Sullivan/Gershuny 2004, S. 79) Dem gestressten Manager beispielsweise, der aufgrund mangelnder Freizeit nur die vage Aussicht auf das tatsächliche Golfspielen hat, erlaubt die teure Ausrüstung im Schrank zumindest die Vorstellung „to be, one day ‚the sort of person who' [...]" (ebenda, S. 90).

1.5 „Zwischen Produktion und Konsum ..." David Riesman und die egalisierenden Tendenzen des Wohlstands

Während die „Theorie der feinen Leute" sich zunächst nicht als Bestseller entpuppte, war es im Falle des Buchs „The lonely crowd" (zu Deutsch: „Die einsame Masse") überraschenderweise anders. Fleck schreibt in seinem Nachruf auf David Riesman (1909-2002), dass dieser zunächst eine naturwissenschaftliche und dann juristische Ausbildung genoss und sich erst in den 1940er Jahren mit sozialwissenschaftlichen Fragen befasste: „Das Buch wurde zu Riesmans eigener Überraschung ein, ja der erste soziologische Bestseller." (Fleck 2002, S. 816) Während Veblen die Anfänge einer sich industrialisierenden Welt beobachtete und analysierte, ist Riesmans Buch bereits eine Deutung der modernen industrialisierten Welt. Es ist eine sozialwissenschaftliche Analyse, die verschiedene Stadien der Gesellschaftsentwicklung hinsichtlich der dort dominierenden Verhaltensweisen betrachtet. Riesman spricht von den Wandlungen des Charakters (hier dokumentiert sich beispielsweise der Einfluss von Erich Fromm und der Kulturanthropologin Margaret Mead, vgl. Fleck 2002, S. 816) und meint damit Formen von Verhaltenskonformität, deren Ursache als sozial bezeichnet werden kann. Idealtypisch unterscheidet Riesman drei Charaktere:

- Die traditionsgeleitete Gesellschaft wird dominiert von einem Verhaltenstypus, der von Sitten, Bräuchen, im weiteren Sinne also von überliefertem Erfahrungswissen geleitet wird. Der traditionsgeleitete Mensch ist eher der Vergangenheit verpflichtet und nicht der

Zukunft zugewandt. Die Situationen, die dieser Typus durchlebt, sind durch Homogenität und einen geringen Wechsel äußerer Impulse gekennzeichnet.

- Charakteristisch für die innen-geleitete Gesellschaft sind Individuen, die ihre Entscheidungen nicht an den Prinzipien der Vergangenheit orientieren, sondern sich den Herausforderungen der jeweiligen Situation stellen. Man könnte auch sagen, dass diese Phase der Innenlenkung eine Epoche beschreibt, in der der Weg in die Moderne beschritten wird. Dieser Weg ist durch eine enthaltsame Lebensführung einerseits und ein Leistungsstreben andererseits gekennzeichnet. Die Phase der Innenlenkung wird dominiert durch die Produktion, nicht durch den Konsum.
- Anders verhält es sich mit der außen-geleiteten Gesellschaft, die im Grunde genommen die Früchte aus der Phase der Innenlenkung nun ernten darf, letztlich ernten muss, weil infolge der prosperierenden Massenproduktion die Notwendigkeit des Verbrauchs dieser Güter evident wird. Auch der französische Ökonom Fourastié stellte fest: „Ohne technischen Fortschritt konnte die Produktion nicht steigen; ohne steigende Produktion kann natürlich auch der Verbrauch nicht steigen; ohne steigenden Verbrauch kann sich die Wahl der Konsumenten nicht auswirken und die Struktur der Produktion verändern!" (1969, S. 103) Noch entscheidender aber ist, dass im Unterschied zum innen-geleiteten Menschen, der sich auf persönliche und verinnerlichte Werthaltungen prinzipieller Art bezieht, der außen-geleitete Mensch mehr und mehr dem Urteil seiner Mitwelt ausgesetzt wird und sein Verhalten an Fragen der sozialen Anerkennung ausrichtet. Insofern sind für ihn sowohl die Informationen seines unmittelbaren Umfelds als auch Beobachtungen, die nicht unbedingt der unmittelbaren Erfahrung entspringen, von wachsender Bedeutung. Sehr deutlich hat Schelsky die Position von Riesman umschrieben: „Riesman macht ernst mit einem Bild des Menschen, dessen Welt primär aus Zeitungspapier und sonstigen publizistischen Informationen besteht." (Schelsky 1958, S. 11f.)

Es sind nicht nur diese Interpretationen gewesen, sondern auch die Art und Weise, wie das gesamte Buch konzipiert ist, die erklären, warum es zu dem außergewöhnlichen Erfolg trotz vehementer Kritik an der (empirischen) Vorgehensweise gekommen ist. Sennett jedenfalls warf der modernen Soziologie vor gut einem Jahrzehnt vor, dass sie keine Vorstellung mehr von der „Gesellschaft" habe (vgl. Sennett 1994, S. 61). Mit Hilfe von Riesmans Buch dagegen könne man nach seiner Auffassung noch eine Vorstellung von dieser erhalten, die in alle Bereiche des Lebens hineinreicht: Familie, Freizeit, Beruf, Politik und Religion. Die Betonung der Wirkkraft publizistischer Informationen ist in diesem Zusammenhang ein wichtiger Baustein der Erklärung.

Auch Riesman beschreibt einen Typus, der sich insbesondere in den Vorstädten der amerikanischen Großstädte auszubreiten beginnt, einen mittelständisch-bürgerlichen Typus, der sich aus einer sukzessiven Anpassung an die Lebensgewohnheiten der modernen Gesellschaft herauskristallisiert: eine Verbürgerlichung der Gesellschaft als Ganzes, die sowohl „white collar worker" als auch „blue collar worker" erfasst. Außenlenkung wird für Riesman somit in der Mitte des 20. Jahrhunderts zu einer signifikanten Erscheinung. Diese Phänomene treten besonders dort hervor, wo sich eine Vielzahl von Menschen mangels fehlender Einbindung in Primärgruppen an Informationen über die öffentliche Meinung orientieren. An einer Stelle schreibt Riesman: „[...] scheinen mir die heutigen Großstädte Amerikas ein angemessenes Beispiel (möglicherweise gibt es bisher kein anderes) für eine Gesellschaft, in der die Außenlenkung die vorherrschende Art der Konformitätssicherung ist. [...] Will man unsere sozialen Charaktertypen den verschiedenen sozialen Schichten zuordnen, kann man sagen, daß die Innenlenkung den Charaktertypus des alten Mittelstandes darstellt – das sind der Bankier, der Händler, der kleine Unternehmer, der Ingenieur usw. – während die Außenlenkung zum typischen Charaktermerkmal des neuen Mittelstandes wird – personifiziert durch den Bürokraten, den kaufmännischen Angestellten usw." (Riesman 1958, S. 36) Innenlenkung galt somit als Synonym für Prinzipientreue, zielgerichtetes Handeln, eigenständigen Charakter, Beharrlichkeit, Unternehmungsgeist, Knappheitsbewusstsein. Das Verhältnis von Arbeit und Freizeit ist eindeutig nicht durch letztere dominiert. Im Zentrum steht die Produktion und das Produkt, nicht so sehr der jeweilige Verwendungszweck. Vergnügen und Konsum galten als Nebensache und sie wurden auch als Nebenschauplätze behandelt. Diese Nebenschauplätze beschreibt

Riesman auch als Flucht nach oben (Kunst und Kultur) und unten (Besuch von Tanzveranstaltungen, Lesen von „Schauerromanen").

Dieser geringe Stellenwert des Vergnügens wird in Max Webers Analysen der Wahlverwandtschaft von Religion und Kapitalismus ebenfalls (vgl. Weber 1978 [zuerst 1904/05]) betont. Eine von ethischen Prinzipien dominierte Lebensführung zeichnet sich durch konsequentes Erwerbsstreben und ebenso konsequenten Konsumverzicht aus. Colin Campbell (1987) legte eine konkurrierende Erklärung vor. Weber habe seine Protestantismusthese vorwiegend mit Quellenmaterial aus dem 17. Jahrhundert untermauert und den Einfluss von Skeptizismus und Aufklärung auf die Lösung des Theodizee-Problems (hier insbesondere die Hoffnung auf Erlösung) nicht berücksichtigt. Während Max Weber beispielsweise eine Verbindung von Puritanismus und Kapitalismus beschrieb, fokussierte Campbell daher eine Verbindung von Puritanismus und Romantik. Er sah in der westlichen Kultur eine Zwillingskultur, in der sich romantische und puritanische Züge ergänzen. Campbell geht davon aus, dass bereits im 18. Jahrhundert moderne Konsumstrukturen in England zu beobachten gewesen seien (vgl. hierzu insbesondere McKendrick et al. 1982). Für Campbell liegt die Bedeutung der Romantik darin, dass die Menschen der damaligen Zeit Gefühle als eine Quelle des Vergnügens entdeckten, was sich unter anderem in Autobiografien und Tagebüchern niedergeschlagen hat, die zunächst Ausdruck eines Mitleids des Menschen mit den Menschen gewesen seien. Die darin geäußerten Vorstellungen und Träume seien aber auch eine Art Flucht gegen den Rationalismus und eine asketische bürgerliche Lebensform gewesen. Dieser Sentimentalismus schuf die Grundlage für einen Gegenpol, der sich dem funktionierenden Arbeitsablauf einer von puritanischen Werten geprägten Gesellschaft entgegenstellte und eine Kultur begründete, die Vergnügen gestattete. Die Suche nach Genuss und Vergnügen wird hier von der reinen Bedürfnisbefriedigung abgegrenzt. Der Titel seines Buches, „The Romantic Ethic and the Spirit of modern Consumerism" weist bewusst strukturelle Analogien zum Titel des Werks von Max Weber auf. Weber suchte nach den ethischen Orientierungen, „die dem Kapitalismus ungewollt zum Durchbruch verholfen haben" (Knobloch 1994, S. 28). Campbell dagegen will zeigen, dass „die bürgerlichen Mittelschichten verschiedener europäischer Länder im 18. Jahrhundert nicht trotz, sondern wegen ihres puritanischen Erbes zunehmend das Bedürfnis entwickelten, am Modegeschmack der Zeit teilzunehmen. Ihr Hauptmotiv war das von ihnen vom pietistisch-sentimentalistischen Zweig des Protestantismus vermittelte Gefühl, daß das Bezeugen mitmenschlicher Sensibilität im allgemeinen und des guten Geschmacks im besonderen Tugendhaftigkeit und Charakterstärke beweise." (Knobloch 1994, S. 30)

In Riesmans Konzeption war Berufserfüllung gleich Lebenserfüllung. Produktion war ein technisch-rationaler Prozess, der im Gegensatz zur außen-geleitenden Phase nicht primär als durch menschliche Zusammenarbeit bestimmt erlebt wurde. Nicht die menschliche Natur sollte bewältigt werden, sondern die materielle Natur. Außenlenkung dagegen bedeutet, dass ein individualistisches Gewissen durch ein soziales Gewissen überlagert wird. Das Zurücktreten innerer Maßstäbe und Grundhaltungen eröffnet gleichsam neue Chancen der Verhaltenskoordinierung, die in vielen Feldern des Konsum- und Freizeitverhaltens Lenkungsfunktionen übernehmen. Die Verbraucherhaltung wird zu einer dominanten Reaktionsform (vgl. auch Schelsky 1958, S. 13). Der außen-geleitete Mensch wird mit einer bis dahin in dieser Deutlichkeit nicht bekannten Form der Verhaltensbeeinflussung konfrontiert, die sich aus der Notwendigkeit der Durchsetzung von Massenproduktion einerseits und einer Erhöhung des Güteraustausches andererseits ergibt.

Ein expandierender Markt, der sich darauf konzentriert, den Verbraucher in seinen Entscheidungen zu beraten, trifft nach Riesman auf Verbrauchergruppen, die angesichts der Dominanz dieser häufig über Massenmedienangebote vermittelten Empfehlungen mehr und mehr in einen Zustand der Urteilsunsicherheit überführt werden. Deshalb benötigen sie zum Zwecke eines angemessenen Verhaltens nicht nur dieses Urteil, sondern auch die Zustimmung der Zeitgenossen (1.e, siehe S. 67). Dieser als zirkuläre Verstärkung beschreibbare Prozess prägt in besonderer Weise die Konsumgesellschaft und die in ihr zu beobachtenden Abläufe.

Weil Riesman stets auf einer eher idealtypischen Ebene argumentiert, bleiben einige Fragen zurück, die er zum Teil selbst antizipiert. So könnte man den Vorwurf formulieren, dass trotz der wachsenden Bedeutung von Kino, Unterhaltungsliteratur und Vergnügungsindustrie und trotz der damit verbundenen Manipulationsversuche die damit einhergehenden Steigerungen der Lebensqualität nicht übersehen werden dürfen. Ebenso ist nicht immer eindeutig bestimmbar, ob nun die außen-geleitete Gesellschaft eine von demonstrativem Konsum beherrschte Gesellschaft ist. Auch wenn Riesman darauf verweist, dass der geltungssüchtige Verbraucher Veblens sich eher aus den Verpflichtungen, die seine soziale Stellung mit sich bringen, ergibt, und der außen-geleitete Verbraucher eher den Erlebnis- und Erfahrungsgehalt, weniger aber die Objekte selbst in den Vordergrund stellt, bleibt die qualitative Differenz dieser unterschiedlichen Verhaltenskoordinierungen nicht eindeutig bestimmbar (vgl. Riesman 1958, S. 129). Die entscheidende Differenz zwischen der innen- und außen-geleiteten Epoche scheint somit tatsächlich darin zu liegen, dass der aufkommende Massenkommunikationsmarkt und die in ihm angesiedelten Institutionen an einer Institutionalisierung von Modeerscheinungen interessiert sind. Dem außen-geleiteten Verbraucher fällt es zusehends schwer, seine Geschmäcker und Interessen längerfristig auf bestimmte Produkte und Dienstleistungen zu konzentrieren. Zugleich steigt seine Offenheit für Variationen seines äußeren Erscheinungsbildes, was sich insbesondere in der Einflussnahme auf Kleidungspräferenzen niederschlägt, sei es im Bereich der Arbeit oder der Freizeit. Ähnlich wie Veblen verbindet Riesman mit seiner Analyse eine Erwartung an die zukünftige gesellschaftliche Entwicklung: „Die Idee, daß die Menschen frei und gleich geschaffen sind, ist wahr und zugleich irreführend: Die Menschen sind verschieden geschaffen und sie verlieren ihre soziale Freiheit und ihre individuelle Autonomie, wenn sie versuchen, einander gleich zu werden." (Riesman 1958, S. 320) Er artikuliert somit die Hoffnung, dass der moderne Mensch nicht völlig in den Ansprüchen einer Gesellschaft aufgeht, die den Bereich von Konsum und Freizeit durch eine neue Form von Regulierungsdichte überzieht, die den Anschein einer Egalisierung der Lebensverhältnisse vermitteln soll.

Unverkennbar aber zeigen diese beiden hier exemplarisch herausgegriffenen Analysen aus der Entstehungsphase der Konsumgesellschaft, dass sich mit einer Neubestimmung des Verhältnisses von Produktion und Konsum nicht nur ökonomische Fragen verbinden, sondern mittel- und langfristig auch das Erscheinungsbild einer Gesellschaft grundlegend verändert wird. Ebenso wichtig ist die Erkenntnis, dass durch diese Veränderungen die Beschreibung und Analyse dieser Gesellschaften einem permanenten Spannungsfeld und Wechselverhältnis von

Differenzierung und Integration ausgesetzt ist. Darauf wird insbesondere auch in Kapitel 4 einzugehen sein.

Zum Weiterlesen:

Braudel, Fernand (1985): Sozialgeschichte des 15. - 18. Jahrhunderts. Der Alltag. [Aus dem Franz.]. München.

König, Wolfgang (2000): Geschichte der Konsumgesellschaft. Stuttgart (Vierteljahrschrift für Sozial- und Wirtschaftsgeschichte: Beihefte, 154).

Siegrist, Hannes u.a. (1997) (Hrsg.): Europäische Konsumgeschichte: Zur Gesellschafts- und Kulturgeschichte des Konsums (18. bis 20. Jahrhundert). Frankfurt am Main, New York.

Beispieltexte[4] zu Kapitel 1:

1.a Werner Sombart
(1967): Liebe, Luxus, Kapitalismus. [zuerst 1922]. München. Duncker & Humblot.

Begriff und Wesen des Luxus
S. 71-127

„Luxus ist jeder Aufwand, der über das Notwendige hinausgeht. Der Begriff ist offenbar ein Relationsbegriff, der erst einen greifbaren Inhalt bekommt, wenn man weiß, was „das Notwendige" sei. Um dieses festzustellen, gibt es zwei Möglichkeiten: man kann es subjektiv in einem Werturteile (ethischer, ästhetischer oder welcher Art immer) verankern. Oder man kann einen irgendwelchen objektiven Maßstab ausfindig zu machen suchen, an dem man es ausmessen kann. Als solcher bietet sich entweder die physiologische Notdurft des Menschen oder dessen dar, was man die Kulturnotdurft nennen kann. Jene ist nur je nach den Klimaten, diese je nach der historischen Epoche verschieden. Man hat es in der Hand, die Grenze der Kulturnotdurft oder des Kulturnotwendigen beliebig zu ziehen (wird aber gebeten, diesen Willkürsakt nicht mit der oben erwähnten subjektiven Wertung zu verwechseln).

Luxus hat dann aber einen doppelten Sinn: er kann quantitativ oder qualitativ ausgerichtet sein.

Luxus im quantitativem Sinne ist gleichbedeutend mit „Vergeudung" von Gütern: wenn man hundert Dienstboten hält, wo einer „genügt", oder wenn man drei Schwefelhölzer auf einmal ansteckt, um sich die Zigarre anzuzünden. Luxus in qualitativem Sinne heißt Verwendung besserer Güter. Luxus in quantitativem und

[4] Zur Bearbeitung der Beispieltexte siehe die Hinweise am Ende der Einleitung.

Luxus in qualitativem Sinne können sich vereinigen (und sind in Wirklichkeit meist vereinigt). [...]

Aber bedeutsam für die Entfaltung des Luxus wird die Großstadt vor allem dadurch, daß sie ganz neue Möglichkeiten heiterer und üppiger Lebensführung und damit neue Formen des Luxus schafft. Sie überträgt die Feste, die bis dahin die Höflinge im Schlosse des Fürsten allein gefeiert hatten, auf breite Schichten der Bevölkerung, die nun ebenfalls sich ihre Stätten schaffen, wo sie ihren Vergnügungen regelmäßig nachgehen. Als Ende des 18. Jahrhunderts der Fürst von Monaco nach dem Tode des bei ihm verstorbenen Herzogs von York auf die Einladung des Königs nach England kam und am Abend die vielen Lichter auf den Straßen und in den Schaufenstern der bis 10 Uhr geöffneten Läden erblickte, bildete er sich ein, die ganze Beleuchtung sei ihm zu Ehren veranstaltet worden: in dieser Anekdote spiegelt sich wunderhübsch die grundsätzliche Umwandlung wider, die sich um jene Zeit zu vollziehen freilich erst eben anfing: an die Stelle streng privater Luxusentfaltung tritt eine Art von kollektiver Luxusgestaltung."

1.b Denis Diderot

(1993): Gründe meinem alten Hausrock nachzutrauern. Über die Frauen. Zwei Essays. [Aus dem Franz., zuerst 1772, übersetzt von Hans Magnus Enzensberger]. Berlin. Friedenauer Presse.

Gründe, meinem alten Hausrock nachzutrauern
S. 3-9

„Warum habe ich ihn nicht behalten? Er paßte zu mir, ich paßte zu ihm. Er schmiegte sich jeder Wendung meines Körpers an; er hat mich nie gestört; er stand mir so gut, daß ich mich ausnahm wie von Künstlerhand gemalt. Der neue, steif und förmlich, macht mich zur Schneiderpuppe. Kein Bedürfnis, dem der alte nicht entgegengekommen wäre; denn fast nie hat die Armut etwas dagegen, sich nützlich zu zeigen. Lag Staub auf einem Buch, schon bot sich einer seiner Zipfel an, ihn abzuwischen. War mir die Tinte eingetrocknet und wollte nicht mehr aus der Feder fließen, so lieh er mir einen Ärmel: lange schwarze Streifen legten von den häufigen Diensten, die er mir geleistet hat, Zeugnis ab. An diesen Tintenspuren war der Mann der Literatur, der Schriftsteller, der arbeitende Mensch zu erkennen. Und heute? Ich sehe aus wie ein reicher Tagedieb, man sieht mir nicht mehr an, wer ich bin.

Unter seinem Schutz hatte ich, weder das Ungeschick des Dieners noch mein eigenes, weder Feuer noch Wasser zu fürchten. Ich war ganz und gar Herr meines alten Hausrocks; ich bin zum Sklaven des neuen geworden. [...]

Ich seufze nicht, mir kommen keine Tränen; doch immer wieder sage ich mir: Verdammt soll er sein, der Kerl, der auf die Idee gekommen ist, aus einem Stück gewöhnlichen Stoffs eine Kostbarkeit zu machen, indem er ihn scharlachrot färbte! Verfluchtes Luxuskleid, dem ich meine Reverenz erweise! Wo ist er hin, mein bescheidener, mein bequemer Wollfetzen?

Liebe Freunde, haltet an den Freunden fest, die euch geblieben sind. Fürchtet die Schläge des Reichtums! Laßt euch mein Beispiel eine Lehre sein. Die Armut hat ihre Freiheiten, der Reichtum seine Zwänge. [...]

Mein alter Hausrock und der ganze Plunder, mit dem ich mich eingerichtet hatte – wie gut paßte eins zum andern! Ein Stuhl aus Rohr, ein Tisch aus Holz, eine Bergamo-Tapete, halb Hanf halb Seide, ein fichtenes Brett, auf dem ein paar Bücher standen, einige verräucherte Stiche ohne Rahmen, einfach auf die alte Wandtapete genagelt; unter den Kupferstichen drei oder vier Gipsabgüsse; das alles paßte in seiner Kargheit aufs allerschönste zu meinem alten Hausrock.

Jetzt ist alles aus den Fugen. Die Übereinstimmung ist dahin, und mit ihr das richtige Maß, die Schönheit. [...]

Das ist der unselige Hang zur Konvention. Es ist das Zartgefühl, das alles ruiniert, der anspruchsvolle Geschmack, der alles verändert, ausrangiert, verschönert, das Oberste zuunterst kehrt; der die Ersparnisse der Väter plündert, die Mitgift der Töchter aufzehrt, die Ausbildung der Söhne gefährdet. Er, der so viele schöne Dinge und so viele Übel hervorbringt, er ist es, der mir statt meines alten Holztisches dieses unselige, kostbare bureau-plat aufgenötigt hat, er ist es, der ganze Völker zugrunderichtet; ja, vielleicht wird der gute Geschmack es sein, der eines Tages meine Habseligkeiten auf die Brücke von Saint-Michel zur Versteigerung schleift, und die heisere Stimme des Auktionators wird dazu rufen: Zwanzig Louis d'or für eine sitzende Venus! [...]

Von meiner früheren, simplen Einrichtung ist mir nur noch ein Flickenteppich geblieben. Dieser armselige Vorleger verträgt sich kaum mit meinem Luxus; das ist mir klar. Aber ich habe mir geschworen und ich schwör's mir heute noch [...], daß ich diesem alten Stück die Treue halten werde, so wie der Bauer, der sich aus seiner Hütte ins Königsschloß versetzt sieht, seine Holzpantoffeln anbehält. Wenn ich am frühen Morgen im prächtigen Scharlachrock mein Arbeitszimmer betrete und ich senke den Blick, dann finde ich ihn wieder, meinen Flickenteppich, er erinnert mich an meine frühere Lage, und mein Stolz bleibt mir im Halse stecken.

Nein, mein Freund, nein; noch bin ich nicht korrumpiert! Meine Tür steht jedem offen, der sich in seiner Not an mich wendet; er wird mich zugänglich finden; ich höre ihn an, ich bedaure ihn, ich rate und helfe, so gut ich kann. Mein Herz hat sich nicht verhärtet, ich spiele nicht den Erhabenen. Mein Rücken ist so breit wie früher, und er trägt seine Last. Es herrscht der alte Ton, freimütig und mitfühlend. Mein Luxus ist neuen Datums, und das Gift hat noch nicht gewirkt. Aber wer weiß, wohin das führt? Was ist von einem Menschen zu erwarten, wenn es soweit kommt, daß er seine Tochter vergißt, sich in Schulden stürzt und aufhört, sich um seine Familie zu kümmern, statt sparsam zu wirtschaften und Vorsorge zu treffen?"

1.c Grant McCracken
(1988): Culture and Consumption. New Approaches to the Symbolic Character of Consumer Goods and Activities. Bloomington, Indianapolis. Indiana University Press.

Diderot Unities and the Diderot Effect
S. 118-124

„"Diderot unities" are highly consistent complements of consumer goods. The "Diderot effect" is a coercive force that maintains them. The unity and the effect, named here for the French Enlightenment philosopher Denis Diderot, are key instruments with which culture controls consumption. The Diderot effect is especially interesting because it can operate in two quite different ways. It can constrain the consumer to stay within his or her existing patterns of consumption. But in a second mode, it can force the consumer to transform these patterns of consumption beyond all recognition. [...]

The first person to document the unity and the effect considered here was Denis Diderot (1713-1784). As chief editor and author of the Encyclopedie, Diderot was an important contributor to the codification and advancement of knowledge in eighteenth-century France. The Philosophe tradition and Diderot's own temperament moved him to treat weighty issues in a witty, lighthearted manner [...]. It is therefore characteristic of both the scholar and his time that Diderot should have presented the momentous discovery with which we are concerned here in a good-natured little essay entitled, "Regrets on Parting with My Old Dressing Gown". [...]

Diderot's troubled observations help to suggest that the consumer goods in any complement are linked by same commonality or unity. They suggest that these things have a kind of harmony or consistency and therefore somehow "go together." We shall call these patterns of consistency "product complements" and, in honor of their observer, "Diderot unities."

Diderot unities are well known to and daily exploited by advertisers, designers of all kinds, and, of course, the individual consumer, but they are less well understood by social scientists. […]

Let us examine why it is that some consumer goods appear to "go together." Let us consider why certain complements of these goods have a cultural consistency. There are three related aspects to this question. The cultural consistency of consumer goods reflects (1) the nature of the meaning that is contained in things, (2) the way in which this meaning enters into things, (3) the manner in which the meaning of things is communicated by the "object code."

[…] The meaning of consumer goods stems from their place in a system of goods and the relationship of this system to a system of cultural categories. For example, the Rolex watch takes its meaning from its relationship to all the other extant brands of watches and the way in which this product set corresponds to (and therefore represents) cultural categories of person, place, time, and occasion. The Rolex is associated with particular cultural categories of class, sex, age, and occasion because of the overall correspondence between the system of watches and the system of cultural categories.

It is this correspondence between cultural categories and consumer goods that helps determine which goods will go together. All product categories are organized in order to correspond to the same set of cultural categories. This means, perforce, that all product categories must also correspond to one another. It is therefore possible to take each product category and line it up with every other product category, so that their internal distinctions exist in parallel. […] It becomes possible to match, for example, the system of watches to the system of cars and to determine, in a general way, which watch "goes" with which car.[...]

The second part of the answer to the mystery of the Diderot unity stems from how meaning gets into things. One of the ways in which meaning gets into things is through the advertising and fashion system. In order to get meaning into things, creative directors and fashion/product designers discover structural equivalents and draw them together in the compass of an advertisement to demonstrate that the meaning that inheres in the advertisement also inheres in the product in question. We are the careful students of these commercial messages and, as a result, we are constantly being instructed in both the correspondences between product categories and the unities that issue from them. In this way the advertising and the fashion system first draw from, and then contribute to, the consistencies of the object code. They are constantly instructing us in what things go together.

A second and, in some ways, more interesting aspect of the meaning assignment process is the role played by innovative groups. Groups, such as hippies, yuppies, and punks inevitably engage in the creative acts of consumer selection and combination when they ransack the consumer world for their own, highly characteristic, complement of consumer goods. When they do so they help create new patterns of product consistency. [...]

The final part of the answer to the cultural consistency of consumer complements is to be found in the nature of material culture communication. [...] Material cultural messages are most successful when they are made up of "highly redundant, mutually presupposing elements" and less successful when they consist in novel combinations. This is in the very nature of nonlinguistic communication, according to Jakobson (1971), and applies equally to clothing, housing, cars, and all consumer goods. It appears to be the case that consumer goods do not communicate well when they exist in isolation or in heterogeneous groups. The meaning of a good is best (and sometimes only) communicated when this good is surrounded by a complement of goods that carry the same significance. Within this complement, there is sufficient redundancy to allow the observer to identify the meaning of the good. In other words, the symbolic properties of material culture are such that things must mean together if they are to mean at all. Product complements create the associations that supply the companion products for any particular good that help to make its meaning clear. The nature of product communication is therefore another factor that encourages things to go together.

There are, then, at least three good reasons why there should be complements of consumer goods unified by a cultural consistency. The nature, the origins, and the communication of the cultural meaning of consumer goods all help to encourage this consistency. Goods "go together" in large part because their symbolic properties bring them together. It is the cultural, meaningful aspects of goods that help to give them their secret harmonies. It remains to consider the cultural force that help to preserve these harmonies in individual lives. [...]

For formal purposes, the Diderot effect may be defined as "a force that encourages the individual to maintain a cultural consistency in his/her complement of consumer goods." In his "Dressing Gown" essay, Diderot gives us the Diderot effect in a novel and therefore especially conspicuous form. On this occasion, it forced Diderot to take the cultural meaning of a new good (i.e. the dressing gown) as the carrier of privileged meaning and make all the rest of his possessions consistent with it. Normally, however, the Diderot effect works to preserve the cultural significance of the existing set of goods and to bar the entry of goods like Diderot's "scarlet intruder." Indeed, if Diderot had been ruled by the conventional operation of the Diderot effect, he would never have worn the new dressing gown, written "Regrets on Parting with My Old Dressing Gown," or had his name used for present nominal purposes.

What then is the Diderot effect? It operates in three ways. In its most straightforward manifestation, it works to prevent an existing stock of consumer goods from giving entry to an object that carries cultural significance that is inconsistent with that of the whole. In a second, radical, mode, it operates as it did in the case of Diderot's dressing gown, to force the creation of an entirely new set of consumer goods. In a third capacity, the Diderot effect is deliberately manipulated, exploited by the individual to symbolic purpose."

1.d Thorstein Veblen

(1958): Theorie der feinen Leute. [Aus dem Amerik., zuerst 1899]. Köln, Berlin. Kiepenheuer & Witsch.

Der demonstrative Konsum
S. 93-101

„In jeder hoch industrialisierten Gesellschaft beruht das Prestige letzten Endes auf der finanziellen Stärke, und die Mittel, um diese in Erscheinung treten zu lassen, sind Muße und demonstrativer Konsum. Beide Methoden finden sich demgemäß bis fast ans Ende der sozialen Stufenleiter, wo sie größtenteils an Frau und Kinder delegiert werden. Noch weiter unten, nämlich dort, wo selbst der Anschein von Muße auch für die Frau unmöglich geworden ist, bleibt wenigstens der demonstrative Konsum von Frau und Kindern aufrechterhalten. Auch der Mann kann in dieser Beziehung etwas leisten, was er in der Tat auch für gewöhnlich tut. Wo aber wirkliche Not zu herrschen beginnt, nämlich am Rand der Elendsquartiere, verzichten Mann und Kinder praktisch auf den Verbrauch teurer Güter um des Scheins willen, so daß die Frau als einzige die finanzielle Wohlanständigkeit des Haushaltes aufrechterhält. Keine Klasse, nicht einmal die allerärmste, versagt sich jeglichen demonstrativen Verbrauch. Die letzten dieser Güter werden nur unter dem Druck äußerster Not aufgegeben. Unglaubliches Elend und unsagbare Entbehrungen werden erlitten, bevor der letzte Schmuck, der letzte Schein der Wohlanständigkeit weggegeben wird. Es gibt heute weder eine Klasse noch ein Land, welches die physische Notwendigkeit so tief hat sinken lassen, daß man sich jede Befriedigung dieses höheren geistigen Bedürfnisses versagen würde.

Aus diesem Überblick über die Entwicklung der demonstrativen Muße und des demonstrativen Konsums scheint hervorzugehen, daß der Nutzen, den beide Institutionen für das Prestige besitzen, in dem ihnen beiden gemeinsamen Element der Vergeudung und Verschwendung liegt. Im einen Falle handelt es sich um eine Verschwendung von Zeit und Mühe, im anderen um die Vergeudung von Gütern. Beides sind Methoden um den persönlichen Besitz zur Schau zu stellen, und beide gelten als gleichwertig. Die Wahl zwischen ihnen ist eine bloße Frage des besseren Effekts, außer wenn noch weitere Probleme der Schicklichkeit mit anderem Ursprung im Spiele sind. So mag in den verschiedenen Stadien der wirtschaftlichen Entwicklung die eine oder andere Methode vorgezogen werden, doch die Frage bleibt im Grunde immer dieselbe, nämlich welche der beiden Methoden jene Personen wirksamer beeinflussen wird, an deren Meinung einem gelegen ist. Dieses Problem ist je nach den Umständen in verschiedener Weise gelöst worden.

Solange die Gesellschaft oder die Gruppe so klein und so übersichtlich ist, daß die Sichtbarkeit, die bloße Offenkundigkeit einer Tatsache genügt, um sie bekannt zu machen, das heißt, solange die menschliche Umwelt, an die sich der Einzelne mit Rücksicht auf das Prestige anpassen muß, aus persönlichen Bekanntschaften und nachbarlichem Klatsch besteht, solange ist die eine Methode so gut wie die andere, was für die frühen Stadien der gesellschaftlichen Entwicklung zutrifft. Doch mit zunehmender sozialer Differenzierung wird es nötig, eine größere menschliche Umwelt zu berücksichtigen, weshalb allmählich der Konsum als Beweis von Wohlanständigkeit der Muße vorgezogen wird. Dies gilt besonders für das spätere friedliche Stadium. Hier rücken die Kommunikationsmittel und die Mobilität der Bevölkerung den Einzelnen ins Blickfeld vieler Menschen, die über sein Ansehen gar nicht anders urteilen können als gemäß den Gütern (und vielleicht der Erziehung), die er vorzeigen kann.

Die moderne industrielle Organisation wirkt sich auch noch in anderer Weise aus. Oft erfordert sie nämlich, daß Individuen und Haushaltungen nebeneinander leben, zwischen denen sonst keinerlei Kontakt besteht. Die Nachbarn sind gesellschaftlich gesehen oft keine Nachbarn, ja nicht einmal Bekannte, und trotzdem besitzt selbst ihre flüchtige gute Meinung einen hohen Wert. Die einzige Möglichkeit, diesen unerwünschten Zeugen des privaten Lebens die eigene finanzielle Stärke vor Augen zu führen, besteht darin, die Stärke unermüdlich zu beweisen. In der modernen Gesellschaft begegnen wir außerdem einer Unzahl von Personen, die nichts von unserem privaten Dasein wissen – in der Kirche, im Theater, im Ballsaal, in Hotels, Parks, Läden usw. Um diese flüchtigen Beschauer gebührend zu beeindrucken und um unsere Selbstsicherheit unter ihren kritischen Blicken nicht zu verlieren, muß uns unsere finanzielle Stärke auf der Stirn geschrieben stehen, und zwar in Lettern, die auch der flüchtigste Passant entziffern kann. Deshalb wird wohl in der künftigen Entwicklung der Wert des demonstrativen Konsums jenen der demonstrativen Muße weit überflügeln.

Bemerkenswert ist ebenfalls, daß der Konsum als Prestigemittel wie als Zeuge der Wohlanständigkeit in jenen Schichten der Gesellschaft am beliebtesten ist, wo auch der menschliche Kontakt des Individuums am größten und die Mobilität der Bevölkerung am stärksten ist. Der demonstrative Konsum verschlingt nämlich einen relativ größeren Teil des Einkommens der städtischen als der ländlichen Bevölkerung. Daraus geht hervor, daß die Städter, um den Schein zu wahren, in größerem Ausmaß von der Hand in den Mund leben als die Landbevölkerung. Der amerikanische Farmer, seine Frau und seine Töchter tragen auffällig weniger modische Kleider, sind bedeutend weniger gewandt in ihren Manieren als eine städtische Handwerkerfamilie mit gleichem Einkommen. Der Grund liegt weder darin, daß die städtische Bevölkerung in höherem Maß auf jene besondere Selbstzufriedenheit erpicht wäre, die der demonstrative Konsum mit sich bringt, noch darin, daß die Landleute geringeres Interesse an der finanziellen Wohlanständigkeit besäßen. Er mag wohl eher darin zu suchen sein, daß der Anreiz zu konsumieren in der Stadt entschieden größer ist, weshalb man hier auch bereitwilligst nach der genannten Methode greift; im Kampf der Rivalitäten erhöht sich dann das durchschnittliche Niveau des demonstrativen Konsums mit dem Ergebnis, daß in der Stadt größere Ausgaben nötig sind, um dem gegebenen Standard finanzieller Wohlanständigkeit gemäß zu leben, als auf dem Lande. Und die Forderung, diesem Standard zu entsprechen, ist absolutes Gebot. Natürlich erhöht er sich von Klasse zu Klasse, und wer ihm nicht nachkommt, verliert seine gesellschaftliche Stellung.

Der Konsum wird also für den Lebensstandard des Städters wichtiger als für den des Landbewohners. Hier treten an die Stelle des Konsums teils die Ersparnisse, teils gewisse häusliche Bequemlichkeiten, die dank dem Klatsch der Nachbarn genügend bekannt werden, um demselben allgemeinen Zweck, nämlich dem Prestige zu dienen. Diese Bequemlichkeiten und die Muße, die sie verschaffen, sind natürlich ebenfalls als Elemente des demonstrativen Konsums aufzufassen, und dasselbe gilt von den Ersparnissen. Die geringeren Ersparnisse der städtischen Handwerkerklasse sind zum Teil wenigstens darauf zurückzuführen, daß Ersparnisse für den Handwerker – der in einer anderen Umwelt lebt als der Bauer – eine weniger wirksame Selbstreklame darstellen als für Farmer und Dorfbewohner. Unter den letzteren kennt jeder jeden, und vor allem weiß ein jeder über die finanziellen Verhältnisse des andern Bescheid. An sich braucht der Druck, unter dem der Handwerker und die arbeitende städtische Klasse stehen, das Sparen noch nicht ernsthaft zu beeinträchtigen; doch in seiner kumulativen Wirkung – indem er nämlich die als angemessen empfundenen Ausgaben ständig erhöht – kann er nur einen hindernden Einfluß auf das Sparen ausüben. [...]

Der frühere Vorrang der Muße als eines Mittels des Prestiges läßt sich auf die uralte Unterscheidung zwischen edlen und gemeinen Tätigkeiten zurückführen. Muße ist ehrenhaft und wird zum Teil deshalb zum Gebot, weil sie für die Befreiung von gemeiner Arbeit zeugt. Die archaische Differenzierung zwischen vornehmen und gemeinen Klassen beruht auf der neidvollen Unterscheidung zwischen ehrenwerten und niedrigen Tätigkeiten, und diese traditionelle Unterscheidung wird im frühen scheinbar friedlichen Stadium zu einem Gebot der Wohlanständigkeit. Sie wird außerdem dadurch verstärkt, daß Muße als Zeugnis des Reichtums genauso wirksam ist wie Konsum. In der relativ kleinen und stabilen Gruppe, der sich der Einzelne in diesem kulturellen Stadium gegenübersieht, ist diese Wirksamkeit in der Tat so groß, daß sie, unterstützt durch die archaische Tradition, der gemäß alle produktive Arbeit verächtlich ist, zum Entstehen einer großen mittellosen müßigen Klasse führt, was die Produktion der Gesellschaft auf das Existenzminimum zu beschränken droht. Diese Drohung wird mit Hilfe von Sklaven abgewendet, die unter einem schlimmeren Druck als dem des Prestiges arbeiten und die mehr als die für den Lebensunterhalt notwendigen Güter erzeugen. Der später erfolgende relative Rückgang der demonstrativen Muße als Grundlage des Prestiges läßt sich auf die wachsende relative Bedeutung des Konsums als Beweis von Reichtum zurückführen; zum Teil hängt er allerdings auch mit einem anderen, fremden und der demonstrativen Verschwendung in gewissem Maße entgegenwirkenden Faktor zusammen.

Dieser Faktor ist der Werkinstinkt. Wenn es die Umstände erlauben, treibt dieser Instinkt die Menschen dazu, jede produktive und nützliche Tätigkeit hochzuschätzen und die Vergeudung von Geld und Energie abzulehnen. Alle Menschen besitzen diesen Instinkt, der sich auch unter sehr ungünstigen Umständen durchzusetzen pflegt. Aus diesem Grund muß jeder Ausgabe, so verschwenderisch sie in Wirklichkeit auch sein mag, zumindest die Maske des

Nützlichen umgehängt werden. Daß dieser Instinkt unter gewissen Umständen in einer Vorliebe für Heldentaten und neidvollen Unterscheidungen zwischen vornehmen und gemeinen Klassen enden kann, wurde bereits in einem früheren Kapitel angedeutet. Insofern als er in Konflikt mit dem Gesetz der demonstrativen Vergeudung gerät, drückt er sich weniger in einem Beharren auf dem substantiellen Nutzen des betreffenden Gegenstandes aus als in einem Gefühl des Abscheus gegenüber dem offensichtlich Sinnlosen, das als ästhetisch unmöglich empfunden wird. Da er seinem Wesen nach eine Gemütsbewegung ist, reagiert man unter seinem Einfluß vor allem auf offensichtliche, sichtbare Verstöße gegen seine Gebote und viel weniger auf wirkliche Verstöße, die erst mit Hilfe der Überlegung erkannt werden.

Solange die Arbeit ausschließlich oder gewöhnlich von Sklaven geleistet wird, steht die Niedrigkeit jeglichen produktiven Bemühens so andauernd und abschreckend vor aller Augen, daß der Werkinstinkt im Hinblick auf eine nützliche Tätigkeit nicht wirksam werden kann. Doch wenn das scheinbar friedliche (die Epoche der Sklaverei und der ständischen Gesellschaft) vom friedlichen, industriellen Stadium (der Epoche der bezahlten Arbeit und der Geldentlöhnung) abgelöst wird, beginnt sich der Werkinstinkt zu regen. In aggressiver Weise formt er die Ansichten über das Verdienstvolle und dient der Selbstzufriedenheit als Stütze. Abgesehen von einigen nicht hierhergehörigen Erwägungen bilden heute jene erwachsenen Personen eine verschwindend kleine Minderheit, die nicht den Wunsch verspüren, irgendein Ziel zu erreichen, aus eigener Kraft irgendeinem Gegenstand Form und Sinn zu verleihen oder ein Verhältnis zum Nutzen der Menschen zu gestalten. Diese Neigung mag nun in großem Ausmaß von dem zwingenderen und unmittelbareren Motiv der Muße um des Prestiges willen und von dem Wunsch überlagert werden, jeden als unziemlich empfundenen Nutzen zu vermeiden, weshalb wir es oft mit bloßen Vorspiegelungen zu tun haben, wie dies zum Beispiel bei den »gesellschaftlichen Verpflichtungen«, den quasi-künstlerischen oder quasi-gelehrten Werken, der Pflege und Ausschmückung des Heims, den Nähkränzchen und Kleidermoden, beim Kartenspielen, Segeln, Golf und anderen Sportarten der Fall ist. Doch daß der Werkinstinkt unter dem Druck der Umstände in Nichtigkeiten zum Ausdruck kommen kann, widerlegt so wenig sein Vorhandensein wie eine Henne den Brutinstinkt widerlegt, wenn sie sich auf ein Nest von Porzellaneiern setzt.“

1.e David Riesman
(1958): Die einsame Masse. Eine Untersuchung der Wandlungen des amerikanischen Charakters. [Aus d. Amerik.]. München. Rowohlt.

Die Meinung der anderen – die Sozialisierung des Geschmacks S. 86–92

„Im Urteil der Altersgenossen kann man heute ein <guter Kamerad>, morgen schon ein <gemeiner Kerl> sein. Von den anderen gelitten zu werden oder gar, sie zu führen, hängt ganz davon ab, ob man ein hoch empfindliches Reaktionsvermögen für alle Erscheinungen der Mode entwickelt. Um sich diese Fähigkeit anzueignen, kann man verschiedene Wege einschlagen. Eine Möglichkeit besteht darin, von vornherein jeglichen Anspruch auf Unabhängigkeit des Urteils und Selbständigkeit des Geschmacks aufzugeben – sich also widerstandslos zu unterwerfen. Eine andere Möglichkeit liegt darin, die Aufmerksamkeit der anderen durch außergewöhnliche Fähigkeiten bei der Erfüllung seiner Verbraucherpflichten auf sich zu lenken – also durch besondere Leistungen auf dem Gebiet der Freizeit. Wenn man Glück hat, kann man sogar zum Führer in Geschmacks- und Meinungsfragen avancieren, was großen Einfluß auf die Gruppe mit sich bringt.

Jede einzelne Gruppe hat ihre eigenen Vorlieben und ihren eigenen Jargon. Eine sichere Stellung läßt sich nicht aus der Beherrschung irgendeines schwierigen sachlichen Könnens ableiten, sondern nur daraus, daß man über eine große Palette von Geschmacksrichtungen verfügt und es versteht, mit dieser Palette richtig umzugehen. Diese Geschmacksneigungen beziehen sich auf Güter und <Vorbilder> des Konsums oder auf die Mitglieder der eigenen Gruppe. Man muß sich richtig auszudrücken verstehen, wozu erforderlich ist, dass man mit Geschmack und Einfühlungsvermögen den wahrscheinlichen Geschmack der anderen herausspürt und dann gemeinsame Neigungen und Abneigungen austauscht, um Vertraulichkeit herzustellen.

Einige dieser Erscheinungen findet man auch schon im Stadium der Innen-Lenkung. Es ist deshalb wichtig festzustellen, bis zu welchem Grade die Ausbildung des Verbrauchergeschmackes die Einführung in die Regeln der Etikette ersetzt hat. Wesen und Sinn der formalen Etikette bestehen darin, den Verkehr zwischen Menschen zu regeln, die in keinen vertraulichen Kontakt zueinander treten wollen. Sie ist besonders nützlich, wenn Erwachsene und Junge, Männer und Frauen, Hoch und Niedrig scharf voneinander getrennt sind und ein bestimmter Verhaltenskodex erforderlich ist, um über diese Trennungslinien hinweg

Verbindungen zu schaffen. Die Etikette kann daher sowohl dazu dienen, sich anderen Menschen zu nähern als auch sich von ihnen abzuschließen. Für einige Menschen haben die Verhaltensregeln der Etikette kein emotionales Gewicht – sie lassen sich wie ein leichter Mantel überstreifen. Für andere ist die Regelung zwischenmenschlicher Beziehungen durch die Etikette eine starke Gefühlsbelastung – sie fühlen sich in ihrem Wesen dadurch eingezwängt. In beiden Fällen regelt aber die Etikette nicht die Begegnung verschiedener Individuen als solcher, sondern zwischen Individuen als Vertreter ihrer sorgfältig abgestuften gesellschaftlichen Rollen.

Im Vergleich dazu ist die Ausbildung des Geschmacks, der allmählich unter den außen-geleiteten Individuen eine ähnliche Funktion wie früher die Etikette zu übernehmen scheint, nicht als Kommunikationsmittel über die Schranken von Alters- und sozialen Unterschieden hinweg nützlich, sondern dient jetzt der Beurteilung des einzelnen durch seine Alters- und Standesgenossen. In der einen Gruppe [...] dreht sich das Gespräch um die geringen Unterschiede von Cadillacs und Lincolns, in einer anderen bewegt es sich um Ford- und Chevroletmodelle. In jedem Fall kommt es auf die Fähigkeit an, den Geschmack der anderen ständig neuen Prüfungen zu unterwerfen – ein oft weit aufdringlicheres Verfahren als der Austausch von Höflichkeiten und Liebenswürdigkeiten, wie es die Etikette vorschrieb. Natürlich muß das Kind nicht immer in enge Beziehung zu den <anderen> treten, mit denen es Verbraucherwünsche austauscht – oft besteht dieser Austausch nur darin, dass man sich Kleinigkeiten über die einzelnen Konsumartikel erzählt. Doch fließen auch gewisse Emotionale Energien, ja, sogar Gemütserregungen in diesen Austausch ein. Denn auf der einen Seite nimmt der außen-geleitete Mensch mit starkem Interesse die flüchtigen Geschmacksäußerungen der <anderen> auf (wie es für traditions- oder das innen-geleitete Kind unvorstellbar wäre, da sein Geschmack einem weniger differenzierten Vergesellschaftungsprozeß unterworfen wurde); auf der anderen Seite kann das außengeleitete Kind nur aus diesen Wechselbeziehungen erfahren, ob seine Radarausrüstung auch noch richtig funktioniert.

Daß es in allen sozialen Schichten, die von der Mode beherrscht werden, notwendig ist, die jeweils neuste Mode schnell zu übernehmen, um nicht hinter ihr zurückzubleiben; daß es dabei ferner erforderlich ist sich selbst verändern und heute anders als gestern aussehen zu können, um dem gefährlichen Verdacht zu entgehen, anders als die <anderen> – in Aussehen, Verhaltens- und Ausdrucksweise – zu sein, ist fast schon eine Binsenweisheit. So muß also auch hier genau präzisiert werden, was sich geändert hat. Im allgemeinen verbreitet sich die Mode unter dem Aspekt der Schicht und in immer kleiner werdenden Zeitabständen. In der <Freizeit- und Konsum-Wirtschaft> der beginnenden Bevölkerungsschrumpfung verbessert sich die Verteilerorganisation der Gesellschaft sowohl in bezug auf die Einkommens- als auch auf die Güterverteilung. Der Wechsel der Mode kann beschleunigt und die Artikel können durch geringe oberflächliche Unterschiede immer mehr differenziert werden. Denn in ihren späteren Stadien erlaubt und fordert die Massenproduktion und -verteilung eine gewaltige Vermehrung nicht nur der Quantität, sondern auch der qualitativen Seiten der Produkte – nicht nur als Folge der marktgewinnenden Bemühungen um Oberflächendifferenzierungen, sondern auch auf Grund der jetzt zur Verfügung stehenden Organisation und Ausrüstung für schnelle Planung, Produktion und Verteilung einer großen Vielfalt von Gütern.

Das bedeutet, daß der Verbraucher von heute weit mehr zu lernen hat als in den frühen Tagen der Industrialisierung. Um ein Beispiel zu nennen: ein Fremder, der nach Amerika kommt, wird wahrscheinlich annehmen, daß sich Verkäuferinnen, Damen der Gesellschaft und Filmschauspielerinnen alle gleich anziehen, verglichen mit den augenfälligen Unterschieden, wie sie in Europa in der Kleidung der verschiedenen Schichten bemerkbar werden. Ein Amerikaner aber weiß – und er muß es wissen, um im Leben und in der Liebe weiterzukommen – daß das einfach nicht stimmt: daß man kleine Qualitätsunterschiede aufzuspüren hat, die Stil und Stand ausweisen, beispielsweise wenn man einmal die gezwungene Lässigkeit, die sich vielfach in der Kleidung des oberen Mittelstandes findet, mit der gezwungenen Strenge in der Kleidung der Arbeiterklasse vergleicht. In den Tagen der Etikette waren solche Unterschiede weit gröber.

Man muß sich einmal die Gespräche kleinerer Kinder anhören die über Fernsehapparate, Automodelle oder die Vorzüge verschiedener Stromlinienformen diskutieren, um zu erkennen, wie begabt sie als Verbraucher sind, noch lange bevor sie überhaupt mitzureden haben – obwohl ihr Einfluß im Familienrat nicht unterschätzt werden darf. Selbst wenn sich die Eltern die gerade zur Diskussion stehenden Artikel nicht leisten können, nehmen die Kinder an diesem Austausch von Geschmacksurteilen teil, und in der Tat würde sich die Wirtschaft zurückentwickeln, wenn nur jene im Konsum geschult würden, die im Augenblick gerade die Mittel dazu in der Hand haben.

Die umfassende Sozialisierung des Geschmacks zeigt sich noch in einer weiteren Veränderung. In der Epoche der Innen-Lenkung gab es nach den Regeln der Etikette und des Standes gewisse private Lebensbereiche, in die einzudringen oder ein Eindringen in sie zu gestatten, ein Verstoß gegen die guten Formen war. Heute muß man darauf gefaßt sein, in <Befragungen> fast jeden Bereich aufzudecken, für den sich die Zeit- und Altersgenossen interessieren könnten. Es kann modern sein, wie eine Artikelserie in <Ladies' Home Journal> zeigte, daß junge Mädchen ihrem jeweiligen Partner erzählen, in welcher Art und Weise sie mit den anderen Bewerbern Zärtlichkeiten austauschen. [...]

Durch die gleichen Mächte, die die Sozialisierung des Geschmacks bewirken, werden auch die Maßstäbe für alles, was ein Kind tut und treibt, gesellschaftlich geprägt. Das außen-geleitete Kind, das Klavier spielen lernt, steht ständig in Konkurrenz mit Rundfunk- und Fernsehstars. Dauernd sind seine Altersgenossen und ihre Erwachsenen-Führer damit beschäftigt, seine Leistungen mit jenen Vorbildern zu vergleichen. Alles, was es versucht – ein künstlerischer Vortrag, eine besondere Ausdrucksweise, irgendeine Fingerfertigkeit – immer ist die Gruppe zugegen, um dies mit irgend etwas zu identifizieren und mit der Kennerschaft, wie sie für das Publikum von Massenunterhaltungsmitteln typisch ist, darüber zu urteilen. Nach kurzer Zeit wird dieser Vorgang nach innen verlegt, und das Kind glaubt nun selbst, daß es mit irgendeinem bekannten Künstler in Konkurrenz steht, selbst wenn es allein ist. So ist es für das außen-geleitete Kind sehr schwierig, rein individuelle Begabungen zu kultivieren. Die Maßstäbe sind hoch, und es hat wenig Zeit sich selbst, um das Talent reifen zu lassen. [...]

Wie die Energien des innen-geleiteten Menschen ständig in die Produktion gelenkt wurden, so werden die gewaltigen Energien des außen-geleiteten Menschen jetzt den sich immer mehr ausweitenden Gebieten des Konsums zugeführt. Innen-geleitete Verhaltensmuster hinderten oft sowohl den Erwachsenen als auch das Kind am uneingeschränkten Konsum. Aber zu gewissen Zeiten, und besonders in den höheren Schichten, die weniger von dem asketischen Puritanismus durchdrungen waren, konsumierte auch der innen-geleitete Mensch [...] und zwar genauso unablässig, wie er (oder seine Vorfahren) produzierte. Am eindeutigsten trat dies bei dem hochbürgerlichen erwerbsbestimmten Verbraucher zutage. Als die traditionellen Schranken fielen, wurde er erwerbs- und geltungssüchtig und strebte mit leidenschaftlichem Individualismus klar vorgestellten Konsumzielen nach. Natürlich waren seine Ziele sozial und kulturell bestimmt, weniger jedoch durch seine Zeitgenossen als einer <Verbraucher-Genossenschaft> als durch ererbte Wunschvorstellungen, die fast genauso unverrückbar waren wie sein Wunsch nach Geld. Ziele wie herrschaftliche Häuser, edle Pferde, schöne Frauen, kostbare Kunstgegenstände – das waren Investitionsobjekte, denn ihr Wert blieb von geschmacklichen Veränderungen ziemlich unberührt.

Dieses verhältnismäßig stabile und individualistisch bestimmte Streben wird heute durch die flüchtigen Geschmacksneigungen abgelöst, die der außen-geleitete Mensch von seinen Zeitgenossen übernimmt. Ferner ist es heute möglich, viele jener Wünsche, die die Menschen in innen-geleiteten Gesellschaften zur Arbeit und zum Wahnsinn trieben, verhältnismäßig leicht zu erfüllen; ihre Befriedigung gehört heute zu den Normalansprüchen von Millionen von Menschen. Aber die Begierde bleibt bestehen. Es ist eine Gier nach den Befriedigungen, die anderen anscheinend gewährt sind, also eine Begierde ohne konkreten Gegenstandsbezug. Durch seine Mitgliedschaft in der <Verbraucher-Genossenschaft> der Zeitgenossen hat der außen-geleitete Mensch die Chancen für individuell bestimmte Vorlieben und Neigungen verloren. Beschränkungen im Verbrauch werden ihm nicht durch Zielgerichtetheit, sondern durch außen-geleitete Steuerung auferlegt; die Furcht vor dem Neid der anderen und sein eigener Neid auf die anderen halten ihn einerseits davor zurück mit seinem Konsum zu protzen, andererseits, seinen Konsum zu stark einzuschränken.

Dieses Konsumverhalten der Erwachsenen läßt sich heute nicht mehr von dem der Kinder klar unterscheiden, außer durch die Verbrauchsartikel selbst. Das Kind kann Bilderhefte (comics) oder Spielzeug konsumieren, während der Erwachsene Leitartikel und Autos konsumiert; mehr und mehr gleichen sich die Verbrauchsgewohnheiten beider einander an. In der <Verbraucher-Genossenschaft> der Altersgenossen beginnt die Erziehung des Kindes zum Verbraucher sehr früh – und sie hält lange vor. Von dem innen-geleiteten Kind wurde erwartet, daß es mit seinen Gedanken bei seiner zukünftigen Berufsarbeit war, selbst wenn es keine klaren Vorstellungen davon hatte. Heute ist der zukünftige Beruf jedes Kindes der des <gelernten> Verbrauchers.“

Kapitel 2 Der Streit um die Bedürfnisse

2.1 „... magere lent.“ Zwischen Fasten und Feiern

Der 21. Mai 1660 blieb, so berichtet zumindest Simon Schama in seinem Buch „The Embarrassment of Riches. An Interpretation of Dutch Culture in the Golden Age“, den Bewohnern des friesischen Städtchens Sloten lange in Erinnerung. An diesem Tag wurde Gerrit van Uyl, der Gastwirt des Ortes, beerdigt. Die Prozession, mit der die Bewohner Slotens den Wirt zu Grabe trugen, soll über einen halben Kilometer lang gewesen sein. An ihrem Ende fanden sich sogar die einheimischen Landstreicher. Der Verstorbene selbst empfahl sich der Nachwelt mit einem Leichenschmaus, der auch für damalige Verhältnisse ungewöhnlich gewesen ist. Man servierte „20 oxheads of French and Rhenish wine, 70 half-casks of ale, 1100 pounds of meat […], 550 pounds of sirloin, 12 whole sheep, 18 great venison white pastry, 200 pounds of „fricadelle“ (mince meat).“ (zit. nach Schama 1987, S. 151) Zusätzlich gab es reichlich Brot, Butter, Käse und Tabak. Ein außergewöhnlicher Tag für die Bewohner Slotens, dem viele Tage des Fastens und auch des Hungerns folgen sollten.

Gerrit van Uyls Beerdigung fand in einer Zeit statt, in der der Konsum von Lebens- und Genussmitteln stark vom Rhythmus der landwirtschaftlichen Produktion und den Vorgaben des Kirchenkalenders abhängig war. Langen Zeiten der Enthaltsamkeit folgten ebenso kurze wie heftige Perioden der Völlerei, des Überflusses und des Festes. Vor allem die Landbevölkerung hatte im späten 16. Jahrhundert das puritanische Ideal der „Beständigkeit“ noch nicht inkorporiert. Ländliches Leben oszillierte zwischen den beiden Polen Fasching und Fasten. In einem Gemälde von Pieter Bruegel d. Ä. sieht man dann tatsächlich einen dickbäuchigen „Prinz Karneval“ gegen die „magere lent“, die „dünne Fastenzeit“, antreten.

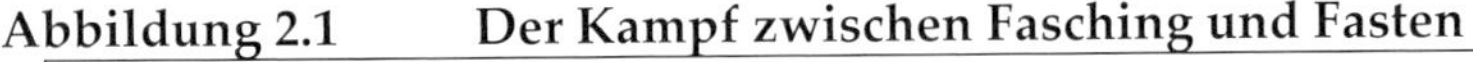

Abbildung 2.1 Der Kampf zwischen Fasching und Fasten

Quelle: Ausschnitt aus einem Gemälde von Pieter Bruegel d. Ä.

Das öffentliche Fest, die Hochzeit, die Taufe und die Beerdigung waren Ereignisse, die, durch ihre Regelmäßigkeit von Geben und Nehmen, bei unsicheren äußeren Lebensbedingungen als Sozialversicherung gegen Unglücksfälle und schlechte Zeiten fungierten (vgl. Schama 1987, S. 185). Feste und gemeinsame Völlerei stärkten die Verwandtschafts- und Freundschaftsbeziehungen, die in Zeiten der Not strapaziert werden mussten. Verschwendung schien in diesem Sinne ökonomischer zu sein als Sparen. Der Verbrauch von Lebens- und Genussmitteln war also nicht allein an die „natürlichen Bedürfnisse“ Essen und Trinken gebunden, sondern er war darüber hinaus auch ein soziales Ereignis, mit dem das Bedürfnis nach Sicherheit und Geselligkeit erfüllt werden konnte.

Die gerade vorgestellte Differenzierung von natürlichen und sozialen Bedürfnissen lenkt den Blick auf die zentrale Frage der Entstehung von Präferenzen (vgl. hierzu auch Wiswede 1987). Schon das viel zitierte

Bibelwort „Der Mensch lebt nicht vom Brot allein“ weist darauf hin, dass das im physiologischen Sinne Notwendige alles andere als festgelegt ist. Das auf der Konsumentenebene beobachtbare Verhalten ist einerseits das Resultat von Notwendigkeiten und Vorlieben, andererseits das Ergebnis von gegebenen bzw. realisierbaren Möglichkeiten und vorhandenen Angeboten. Lewin brachte diesen Sachverhalt durch die Formel V=f (P,U) zum Ausdruck, die das beobachtbare Verhalten (V) als eine Funktion von Persönlichkeit (P) und Umwelt (U) betrachtet (vgl. Lewin 1963, S. 271). Strikt trennen lassen sich diese beide Faktoren nicht, denn Umwelteinflüsse können die Persönlichkeit mit bestimmen: Man lernt im Zuge der Sozialisation, beobachtet das Verhalten Dritter, sammelt unmittelbare und vermittelte Erfahrungen, wächst somit sukzessive in eine Gesellschaft hinein und lernt die dortigen Gewohnheiten kennen. Persönlichkeit wiederum kann sich darin zeigen, dass man diese Gewohnheiten nicht unwidersprochen übernimmt. Würde es den Grundkonflikt zwischen Umwelt und Persönlichkeit nicht geben, wären Gesellschaften leicht beschreibbar im Sinne eines over-socialized concept of man (als drastisches Beispiel 2.a, siehe S. 103).

Die beobachtbare Vielfalt des Verhaltens hängt davon ab, inwieweit es Werteordnungen und Normen gibt, die in der Lage sind, das Verhalten in einem bestimmten Maße zu regulieren bzw. die Regelmäßigkeit der Wiederkehr bestimmter Handlungen zu garantieren. Selbst die Regulierungsdichte der Ständegesellschaft hat gezeigt, dass die durch dieses Regelwerk gesetzten Rahmen keineswegs die konkret beobachtbaren Konsumformen bestimmt haben. Im Gegenteil: Innerhalb des jeweiligen Verhaltenskanons ist durchaus Varianz beobachtbar gewesen. Diese Varianz ist unter anderem das Resultat neuer Konsumprodukte, die bisherige Produkte in ihrem Stellenwert beeinträchtigt haben. Darüber hinaus – das haben insbesondere die Analysen von Veblen verdeutlicht – wird durch das Streben, einer bestimmten Ordnung zur Geltung zu verhelfen, gleichsam auch Konkurrenz produziert, die diesen Markt beflügelt. Versuche, Bedürfnisse zu klassifizieren, wie dies beispielsweise durch Maslow (1954) geschehen ist, tragen diesem dynamischen Prozess Rechnung. Die Unterscheidung von Defizit- und Wachstumsbedürfnissen geht von der Überlegung aus, es gebe einen Bereich, der prinzipiell befriedigt werden kann, und einen Bereich, für den das Prinzip der Sättigung nicht gilt (2.b, siehe S. 107).

Das Bedürfnis nach Selbstverwirklichung ist beispielsweise ein Wachstumsbedürfnis, dessen Sättigung nicht möglich ist. Die Ineinssetzung von defizitären Bedürfnissen mit existenziellen Bedürfnissen ist allerdings nicht unproblematisch. Zumindest lässt auch der Bereich des notwendigen Verbrauchs sehr viele Spielräume für die jeweiligen Konsumentengruppen. Die Bedürfnispyramide von Maslow vermittelt somit eher eine Idealvorstellung, sie ist kein Spiegelbild der Wirklichkeit. Anstelle einer hierarchischen Klassifizierung von Grundbedürfnissen (physiologische Bedürfnisse > Sicherheitsbedürfnisse > Bedürfnisse nach Zugehörigkeit und Liebe > Bedürfnisse nach Achtung/soziale Anerkennung > Bedürfnisse nach Selbstverwirklichung) hat Hondrich beispielsweise vorgeschlagen, diese Grundbedürfnisse in einer anderen Weise, nämlich nach verschiedenen Umweltbezügen zu klassifizieren: „[...] demnach gäbe es physiologische Bedürfnisse (die den Austausch mit der materiell-organischen Umwelt regeln), soziale Bedürfnisse (den Austausch mit Lebewesen derselben Art regelnd), Fortpflanzungsbedürfnisse (auf Lebewesen derselben Art in der Zukunft bezogen) und Identitätsbedürfnisse (die die Abstimmung der verschiedenen Umweltbezüge untereinander regeln und auf die Person und das Empfinden ihrer selbst gerichtet sind)." (Hondrich 1983, S. 62)

Zusammenfassend lässt sich sagen: Das Hierarchie-Modell unterstellt Knappheitsbewusstsein, das Bezugsmodell dagegen eine prinzipielle Gleichwertigkeit verschiedener Bedürfnisfelder, deren Rangordnung sich je nach Situation verschieben kann (vgl. zu letzterem auch Hondrich 1983, S. 63).

Vor diesem Hintergrund lassen sich im Folgenden einige für die Bedürfnis-Debatte in der Konsumsoziologie relevante Positionen beschreiben, die sowohl den Aspekt der Dringlichkeit als auch jenen der Variation von Bedürfnissen thematisieren: Zunächst wird in Auszügen die Position des kanadischen Ökonomen John Kenneth Galbraith, sodann die Position von Tibor Scitovsky und abschießend die Perspektiven bzw. Theorien von George Katona und Albert O. Hirschman beschrieben.

2.2 „... in Hülle und Fülle." Bedürfnisse aus der Sicht von John Kenneth Galbraith

Der kanadische Ökonom Galbraith (1908-2006) wurde in ein calvinistisches Umfeld hineingeboren, dessen Luft er nach eigenen Worten selbst sehr tief eingesogen hat. Nach Meier führte dies in seinen Büchern häufig zu einem „moralisierenden Tonfall" und zu „schmiedehammerähnlichen Entrüstungsstürmen" (1989, S. 5). In seinem Buch „The Affluent Society" (zu Deutsch: Gesellschaft im Überfluss) setzt er sich kritisch mit der klassischen Nationalökonomie auseinander und verbindet mit dieser Kritik zugleich eine Beschreibung von Gesellschaften, die ihren Wohlstand auf den kontinuierlichen Fortbestand und Ausbau von Nachfrage gründen. In seinem Buch, das Anfang der 1950er Jahre entstanden ist, behauptet Galbraith, dass sich in den bisherigen ökonomischen Abhandlungen die vergleichsweise junge Erfahrung von Prosperität nicht hinreichend widerspiegele. Die Ideen der klassischen Nationalökonomie seien in einer Zeit entwickelt worden, als die Armut das Leben der Menschen prägte und in der Armut häufig als ein auferlegtes Schicksal wahrgenommen wurde. Die Veränderungen hingegen, die inzwischen eingetreten sind, sind nach Galbraith so tiefgreifend, „daß heute der einzelne oft gar nicht mehr weiß, was er sich eigentlich noch wünschen soll. Das, was er »will«, muß erst durch Werbung und geschickte Verkäufer künstlich geweckt, muß ihm nahegebracht, muß geradezu hochgepäppelt werden." (Galbraith 1958, S. 12)

Über viele Jahrhunderte gab es keine einschneidenden Veränderungen des Lebensstandards. Es gab zwar immer wieder gravierende Einschnitte, beispielsweise durch Seuchen oder Hungersnöte, auch gab es Zeiten, in denen sich das Versorgungsniveau kurzzeitig besserte. Aber es gab niemals eine Phase, in der eine so deutliche Verschiebung der Lebenschancen für eine Vielzahl von Menschen beobachtet werden konnte wie zu Beginn der Industrialisierung. Galbraith leugnet nicht die Verschärfung von sozialen Ungleichheiten, die im Zuge der Industrialisierung zu beobachten waren. Der soziale Konflikt zwischen Arm und Reich hat nach Galbraith allerdings an Bedeutung verloren, nachdem an die Stelle demonstrativer Verschwendung und Prunksucht immer häufiger auch Mäzenatentum getreten ist.

Für das 19. Jahrhundert galt unbestritten die Vorrangstellung der Produktion. Nur wenige Kräfte kümmerten sich um die Mobilisierung des Verbrauchs (2.c, siehe S. 111). Diese Vorrangstellung der Produktion gegenüber der Ankurbelung des Konsums erklärte sich durch die Dringlichkeit, mit der notwendige und elementare Bedürfnisse großer Bevölkerungsschichten erfüllt werden mussten. Es wurden vor allem Dinge produziert, die lebensnotwendig waren. In Bezug auf das 20. Jahrhundert stellt Galbraith dagegen fest: „Heute gibt es Waren in Hülle und Fülle. In den Vereinigten Staaten sterben mehr Menschen an zu reichlichem Essen als an Unterernährung. Während man früher annahm, der Bevölkerungszuwachs würde auf die Lebensmittelversorgung drücken, drückt heute die Lebensmittelzufuhr erbarmungslos auf die Bevölkerungszahl. Niemand wird ernsthaft behaupten wollen, daß der Stahl, der unsere Autokarosserien um etliche rein dekorative Dezimeter verlängert, ein dringendes Bedürfnis befriedige. Und für viele Frauen und manche Männer bedeutet die Kleidung schon lange nicht mehr Schutz gegen Kälte [...].“ (Galbraith 1958, S. 138) Vor dem Hintergrund dieser Relevanzverschiebungen entwickelt Galbraith eine Theorie der Verbrauchernachfrage, die sich von den herkömmlichen Thesen der Nationalökonomie abhebt. Deren Position lässt sich nach seiner Auffassung im Wesentlichen in zwei Thesen zusammenfassen:

- Der Umfang der Bedürfnisbefriedigung hat keinen Einfluss auf die Dringlichkeit der Bedürfnisse. Wenn elementare Bedürfnisse befriedigt sind, steigt die Bedeutung von psychischen Bedürfnissen. Diese wiederum können nie vollständig befriedigt werden.
- Für die Entstehung von Bedürfnissen ist die Persönlichkeit des Konsumenten entscheidend. Wie diese Bedürfnisse zustande kommen, ist für die Ökonomie irrelevant. Die Aufgabe besteht darin, mit Hilfe einer optimalen Produktion diese Wünsche bestmöglichst zu befriedigen (vgl. Galbraith 1958, S. 152; siehe hierzu auch Meier 1989, S. 44ff.).

Unter Bezugnahme auf die These vom abnehmenden Grenznutzen behauptet Galbraith, dass das Ausmaß der Befriedigung, das von jeder zusätzlich genutzten Einheit eines Produktes ausgeht, sinkt. Es sei irrational, wenn über einen Punkt hinaus weiter konsumiert wird, an dem die Grenzkosten den Grenznutzen übersteigen. Mit anderen Worten: „Wenn das Realeinkommen pro Kopf der Bevölkerung wächst, können die Menschen zusätzliche Bedürfnisse befriedigen, die einen geringeren Dringlichkeitsgrad haben." (Galbraith 1958, S. 161) Daraus folgt für Galbraith aber, dass die Produktion dieser Güter mit geringerem Dringlichkeitsgrad auch von geringerer Bedeutung ist, da die Menschen Güter immer in einer bestimmten Reihenfolge erwerben. Das zuletzt gekaufte Produkt stiftet den geringsten Nutzen. Da sich die Produktion aber nicht nur auf die Bereitstellung dringlicher Güter konzentriert, sondern immer wieder neue Waren auf den Markt wirft, muss geklärt werden, warum diese Produkte dennoch gekauft werden. Galbraith jedenfalls schlussfolgert, dass die Dringlichkeit des Bedarfs erhalten bleibe, aber auch „mehr Güter mehr Bedürfnisse befriedigen werden als wenige Güter." (1958, S. 166) Auch wenn für ihn schon aufgrund des gesunden Menschenverstandes die Bedürfnisse der Menschen weniger dringlich werden müssen, sobald sie reichlicher versorgt sind, weiß er um die Relevanz von Bedürfniskategorien, die nicht aus dem Menschen bzw. der Persönlichkeit selbst, sondern aus der Tatsache des Vorhandenseins von Mitmenschen resultieren. Die Umwelt dient als Maßstab für die Beurteilung des jeweiligen Ausmaßes der Befriedigung. Statussymbole, so könnte man in allgemeiner Form sagen, gewinnen ihre Bedeutung eben in erster Linie aus der Bildung von Relationen zu dritten Personen. Entscheidend für die gesamte Argumentation von Galbraith ist dieser Hinweis, den er zum Teil unter Bezugnahme auf Keynes (🗐 2.d, siehe S. 115) führt, jedoch nicht. Ihm geht es vor allen Dingen um den Nachweis, dass die Produktion selbst darum bemüht ist, die Bedürfnisse immer wieder neu zu stimulieren und zu erzeugen. Der Status von Gütern resultiert nicht nur aus der Konkurrenz zwischen Menschen, sondern auch aus einer Hervorhebung des mit dem Verbrauch der Güter einhergehenden Zusatznutzens.

Die dafür maßgebliche Institution sieht Galbraith in der modernen Werbe- und Verkaufstechnik. Die wachsende Bedeutung dieses Sektors (also von Werbung und Marketing) ist Galbraith ein hinreichender Indikator für die gewaltigen Anstrengungen, derer es bedarf, um den Absatz nicht-dringlicher Güter zu unterstützen und zu steigern. Der

Gegensatz zwischen einer Welt der Knappheit und einer Welt des Überflusses wird in diesem Zusammenhang zu einem zentralen Anliegen der Ausführungen. Besonders deutlich wird dies in dem nachfolgenden Zitat erkennbar: „Einem Menschen, der nichts zu essen hat, braucht man nicht erst zu sagen, daß er ein Bedürfnis nach Nahrung hat, solange er Hunger verspürt, ist er immun gegen die Einflüsse sämtlicher Reklametrommeln der Welt. Werbung wirkt nur auf Menschen, die der physischen Not soweit entrückt sind, daß sie nicht mehr wissen, was sie sich noch wünschen sollen. Nur in diesem Stadium lassen sie sich etwas aufschwatzen." (Galbraith 1958, S. 173f.) Wenn es somit eine Dringlichkeit des Wohlstandskonsums gibt, resultiert sie in erster Linie aus einer relativen Komponente. Legt man das Galbraithsche Verständnis von Dringlichkeit zugrunde, haben diese Wohlstandswaren für den Verbraucher eigentlich keinen Nutzen. Die Tatsache, dass sie dennoch produziert werden, liegt in der Entstehung eines nachfrageabhängigen Wohlstands begründet. Die Produktion muss fortgeführt werden, damit Arbeitsplätze und Einkommen erhalten bleiben, die wiederum die Garantie für eine fortbestehende Nachfrage sind. Damit unterscheidet Galbraith zwischen natürlichen bzw. dringlichen Bedürfnissen einerseits (Nahrung, Wohnung, Kleidung) und künstlichen oder unnötigen Wünschen andererseits (prestigestiftende Konsumgüter). Mit den Worten von Meier ergibt sich daher: „Je reicher eine Gesellschaft, umso mehr können die Menschen zusätzliche Bedürfnisse mit abnehmender Dringlichkeit befriedigen." (1989, S. 53)

Ohne Widerspruch blieb diese insgesamt doch sehr pauschale Konsum- und Konsumentenkritik nicht. Zum einen lässt Galbraith unbeantwortet, an welcher Stelle der ökonomischen Entwicklung denn der Schwellenwert vom Dringlichen zum weniger Dringlichen überschritten worden ist bzw. überschritten wird. So zeigte Wachtel in seiner Analyse „The Poverty of Affluence", dass Vorstellungen vom Lebensstandard einem Fahrstuhleffekt unterliegen: „Our decreasing sense of economic well-being is also due in part to changes in our living conditions that change the meaning of certain goods. For example, in 1958 to have two cars in a family was more likely to be a luxury than it is today. Now for many families two cars are close to a necessity and bring little sense of amplitude of living." (Wachtel 1983, S. 15) Milton Friedman (1912-2006), der im Jahr 1976 den Nobelpreis für Wirtschaftswissenschaften erhielt, fand die Unterscheidung von dringlichen und unnötigen Bedürfnissen anmaßend, andere waren schockiert, dass Galbraith mehr Leser gefunden hat als Adam Smith (vgl. zu weiteren Kritikpunkten Meier 1989, S. 55ff.).

Fraglich ist angesichts des hohen Werbeaufwands ebenso, ob Konsumenten wirklich leicht zu beeinflussen sind. Die Herstellung erfolgreicher kommerzieller Werbung war schon in den 1950er Jahren ein angesichts der wachsenden Konkurrenz großes Problem (vgl. hierzu auch die Ausführungen bei Bauer 1964, S. 322). Gleichwohl plädierte Galbraith auch für ein neues soziales Gleichgewicht. Das Buch über die Gesellschaft im Überfluss war die Vorstufe einer ökologischen Kritik an den Folgen der Industriegesellschaft, die heute beispielsweise in Plädoyers für nachhaltigen Konsum ihre Fortsetzung findet (vgl. hierzu die Beiträge in Schrader/Hansen 2001, Schoenheit 2007 sowie Schoenheit 2009). Auch hinsichtlich der psychischen Vorgänge und der inneren Mechanismen, die eine Wohlstandsgesellschaft beeinflussen, hat Galbraith wichtige Anhaltspunkte geliefert. An eine wirkliche Entscheidungsfreiheit der Konsumenten beim Konsum hat Galbraith allerdings nicht geglaubt.

Einige Nachrufe auf John Kenneth Galbraith

„Egal, womit er sich gerade befasste, Galbraith legte sich immer an. Herrschende Gedanken, die nicht mehr hinterfragt werden, forderten ihn zum Widerspruch heraus. Ende der fünfziger Jahre verfasste er „Gesellschaft im Überfluss", seinen größten Erfolg. Galbraith warf den Vereinigten Staaten vor, sich gedankenlos der Spirale von immer mehr Konsum und immer mehr Umweltverpestung anheim zu geben. Die mächtigen Konzerne, die mit ihren Werbemilliarden neue Wünsche kreierten, waren ihm ein Dorn im Auge. Keiner könne sie mehr kontrollieren, schrieb er schon Jahrzehnte bevor die Kritik an den Multis modern wurde."

Quelle: Heuser, Uwe Jean (2006)

> „Mr. Galbraith was admired, envied and sometimes scorned for his eloquence and wit and his ability to make complicated, dry issues understandable to any educated reader. He enjoyed his international reputation as a slayer of sacred cows and a maverick among economists whose pronouncements became known as „classic Galbraithian heresies."
> But other economists, even many of his fellow liberals, did not generally share his views on production and consumption, and he was not regarded by his peers as among the top-ranked theorists and scholars. Such criticism did not sit well with Mr. Galbraith, a man no one ever called modest, and he would respond that his critics had rightly recognized that his ideas were „deeply subversive of the established orthodoxy."
> „As a matter of vested interest, if not of truth," he added, „they were compelled to resist." "
>
> Quelle: Noble, Holcomb B./ Martin, Douglas (2006)

2.3 „... wider die Langeweile." Bedürfnisse aus der Sicht von Tibor Scitovsky

Die Botschaft von Galbraith lautet in zugespitzter Form: Das Dringliche ist das Notwendige. Ohne Zweifel wirkt hier eine asketische Grundhaltung fort, die unter den Bedingungen einer wachsenden Prosperität gleichwohl in unvergleichlich höherem Maße herausgefordert wird als in einer Phase der ökonomischen Entwicklung, die wenig Spielraum für disponible Entscheidungen ließ. Fast zeitgleich mit Galbraith hat der holländische Wirtschaftsforscher Ernest Zahn die veränderten Rahmenbedingungen für Kaufentscheidungen im Rahmen prosperierender Gesellschaften wie folgt beschrieben: „Es sind gar nicht vorwiegend technisch-wirtschaftliche Notwendigkeiten, welche Neuanschaffungen herbeiführen. Zugrunde liegt vielmehr eine Bereitschaft, das Neue um seiner selbst willen zu übernehmen und dem Leben neue Facetten zu geben." (Zahn 1960, S. 146) Eine damalige Mitarbeiterin von George Katona, Eva Mueller, schrieb hierzu: „The desire for new features in the older appliances gives rise to plans to replace appliances that are neither worn nor in poor condition. And interest in new types of appliances tends to follow upon ownership of the standard household appliances."

(Mueller 1958, S. 36) Zur Erklärung der Verbreitung neuer Güter wird hier nicht in erster Linie auf das bereits dargestellte Trickle down-Modell von Veblen Bezug genommen, sondern nach Erklärungen gesucht, die jenseits der Existenz eines von gehobeneren Lebensformen ausgehenden „Snob Appeals" zu beobachten sind. Die im Englischen geläufige Unterscheidung zwischen *needs* und *wants* markiert in diesem Zusammenhang nicht nur die Dynamik eines kontinuierlich steigenden Lebensstandards, sondern eben auch den Hinweis darauf, dass es jenseits der Grundbedürfnisse nicht erst in Konsumgesellschaften ein Verlangen nach Verbesserung der Lebensbedingungen und des persönlichen Wohlbefindens gegeben hat. Die Frage, warum Güter erworben werden und Konsumenten sich von durchaus noch brauchbaren Gütern verabschieden, wird hier mit dem Reiz des Neuen in Verbindung gebracht. Ob es sich dabei um eine Anpassung des Konsumenten an veränderte Produktionsstandards oder eine Anpassung des Produktionsstandards an die veränderten Bedürfnisse der Konsumenten handelt, ist nach Auffassung von Scitovsky eine bis heute nicht zufriedenstellend beantwortete Frage (vgl. Scitovsky 1989, S. 14).

Die amerikanische Erstausgabe, die bereits im Jahr 1976 erschien, trug den Titel „The Joyless Economy". Die deutsche Übersetzung trägt den Titel „Psychologie des Wohlstands" und erschien als deutsche Ausgabe erstmals im Jahr 1977. Auch Scitovsky formuliert eine Kritik an den herkömmlichen Vorstellungen von Bedürfnisbefriedigung. Mit der ökonomischen Theorie, und insbesondere mit der Idee der Konsumentensouveränität, stimmt Scitovsky insoweit überein, als er konzediert, dass jeder Konsument von seinem Recht der freien Wahl Gebrauch macht, wenn er neue Güter oder Dienstleistungen erwirbt. Aber diese Souveränität realisiert sich eher in dem Umgang mit den eigenen finanziellen Ressourcen. Und er fügt ergänzend hinzu: „Diese Freiheit darf man jedoch nicht mit der Konsumentensouveränität verwechseln. Der Konsument ist nur dann souverän, wenn seine Wahl die Art und Menge der produzierten Güter und Dienstleistungen beeinflußt." (Scitovsky 1989, S. 15) In diesem Wechselspiel von Angebot und Nachfrage ist es in der Regel an den Produzenten, Angebote zu entwickeln, die (latent vorhandene) Bedürfnisse der Konsumenten wecken können. In der amerikanischen Konsumforschung der 1950er Jahre war deshalb die Auffassung populär, dass die systematische

Schaffung von Unzufriedenheit dazu beigetragen habe, die wirtschaftliche Entwicklung Amerikas zu forcieren. Neben diesem Faktor wirken aber sicher auch die Vorzüge der Massenproduktion, die dazu führte, dass eine Vielzahl von Standardprodukten nach und nach in unterschiedlichen Variationen zu vergleichsweise günstigen Preisen auf den Markt gelangte. In Verbindung mit der Orientierung an Massenprodukten ist gleichsam das Bedürfnis nach Abwechslung entstanden. Wer sich im Bereich des Massenkonsums wohl fühlt und damit auch zu einem homogenen Erscheinungsbild der Gesellschaft insgesamt beiträgt bzw. innerhalb der jeweiligen sozialen Schichten, genießt hinsichtlich der Verbrauchsmöglichkeiten jedenfalls Vorteile. Scitovsky stellt dazu fest: „Jemand, der konformistisch genug ist, um seine Bedürfnisse mit Millionen anderer Leute zu teilen, wird sich gut versorgt fühlen, weil die Dinge, die er haben möchte, in Massen erzeugt und zu niedrigen Preisen angeboten werden." (Scitovsky 1989, S. 17) Aber gleichzeitig geht dieser Standardisierungseffekt einher mit der Suche nach immer neuen Möglichkeiten des Ausschöpfens von Ideen und vorhandenen Produktionsressourcen: „Das Streben nach neuen Dingen und Ideen ist der Ursprung allen Fortschritts und jeglicher Zivilisation, und es ist sicher ein großer Fehler, es als eine wesentliche Quelle der Bedürfnisbefriedigung zu ignorieren." (Scitovsky 1989, S. 18)

„The Joyless Economy" ist dennoch weniger ein Buch über Produzenten, sondern vor allen Dingen ein Buch über Konsumenten. Es geht Scitovsky vor allem um die Zurückweisung der Vorstellung, dass ein Organismus weitgehend passiv ist und durch äußere Impulse stimuliert werden muss. Er favorisiert stattdessen die Vorstellung eines sich (auch) selbst steuernden Organismus, der beispielsweise auf Langeweile im Sinne eines dauerhaften Reizentzugs nicht lethargisch reagiert, sondern diesen Zustand der Unzufriedenheit (auch) aus eigenen Kräften zu beseitigen versucht. Langeweile ist in diesem Sinne eine Unterforderung des jeweiligen Organismus, der daraufhin nach Aktivitäten strebt, die ein als angenehm bzw. optimal empfundenes Erregungs- oder Reizniveau gewährleisten. Aber selbst dieser optimale Zustand verliert mit der Zeit an Wert. Daher behauptet Scitovsky: „Was macht ein Organismus, wenn seine sämtlichen Bedürfnisse befriedigt sind und sein Unbehagen beseitigt ist? Die ursprüngliche Antwort hierauf, daß er dann nichts mehr tut, ist inzwischen als falsch erkannt worden." (Scitovsky 1989, S.

34) Dieses allgemeine Erklärungsmodell nimmt Bezug auf Erkenntnisse der psychologischen Forschung (beispielsweise die von Wilhelm Wundt ermittelte Intensitätskurve der Empfindungen), die darauf hinweisen, dass die Grenze zwischen dem Angenehmen und dem Unangenehmen einem schmalen Grat entspricht. Daraus folgt, dass neue Reize immer einem Wechselspiel von Faszination und Abnutzung unterliegen. Zu wenig Neues und Überraschendes wirkt langweilig, zu viel Neues kann auf Dauer verwirrend sein, ebenso kann zu viel des Guten sich in Unzufriedenheit niederschlagen. Die Bemühungen des Marketing, Interesse für neue Güter zu wecken, müssen also dieses menschliche Grundbedürfnis nach Abwechslung mit einkalkulieren. Das bedeutet: Der Konsument spielt nur bis zu einem bestimmten Punkt bereitwillig mit. Ihm sind keineswegs die Vorstellungen von lebensnotwendigen und nicht lebensnotwendigen Gütern abhanden gekommen. Aber ebenso wie die Begriffe „arm" und „reich" relative Begriffe darstellen, gilt eben auch, dass es neben biologischen Bedürfnissen im engeren Sinne auch quasi-biologische Bedürfnisse gibt, die man mit dem Begriff „sozial" bezeichnen könnte. In diesem Zusammenhang verweist Scitovsky auf eine Unterscheidung von defensiven und kreativen Gütern, die der britische Ökonom Ralph Hawtrey bereits 1925 verwandte. Bei ihm liest man: „Man unterscheidet am besten zwei große Gruppen von Konsumgütern: Auf der einen Seite jene Produkte, die Schmerzen, Verletzungen oder Qualen vorbeugen oder lindern sollen, und auf der anderen Seite diejenigen, die irgend eine positive Belohnung oder Befriedigung mit sich bringen. Man könnte sie recht gut als defensive und kreative Produkte bezeichnen [...]. Ein und dasselbe Gut erfüllt oft auch beide Zwecke." (Hawtrey 1925, zit. nach Scitovsky 1989, S. 96) Kleidung beispielsweise nur unter dem Gesichtspunkt des Schutzes zu betrachten, würde implizieren, dass Mode immer praktisch sei. Nahrung nur unter dem Gesichtspunkt der Sättigung zu betrachten, würde ein Bedürfnis nach wohl gelungenen Speisen negieren usw.

Für Scitovsky lassen sich mehrere Kriterien benennen, die den defensiven Charakter von Gütern überlagern und begründen, warum Konsumenten bestimmte Produkte oder Dienstleistungen als begehrenswert empfinden:

- Das Zugehörigkeitsgefühl: Das Zugehörigkeitsgefühl soll den Hang der Menschen verdeutlichen, sich nicht von anderen Individuen zu isolieren und ihr Verhalten an bestimmten Gruppennormen zu orientieren. Im Bereich des Konsums führt dies beispielsweise zu einem unverkennbaren Hang nach Imitation, der sich in modernen, hierarchisch gegliederten Gesellschaften häufig mit einem Statusdenken vermischt. Viele Konsumenteneinkäufe resultieren daher aus dem Wunsch, „sich die Mitgliedschaft in der jeweiligen Gemeinschaft zu erhalten und zu sichern. Der Wunsch, »mit den Meiers mitzuhalten«, wird oft kritisiert und als irrational bezeichnet." (Scitovsky 1989, S. 101) Für Scitovsky handelt es sich um ein natürliches Bedürfnis. Eine pauschale Ablehnung dieses Statusstrebens geht für Scitovsky mit einer Vernachlässigung eines zentralen Bedürfnisses des Menschen nach Selbsterhaltung einher. Dieses Bedürfnis wird an dem Lebensstandard der jeweiligen sozialen Schicht, der man angehört, ausgerichtet.
- Gefühl der Nützlichkeit: Dieses Gefühl beschreibt zahlreiche Formen des Versuchs, von seiner Umwelt Anerkennung zu erfahren. Scitovsky wählt hierfür die Bezeichnung Altruismus und verdeutlicht dies unter anderem am Beispiel des Schenkens. Das Geschenk innerhalb des Familien- oder Freundeskreises bringt nicht nur dem jeweils Beschenkten Gewinn, sondern auch jenem, der das Geschenk überreicht. Auch hier gilt das Einhalten eines angenehmen Stimulationsniveaus und die Berücksichtigung eines mittleren Neuigkeitsgrads. Wenn man Freunde mit einem ungewöhnlichen Geschenk überraschen möchte, kann sowohl auf der Seite des Beschenkten eine unerwartete Reaktion eintreten, aber auch auf Seiten desjenigen, der meinte, damit jemandem einen Gefallen tun zu können. Auf den Bereich des Konsums angewendet lässt sich sagen, dass Anerkennung auch dann ausbleibt, wenn man einen bestimmten Lebensstandard nach außen signalisiert, der die bislang gewohnten Grenzen überschreitet.
- Die Bedeutung der angenehmen Gewohnheiten: Gewohnheiten machen einen Großteil des Alltagshandelns aus und sie bestimmen in vielen Bereichen die Annehmlichkeiten des täglichen Lebens, auf die man ungern verzichten möchte. Der entscheidende Grund, dass wir unseren Gewohnheiten treu bleiben, ist nach Scitovsky in den

großen Schwierigkeiten zu sehen, sich von ihnen zu trennen. Gemeint sind nicht so sehr Suchtphänomene, sondern Angebote, die sich problemlos in die Routinen des Lebensalltags einfügen lassen: z.B. Freizeitangebote mit hohem Erholungswert oder liebgewordene Fernsehprogramme, über deren Absetzung man zunächst enttäuscht ist.

- Statusabhängigkeit: Der Verzicht auf Gewohnheiten im engeren Sinne geht des Weiteren mit dem Wohlgefühl einher, das ein erworbener gesellschaftlicher Status vermittelt. Der Platz, den man in einer gesellschaftlichen Hierarchie erreicht hat, verliert – ganz im Sinne der von Scitovsky zu Grunde gelegten Bedürfnistheorie – an Reiz. Zugleich steigt aber die Abhängigkeit von diesem Lebensstandard: „Er wird bald als selbstverständlich hingenommen und bringt nach kurzer Zeit keine Befriedigung mehr – wohingegen sein Verlust erhebliche Frustrationen hervorrufen kann." (Scitovsky 1989, S. 113f.) An die Stelle eines Aufstiegsstrebens tritt daher vermehrt der Statuserhalt in der Hoffnung, ein bestimmtes Niveau bewahren zu können und „die Qual der Entzugserscheinungen zu vermeiden." (Scitovsky 1989, S. 114) Beschrieben wird somit ein permanenter Wechsel von Statusstreben einerseits und Angst um Statusverluste andererseits.

Insgesamt geht es Scitovsky also in seiner Theorie darum, eine Maximierungsregel nicht als inhaltsleere Annahme menschlichen Handelns darzustellen, sondern sich auf den Inhalt der jeweiligen Maximierung zu konzentrieren. Wenngleich man zu dem Ergebnis kommen könnte, dass seine Theorie zunächst nur einen engeren zeitlichen Horizont berücksichtigt (Wechselspiel von Faszination und Abnutzung), ist er sich trotzdem des Fortbestehens von Regeln der Lebensführung bewusst. Für die amerikanische Gesellschaft ist dies insbesondere das puritanische Erbe, das aufgrund der Strenge seiner Glaubenssätze dem Genussstreben generell enge Maßstäbe gesetzt hat. Eine Auseinandersetzung mit den Regeln der Konsumgesellschaft impliziert somit eine Auseinandersetzung mit Traditionen, die ihre Prägekraft auf das Handeln der Menschen einzubüßen beginnen. Die puritanische Ethik, so Scitovsky, sei „hervorragend geeignet, um bei den Menschen Präferenzen für das Wohlbehagen und gegen die Anregung zu entwickeln." (Scitovsky 1989, S. 173) Damit einher gehe beispielsweise eine trotz mühsam verdienten Geldes beobachtbare Vernachlässigung des Konsums. Daher könne „eine grundsätzliche puritanische Verachtung des Geldausgebens und Konsums die Produktivität ziemlich stark beeinträchtigen." (Scitovsky 1989, S. 179) Diese Zurückhaltung im Bereich des Konsums muss aber nicht nur als Ergebnis einer Rückbesinnung auf diese Maßstäbe einer guten Lebensführung interpretiert werden. In einem allgemeineren Sinne kann es auch eine Reaktion auf die mit der Massenproduktion einhergehende Standardisierung von Produkten sein.

Je mehr beispielsweise die Gestaltung des eigenen Heimes bzw. der eigenen vier Wände zu einer Aufgabe von Innenarchitekten und Dekorateuren wird, desto mehr wird das Bedürfnis, sich selbst um eine anregende und angenehme Umgebung zu kümmern, stimuliert. „Do it yourself" ist daher eine Antwort auf Standardisierung und Überspezialisierung in Handlungsfeldern, die vormals ohne professionelle Beratung bewältigt wurden. Der damit verbundene persönliche Gewinn ist nicht nur als persönliche Befriedigung zu verbuchen. Da man in der Regel mit „Do it yourself" Geld spart, werden auch „alle puritanischen Bedenken wegen des damit verbundenen Genusses zerstreut." (Scitovsky 1989, S. 235)

Zusammenfassend kann festgestellt werden, dass für Scitovsky die Rolle des Konsumenten unter Wohlstandsbedingungen weder durch ein Übermaß an Passivität noch ein Übermaß an Aktivität beschrieben werden kann. Das Bedürfnis nach Sicherheit, nach Anerkennung, nach Zugewinn und Abwechslung im Rahmen eines durch Gewohnheiten begrenzten Spektrums ist das Bild des Konsumenten, das hier beschrieben wird.

2.4 „... launisch, impulsiv." George Katona und die sozialökonomische Verhaltensforschung

Scitovsky würde zustimmen, wenn man den Konsumenten als einen Menschen betrachtet, der keineswegs fremdbestimmt, sondern „voll von Eigensinn" (Strümpel/Katona 1983, S. 225) ist. Der Sinn, den Scitovsky dem Konsumentenhandeln unterstellt, ist allerdings ein anderer als der, den Katona beobachten zu können glaubt. Im Folgenden sollen die Grundannahmen einer Forschungstradition skizziert werden, die der in Ungarn geborene George Katona in den Jahren 1946 bis 1972 maßgeblich durch seine Forschungen an der University of Michigan geprägt hat. Im Deutschen wird sie als sozialökonomische Verhaltensforschung, im Englischen als „Psychological Economics“ bezeichnet.

Diese Forschungstradition ist eine Antwort auf makroökonomische Modellierungen des Marktgeschehens, die sich beispielsweise in Aussagen niederschlagen wie: „Das Preisniveau ist eine Funktion der Geldmenge.“ oder „Die Höhe der Nachfrage wird durch den Preis bestimmt.“ Katona zieht diese Aussagen keineswegs generell in Zweifel: Es geht ihm vielmehr darum, diese aus sozialwissenschaftlicher Perspektive leblosen Faktoren durch Informationen zu ergänzen, die sich insbesondere auf die Motivebene der Konsumenten beziehen. Mit anderen Worten: „Es geht insbesondere um die Bestimmung weicher Einflußfaktoren, die aus der Tatsache resultieren, daß der Konsument sich häufig nicht im Stadium einer vollkommenen Markttransparenz befindet. Im Gegenteil: „Er ist beherrscht von Vorurteilen, launisch, impulsiv und schlecht informiert [...]. Er überträgt Erlebnisse und Erfahrungen von einem Lebensbereich auf den anderen und bringt es sogar fertig, wirtschaftliche Erwartungen zu ändern, wenn einschneidende außerwirtschaftliche Ereignisse eintreten. Er lernt.“ (Strümpel/Katona 1983, S. 225) Der hohe Organisationsgrad von Unternehmen, die letztlich an ihren Entscheidungen gemessen werden, wird mit einem unvollkommenen Nachfrager bzw. Haushalt konfrontiert, dessen Reaktionen (Kaufen, Sparen etc.) durch die Wahrnehmung des ökonomischen Klimas mitbestimmt wird.

Abbildung 2.2 Das Handlungsmodell der "Psychological Economics"

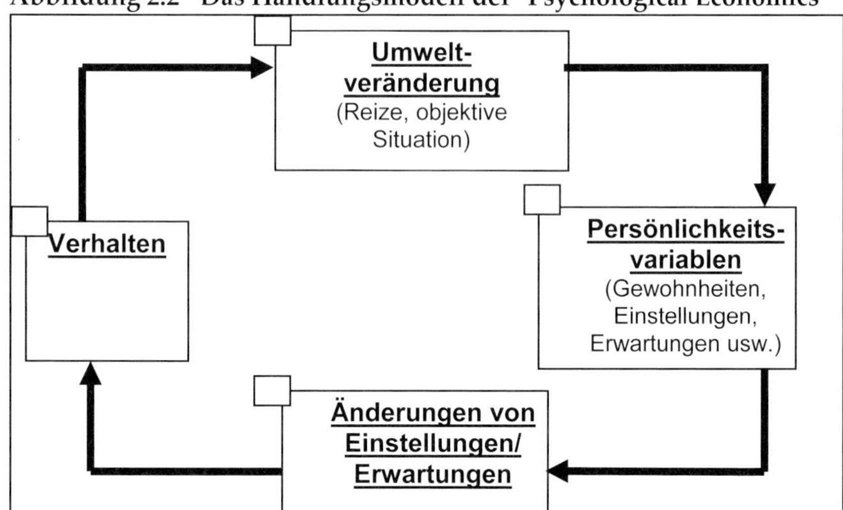

Quelle: Eigene Erstellung in Anlehnung an Strümpel/Katona 1983, S. 227

Diesen Wahrnehmungsprozessen, die mehr oder weniger systematisch erfolgen können, wird eine Relevanz für Verhaltensdispositionen bzw. Entscheidungen einerseits und damit auch für den Verlauf gesamtwirtschaftlicher Entwicklungen andererseits zugeschrieben. Diese Auffassung wird in der nachfolgenden Definition von Hennen gut zusammengefasst: „'Sozialökonomische Verhaltensforschung' ist die Bezeichnung für einen Forschungsbereich, der psychologische, sozialpsychologische und ökonomische Erkenntnisse unter einem gemeinsamen Dach zusammenführen möchte, um sie für die Erkenntnis mikroskopischer Voraussetzungen für makroskopische Prozesse im Wirtschaftsleben fruchtbar zu machen." (1990, S. 94) Das Nachfragerverhalten wird also nicht auf eine Funktion von Kaufkraft und Preis reduziert. Das verfügbare Einkommen eines Haushaltes ist nicht der einzige Faktor, der das Konsumverhalten bestimmt. Gesetzliche Maßnahmen, wie Steuerreformen, Investitionsprogramme, Erhöhung oder Reduzierung indirekter Steuern, sind Informationen für den Konsumenten, die ihm sowohl den Stand der aktuellen ökonomischen

Entwicklung, aber vor allem auch Erwartungen hinsichtlich der zukünftigen Entwicklung einer Volkswirtschaft vermitteln können. Gerade diese Annahmen über die Prosperitätsentwicklung entwickeln sich in den Vorstellungen von Katona zu einer zentralen Größe. Grund hierfür ist im Wesentlichen die Annahme, dass durch eine allgemeine Steigerung des Wohlstands die Entscheidungsspielräume über die Verwendung des eigenen Einkommens steigen und insofern das Ermessensverhalten der Konsumenten eine größere Rolle zu spielen beginnt.

Es kann also festgestellt werden: „Die ökonomische Verhaltensforschung entstand als Reaktion auf eine Nationalökonomie, die sich damit begnügt, Kausalbeziehungen zwischen den Ergebnissen des menschlichen Verhaltens zu suchen, ohne dem Verhalten selbst und seinen Motiven Beachtung zu schenken. Sie analysiert die wirtschaftlichen Handlungen des Menschen, das heißt die Verhaltensweisen, die sich in gesamtwirtschaftlichen Prozessen niederschlagen." (Strümpel/Katona 1983, S. 226)

Die Auseinandersetzung mit neoklassischen ökonomischen Erklärungsmodellen hat aus der hier beschriebenen Perspektive einige zentrale Gegenpositionen hervorgebracht:

- Die idealtypische Annahme einer Markttransparenz (vollständige Information über Preise, Qualität etc.) wird mit der Vorstellung konfrontiert, dass diese nicht objektiv bestimmbar sei. Daraus folgt, dass auch aus Unwissenheit Entscheidungen gefällt werden können, wie überhaupt die Wahrnehmung verschiedener Bereiche des Alltags in der Regel selektiv erfolgt oder durch besondere Akzentuierungen beeinflusst wird. Eine Veränderung von Einstellungen und Erwartungen bezüglich bestimmter ökonomischer Entwicklungen muss keineswegs analytisch gut vorbereitet gewesen sein. Boulding hat daher diese Beobachtungen in einem Gesetz zusammengefasst, das als Kernaussage enthält: „[...] the summation of ignorance produces knowledge." (Boulding 1972, S. 466) Er spricht diesbezüglich auch von Katona's Law.
- Dem rationalen Handeln der Wirtschaftssubjekte wird der Begriff der Gewohnheit entgegengehalten, weitergehend Formen der Habitualisierung des Verhaltens. Diese Gewohnheiten garantieren ein

hohes Maß an Regelmäßigkeit und reduzieren Entscheidungskosten aufgrund leicht verfügbarer Heuristiken. Auch Herbert Simon hatte in seiner Entscheidungstheorie dem „Göttlichkeitsmodell der Theorie des subjektiv erwarteten Nutzens“ (Simon 1993, S. 29) die Erwartung einer begrenzten Rationalität (bounded rationality) entgegengehalten.

- Konsumentensouveränität dürfe nicht gleichgesetzt werden mit individuellen Entscheidungen. Gruppenprozesse spielen für den Kauf und die Verwendung von Gütern eine wichtige Rolle. Die Kaufentscheidungen der Konsumenten erfolgen somit nicht unabhängig voneinander, sondern spiegeln in einem weiteren Sinne kulturspezifische Wertorientierungen und soziale Normen, in einem engeren Sinne aber auch die Orientierung an dritten Personen aus dem engeren oder weiteren sozialen Umfeld wider. Letzteres bezieht sich insbesondere auf Protagonisten der Massenkommunikation, die eine Vorreiter- und Vorbildrolle übernehmen können. Auch diese sozialen Vergleiche haben durchaus einen ökonomischen Gehalt, da sie den Entscheidungsaufwand reduzieren können und den subjektiven Glauben an gute Entscheidungen erhöhen.
- Die Erwartungen der Konsumenten sind einzukalkulieren, weil sie für zukünftiges Verhalten von Bedeutung sind. Diese Erwartungen können sich auf die Intentionen von Personen beziehen, also darauf, was eine Person zu tun beabsichtigt. Sie können sich aber auch auf die Wahrscheinlichkeit des Eintretens bestimmter Ereignisse bzw. Entwicklungen beziehen und nehmen dann Bezug auf nicht-individuelle Phänomene, zum Beispiel die Entwicklung auf dem Arbeitsmarkt oder Einschätzungen des Regierungshandelns (vgl. hierzu auch Hennen 1990, S. 98).
- Wenn die sozialökonomische Verhaltensforschung den Konsumenten als lernendes Wesen interpretiert, muss konsequenterweise einkalkuliert werden, dass auch im Zuge der Inanspruchnahme von Produkten und Dienstleistungen sich die Einstellung gegenüber diesen selbst verändern kann. Präferenzen sind in dieser Hinsicht also auch veränderbar und formbar. Das Phänomen der Sättigung, das beispielsweise in behavioristischen Theorien eine große Rolle spielt, wird hier auf den Wandel des Bedarfs und den Wandel der Lebensstile übertragen. Dieses Phänomen kann sich auch in einem

generellen Einstellungswandel gegenüber dem Konsumniveau an sich niederschlagen. Hier ergeben sich Brücken zur Wertewandelforschung und zum allgemeinen Wandel von Verbraucherorientierungen (z. B. asketisches versus hedonistisches Verhalten)[5].

Überhaupt ist es der Begriff des Lernens, der in den Forschungen von Katona eine zentrale Bedeutung einnimmt. Gegen die Annahme eines konstanten Verhaltens spricht nach seiner Auffassung, dass das wirtschaftliche Verhalten eben auch erlerntes Verhalten sei (vgl. Katona 1965, S. 81). Die Behauptung, dass Wohlstand im Wesentlichen auf künstlich geschaffenem Bedarf beruhe, stellt Katona nicht zufrieden. Der Verbraucher ist für ihn „keineswegs eine Marionette oder ein Bauer im Schachspiel." (Katona 1965, S. 90) Im Gegenteil: Auch wenn die Verbrauchernachfrage keine feste Größe darstellt und Werbung den Konsumenten unter Umständen auf Produkte und insbesondere Neuerungen aufmerksam macht, kann von einer Determination der Entscheidungen keine Rede sein[6]. Die Funktion der Werbeseite besteht eher darin, noch nicht konkret genug empfundene Bedürfnisse zu verdeutlichen und zu wecken. In der Regel sind die Bedürfnisse der Menschen nämlich nicht exakt spezifiziert und daher für den Produzenten nur Andeutungen auf die gewünschte Beschaffenheit eines Produkts. Als Beispiel erwähnt Katona das Automobil, das Ende des 19. Jahrhunderts kaum entstanden sein dürfte, weil es dafür einen wirklichen Bedarf gegeben hat und der Verbraucher wirklich sagen konnte, dass er dieses Fortbewegungsmittel benötigt: „Keinesfalls wurde die Erfindung durch den Verbraucher gemacht und auch nicht zur Befriedigung verbreiteter Verbraucherbedürfnisse." (Katona 1965, S. 82) Aber: „Zwischen den frühen Tagen des Automobils und heute liegen Jahrzehnte sozialen Lernens. Dieser Lernprozeß war natürlich nicht spontan. Erstens hätte er ohne die betreffende Erfindung nicht beginnen können, zweitens ist er eine Funktion zahlreicher empfangener Reize, aus der persönlichen Erfahrung, Erziehung, Lektüre und schließlich auch der Werbung. Deshalb ist es nicht unwichtig zu sagen, daß Bedürfnis nach Autos sei

[5] Siehe hierzu auch die Ausführungen in Kapitel 4 und Kapitel 6.

[6] Siehe hierzu auch die Ausführungen in Kapitel 3.

angelernt oder wie Galbraith sich ausdrückt, es sei »erfunden«. Aber sind nicht in diesem Sinne unsere Bedürfnisse in der Regel erfunden? Und sind nicht trotzdem die meisten unserer erfundenen Bedürfnisse in gewissem Sinn »ursprüngliche«?" (Katona 1965, S. 82) Mit anderen Worten: Katona favorisiert keine deterministischen Erklärungen, sondern setzt auf die Wechselwirkung von Angeboten und Erfahrungen. Darüber hinaus gibt es für ihn wenig Anzeichen dafür, dass sich die amerikanischen Verbraucher in ihren meisten Entscheidungen als unvernünftig und unkritisch bzw. töricht oder leichtgläubig erweisen. In wirklich wichtigen Entscheidungen geht nach seiner Auffassung der Einfluss entsprechender Beeinflussungsinstrumente signifikant zurück. Man könnte daraus einen paradoxen Effekt ableiten: Gleichgültigkeit gegenüber der Bedeutung des Produkts erhöht die Wahrscheinlichkeit von Werbewirkung. Werbung ist nur dort von Bedeutung, wo uns die Präferenzen für ein bestimmtes Produkt weniger wichtig sind. Als Beispiel nennt Katona den Unterschied zwischen verschiedenen Treibstoffmarken. Die Anstrengungen, die die Werbung in diesem Bereich unternimmt, sind erforderlich, weil uns im Grunde genommen egal ist, mit welcher Benzinmarke der Motor des Wagens betrieben wird (vgl. Katona 1965, S. 87).

Katona gibt damit eine ganz eigene Antwort auf die Ursprünge von Bedürfnissen. Darüber hinaus aber ist seine Theorie insofern ebenfalls bedürfnisrelevant, als sie Faktoren benennt, die das Akzeptanzklima für Konsumentscheidungen generell beeinflussen. Hier liegt der eigentliche Fokus seiner Forschungen, die schließlich auch zu der Begründung einer Konsumklimaforschung beigetragen haben. Dieses Akzeptanzklima wird vor allem durch die Einschätzung besonderer Ereignisse beeinflusst, aber auch durch Prozesse der öffentlichen Meinungsbildung. Die Relevanz dieser Faktoren für den Konsum ergibt sich aus der Relevanz zweier Phänomene, die Katona „consumer latitude" und „consumer discretion" nennt. Der bereits zitierte Ernest Zahn erläutert diese nicht leicht zu übersetzenden Begriffe wie folgt: „»Consumer latitude« meint den größer gewordenen Spielraum für die Käufer, die nie da gewesene Breite der Möglichkeiten, Geld zu verwenden, »consumer discretion« dagegen das größere, freie Ermessen, das Ausmaß individuellen Beliebens und Wählens. Wir könnten auch sagen: Mit »consumer latitude« ist der Umkreis objektiver Gegebenheiten, mit »consumer discretion« die subjektive Entscheidung ins Auge gefaßt." (Zahn 1960, S. 69) Zahn gibt für die Relevanz dieses Wechselspiels von Spielräumen einerseits und Ermessensfaktoren andererseits ein sehr gutes Beispiel: „Einst hieß es, daß es schlecht um die Wirtschaft bestellt war, wenn es den Bauern schlecht ging. Von der letzten amerikanischen Rezession sollen die Bauern wenig gemerkt haben; die Autoindustrie hat sie umso mehr gespürt." (Zahn 1960, S. 70) Im Sinne Katonas lassen sich diese Reaktionen der Konsumenten weder durch die Seite der Produktion noch durch die Anstrengungen der Werbung erklären. Sie sind als emergenter Effekt von Einstellungen zu betrachten, die sich unter bestimmten Bedingungen in eine als gleichförmig empfundene Richtung bewegen und daher auch mit dem Begriff „Affektgeneralisierung" (Hennen 1990, S. 101) beschrieben werden können. Katonas Leistung besteht insbesondere darin, dass er diese Meinungen, Stimmungen und Befürchtungen in ein messbares Phänomen umzusetzen versuchte. Ursprünglich als Haltungs- und Meinungsindex bezeichnet, hat sich für dieses Indikatorenbündel in der Literatur allmählich der Begriff Konsumklima-Index durchgesetzt. Gemessen werden dabei folgende Größen:

- Einschätzung der eigenen wirtschaftlichen Situation und der diesbezüglich zu erwartenden Veränderungen
- Erwartungen der Haushalte bezüglich der gesamtwirtschaftlichen Entwicklung
- Allgemeinere und speziellere Beurteilungen von Konsumgütermärkten unter Einschluss des Qualitäts- und Preisniveaus (vgl. hierzu Strümpel/ Katona 1983, S. 233).

Es wird also eine Kombination von Kaufmöglichkeiten auf der einen Seite und Kaufbereitschaft auf der anderen Seite angestrebt. Es kann davon ausgegangen werden, dass Optimismus in der Regel kauffördernd, Pessimismus dagegen die Kaufneigungen eher bremst. Für die Einschätzung der Kaufbereitschaft wird beispielsweise auf den Indikator „Sparquote" Bezug genommen, weil Sparen einer Unterbrechung des Geldkreislaufs entspricht.

Die Forschungen von Katona kreisen damit auch um die Kritik an einem Lehrsatz der Ökonomie, wonach die Neigung, das Geld auszugeben, eine ziemlich konstante Funktion des Einkommens ist. Katona will nachweisen, dass diese Auffassung dem wachsenden Aktionsspielraum der Konsumenten nicht hinreichend Rechnung trägt. Dieser wird nach seiner Auffassung durch folgende Faktoren beeinflusst: „Durch 1. das Vorhandensein breiter Verbraucherschichten mit Einkommen, die den Existenzbedarf übersteigen, 2. die Existenz liquider Reserven, 3. die Möglichkeit der Kreditbeschaffung und 4. die Verwendung bedeutender Beträge für die Anschaffung langlebiger Güter." (Katona 1962, S. 28) Darauf aufbauend unterscheidet Katona verschiedene Arten von Ausgaben, die sich sowohl nach der Art ihrer Festlegung und nach dem Ausmaß ihrer Gewohnheit als auch nach Ausgaben und Ersparnissen klassifizieren lassen. Entscheidend sind für Katona die Ausgaben, die in das Belieben des Verbrauchers gestellt sind. Gemeint sind Ausgaben, die aufschiebbar sind und daher häufig in einem Bereich zu beobachten sind, der langlebige Güter betrifft. Der Anschaffungszeitpunkt für diese Erwerbungen bleibt nicht ohne Einfluss auf gesamtwirtschaftliche Entwicklungen. Zugleich werden die Entscheidungen über Aufschub oder Anschaffungen im Wesentlichen durch Einflussfaktoren der Umwelt bestimmt. Für diese langlebigen Güter gilt, dass sie 1. nicht zwingend notwendig sind und 2. weniger von Gewohnheiten bestimmt werden und 3. längerer Entscheidungsprozesse, beispielsweise auch innerhalb der Familie, bedürfen (vgl. Katona 1962, S. 32). Vergleiche des Index der Verbrauchereinstellungen einerseits und der Umsätze von langlebigen Gütern andererseits führten Katona zu dem Ergebnis, dass die Schwankungen in der Nachfragekurve durch Einkommensentwicklungen allein nicht erklärbar waren bzw. sind. Der Automobilabsatz in den Vereinigten Staaten ist ihm dabei ein beliebtes Beispiel (vgl. Katona 1962, S. 78). Er konnte dabei zeigen, dass eine Verbesserung der Einstellungen der Nachfrage vorausging. Ebenso konnte er zeigen, dass eine ungünstigere Entwicklung der Einstellungen sich zeitversetzt negativ auf die Nachfrage auswirkte. Je länger sich das Konsumklima in einem Abwärtstrend befindet, desto länger hält dessen Wirkung auf das Kaufverhalten an (vgl. Katona 1975, S. 95). Dies kann auch dazu führen, dass trotz steigenden Einkommens die Ausgaben sinken.

Katonas Beobachtungen entsprechen in vielen Fällen einem Phänomen, das der amerikanische Soziologe Robert King Merton (1910-2003) als nicht-intendierte Effekte absichtsgeleiteten Handelns bezeichnet hat.

Diese nicht-intendierten Effekte resultieren aus individuellen Handlungen, die ein daraus hervorgehendes Makrophänomen (zum Beispiel den Rückgang der Nachfrage) nicht beabsichtigt hatten. Folgende Beispiele illustrieren diese paradoxen Effekte, die auf der Basis vieler Einzelmotivationen zum Tragen kommen: „Die Erwartung geringerer Einkommen und die Furcht vor Arbeitslosigkeit veranlassen die Menschen zur Einschränkung ihrer Ausgaben; die Einkommen sinken dann, weil man erwartete, daß sie sinken würden." (Katona 1962, S. 322) Ein weiteres Beispiel, das wieder die Automobilindustrie betrifft, verdeutlicht eine ähnliche Kettenreaktion: „Im Jahr 1955 trugen [...] günstige Einstellungen zum Automobilmarkt und Meldungen, daß immer mehr Menschen Wagen kauften, dazu bei, Wünsche in Nachfrage nach neuen Automobilen umzuwandeln. Nachweisbar haben Personen, die gewöhnlich Gebrauchtwagenkäufer waren, in jenem Jahr neue Wagen erworben und andere haben ihr Auto früher als sonst gewechselt." (Katona 1962, S. 322) Affektgeneralisierung heißt hier somit, dass Stimmungen in Handlungen umgewandelt werden und ein Phänomen, das sich im Sinne eines „mit dem Strom schwimmen" interpretieren lässt, zu beobachten war.

Diese Beispiele verdeutlichen, dass das Verbraucherverhalten eigenen Regeln der Rationalität folgt, die für einen außenstehenden Betrachter irrational erscheinen mögen. Dazu gehört auch der Wechsel von Stimmungen, der aus einem Übermaß an optimistischen Meldungen über die Wirtschaftslage resultieren kann. Wenn sich solche Nachrichten permanent wiederholen, empfindet der Verbraucher diese bald nicht mehr als Neuigkeiten und greift auf Erfahrungen zurück, die die Skepsis gegenüber dem Optimismus wachsen lassen. Die Monotonie der Beobachtungen des wirtschaftlichen Bereichs verstärkt den Eindruck, dass sich nichts wirklich Neues tut und gleichzeitig wächst die Neigung des Verbrauchers, „sich Gedanken zu machen und vorsichtig zu werden." (Katona 1962, S. 324) Plötzlich werden Sprichwörter aktiviert, wie „Was steigt, muss wieder fallen." oder „Die Bäume wachsen nicht in den Himmel." In diesem zögernden Optimismus steckt nach Katona ein Faktor, der einen Anteil an dem Auf und Ab der ökonomischen Entwicklung hat. Hier liegt auch die entscheidende Leistung dieser Forschungsrichtung, die konsequent darauf hingewiesen hat, dass es sozialpsychologische Mechanismen gibt, die neben den Faktoren einer ökonomischen Kreislauftheorie diese Entwicklungen ebenfalls zu beeinflussen vermögen. Die Aktualität dieser Forschungstradition schlägt sich insbesondere darin nieder, dass bis heute die Konsumklimaforschung Phänomene der konjunkturellen Schwankung unter Berücksichtigung dieser Einstellungs- und Verhaltensindikatoren analysiert (siehe auch Heuser 2008). Phänomene wie Konsummüdigkeit und Wohlstandssättigung werden ebenso zu erklären versucht wie zu erwartende Entwicklungen der Einzelhandelsumsätze (vgl. beispielsweise Weinberg 1990, Litzenroth 1995, Kosfeld 1997). Diese Forschungen belegen, dass Sparneigung und Konsumbereitschaft ein Spiegelbild der ökonomischen Entwicklung darstellen. Zugleich bewahrheitet sich aber auch, dass sich die Einkommensdisponibilität in diesem Bereich nicht homogen auswirkt. Solomon weist darauf hin, dass in einer Rezessionsphase die Sparquoten der durchschnittlichen Verbraucher ansteigen, Wohlhabende dagegen aber ihr bisheriges Konsumniveau weitgehend aufrechterhalten (vgl. Solomon 1994, S. 426f.). Im Großen und Ganzen lässt sich diese Beobachtung auch als Bestätigung des so genannten Engelschen Gesetzes lesen, ein Gesetz, das auf der Basis der Analyse von Haushaltsbüchern[7] bereits im 19. Jahrhundert durch den damaligen Direktor des Königlich-Sächsischen Statistischen Bureaus formuliert wurde: „[…] je ärmer eine Familie ist, einen desto grösseren Antheil von der Gesamtausgabe muss zur Beschaffung der Nahrung aufgewendet werden." (Engel 1895 [zuerst 1857], S. 28f.) Nach Analysen von Schmidt (vgl. Schmidt, J. 2000, S. 240ff.) gilt dieses Gesetz auch für die Gegenwart noch. Trotz der von Katona beschriebenen Macht des Verbrauchers unterliegt damit die Realisierung von Bedürfnissen nach wie vor Knappheitsbedingungen.

Wenige Tage vor seinem Tod erhielt Katona am 15. Juni 1981 die Ehrendoktorwürde der Wirtschaftswissenschaft der Freien Universität Berlin, die ihm zuvor bereits 1977 auch von der Universität Amsterdam verliehen wurde. Der Politikwissenschaftler Karl W. Deutsch stellte anlässlich dieser Ehrung fest: „Psychologische Ökonomie ist eben viel, viel mehr als bloße Marktforschung. Sie ist die echte Erschließung eines

---

[7] Engel stützte sich dabei auf eine Analyse von Ducpetiaux, der im Vorfeld des 1. Internationalen Statistik-Kongresses in Brüssel 1855 die Budgets belgischer Arbeiterhaushalte untersuchte, sowie auf das Werk von Le Play („Les ouvriers européennes").

neuen Wissensgebietes, die Stellung neuer Fragen und die Herausforderung zu ihrer Fortführung zu weiteren neuen Problemen, Einsichten und Entdeckungen. Dies alles ist ein Teil von dem, was wir George Katona verdanken." (1982, S. 25)

2.5 „... Keim der eigenen Zerstörung." Stabilität und Wandel von Bedürfnissen

Da Katona in seinen Überlegungen den Faktor des Lernens besonders hervorhebt, ist eine kurze Bezugnahme auf lerntheoretische Modelle sinnvoll. Bekanntlich haben die in der Tradition des Behaviorismus stehenden Verhaltenstheorien die Konsequenzen aus erhaltenen Belohnungen oder Enttäuschungen, die bestimmten Entscheidungen folgten, in Form von Gesetzen zu präzisieren versucht. Das Gesetz des Effekts, das auf Edward Thorndike zurückgeht, verweist darauf, dass ein Verhalten, das in einer bestimmten Situation von einem befriedigenden Zustand begleitet wurde, eine hohe Wiederauftrittswahrscheinlichkeit hat, wenn vergleichbare bzw. ähnliche Situationen vorliegen. Im umgekehrten Falle schwächt sich eine Ursache-Wirkungs-Beziehung ab, wenn bestimmte Verhaltensweisen nicht belohnt werden. Dieses Modell von Belohnung und Enttäuschung (und die damit zusammenhängenden Effekte) beschreibt eine Kernannahme der Lerntheorien (vgl. Heckhausen 1980, S. 69f.). Auch in der Theorie des operanten Verhaltens von Burrhus F. Skinner spielt diese Beziehung eine Rolle. Das Modell der operanten Konditionierung wird in dem Gesetz von Thorndike bereits angedeutet. Es geht darum, dass ein bestimmtes Verhalten eine Reaktion auslöst, die als befriedigend oder nicht befriedigend empfunden werden kann. Bereits diese Reaktion ist eine Form des Lernens. Denn die damit verbundene Erwartung ist, dass einer positiven Reaktion ein in der Zukunft häufigeres Praktizieren dieses Verhaltens folgen wird. Diese Ursache-Wirkungs-Kette setzt in der Regel aber ein enges zeitliches Aufeinanderfolgen von Verhalten und Reaktionen voraus.

Dennoch schließt diese Theorie nicht aus, dass es auch längerfristige Bindungen an bestimmte Erfahrungen gibt. Wenn ich beispielsweise ein Restaurant besuche, das ich vormals noch nicht kannte, und positive

Erfahrungen mache, werde ich dieses Restaurant zu einem späteren Zeitpunkt weiterhin ins Kalkül ziehen. Wenn ich es dagegen in einem kurzen Zeitraum sehr häufig besuche, sinkt die Attraktivität dieses Operanten. Es setzen Prozesse der Sättigung ein, die bis zu einer Löschung dieses Belohnungsfaktors führen können. Daher ist im Rahmen von Modellen des Lernens zentral, ob es sich um kontinuierliche oder diskontinuierliche Belohnungen handelt. Diesen Faktor hat insbesondere George Caspar Homans in seinem verhaltenstheoretischen Programm aufgegriffen und in Hypothesen zusammengefasst, die zusammengenommen bestätigen, dass unsere Entscheidungen immer von Erfahrungen gelenkt werden (vgl. Homans 1972). Dieses Hypothesenprogramm thematisiert sowohl die Konsequenzen aus Erfolgen (Erfolgshypothese), die Bedeutung wahrgenommener Reize (Reizhypothese), den Stellenwert, der bestimmten Formen von Belohnungen zugeschrieben wird (Werthypothese), den Aspekt von Grenzkosten und Grenznutzen im Sinne einer Abnahme des Wertes jeder zusätzlichen Belohnungseinheit (Entbehrungs-Sättigungs-Hypothese) und schließlich die Konsequenzen aus Enttäuschungen (Frustrations-Aggressions-Hypothese). Insbesondere die letzte Hypothese soll verdeutlichen, dass sich Präferenzstrukturen ändern können. Dieser Aspekt, dass auf Enttäuschungen also auch ein Präferenzwandel folgen kann, ist in der sozialökonomischen Theorie insbesondere auch von Hirschman aufgegriffen worden.

In seinem Essay „Engagement und Enttäuschung“ stellt er diesbezüglich die folgende Kernthese auf: „Handlungen des Konsums [...], die um ihres erwarteten Befriedigungswertes willen unternommen werden, resultieren auch in Enttäuschung und Frustration. Dieses Ergebnis mag aus unterschiedlichen Gründen, auf unterschiedliche Weise und in unterschiedlichem Maße eintreten; doch sofern solche Enttäuschungen sich nicht vollständig in der Weise annullieren lassen, daß im gleichen Augenblick das Erwartungsniveau entsprechend gesenkt wird, trägt [...] jede Form des Konsums und jede Art der Zeitverwendung den »Keim der eigenen Zerstörung« in sich.“ (Hirschman 1984, S. 18f.) Hirschman konzediert in seinen Ausführungen durchaus, dass der Aspekt der Enttäuschung in verschiedenen Theorien thematisiert wurde. Er nennt beispielsweise die Theorie der kognitiven Dissonanz von Leon Festinger, die in dem Vermeiden unliebsamer Informationen die Absicht erkennt, einen Zustand interner Konsistenz wiederherzustellen. Anlass ist eine unbefriedigende Entscheidung. Hirschman ergänzt aber zu dieser Überlegung: „Es kann jedoch unmöglich die Absicht dieser Theorie gewesen sein, das Phänomen der Enttäuschung generell zu verharmlosen, ihre Existenz und Bedeutung als menschliche Erfahrung zu leugnen." (Hirschman 1984, S. 24) Es bleiben also Grenzen der Selbsttäuschung. Damit verbindet sich zugleich ein Hinweis auf den Unterschied zwischen kurzlebigen Verbrauchsgütern und langlebigen Gebrauchsgütern bzw. Dienstleistungen, die kontinuierlich in Anspruch genommen werden (📄 2.e, siehe S. 117). Kurzlebige Verbrauchsgüter sind eher enttäuschungsresistent, während im Falle langlebiger Gebrauchsgüter bzw. Dienstleistungen die Komponente des bloßen Komforterlebens (vgl. Hirschman 1984, S. 52) eine viel größere Rolle spielt. In diesem Fall konkurriert die längerfristige Bindung an ein bestimmtes Angebot mit gleichzeitig stattfindenden Marktveränderungen, die Angebote in diesem Bereich erweitern und damit gegebenenfalls die Unzufriedenheit mit dem vorhandenen Angebot auf Seiten des Konsumenten erhöhen können. Ebenso leiden Güter, die aus der Sicht des Konsumenten Auskunft über seine soziale Position geben sollen (Fred Hirsch hat hierfür den Begriff positionale Güter verwandt[8]) unter inflationären Tendenzen. Je mehr solche Güter Verbreitung finden, desto geringer ist das damit erzielbare Alleinstellungsmerkmal. Dieser aus Relationen herrührende Mechanismus ist ein wichtiger Motor in fortgeschrittenen Industriegesellschaften. Denn, so Hirschman: „In diesen Gesellschaften erwartet der sozial aufgestiegene Verbraucher, daß bestimmte, von ihm begehrte Güter, sobald er sie sich leisten kann, noch ein genauso großes Maß an Befriedigung für ihn bereithalten, wie er es sich von ihnen versprochen hatte, ehe er sie sich leisten konnte." (Hirschman 1984, S. 67) Die aus der Verletzung der Erwartungshaltung resultierende Unzufriedenheit kann damit zur Folge haben, dass der Konsument zu immer wieder neuen Anstrengungen veranlasst wird. Es könnte, so ergänzt Hirschman, aber auch der Fall eintreten, dass immer wiederkehrende Enttäuschungen dieser Art ihn an dem Wert seiner Anstrengungen zweifeln lassen (vgl. Hirschman 1984, S. 68). Damit fügt sich auch diese Erklärung in das Bild des lernenden Verbrauchers ein.

---

[8] Siehe hierzu auch die Ausführungen in Kapitel 4.

Zusammenfassend darf man sagen, dass die Frage der Entstehung von Bedürfnissen jenseits physiologischer Notwendigkeiten die Wechselwirkung individueller und sozialer Motivationen beschreibt.

Zum Weiterlesen:

Hirschman, Albert O. (1984): Engagement und Enttäuschung. Über das Schwanken der Bürger zwischen Privatwohl und Gemeinwohl. [Aus dem Amerik.]. Frankfurt am Main.

Maslow, Abraham H. (1977): Motivation und Persönlichkeit. [Aus dem Engl.]. Olten usw.

Wachtel, Paul L. (1983): The Poverty of Affluence. New York.

Beispieltexte[9] zu Kapitel 2:

2.a Herbert Marcuse

(1989): Der eindimensionale Mensch. Studien zur Ideologie der fortgeschrittenen Industriegesellschaft. [Aus dem Amerik., zuerst 1967]. Frankfurt am Main. Luchterhand.

Die neuen Formen der Kontrolle
S. 24-28

„Die Intensität, die Befriedigung und selbst der Charakter menschlicher Bedürfnisse, die über das biologische Niveau hinausgehen, sind stets im voraus festgelegt gewesen. Ob die Möglichkeit, etwas zu tun oder zu lassen, zu genießen oder zu zerstören, zu besitzen oder zurückzuweisen als ein Bedürfnis erfaßt wird oder nicht, hängt davon ab, ob sie für die herrschenden gesamtgesellschaftlichen Institutionen und Interessen als wünschenswert und notwendig angesehen werden kann oder nicht. In diesem Sinne sind menschliche Bedürfnisse historische Bedürfnisse, und in dem Maße, wie die Gesellschaft die repressive Entwicklung des Individuums erfordert, unterliegen dessen Bedürfnisse selbst und ihr Verlangen, befriedigt zu werden, kritischen Maßstäben, die sich über sie hinwegsetzen.

Wir können wahre und falsche Bedürfnisse unterscheiden. »Falsch« sind diejenigen, die dem Individuum durch partikuläre gesellschaftliche Mächte, die an

[9] Zur Bearbeitung der Beispieltexte siehe die Hinweise am Ende der Einleitung.

seiner Unterdrückung interessiert sind, auferlegt werden: diejenigen Bedürfnisse, die harte Arbeit, Aggressivität, Elend und Ungerechtigkeit verewigen. Ihre Befriedigung mag für das Individuum höchst erfreulich sein, aber dieses Glück ist kein Zustand, der aufrecht erhalten und geschützt werden muß, wenn es dazu dient, die Entwicklung derjenigen Fähigkeit (seine eigene und die anderer) zu hemmen, die Krankheit des Ganzen zu erkennen und die Chancen zu ergreifen, diese Krankheit zu heilen. Das Ergebnis ist dann Euphorie im Unglück. Die meisten der herrschenden Bedürfnisse, sich im Einklang mit der Reklame zu entspannen, zu vergnügen, zu benehmen und zu konsumieren, zu hassen und zu lieben, was andere hassen und lieben, gehören in diese Kategorie falscher Bedürfnisse.

Solche Bedürfnisse haben einen gesellschaftlichen Inhalt und eine gesellschaftliche Funktion, die durch äußere Mächte determiniert sind, über die das Individuum keine Kontrolle hat; die Entwicklung und Befriedigung dieser Bedürfnisse sind heteronom. Ganz gleich, wie sehr solche Bedürfnisse zu denen des Individuums selbst geworden sind und durch seine Existenzbedingungen reproduziert und befestigt werden; ganz gleich, wie sehr es sich mit ihnen identifiziert und sich in ihrer Befriedigung wiederfindet, sie bleiben, was sie seit Anbeginn waren – Produkte eine Gesellschaft, deren herrschendes Interesse Unterdrückung erheischt.

Das Vorherrschen repressiver Bedürfnisse ist eine vollendete Tatsache, die in Unwissenheit und Niedergeschlagenheit hingenommen wird, aber eine Tatsache, die im Interesse des glücklichen Individuums sowie aller derjenigen beseitigt werden muß, deren Elend der Preis seiner Befriedigung ist. Die einzigen Bedürfnisse, die einen uneingeschränkten Anspruch auf Befriedigung haben, sind die vitalen – Nahrung, Kleidung und Wohnung auf dem erreichbaren Kulturniveau. Die Befriedigung dieser Bedürfnisse ist die Vorbedingung für die Verwirklichung aller Bedürfnisse, der unsublimierten wie der sublimierten.

Für jedes Bewußtsein und Gewissen, für jede Erfahrung, die das herrschende gesellschaftliche Interesse nicht als das oberste Gesetz des Denkens und Verhaltens hinnimmt, ist das eingeschliffene Universum von Bedürfnissen und Befriedigungen eine in Frage zu stellende Tatsache – im Hinblick auf Wahrheit und Falschheit. Diese Begriffe sind durch und durch historisch, auch ihre Objektivität ist historisch. Das Urteil über Bedürfnisse und ihre Befriedigung schließt unter den gegebenen Bedingungen Maßstäbe des Vorrangs ein – Maßstäbe, die sich auf die optimale Entwicklung des Individuums, aller Individuen, beziehen unter optimaler Ausnutzung der materiellen und geistigen Ressourcen, über die der Mensch verfügt. Diese Ressourcen sind berechenbar. »Wahrheit« und »Falschheit« der Bedürfnisse bezeichnen in dem Maße objektive Bedingungen, wie die allgemeine Befriedigung von Lebensbedürfnissen und darüber hinaus die fortschreitende Linderung von harter Arbeit und Armut allgemeingültige Maßstäbe sind. Aber als historische Maßstäbe variieren sie nicht nur nach Bereich und Stufe der Entwicklung, sie lassen sich auch nur im (größeren oder geringeren) Widerspruch zu den herrschenden bestimmen. Welches Tribunal kann für sich die Autorität der Entscheidung beanspruchen?

In letzter Instanz muß die Frage, was wahre und was falsche Bedürfnisse sind, von den Individuen selbst beantwortet werden, das heißt sofern und wenn sie frei sind, ihre eigene Antwort zu geben. Solange sie davon abgehalten werden, autonom zu sein, solange sie (bis in ihre Triebe hinein) geschult und manipuliert werden, kann ihre Antwort auf diese Frage nicht als ihre eigene verstanden werden. Deshalb kann sich auch kein Tribunal legitimerweise das Recht anmaßen, darüber zu befinden, welche Bedürfnisse entwickelt und befriedigt werden sollten. Jedes derartige Tribunal ist zu verwerfen, obgleich dadurch die Frage nicht aus der Welt geschafft wird: wie können die Menschen, die das Objekt wirksamer und produktiver Herrschaft gewesen sind, von sich aus die Bedingungen der Freiheit herbeiführen?

Je rationaler, produktiver, technischer und totaler die repressive Verwaltung der Gesellschaft wird, desto unvorstellbarer sind die Mittel und Wege, vermöge derer die verwalteten Individuen ihre Knechtschaft brechen und ihre Befreiung selbst in die Hand nehmen könnten. Freilich ist es ein paradoxer und Anstoß erregender Gedanke, einer ganzen Gesellschaft Vernunft auferlegen zu wollen – obgleich sich die Rechtschaffenheit einer Gesellschaft bestreiten ließe, die diesen Gedanken lächerlich macht, während sie ihre eigene Bevölkerung in Objekte totaler Verwaltung überführt. Alle Befreiung hängt vom Bewußtsein der Knechtschaft ab, und das Entstehen dieses Bewußtseins wird stets durch das Vorherrschen von Bedürfnissen und Befriedigungen behindert, die in hohem Maße die des Individuums geworden sind. Der Prozeß ersetzt immer ein System der Präformierung durch ein anderes; das optimale Ziel ist die Ersetzung der falschen Bedürfnisse durch wahre, der Verzicht auf repressive Befriedigung.

Es ist der kennzeichnende Zug der fortgeschrittenen Industriegesellschaft, daß sie diejenigen Bedürfnisse wirksam drunten hält, die nach Befreiung verlangen – eine Befreiung auch von dem, was erträglich, lohnend und bequem ist – während sie die zerstörerische Macht und unterdrückende Funktion der Gesellschaft »im Überfluß« unterstützt und freispricht. Hierbei erzwingen die sozialen Kontrollen das überwältigende Bedürfnis nach Produktion und Konsumtion von unnützen Dingen; das Bedürfnis nach abstumpfender Arbeit, wo sie nicht mehr wirklich notwendig ist; das Bedürfnis nach Arten der Entspannung, die diese Abstumpfung mildern und verlängern; das Bedürfnis, solche trügerischen Freiheiten wie freien Wettbewerb bei verordneten Preisen zu erhalten, eine freie Presse, die sich selbst zensiert, freie Auswahl zwischen gleichwertigen Marken und nichtigem Zubehör bei grundsätzlichem Konsumzwang.

Unter der Herrschaft eines repressiven Ganzen läßt Freiheit sich in ein mächtiges Herrschaftsinstrument verwandeln. Der Spielraum, in dem das Individuum seine Auswahl treffen kann, ist für die Bestimmung des Grades menschlicher Freiheit nicht entscheidend, sondern was gewählt werden kann und was vom Individuum gewählt wird. Das Kriterium für freie Auswahl kann niemals ein absolutes sein, aber es ist auch nicht völlig relativ. Die freie Wahl der Herren schafft die Herren oder die Sklaven nicht ab. Freie Auswahl unter einer breiten Mannigfaltigkeit von Gütern und Dienstleistungen bedeutet keine Freiheit, wenn diese Güter und Dienstleistungen die soziale Kontrolle über ein Leben von Mühe und Angst aufrechterhalten – das heißt die Entfremdung. Und die spontane Reproduktion aufgenötigter Bedürfnisse durch das Individuum stellt keine Autonomie her; sie bezeugt nur die Wirksamkeit der Kontrolle.

Wenn wir auf der Tiefe und Wirksamkeit dieser Kontrolle bestehen, setzen wir uns dem Einwand aus, daß wir die prägende Macht der »Massenmedien« sehr überschätzen und daß die Menschen ganz von selbst die Bedürfnisse verspüren und befriedigen würden, die ihnen jetzt aufgenötigt werden. Der Einwand greift fehl. Die Präformierung beginnt nicht mit der Massenproduktion von Rundfunk und Fernsehen und mit der Zentralisierung ihrer Kontrolle. Die Menschen treten in dieses Stadium als langjährig präparierte Empfänger ein; der entscheidende Unterschied besteht in der Einebnung des Gegensatzes (oder Konflikts) zwischen dem Gegebenen und dem Möglichen, zwischen den befriedigten und den nicht befriedigten Bedürfnissen. Hier zeigt die sogenannte Ausgleichung der Klassenunterschiede ihre ideologische Funktion. Wenn der Arbeiter und sein Chef sich am selben Fernsehprogramm vergnügen und dieselben Erholungsorte besuchen, wenn die Stenotypistin ebenso attraktiv hergerichtet ist wie die Tochter ihres Arbeitgebers, wenn der Neger einen Cadillac besitzt, wenn sie alle dieselbe Zeitung lesen, dann deutet diese Angleichung nicht auf das Verschwinden der Klassen hin, sondern auf das Ausmaß, in dem die unterworfene Bevölkerung an den Bedürfnissen und Befriedigungen teil hat, die der Erhaltung des Bestehenden dienen."

2.b Abraham H. Maslow
(1977): Motivation und Persönlichkeit. [Aus dem Engl.]. Olten usw. Rowohlt.

Mittel und Zwecke & Verlangen und Kultur
S. 48-49, 63-65

„Wenn wir die durchschnittlichen Bedürfnisse unseres täglichen Lebens sorgfältig untersuchen, sehen wir, daß sie zumindest eine wichtige Eigenschaft haben, das heißt, daß sie gewöhnlich Mittel zu einem Zweck sind und nicht ein Zweck an sich. Wir wollen Geld, um ein Auto zu besitzen. Wir wünschen uns ein Auto, weil die Nachbarn eines haben und wir ihnen nicht unterlegen sein wollen, damit wir unsere Selbstachtung behalten und von anderen geliebt und geachtet werden können. In der Analyse eines bewußten Verlangens finden wir gewöhnlich andere, sozusagen tieferliegende Ziele des Individuums. Mit anderen Worten, wir finden hier eine Situation vor, die der Rolle der Symptome in der Psychopathologie sehr gleicht. Die Symptome sind wichtig, nicht so sehr an sich, sondern darin, was sie letztlich bedeuten, das heißt, was letztlich ihre Ziele oder Wirkungen sein mögen. Die Untersuchung von Symptomen an sich ist ziemlich unwichtig, doch die Analyse der dynamischen Bedeutung der Symptome ist wichtig, weil – sie fruchtbar ist – zum Beispiel zur Ermöglichung der Psychotherapie. Die besonderen Bedürfnisse, die in unserem Bewußtsein dutzende Male am Tag auftauchen, sind nicht an sich wichtig, sondern vor allem darin, wofür sie stehen, wohin sie führen, was sie letztlich nach gründlicherer Analyse bedeuten.

Es ist für diese gründlichere Analyse charakteristisch, daß sie immer letztlich zu bestimmten Zielen oder Bedürfnissen führt, über die wir nicht hinausreichen; das heißt, zu bestimmten Bedürfnisbefriedigungen, die schon Zweck an sich zu sein scheinen und keiner weiteren Rechtfertigung oder Manifestation bedürfen. Solche Bedürfnisse haben im Durchschnittsmenschen die besondere Eigenschaft, selten direkt betrachtet werden zu können, jedoch häufiger eine Art begriffliche Ableitung der Vielfalt an spezifischen bewußten Bedürfnissen zu sein. Mit anderen Worten, die Motivationsanalyse muß zum Teil auch Untersuchung der elementaren menschlichen Ziele, Wünsche oder Bedürfnisse sein.

Diese Fakten ergeben eine andere Notwendigkeit für eine vernünftige Motivationstheorie. Da solche Ziele nicht oft direkt im Bewußtsein beobachtet werden können, werden wir gezwungen, das gesamte Problem der unbewußten Motivationen zu behandeln. Sorgfältige Untersuchungen des bewußten Motivationslebens allein werden häufig vieles auslassen, was genauso oder noch wichtiger ist als das, was man im Bewusstsein beobachten kann. Die Psychoanalyse hat häufig gezeigt, daß die Beziehung zwischen einem bewußten Verlangen und dem letztlich unbewußten Ziel, das dem Verlangen zugrunde liegt, überhaupt nicht unmittelbar sein muß. Tatsächlich kann die Beziehung eine negative sein, wie etwa in Reaktionsformationen. Wir können abschließend also behaupten, daß eine vernünftige Motivationstheorie das unbewußte Leben nicht vernachlässigen darf.

[...] Es gibt bereits genügend anthropologisches Beweismaterial dafür, daß die tiefen oder elementaren Bedürfnisse aller menschlichen Wesen nicht annähernd so stark voneinander verschieden sind wie ihre bewußten alltäglichen Wünsche. Der Hauptgrund dafür ist, daß verschiedene Kulturen vollkommen verschiedene Wege zur Befriedigung eines bestimmten Bedürfnisses anbieten können, etwa für Selbstachtung oder anderes. In der einen Gesellschaft erhält man Selbstachtung, indem man ein guter Jäger ist; in einer anderen als großer Medizinmann oder mutiger Krieger oder als emotionslose Persönlichkeit und anderes mehr. Deshalb kann es, mit Hinsicht auf das Elementare, dazu kommen, daß das Verlangen danach, ein guter Jäger zu sein, dieselbe Dynamik und dasselbe fundamentale Ziel hat wie das Verlangen eines anderen, ein guter Medizinmann zu sein. Wir können deshalb behaupten, daß es für den Psychologen nützlicher ist, diese beiden scheinbar verschiedenen bewußten Wünsche in derselben Kategorie zu vereinen, anstatt sie auf Grund von rein verhaltensmäßigen Überlegungen in verschiedene Kategorien einzuordnen.

Anscheinend sind Zwecke an sich weit allgemeiner als die Wege dahin, denn diese werden lokal von der jeweiligen Kultur bestimmt. Die Menschen gleichen einander mehr, als man auf den ersten Blick sieht.

[...] Alle physiologischen Bedürfnisse und das konsumierende Verhalten, das mit ihnen verknüpft ist, [können] als Kanäle für alle möglichen anderen Bedürfnisse dienen [...]. Das heißt also, eine Person, die glaubt, daß sie hungrig ist, mag tatsächlich mehr nach Bequemlichkeit oder Geborgenheit verlangen als nach Vitaminen oder Proteinen. Umgekehrt ist es möglich, das Nahrungsbedürfnis teilweise mit anderen Aktivitäten zu befriedigen, mit Zigarettenrauchen oder Wassertrinken. Mit anderen Worten, diese physiologischen Bedürfnisse sind relativ, aber nicht vollständig isolierbar. Ohne Zweifel sind diese physiologischen Bedürfnisse die mächtigsten unter allen. Das bedeutet insbesondere, daß in einem menschlichen Wesen, dem es im Leben extrem an allem mangelt, am wahrscheinlichsten die physiologischen Bedürfnisse vor allen anderen die Hauptmotivation darstellen werden. Jemand, dem es an Nahrung, Sicherheit, Liebe und Wertschätzung mangelt, würde wahrscheinlich nach Nahrung mehr als nach etwas anderem hungern.

Wenn alle Bedürfnisse unbefriedigt sind und der Organismus damit von den physiologischen Bedürfnissen beherrscht wird, können alle anderen Bedürfnisse einfach aufhören oder sie werden in den Hintergrund gedrängt. Dann kann man auch zu Recht den ganzen Organismus charakterisieren, indem man einfach sagt, er sei hungrig, denn das Bewußtsein wird fast vollständig vom Hunger erfüllt sein. Alle Fähigkeiten werden in den Dienst der Hungerbefriedigung gestellt, und die Organisation der Fähigkeiten wird fast vollständig von dem einen Zweck, den Hunger zu stillen, determiniert. Die Rezeptoren und die Effektoren, die Intelligenz, das Gedächtnis, alle Gewohnheiten können nunmehr einfach als hungerstillende Instrumente definiert werden. Fähigkeiten, die für diesen Zweck von keinem Nutzen sind, bleiben latent oder werden in den Hintergrund gedrängt. Der Drang, Gedichte zu schreiben, das Verlangen nach einem neuen Auto, das Interesse an Geschichte, der Wunsch nach einem neuen Paar Schuhe sind im Extremfall vergessen oder werden zweitrangig. Für den, der äußerst und gefährlich hungrig ist, existieren keine anderen Interessen als Nahrung. Er träumt von Nahrung, er erinnert sich an Nahrung, er denkt über Nahrung nach, seine Gefühle beziehen sich nur auf Nahrung, er nimmt nur Nahrung wahr und verlangt nur nach Nahrung. Die subtileren Determinanten, die gewöhnlich mit den physiologischen Trieben vereint auch Essen, Trinken oder das sexuelle Verhalten organisieren, können jetzt so vollständig überwältigt sein, daß man zu diesem Zeitpunkt (und nur zu diesem) vom reinen Hungertrieb und -verhalten sprechen kann, mit dem einzigen, nicht näher qualifizierten Ziel – der Hungerbefriedigung.

Eine weitere besondere Eigenschaft des menschlichen Organismus, wenn er von einem bestimmten Bedürfnis beherrscht wird, besteht darin, daß sich auch die ganze Zukunftsphilosophie ändern kann. Für den chronisch und extrem hungrigen Menschen wird Utopia einfach als ein Ort definiert werden, an dem es genügend Nahrung gibt. In diesem Zustand neigt der Mensch dazu, zu denken, daß er vollkommen glücklich sein und niemals etwas anderes verlangen wird, wenn er nur für den Rest seines Lebens garantiert genügend zu essen hat. Das Leben selbst wird in den Begriffen des Essens definiert und alles übrige als unwichtig abgetan. Freiheit, Liebe, Gemeinschaftssinn, Achtung, Philosophie werden als nutzloser Tand beiseite geschoben, weil sie nicht den Magen füllen können. In diesem Zustand kann man von einem Menschen behaupten, er lebe von Brot allein.

Man kann nicht abstreiten, daß solche Zustände vorkommen, aber ihre Verallgemeinerung muß bestritten werden. Notstandsbedingungen sind, fast per definitionem, in einer normal funktionierenden friedlichen Gesellschaft selten. Daß man diesen Allgemeinplatz vergessen kann, mag zwei Gründen zugeschrieben werden. Erstens haben Ratten wenige andere Motivationen als die physiologischen, und da die meiste Motivationsforschung mit diesen Tieren durchgeführt wurde, ist es leicht, das Rattenbild auf den Menschen zu übertragen. Zweitens wird häufig nicht realisiert, daß die Kultur selbst ein Anpassungsinstrument ist, dessen wichtigste Funktion es ist, physiologischen Notstand selten zu machen. In den meisten bekannten Gesellschaften ist, chronischer extremer Hunger vom Notstandstypus selten. Jedenfalls trifft dies auf die Vereinigten Staaten zu. Der durchschnittliche amerikanische Bürger fühlt Appetit und nicht Hunger, wenn er sagt: «Ich bin hungrig» Er wird schieren Hunger auf Leben und Tod nur zufällig und auch dann höchstens einige wenige Male in seinem Leben erfahren.

Offensichtlich kann man die höheren Motivationen vernebeln und ein schiefes Bild von den menschlichen Fähigkeiten und von der menschlichen Natur bekommen, wenn man den Organismus extrem und chronisch hungrig oder durstig sein läßt. Jeder, der aus einem vom Notstand bedingten Bild ein typisches machen und alle menschlichen Ziele und Wünsche vom Verhalten in extremer physiologischer Deprivation messen möchte, ist sicherlich blind vielen Dingen gegenüber. Es stimmt zwar, daß der Mensch von Brot allein lebt – wenn es keines gibt. Aber was geschieht mit menschlichen Wünschen, wenn es Brot genug gibt und wenn der Magen chronisch voll ist?

Sofort tauchen andere (und höhere) Bedürfnisse auf, und diese, mehr als physiologischer Hunger, beherrschen den Organismus. Und wenn diese ihrerseits befriedigt sind, kommen neue (und wiederum höhere) Bedürfnisse zum Vorschein, und so weiter. Dies ist, was wir mit der Behauptung meinten, daß die grundlegenden menschlichen Bedürfnisse in einer Hierarchie der relativen Vormächtigkeit organisiert sind.

Diese Aussage bedeutet auch, daß Befriedigung ein ebenso wichtiger Begriff der Motivationstheorie wird wie Entbehrung, denn sie entläßt den Organismus aus der Beherrschung durch ein relativ physiologischeres Bedürfnis und läßt damit, das Auftauchen anderer, mehr sozialer Ziele zu. Die physiologischen Bedürfnisse, zusammen mit ihren Teilzielen, hören, wenn sie dauernd befriedigt werden, auf, als aktive Determinanten oder Ordner des Verhaltens zu existieren. Sie sind dann nur als Möglichkeiten vorhanden, in dem Sinn, daß sie wiederum auftauchen können, um den Organismus zu beherrschen, wenn sie frustriert werden. Der Organismus wird nur von unbefriedigten Bedürfnissen dominiert und sein Verhalten wird nur von ihnen organisiert. Wenn der Hunger gestillt ist, wird er in der aktuellen Dynamik des einzelnen unwichtig.

[...] Es sind genau jene Individuen, bei denen ein bestimmtes Bedürfnis immer befriedigt wurde, die am besten gerüstet sind, die Frustration dieses Bedürfnisses in der Zukunft zu tolerieren. Darüber hinaus werden diejenigen, die in der Vergangenheit an Entbehrung gelitten haben, anders auf die aktuellen Befriedigungen reagieren als jemand, dem nie etwas versagt wurde."

2.c Karl Marx

(1961): Zur Kritik der Politischen Ökonomie. [zuerst 1859]. Berlin (Karl Marx, Friedrich Engels Werke, Bd.13). Dietz-Verlag.

Produktion und Konsumtion
S. 235-239

„Die Produktion ist unmittelbar auch Konsumtion. Doppelte Konsumtion, subjektive und objektive: das Individuum, das im Produzieren seine Fähigkeiten entwickelt, gibt sie auch aus, verzehrt sie im Akt der Produktion, ganz wie das natürliche Zeugen eine Konsumtion von Lebenskräften ist. Zweitens: Konsumtion der Produktionsmittel, die gebraucht und abgenutzt werden und zum Teil (wie z. B. bei der Feurung) in die allgemeinen Elemente wieder aufgelöst werden. Ebenso Konsumtion des Rohstoffs, der nicht in seiner natürlichen Gestalt und Beschaffenheit bleibt, die vielmehr aufgezehrt wird. Der Akt der Produktion selbst ist daher in allen seinen Momenten auch ein Akt der Konsumtion. Aber dies geben die Ökonomen zu. Die Produktion als unmittelbar identisch mit der Konsumtion, die Konsumtion als unmittelbar zusammenfallend mit der Produktion, nennen sie produktive Konsumtion. Diese Identität von Produktion und Konsumtion kommt hinaus auf Spinozas Satz: Determinatio est negatio.

Aber diese Bestimmung der produktiven Konsumtion wird eben nur aufgestellt, um die mit der Produktion identische Konsumtion zu trennen von der eigentlichen Konsumtion, die vielmehr als vernichtender Gegensatz der Produktion gefaßt wird. Betrachten wir also die eigentliche Konsumtion.

Die Konsumtion ist unmittelbar auch Produktion, wie in der Natur die Konsumtion der Elemente und der chemischen Stoffe Produktion der Pflanze ist. Daß in der Nahrung z.B., einer Form der Konsumtion, der Mensch seinen eignen Leib produziert, ist klar. Es gilt dies aber von jeder andren Art der Konsumtion, die in einer oder der andren Art den Menschen nach einer Seite hin produziert. Konsumtive Produktion. Allein, sagt die Ökonomie, diese mit der Konsumtion identische Produktion ist eine zweite, aus der Vernichtung des ersten Produkts hervorgehende. In der ersten versachlichte sich der Produzent, in der zweiten personifiziert sich die von ihm geschaffne Sache. Also ist diese konsumtive Produktion – obgleich sie eine unmittelbare Einheit zwischen Produktion und Konsumtion ist – wesentlich verschieden von der eigentlichen Produktion. Die unmittelbare Einheit, worin die Produktion mit der Konsumtion und die Konsumtion mit der Produktion zusammenfällt, läßt ihre unmittelbare Zweiheit bestehn.

Die Produktion ist also unmittelbar Konsumtion, die Konsumtion ist unmittelbar Produktion. Jede ist unmittelbar ihr Gegenteil. Zugleich aber findet eine vermittelnde Bewegung zwischen beiden statt. Die Produktion vermittelt die Konsumtion, deren Material sie schafft, der ohne sie der Gegenstand fehlte. Aber die Konsumtion vermittelt auch die Produktion, indem sie den Produkten erst das Subjekt schafft, für das sie Produkte sind. Das Produkt erhält erst den letzten finish in der Konsumtion. Eine Eisenbahn, auf der nicht gefahren wird, die also nicht abgenützt, nicht konsumiert wird, ist nur eine Eisenbahn der Möglichkeit nach, nicht der Wirklichkeit nach. Ohne Produktion keine Konsumtion; aber auch ohne Konsumtion keine Produktion, da die Produktion so zwecklos wäre. Die Konsumtion produziert die Produktion doppelt,

1. indem erst in der Konsumtion das Produkt wirkliches Produkt wird. Z.B. ein Kleid wird erst wirklich Kleid durch den Akt des Tragens; ein Haus, das nicht bewohnt wird, ist in fact kein wirkliches Haus; also als Produkt, im Unterschied von bloßem Naturgegenstand, bewährt sich, wird das Produkt erst in der Konsumtion. Die Konsumtion gibt, indem sie das Produkt auflöst, ihm erst den finishing stroke; denn Produkt ist das Produkt nicht als versachlichte Tätigkeit, sondern nur als Gegenstand für das tätige Subjekt;

2. indem die Konsumtion das Bedürfnis neuer Produktion schafft, also den idealen innerlichen treibenden Grund der Produktion, der ihre Voraussetzung ist. Die Konsumtion schafft den Trieb der Produktion; sie schafft auch den Gegenstand, der als zweckbestimmend in der Produktion tätig ist. Wenn es klar ist, daß die Produktion den Gegenstand der Konsumtion äußerlich darbietet, so ist es daher ebenso klar, daß die Konsumtion den Gegenstand der Produktion ideal setzt, als innerliches Bild, als Bedürfnis, als Trieb und als Zweck. Sie schafft die Gegenstände der Produktion in noch subjektiver Form. Ohne Bedürfnis keine Produktion. Aber die Konsumtion reproduziert das Bedürfnis.

Dem entspricht von seiten der Produktion, daß sie

1. der Konsumtion das Material, den Gegenstand liefert. Eine Konsumtion ohne Gegenstand ist keine Konsumtion; also schafft nach dieser Seite, produziert die Produktion die Konsumtion.

2. Aber es ist nicht nur der Gegenstand, den die Produktion der Konsumtion schafft. Sie gibt auch der Konsumtion ihre Bestimmtheit, ihren Charakter, ihren finish. Ebenso wie die Konsumtion dem Produkt einen finish als Produkt gab, gibt die Produktion den finish der Konsumtion. Einmal ist der Gegenstand kein Gegenstand überhaupt, sondern ein bestimmter Gegenstand, der in einer bestimmten, durch die Produktion selbst wieder [zu] vermittelnden Art konsumiert werden muß. Hunger ist Hunger, aber Hunger, der sich durch gekochtes, mit Gabel und Messer gegeßnes Fleisch befriedigt, ist ein andrer Hunger, als der rohes Fleisch mit Hilfe von Hand, Nagel und Zahn verschlingt. Nicht nur, der Gegenstand der Konsumtion, sondern auch die Weise der Konsumtion wird daher durch die Produktion produziert, nicht nur objektiv, sondern auch subjektiv. Die Produktion schafft also den Konsumenten.

3. Die Produktion liefert dem Bedürfnis nicht nur ein Material, sondern sie liefert dem Material auch ein Bedürfnis. Wenn die Konsumtion aus ihrer ersten Naturroheit und Unmittelbarkeit heraustritt – und das Verweilen in derselben wäre selbst noch das Resultat einer in der Naturroheit steckenden Produktion – so ist sie selbst als Trieb vermittelt durch den Gegenstand. Das Bedürfnis, das sie nach ihm fühlt, ist durch die Wahrnehmung desselben geschaffen. Der Kunstgegenstand – ebenso jedes andre Produkt – schafft ein kunstsinniges und schönheitsgenußfähiges Publikum. Die Produktion produziert daher nicht nur einen Gegenstand für das Subjekt, sondern auch ein Subjekt für den Gegenstand.
Die Produktion produziert die Konsumtion daher, 1. indem sie ihr das Material schafft; 2. indem sie die Weise der Konsumtion bestimmt; 3. indem sie die erst von ihr als Gegenstand gesetzten Produkte als Bedürfnis im Konsumenten erzeugt. Sie produziert daher Gegenstand der Konsumtion, Weise der Konsumtion, Trieb der Konsumtion. Ebenso produziert die Konsumtion die Anlage des Produzenten, indem sie ihn als zweckbestimmendes Bedürfnis sollizitiert.

Die Identitäten zwischen Konsumtion und Produktion erscheinen also dreifach:

1. Unmittelbare Identität: Die Produktion ist Konsumtion; die Konsumtion ist Produktion. Konsumtive Produktion. Produktive Konsumtion. Die Nationalökonomen nennen beides produktive Konsumtion. Machen aber noch einen Unterschied. Die erste figuriert als Reproduktion; die zweite als produktive

Konsumtion. Alle Untersuchungen über die erste sind die über produktive oder unproduktive Arbeit; die über die zweite über produktive oder nichtproduktive Konsumtion.

2. Daß jede als Mittel der andren erscheint; von ihr vermittelt wird; was als ihre wechselseitige Abhängigkeit ausgedrückt wird; eine Bewegung, wodurch sie aufeinander bezogen werden und sich wechselseitig unentbehrlich erscheinen, aber sich doch noch äußerlich bleiben. Die Produktion schafft das Material als äußerlichen Gegenstand für die Konsumtion; die Konsumtion schafft das Bedürfnis als innern Gegenstand, als Zweck für die Produktion. Ohne Produktion keine Konsumtion; ohne Konsumtion keine Produktion. Figuriert in der Ökonomie in vielen Formen.

3. Die Produktion ist nicht nur unmittelbar Konsumtion, und die Konsumtion unmittelbar Produktion; noch ist die Produktion nur Mittel für die Konsumtion und die Konsumtion Zweck für die Produktion, d. h., daß jede der andren ihren Gegenstand liefert, die Produktion äußerlichen der Konsumtion, die Konsumtion vorgestellten der Produktion; sondern jede derselben ist nicht nur unmittelbar die andre, noch die andre nur vermittelnd, sondern jede der beiden schafft, indem sie sich vollzieht, die andre; sich als die andre. Die Konsumtion vollzieht erst den Akt der Produktion, indem sie das Produkt als Produkt vollendet, indem sie es auflöst, die selbständig sachliche Form an ihm verzehrt; indem sie die in dem ersten Akt der Produktion entwickelte Anlage durch das Bedürfnis der Wiederholung zur Fertigkeit steigert; sie ist also nicht nur der abschließende Akt, wodurch das Produkt Produkt, sondern auch, wodurch der Produzent Produzent wird. Andrerseits produziert die Produktion die Konsumtion, indem sie die bestimmte Weise der Konsumtion schafft, und dann, indem sie den Reiz der Konsumtion, die Konsumtionsfähigkeit selbst schafft als Bedürfnis. Diese letztre unter 3. bestimmte Identität in der Ökonomie vielfach erläutert in dem Verhältnis von Nachfrage und Zufuhr, von Gegenständen und Bedürfnissen, von durch die Sozietät geschaffnen und natürlichen Bedürfnissen."

2.d John Maynard Keynes
(1972): Essays in Persuasion. [zuerst 1931]. In: The Collected Writings of John Maynard Keynes. Volume IX. London usw. MacMillan St. Martin's Press.

Possibilities for our Grandchildren
S. 326-329

"Let us, for the sake of argument, suppose that a hundred years hence we are all of us, on the average, eight times better off in the economic sense than we are today. Assuredly there need be nothing here to surprise us.

Now it is true that the needs of human beings may seem to be insatiable. But they fall into two classes – those needs which are absolute in the sense that we feel them whatever the situation of our fellow human beings may be, and those which are relative in the sense that we feel them only if their satisfaction lifts us above, makes us feel superior to, our fellows. Needs of the second class, those which satisfy the desire for superiority, may indeed be insatiable; for the higher the general level, the higher still are they. But this is not so true of the absolute needs – a point may soon be reached, much sooner perhaps than we all of us are aware of, when these needs are satisfied in the sense that we prefer to devote our further energies to non-economic purposes.

Now for my conclusion, which you will find, I think, to become more and more startling to the imagination the longer you think about it.

I draw the conclusion that, assuming no important wars and no important increase in population, the economic problem may be solved, or be at least within sight of solution, within a hundred years. This means that the economic problem is not – if we look into the future – the permanent problem of the human race.

Why, you may ask, is this so startling? It is startling because – if, instead of looking into the future, we look into the past – we find that the economic problem, the struggle for subsistence, always has been hitherto the primary, most pressing problem of the human race – not only of the human race, but of the whole of the biological kingdom from the beginnings of life in its most primitive forms.

Thus we have been expressly evolved by nature – with all our impulses and deepest instincts – for the purpose of solving the economic problem. If the economic problem is solved, mankind will be deprived of its traditional purpose.

Will this be a benefit? If one believes at all in the real values of life, the prospect at least opens up the possibility of benefit. Yet I think with dread of the readjustment of the habits and instincts of the ordinary man, bred into him for countless generations, which he may be asked to discard within a few decades.

To use the language of today – must we not expect a general 'nervous breakdown'? We already have a little experience of what I mean – a nervous breakdown of the sort which is already common enough in England and the United States amongst the wives of the well-to-do classes, unfortunate women, many of them, who have been deprived by their wealth of their traditional tasks and occupations – who cannot find it sufficiently amusing, when deprived of the spur of economic necessity, to cook and clean and mend, yet are quite unable to find anything more amusing.

To those who sweat for their daily bread leisure is a longed-for sweet – until they get it.

There is the traditional epitaph written for herself by the old charwoman: Don't mourn for me, friends, don't weep for me never, For I'm going to do nothing for ever and ever.

This was her heaven. Like others who look forward to leisure, she conceived how nice it would be to spend her time listening-in – for there was another couplet which occurred in her poem: With psalms and sweet music the heavens'll be ringing, But I shall have nothing to do with the singing.

Yet it will only be for those who have to do with the singing that life will be tolerable – and how few of us can sing!

Thus for the first time since his creation man will be faced with his real, his permanent problem – how to use his freedom from pressing economic cares, how to occupy the leisure, which science and compound interest will have won for him, to live wisely and agreeably and well.

The strenuous purposeful money-makers may carry all of us along with them into the lap of economic abundance. But it will be those peoples, who can keep alive, and cultivate into a fuller perfection, the art of life itself and do not sell themselves for the means of life, who will be able to enjoy the abundance when it comes.

Yet there is no country and no people, I think, who can look forward to the age of leisure and of abundance without a dread. For we have been trained too long to strive and not to enjoy. It is a fearful problem for the ordinary person, with no special talents, to occupy himself, especially if he no longer has roots in the soil or in custom or in the beloved conventions of a traditional society. To judge from the behaviour and the achievements of the wealthy classes today in any quarter of the world, the outlook is very depressing! For these are, so to speak, our advance guard – those who are spying out the promised land for the rest of us and pitching their camp there. For they have most of them failed disastrously, so it seems to me – those who have an independent income but no associations or duties or ties-to solve the problem which has been set them.

I feel sure that with a little more experience we shall use the new-found bounty of nature quite differently from the war in which the rich use it today, and will map out for ourselves a plan of life quite otherwise than theirs.

For many ages to come the old Adam will be so strong in us that everybody will need to do some work if he is to be contented. We shall do more things for ourselves than is usual with the rich today, only too glad to have small duties and tasks and routines. But beyond this, we shall endeavour to spread the bread thin on the butter – to make what work there is still to be done to be as widely shared as possible. Three-hour shifts or a fifteen-hour week may put off the problem for a great while. For three hours a day is quite enough to satisfy the old Adam in most of us!"

2.e Albert O. Hirschman
(1984): Engagement und Enttäuschung. Über das Schwanken der Bürger zwischen Privatwohl und Gemeinwohl. [Aus dem Amerik.]. Frankfurt am Main. Suhrkamp.

Enttäuschende Konsumerfahrungen
S. 50-52

„Was wird nun aus der Enttäuschung, die als Folge der vielen [...] frustrierenden Erfahrungen auftritt? Möglich ist etwa, daß Kunden oder Klienten mit Verärgerung auf die Institutionen, Firmen oder Individuen reagieren, die ihnen enttäuschende Konsumgüter oder Dienstleistungen liefern, und nach Verbesserungen und Reformen rufen. Die jüngste Geschichte kennt dafür eine Reihe von Beispielen, etwa im Falle des Bildungswesens in Westeuropa.

Ärger über den Anbieter von enttäuschenden Diensten ist jedoch nicht die einzige mögliche Reaktion. In der Psychotherapie zum Beispiel muß der Patient die Leistungen des Therapeuten durch gewisse eigene Anstrengungen ergänzen. Insofern könnte ja auch die Unzulänglichkeit seines eigenen Beitrags für die dürftigen Erfolge der Therapie-Gespräche verantwortlich sein. In diesem Falle könnte der Klient die Enttäuschung durchaus auch gegen sich selbst kehren. Diese Umwandlung der Enttäuschung über das, was man gekauft hat und über den Verkäufer in Enttäuschung über sich selbst könnte auch im Zusammenhang mit anderen Dienstleistungen auftreten, die ein gewisses Maß an eigener Mitarbeit des Empfängers erfordern – etwa bei diversen professionellen Dienstleistungen und im Bildungswesen, wie generell bei allen Angeboten, die das Urteilsvermögen des Konsumenten beanspruchen.

Man kann interessante Spekulationen darüber anstellen, inwieweit die Frage, ob man für Dienstleistungen direkt oder indirekt (über Steuern) bezahlt, den Grad der eventuell auftretenden Enttäuschung beeinflußt. Einerseits sollte, so könnte man vermuten, die direkte Bezahlung die Käufer kritischer und qualitätsbewußter machen als wenn die Leistung erbracht wird, ohne daß unmittelbar dafür bezahlt werden muß. Andererseits ist man oft schon aufgrund der Tatsache, daß man für etwas bezahlt hat, bereit sich einzubilden, man müsse dann wohl auch einen angemessenen Gegenwert erhalten haben, so daß man allenfalls mit stillen Selbstvorwürfen reagiert, wenn das Kaufergebnis unbefriedigend bleibt. Vielleicht ist dieser sonderbare psychologische Mechanismus mitverantwortlich dafür, daß durch die öffentliche Hand finanzierte Dienstleistungen so viel häufiger und heftiger angegriffen werden als privatwirtschaftlich gekaufte Dienste.

Es mag nützlich sein, wenn wir uns den bisherigen Gang der Argumentation noch einmal vor Augen führen. Konsumerfahrungen sind, so wurde gezeigt, eine Quelle nicht nur von Zufriedenheit, sondern auch von Unzufriedenheit und Enttäuschung. Die These war zunächst, dass die »echten« Verbrauchsgüter (wie Nahrungsmittel), die beim Konsum zwangsläufig ihre stoffliche Gestalt einbüßen, insofern eine Sonderstellung einnehmen, als sie in besonderem Maße Vergnügen bringen und gegen Enttäuschung resistent sind. Im Anschluß daran standen zwei besondere Kategorien von Käufen im Mittelpunkt, nämlich der Kauf von Gebrauchsgütern und Dienstleistungen; die Bedeutung von beiden ist in den letzten Jahrzehnten stark gewachsen, und ihr Enttäuschungspotential ist, wie wir sahen, aus ganz unterschiedlichen Gründen recht groß. Bei den Gebrauchsgütern liegt die Ursache für die mit ihrem Besitz verbundenen Enttäuschungen vor allem darin, daß das Verhältnis von aktivem Vergnügen und passivem Wohlbefinden, die sie gewähren, sehr viel stärker und auf Kosten des Vergnügens zum Erlebnis bloßen »Komforts« tendiert als bei Verbrauchsgütern. Die Ursache für enttäuschende Erfahrungen mit Dienstleistungen ist, daß die gekauften Leistungen, verglichen mit dem Kauf von Konsumgütern, sehr oft den in sie gesetzten Erwartungen nicht oder nicht völlig entsprechen; dieses gilt insbesondere für professionelle Dienstleistungen, etwa im Bildungs- und Gesundheitswesen und in anderen Bereichen. Überdies dürfte die Qualität solcher Dienstleistungen sinken, wenn sie – in Reaktion auf einen entsprechenden gesellschaftspolitischen Druck – plötzlich in viel größerem Umfang als bisher angeboten werden, und so werden die Empfänger des erweiterten Angebots unzufrieden statt dankbar sein.

Diese Beobachtungen gelten insbesondere für Zeiten, in denen bedeutsame Veränderungen stattfinden und neue gesellschaftliche Gruppen Zugang zu Konsumgütern und Dienstleistungen erhalten, die bis dahin einigen wenigen vorbehalten oder noch gar nicht verfügbar waren. Typischerweise entsteht Enttäuschung deshalb, weil neue Kategorien von Käufen und Anschaffungen mit Erwartungen unternommen werden, welche die Verbraucher im Zusammenhang mit traditionellen Kaufgegenständen ausgebildet haben.“

Kapitel 3 Werbeformen und Konsumorte im Wandel

3.1 „Wohlstand für alle." Vorbemerkung

„Noch ist es an der Zeit, aber es ist auch höchste Zeit, Besinnung zu üben und einem Irrwahn zu entfliehen, als ob es einem Volke möglich sein könnte, für alle öffentlichen und privaten Zwecke mehr verbrauchen zu wollen, als das gleiche Volk an realen Werten erzeugen kann." (zit. nach Schindelbeck 2001, S. 42) Mit diesen Worten wurde am 21. März 1962 ein Appell an das deutsche Fernsehvolk eingeleitet. Die Rede, die unmittelbar nach der „Tagesschau" ausgestrahlt wurde, rief zum Konsumverzicht und zum Maßhalten auf. Der Mann, der hier die „Notbremse" ziehen wollte, hatte – so Schindelbeck – kurz zuvor noch den sich ständig beschleunigenden ökonomischen Fortschritt mit dem Versprechen „Wohlstand für alle" zusätzlich stimuliert: Es war Ludwig Erhard.

Im Jahr 1962 wurde in der Bundesrepublik Deutschland eine solche Menge an Gütern produziert, dass sich für jeden Einzelnen schon fast eine Pflicht zum Konsum zu ergeben schien. Der Konsumgütermarkt schien in dieser Zeit so unübersichtlich zu werden, dass das Treffen rationaler Kaufentscheidungen professioneller Unterstützung bedurfte. So konnte ein sich rasch ausweitender Markt für Ratgeberliteratur aller Art entstehen. 1961 erschien beispielsweise zum ersten Mal die Zeitschrift „Deutsche Mark. Erste Zeitschrift mit vergleichenden Warentests." Diese wiederum leitete eine Vielzahl juristischer Auseinandersetzungen ein. Schließlich wurde im Jahr 1964 die „Stiftung Warentest" gegründet; eine Institution, die auch heute noch eine wichtige Instanz im Rahmen von Kaufentscheidungen darstellt.

Während also einerseits nutzenmaximierende Käufer Einkaufshilfen in Anspruch nehmen mussten, rückte andererseits die Werbung der sechziger Jahre immer stärker den sozialen Wert der Produkte in den Vordergrund. So wurde beispielsweise (für kurze Zeit) eine Zigarette mit dem bezeichnenden Namen „Gelten" am Markt platziert. („Gelten: Tempo, Leben, Aktivität – das ist Deutschland") (vgl. Schindelbeck 2001, S. 44).

Zuvor wurde bereits in den fünfziger Jahren Werbung mit der Statusfunktion bestimmter Produkte gemacht. Auf einer Werbeschallplatte der Firma NSU besang man beispielsweise das Motorrad „Quickly": „Jeder, der heut´n bisschen was auf sich hält, der ist doch motorisiert, weil er ja sonst im Getriebe der Welt die Daseinsberechtigung verliert. Einer rufts dem andern zu: Fahr auch Du NSU!" (zit. nach Schindelbeck 2001, S. 27)

Spuren des „demonstrativen Konsums" waren also auch in Deutschland wieder zu beobachten. Wer seine „Daseinsberechtigung" nicht verlieren mochte, orientierte sich bei seinen Kaufentscheidungen im Zweifelsfall daran, was der Nachbar hatte oder womit man ihn neidisch machen konnte. So hieß es in einer Werbeanzeige von Ford noch sehr unverblümt: „Wir haben es geschafft: das neue Auto steht vor der Tür. Alle Nachbarn liegen am Fenster und können sehen, wie wir für eine kleine Wochenendfahrt rüsten. Jawohl, wir leisten uns etwas, wir wollen etwas haben vom Leben, dafür arbeiten wir schließlich beide." (zit. nach Sachs 1987, S. 117)

Man zeigte, was man hatte, und was man sich (noch) nicht leisten konnte, nahm man zumindest symbolisch vorweg. Die kulinarisch eigenwillige 50er-Jahre-Kreation „Toast Hawaii" beispielsweise konnte die Fernreise zwar nicht wirklich ersetzen, brachte aber einen Hauch Exotik nach Hause. Der Kauf von Lebensmitteln musste sich also nicht mehr nur nach Notwendigkeitsgesichtspunkten richten, sondern konnte sich zunehmend am Bedürfnis nach „Erlebnissen" und Differenzierung orientieren. Ende der sechziger Jahre konnte dann beobachtet werden, wie selbst ein Naturprodukt in einen Markenartikel verwandelt wurde, um dem Wunsch nach Unterscheidbarkeit zu genügen (vgl. Schindelbeck 2001, S. 51). Man kaufte nun nicht mehr irgendeine Banane, sondern „Chiquita".

So ließe sich eine Geschichte der Werbung bis in die Gegenwart fortschreiben (vgl. ausführlich Schmidt/Spieß 1996). Diese einleitenden Ausführungen zur Werbung im Nachkriegsdeutschland sollen aber noch einmal ausdrücklich den Bezug zu bereits erläuterten Aspekten herstellen, die im Zuge des Aufkommens der Konsumgesellschaft eine wichtigere Rolle zu spielen begannen: das demonstrative Element des Konsums, die Neudefinition des Notwendigen, die Vergleiche mit Anderen sowie die Verstärkung des eigenen Urteils durch die Werbeangebote der Massenkommunikation.

Die Werbung ist in den vorangegangenen Kapiteln bereits beiläufig erwähnt worden: Galbraith betrachtete sie als notwendigen Motor des Konsums, Katona dagegen sah darin eher ein unverzichtbares Muss für jeden Produkt- bzw. Dienstleistungsanbieter. Die Werbung eher als ein modernes Phänomen zu betrachten, ist angesichts der wachsenden Omnipräsenz dieses Phänomens naheliegend. Dennoch lohnt es sich, zumindest kurz auch auf die Historie der Werbung einzugehen.

3.2 „Die »toten« Waren.“ Ein Rückblick auf die Werbegeschichte

Versuche, jemanden zu beeinflussen oder für bestimmte Ideen zu begeistern, sind ebenso Teil der menschlichen Entwicklung wie der Versuch, andere von den eigenen Talenten bzw. den Vorzügen bestimmter Produkte zu überzeugen. Es genügt der Hinweis auf das dreibändige Werk von Hanns Buchli, das den Titel „Sechstausend Jahre Werbung“ trägt (Buchli 1962/1966). Zu Beginn des 21. Jahrhunderts konstatiert Schönbach: „Wir leben in einem Zeitalter der Persuasion.“ (2009, S. 7)

Die mit Werbung in Zusammenhang stehenden Formen der Kommunikation schöpften ihre Möglichkeiten aus dem Erfindungsreichtum der Werbenden einerseits und den technischen Möglichkeiten der Informationsverbreitung andererseits. So lange Werbung (bzw. das, was bis in das 19. Jahrhundert mit dem Begriff Reklame bezeichnet wurde) in nur sehr geringem Umfang auf Verbreitungsmedien zurückgreifen konnte, dominierte bei der Anpreisung neuer Produkte das gesprochene Wort. Der Wirkungsradius dieser Art der Marktkommunikation war begrenzt. Textdominante Formen der Werbung konnten erst an Relevanz gewinnen, nachdem zum einen entsprechende Drucktechniken entwickelt worden waren, zum anderen aber auch die Alphabetisierungsquote der Bevölkerung insgesamt angestiegen war. Seit dem Ausgang des 15. Jahrhunderts kann deshalb eine Zunahme der schriftlichen Formen der Werbung beobachtet werden. Diese hatten eher den Charakter von Ankündigungen. Erst im 19. Jahrhundert werden Anzeigen mit mehr oder weniger üppigen Ausschmückungen (zum Beispiel Zeichnungen oder Verzierungen) vermehrt beobachtbar. Der vorindustriellen Zeit war also das Werben um den Verbraucher keineswegs fremd. Dennoch beginnt die Geschichte der modernen Wirtschaftswerbung ohne Zweifel erst mit dem Durchbruch der Industrialisierung und der sukzessiven Etablierung von Marktwirtschaften, vor allem aber mit dem Beginn der industriellen Massenproduktion. Eine grobe Einteilung der Werbegeschichte kann somit wie folgt aussehen:

- Die frühen Formen der Werbung bis zur Erfindung des Buchdrucks. Der Wirkungskreis der Werbung ist in der Regel sowohl personen- als auch ortsgebunden (=> gesprochene Verkündungswerbung).
- Das Aufkommen von Anzeigen, Inseraten und Plakaten bis zum Beginn der industriellen Revolution (=> gedruckte Ankündigungswerbung)
- Das Aufkommen der modernen Wirtschaftswerbung und ihre Verwissenschaftlichung im 20. Jahrhundert (=> multimediale Anreizwerbung)

Die „toten" Waren[10], so Wischermann in Anlehnung an Adam Smith und eine historische Analyse von Thomas Richards über das viktorianische Zeitalter (vgl. Wischermann 1985, S. 14; Richards 1990), werden in zunehmendem Maße von der Werbung mit Leben ausstaffiert. Zunächst geschieht dies noch erklärend und langatmig, aber durch die Integration von Fotografie und bewegten Bildern werden diese Werbeerzählungen zunehmend zu einer Repräsentation von Lebenswelten, die gelegentlich den unmittelbaren Warenbezug gar nicht mehr erkennen lassen.

Wenn sich die lokale Begrenzung von Märkten aufzulösen beginnt, erhöht sich die Zirkulation von Waren. Damit steigt auch das Tausch-

[10] Der Begriff „tote Waren" wird von Adam Smith nicht explizit verwandt. Richards nimmt Bezug auf ein Kapitel im „Wealth of Nations", in welchem Smith die Preisbildung von Produkten analysiert. Seine Schlussfolgerung lautet dann: „Commodities are dead letters, supplies animated and actuated by the spirit of demand." (Richards 1990, S. 2)

aufkommen, das wiederum die arbeitsteilige Produktion in der jeweiligen Gesellschaft erhöht. Eine Konsequenz dieser Entwicklung ist, dass sich im Bereich der Produktion in vielen Bereichen Spezialisierungen auszubreiten beginnen. Ein Phänomen, das der gerade erwähnte Adam Smith nicht nur auf makroökonomische Veränderungen, sondern auch auf eine konsequentere Verfolgung der eigenen Talente zurückgeführt hat. Zugleich reduziert sich damit aber auch die ausschließliche bzw. vorwiegende Selbstversorgung der einzelnen Produktionseinheiten. Der französische Historiker Braudel hat diesen ökonomischen Prozess wie folgt beschrieben: „Selbst in seiner elementarsten Form stellt [der Markt] den Schnittpunkt von Angebot und Nachfrage, des zwischenmenschlichen Austauschs dar, ohne den es keine Wirtschaft im üblichen Sinn, sondern lediglich ein in Selbstversorgung oder Nicht-Wirtschaft eingeschlossenes [...] Leben gäbe. Der Markt bedeutet Befreiung, Öffnung, Zugang zu einer anderen Welt, Auftauchen an die Oberfläche. Durch diese enge Bresche gelangt der durch den Arbeitsfleiß der Menschen erwirtschaftete und von ihnen ausgetauschte Überfluß nach und nach in die Breite [...]." (Braudel 1986, S. 18) Diese Verbreiterung der „Marktbresche" geht einher mit einer sukzessiven Verlagerung der Märkte vom Land in die Städte. Während auf dem ursprünglichen (meist ländlichen) Markt Produzent und Konsument noch unmittelbar aufeinander trafen, tritt allmählich eine neue Institution auf den Plan, eine Art von Vermittlungsstelle: der Kaufmann.

Für das ausgehende Mittelalter hat Henning den Grundbedarf, den gehobenen und den Luxusbedarf nach der Art der Versorgung dargestellt. Daraus ergibt sich, dass der Handel zwischen dem Erzeuger und dem Endabnehmer im Bereich des Grundbedarfs noch 23% des Austauschs ausmachte, 11% entfiel auf den hauptberuflichen Handel und 66% auf Selbstversorgung. Im Bereich des gehobenen und des Luxusbedarfs nahm der Handel zwischen Erzeugern und Endabnehmern 37% ein, die Selbstversorgung betrug nur 7% und der hauptberufliche Handel erreichte in diesem Bereich 56% (vgl. auch Abbildung 3.1). Diese Konstellation dürfte auch noch um 1800 zutreffend gewesen sein.

Abbildung 3.1 Grundbedarf, gehobener und Luxusbedarf und Art der Versorgung im ausgehenden Mittelalter

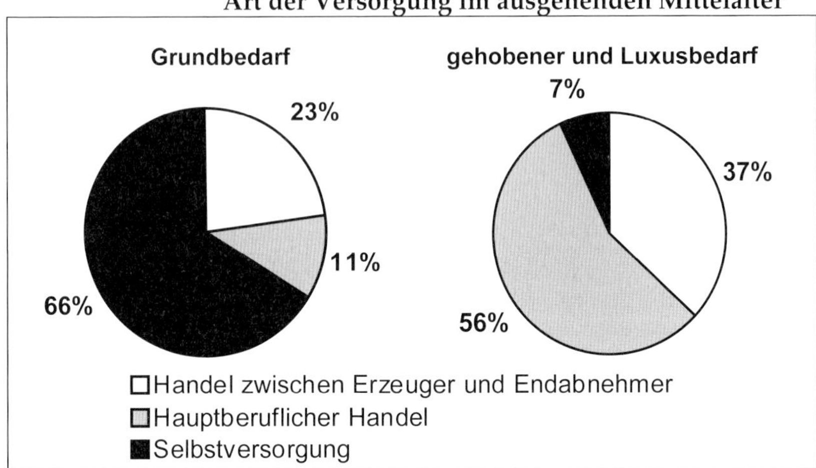

Quelle: Eigene Darstellung in Anlehnung an Henning 1974, S. 171

Diese Momentaufnahme illustriert die Überlagerung von zwei unterschiedlichen Prinzipien des Wirtschaftens: Das Prinzip des kapitalistischen Kaufmanns, so Braudel, lässt sich im Sinne von Geld → Ware → Geld verdeutlichen, das Prinzip der Bauern hingegen im Sinne von Ware → Geld → Ware. Der eine beginnt mit dem Geld, um wieder beim Geld zu landen, der andere beginnt mit der Ware, um eine Ware zu erwerben. Dieses Prinzip beschreibt er auch wie folgt: Bereits die frühen Einzelhändler (z. B. Handwerker, Krämer) „gleichen von Anbeginn an dem von Marx definierten kapitalistischen Kaufmann, der mit dem Geld G die Ware W erwirbt und nach dem Schema GWG regelmäßig wieder zu Geld macht, sich also von seinem Geld nur mit dem Vorsatz trennt, es wieder an sich zu bringen, während der Bauer umgekehrt mit dem auf dem Markt erzielten Erlös meist sofort anschafft, was er benötigt. Er geht von der Ware aus, und kommt nach dem Schema WGW wieder auf sie zurück […].“ (Braudel 1986, S. 60) Dieser Prozess ist ausführlich auch von Karl Marx beschrieben worden (Marx 1961 [zuerst 1859], S. 69ff.).

Die Ausweitung und Differenzierung von Märkten machte eine Verstärkung der Reklame erforderlich. In englischen Romanen des 18. Jahrhunderts wird das Einkaufen bereits als eine bedeutsame gesellschaftliche Tätigkeit beschrieben. Brewer sieht darin ein getarntes Marktgeschrei (vgl. Brewer 1997, S. 66). Ebenso ist die Idee der Marktsegmentierung, die gerne als ein modernes Phänomen beschrieben wird, schon sehr früh in vielen Bereichen des Veredelungsgewerbes erkennbar. Man produzierte unverwechselbare Einzelstücke und individualisierte profanste Dinge des täglichen Gebrauchs.

Festzuhalten bleibt, dass mit der Ausdehnung des Marktes die Anonymität zwischen Produzent und Konsument, zwischen Händler und Kunde, steigt. Der deutsche Ökonom Karl Knies (1821-1898) konstatierte im 19. Jahrhundert einen engen Zusammenhang der Zunahme der Annoncenwerbung mit dem Anstieg der Verstädterung: „Daß [...] die Annonce erst in der neuesten Zeit bedeutsam hervortritt, hat seine guten Gründe. Für einen Zustand, wo Bannrechte, Zunftprivilegien, Personal- und Realgerechtsame u. dgl. in Geltung sind, Käufer und Verkäufer sich wohl bekannt in dem selben Quartier, in der selben Gasse wohnen, hat die Annonce kaum einen Sinn." (Knies 1996 [zuerst 1857], S. 57f.) Der Dorfbewohner orientierte sich in seinem Kramladen und konnte dort von den interessanten Dingen, die es jenseits seines Erfahrungshorizonts zu erwerben gab, erfahren. In der Stadt stand das Anpreisen der Waren im Vordergrund, der Kampf um die Gunst des Publikums und das Sich-Bewähren gegenüber den Konkurrenten. Mit der Idee der Reklame verbindet sich also auch die Idee der Markttransparenz. Das Pressewesen als wichtiges Verbreitungsmedium entwickelte sich ebenfalls zu einem kommerziellen Betrieb. Die Zeitung nimmt den Charakter einer Unternehmung an, die, so Karl Bücher, „aus dem Verkaufe von Anzeigenraum Gewinn zu ziehen [beabsichtigt]. Der redaktionelle Teil ist [...] bloß ein kostensteigerndes Mittel zu diesem Zweck." (Bücher 1917, S. 260)

Die Annonce allein aber konnte die Markttransparenz nicht gewährleisten. Je mehr sich die Beziehung zwischen Händlern und Konsumenten auflöste, desto wichtiger wurde es, im Kontext der Massenproduktion die Bedeutung und Qualität von Produkten hervorzuheben. Die Markierung von Waren war zwar auch in vorindustrieller Zeit durch Zunftzeichen oder Meisterzeichen bekannt. Der

Aufbau einer Marke musste aber im Zeitalter des Massenproduktes in viel stärkerem Maße die Kluft zwischen dem Produzenten und dem Konsumenten zu schließen versuchen. Marken entwickelten sich allmählich zu einem wichtigen Orientierungsfaktor, der Unsicherheit auf Seiten der Konsumenten reduzieren sollte (siehe auch Hellmann 2005).

Nach Wadle (1997) lässt sich die Entstehung des Markenwesens in vier Perioden einteilen:

- 1815-1850: Dominanz so genannter Firmenmarken (z. B. Faber für Bleistifte)
- 1850-1890: Phase der Fabrikmarken. Nicht der Name des Herstellers bürgt für die Qualität des Produktes, sondern ein besonderes Kennzeichen, ein Kürzel, ein unverwechselbares Symbol (z. B. die Zahl 4711 für Kölnisch Wasser).
- 1890-1945: Phase des Warenzeichens (z.B. die Firma Henkel mit dem Waschmittel Persil, dem Scheuermittel Ata und dem Spülmittel Imi)
- die Zeit nach 1945: Dominanz der Markentechnik. Der Markenartikel wird zu einem zentralen Kommunikationsmittel.

Symptomatisch für die Zunahme der Bedeutung von Marken sind auch die Entwicklungen im rechtlichen Bereich (z. B. 1894 Verabschiedung des Reichsgesetzes zum Schutz der Warenbezeichnung). Das Bedürfnis nach Rechtsschutz in diesem Bereich verdeutlicht somit eindringlich die wachsende Bedeutung der Platzierung von Produkten in einem unübersichtlicher werdenden Marktgeschehen. Hier ist von einer engen Wechselwirkung zwischen der Ausweitung der Produktion und der Ausweitung der Marketingstrategien auszugehen. Für die aufkommende Wirtschaftswerbung jedenfalls war die Schaffung von Markttransparenz eine große Herausforderung. Falk stellte hierzu fest: „Mass production expanded markets beyond local boundaries into the national and international sphere, and as a consequence replaced the identity of products as the personal extensions of small-scale producers and local shopkeepers with anonymous mass-produced goods which, for this very reason, had to be given a name and a voice of their own." (1997, S. 65)

Eine markante Zunahme der Anonymität zwischen Herstellern und Konsumenten zu behaupten, wäre allerdings eine Übertreibung, die den

Bemühungen der Ladenbesitzer vor Ort nicht gerecht werden würde. Zur Verstärkung der Reklame gehörte eben auch, dass das Schaufenster zu einem wichtigen Medium der Präsentation von Waren avancierte. Der Schriftsteller Adalbert Stifter schrieb bereits 1841 über die Situation in Wien, dass dort die „Warenauslagekästen" mehr und mehr dazu benutzt werden, die Waren selbst reden zu lassen. Der Ladenbesitzer stellt also seine Ware „in einen unerhört schönen Glasschrank, stellt selbigen vor seine Bude heraus." (zit. nach Borscheid 1995, S. 31) Der alleinigen Wirkkraft der Annonce wurde weiterhin misstraut. Der unmittelbaren Anschauung der Produkte wird dagegen eine weitaus größere Bedeutung zugeschrieben. So heißt es bei Stifter weiter: „Wenn ein Mann, der sein gehöriges Geld hat, vom Lande hereinkommt, und nur den Stephansplatz [...] entlanggeht und all die glänzenden, lockenden Gläserkästen ansieht, wie sie ohne Unterbrechung endlos fortlaufen – der Mann ist verloren, er muß etwas kaufen, vorzüglich, wenn er etwa Frau und Töchter zuhause hat, an die er denkt." (zit. nach Borscheid 1995, S. 31) Ebenso beschreibt Stifter eine Konsequenz des in Kapitel 1 bereits beschriebenen Trickle down-Effekts, in dem er die Wahrscheinlichkeit der Beeinflussung insbesondere in den unteren Klassen, und dort vornehmlich auf der Seite des weiblichen Geschlechts, vermutet. Mögen die Auslagen in den Schaufenstern noch so unschuldig sein, sie befördern nach seiner Auffassung gerade in diesen Klassen „Begierde nach Luxus und Hoffart." (zit. nach Borscheid 1995, S. 31)

Schaufensterwerbung prägte zunehmend das städtische Erscheinungsbild. Der Erfindungsreichtum der Menschen wusste auch hier neue Wege zur Attraktivitätssteigerung zu beschreiten. Schaufenster-Gucker – Personen also, die vom Geschäftsbesitzer für das demonstrative Bewundern der ausgelegten Waren bezahlt wurden – sollten bewirken, dass Menschen vor bestimmten Auslagen länger verweilen. Diese noch bescheidenen Formen der Manipulation sind nur ein kleiner Mosaikstein in den sich ausdifferenzierenden Bemühungen, die Kaufkraft der Konsumenten auf bestimmte Produkte zu lenken.

Zu Beginn des 20. Jahrhunderts äußerte sich der deutsche Soziologie Theodor Geiger (1891-1952) zu der Frage, wer denn nun das Publikum der Reklameinszenierung sei. Gerade in der Mittelschicht, so Geigers Antwort, die von einem ausgeprägten Aufstiegsverlangen erfüllt sei, fände die Reklame eine gute psychische Voraussetzung (vgl. Geiger 1987 [zuerst 1932], S. 488 sowie 3.a, siehe S. 152). „Es ist kaum ein Zufall, daß die europäische Laufbahn der Reklame in dem klassischen Mittelschichtland Frankreich begann. Die Stellung der Mittelschicht in der modernen Gesellschaft hat lange Zeit hindurch etwas Provisorisches, ja Negatives gehabt. [...] Die besitzende Mittelschicht [.] fühlte sich in ökonomischer Hinsicht bedrängt und ausgeschaltet, und die neugebildete Mittelschicht, die aus Gehaltsempfängern bestand, suchte aus ideologischen Gründen Distanzierung zur Arbeiterklasse, deren wirtschaftliches Schicksal sie im wesentlichen teilte." (Geiger 1987 [zuerst 1932], S. 488) Das Klassensystem der modernen Gesellschaft ist nach Geigers Auffassung durch soziale Mobilität und Labilität gekennzeichnet. Der Verlust von Bindungen an Traditionen und standesgemäße Konsum- und Lebensgewohnheiten führe dazu, dass der Einzelne sich mehr und mehr selbst organisieren müsse. Diese soziologische Einschätzung dürfte an Aktualität wenig eingebüßt haben. In Kapitel 4 wird auf dieses Mittelschichtphänomen näher eingegangen. An dieser Stelle soll aber zunächst der Blick auf die Konsumorte selbst gelenkt werden, um dann einige Strategien, die nicht nur aus der Verwissenschaftlichung der Werbung hervorgegangen sind, darzustellen.

3.3 „Tempel der Kauflust." Faszination und Wandel der Konsumorte

Misstrauen in den Erfolg der Annoncenwerbung ist sicherlich nicht der alleinige Grund für verstärkte Investitionen in die Gestaltung der Orte des Konsums. Unverkennbar aber werden eine Vielzahl von Maßnahmen ergriffen, um die wachsende Gruppe der Konsumenten, die – wie gerade erläutert – eben zunehmend auf Fremdversorgung angewiesen waren, auf die Attraktivität verschiedenster Warenangebote aufmerksam zu machen. Dieses sich langsam ausdifferenzierende Konkurrenzumfeld kann zwar noch nicht mit den Entwicklungen, die das Ende des 20. Jahrhunderts geprägt haben, verglichen werden. Parallelen lassen sich allerdings sehr wohl erkennen. Das Misstrauen in den Erfolg einer allein auf Massenmedien gestützten Werbung eint das 19. und das 20. Jahrhundert. Was heute unter dem Sammelbegriff „Below-the-line"-Aktivitäten zusammengefasst wird, und insbesondere mit zahlreichen Formen der Inszenierung von Kauferlebnissen einhergeht, findet im 19. Jahrhundert – wenn man diesen Vergleich ziehen möchte – seine Realisierung in einer Expansion des Detailhandels einerseits und in dem Aufkommen von Warenhäusern andererseits. Berühmt das Zitat des Warenhausbesitzers Wanamaker, der gerne gewusst hätte, welche 50 % seiner Werbeinvestitionen erfolglos sind. Dieses Bonmot wird auch hier aus nahe liegendem Grund weitergegeben. Zugleich soll aber auch eine Recherche von Disch Erwähnung finden, die diesem Ausspruch auf die Spur gegangen ist – mit erstaunlichen Resultaten. Neben Wanamaker wurden vier weitere Kandidaten erwähnt (vgl. Disch 2000).

Die hier gezogene Analogie sollte allerdings nicht überbewertet werden. Ohnehin sind historische Perspektiven der Werbung eher fremd. Scheele hat in seinem Beitrag „Historische Aspekte der Werbung" darauf hingewiesen, dass die Werbepraxis in der Regel immer den Blick in die Zukunft richtet (vgl. 1982, S. 3110). Der Wandel der Lebensbedingungen der Bevölkerung (Stichwort: Verstädterung) erforderte den Aufbau eines Versorgungsnetzes, das in den Städten selbst eine ortsnahe Versorgung ermöglichte. In größeren Städten entwickelten sich die Innenstädte allmählich zu neuen Zentren des Konsums, die gleichsam auch den Weg für neue Vertriebsformen eröffneten. In allen Ländern, die den Prozess der Industrialisierung durchliefen, konnte man diese grundlegenden Vermittlungsprozesse beobachten, wenngleich sie sich nicht in einer völlig gleichartigen Form vollzogen. Konzentriert man den Blick nur auf die Entstehung von Warenhäusern, so kann für Deutschland eine etwa 30jährige Verspätung gegenüber der Entwicklung in England, Frankreich und den USA festgestellt werden (vgl. hierzu auch Ullmann 2000, S. 225).

Die Entwicklung in den USA, dem Heimatland des modernen Warenhauses, hat unter anderem Joseph Roth in seinem Roman „Hiob" geschildert. Schemarjah Singer, Sohn des russischen Juden Mendel, wandert nach Amerika aus, um der Armut seiner Heimat zu entkommen. Dort arbeitet er sich zügig vom Schneider zum Händler empor. Aus Schemarjah wird Sam – so nennt er sich in seiner neuen Heimat – und aus einem ehemals arbeitslosen Schneider wird schnell ein erfolgreicher Warenhausbesitzer. Er lässt seine Familie in die USA nachkommen, doch Vater Mendel kann sich mit Amerika, und vor allem mit der ihn umgebenden Lebenswelt, nicht anfreunden. Mendel zieht nicht mit Sam in eines der besseren Viertel New Yorks, sondern wohnt, obwohl aus dem „armen Juden“ jetzt der „Vater eines wohlhabenden Sohnes“ geworden ist, weiterhin in einer kleinen Gasse, in der die Modernisierungsverlierer der neuen Welt leben: Menke, der Obsthändler, Skowronnek, der Musikalienhändler, Groschel, der Schuster – die Kleinhändler und Krämer der alten Welt, die den Sprung Schemarjahs (Sams) nicht geschafft haben. Während sein Sohn in der Moderne ankommt, bleibt Mendel ein Bewohner der alten Welt. Amerika ist in Joseph Roths Roman ein Synonym für Erfolg, Modernität und assimilierenden Universalismus. Das Warenhaus wird zum Sprungbrett in die Moderne. Dieses Beispiel aus der Literatur zeigt die signifikanten Veränderungen einer Gesellschaft im Umbruch und die Konsequenzen einer „massenhafte[n] Herausbildung von Konsumentenlagen [...].“ (Prinz 1996, S. 25, vgl. dazu auch Lenz 2010)

Die Eröffnung der ersten Warenhäuser markiert allgemein den Beginn der industriellen Moderne für den Bereich des Konsums (siehe auch den Überblick bei Haupt 2003). In Deutschland lautete der Wahlspruch der Warenhäuser der Louis Friedländer GmbH im Jahre 1913: „Die Masse könnt ihr nur durch Masse zwingen, ein jeder sucht sich endlich selbst was aus. Wer vieles bringt, wird manchem etwas bringen: Und jeder geht zufrieden aus dem Haus.“ (zit. nach Frei 1997, S. 12)

Die zufriedene Masse konnte fortan allerdings nicht mehr um Preise feilschen, und auch das „Anschreibenlassen“, mit dem vorübergehende Engpässe in der Haushaltskasse überbrückt werden konnten, gehörte durch die Warenhauseinheitspreise der Vergangenheit an. Das Warenhaus des frühen 20. Jahrhunderts ist einerseits noch so etwas wie ein überdimensionierter Krämerladen mit Selbstbedienung, andererseits sind schon Elemente des Supermarktes und sogar der neuen Einkaufserlebniswelten, der Malls, erkennbar.

Abbildung 3.2 Kaufhaus Wertheim in Berlin

Quelle: Frei 1997, S. 97

Die Warenhäuser organisieren den Konsum nach dem Vorbild des Produktionsbereichs: durchrationalisiert und fließbandmäßig. Die Wege des Kunden sind durch parallel verlaufende Warenwege klar gegliedert, das Angebot ist sortiert, das Ambiente reduziert.

Im damaligen Deutschen Reich registrierte man an der Wende zum 20. Jahrhundert ca. 100 Warenhäuser, zu Beginn des 1. Weltkrieges waren es annähernd 400 (vgl. Ullmann 2000, S. 225). Anfänglich diente die vorhandene Diversifikation der Warenpalette als Kriterium zur Unterscheidung von Warenhäusern und Kaufhäusern (vgl. hierzu auch Spiekermann 1999, S. 236). Nach einer Studie von Wernicke aus dem Jahr 1911 waren die Umsätze dieser Warenhäuser zwar enorm, gemessen am Gesamtumsatz des Handels betrug der Anteil aber nur 2,5%, von Ausnahmen in einigen Produktkategorien (zum Beispiel Kleidung und Möbel) abgesehen, in denen der Umsatz sich bis zu einem

Anteil von 10 % steigern konnte (vgl. Wernicke 1911, S. 17; Ullmann 2000, S. 225). Im Wesentlichen beruhte der Erfolg der Warenhäuser auf dem Prinzip der Masse: Je höher der Umsatz, desto niedriger die Preise; je niedriger die Preise, desto höher der Umsatz. Mit der Entstehung der Warenhäuser gingen zwei wichtige Prozesse sozialer Differenzierung einher: Zum einen etablierten sich diese neuen Konsumorte zu Beschäftigungsorten, die als ein Bereich des sozialen Aufstiegs wahrgenommen wurden. Klein betont beispielsweise, „dass der Massenbedarf an Verkäuferinnen diese Tätigkeit – anders als Fabrikarbeitsplätze für Frauen – zum sozialen Aufstiegsberuf für Arbeitertöchter machte." (Klein 1997, S. 170) Zum anderen wird erkennbar, dass sich diese Warenhäuser selbst an der sozialen Differenzierung orientieren. So weist Göhre in seiner Arbeit „Das Warenhaus" bereits 1907 darauf hin, dass sich in Berlin drei Grundtypen unterscheiden lassen: das Warenhaus des besseren Arbeiters (z. B. Jandorf in Berlin), das Kaufhaus des behaglichen Mittelstandes (Tietz) sowie Wertheim als Warenhaus der guten Gesellschaft (vgl. Göhre 1907, S. 91). Diese vertikale Differenzierung schlägt sich sowohl in den angepriesenen Waren als auch in der Gestaltung des Ambientes nieder (zahlreiche Beispiele hierzu bei Frei 1997). Die auffällige Architektur und die in der Summe als Wareninflation erlebte Kaufsituation hat mit dazu beigetragen, dass nicht nur Émile Zola von den „Tempeln des Konsums" gesprochen hat. Sakrale Elemente verstärkten diesen quasi-religiösen Faktor, und die ohnehin angenehme Kaufatmosphäre sollte durch lichtdurchdrungene Räume noch gesteigert werden. In der Summe ergab sich eine kaum vorstellbare Pracht, die letztlich lediglich dem Zweck der Verkaufsförderung diente. Aus den zahlreichen Beschreibungen dieser raumklimatischen Bedingungen und der davon ausgehenden „Wohlfühlatmosphäre" sei hier auf eine frühe Arbeit des späteren Reichskanzlers Gustav Stresemann hingewiesen, der am Beispiel des im Jahr 1839 gegründeten Kaufhauskonzerns Hertzog das Schauspiel des Einkaufens anschaulich beschrieben hat (vgl. hierzu auch Stresemann 1900 und 3.b, S. 155). Während Stresemann auf der einen Seite die Demokratisierung des Konsums hervorhob, galt seine Kritik andererseits dem zügellosen Konsum, dessen Stimulierung er gerade den Warenhäusern ursächlich zuschrieb.

Bei aller Differenzierung war unverkennbar ein Anstieg der massengefertigten Waren zu verzeichnen. Auch die industrielle Fertigung selbst hat die Kritik der Zeitgenossen auf sich gezogen. Georg Simmel beispielsweise sah die Menschen nicht mehr nur als Sklaven des Produktionsprozesses, sondern auch als Sklaven der Produkte (vgl. Simmel 1989 [zuerst 1900], S. 674). Das expandierende Warenangebot treibe die Menschen immer wieder zu neuen Anregungen und die damit verbundene Hast und Ruhelosigkeit offenbare eine „spezifisch moderne Treulosigkeit auf den Gebieten des Geschmacks, der Stile, der Gesinnung, der Beziehungen." (Simmel 1989 [zuerst 1900], S. 675) Die Blasiertheit der Großstädter sei daher ein Resultat dieser permanenten Steigerung des Nervenlebens (vgl. Simmel 1995 [zuerst 1903], S. 116ff.). Die Ambivalenz dieser Entwicklung lässt sich auch gut an einem Werbeslogan des großen Kaufhauses Macy's in den USA illustrieren: „Goods suitable for the millionaire at prices in reach for the millions." (zit. nach König 2000, S. 104) Später hat der deutsche Soziologe Freyer in dem Phänomen des Massenkonsums eine Normierung durch sekundäre Systeme erkannt (vgl. Freyer 1955, S. 91). Proteste gegen die neuen Konsumorte blieben nicht aus, und sie wurden häufig aus der Perspektive des Kleinhandels bzw. des „kleinen Mannes" formuliert. Der Kleinhandel selbst war kein Produkt der Industrialisierung, sondern war bereits vorhanden, als die Industrialisierung begann. Er hat die Entwicklung, wie Spiekermann formuliert, „vielmehr begleitet und geprägt." (Spiekermann 1994, S. 20) Diese Handelsformen existierten auch zu einer Zeit, als noch nicht von einer Verallgemeinerung der Geldwirtschaft und auch nicht von einer signifikanten Reduzierung des Naturalientauschs ausgegangen werden konnte. Als sich eine Zerstörung traditioneller Versorgungsformen deutlicher abzuzeichnen begann, gewannen Aspekte der Existenzsicherung und die Frage der Kosten (Verteuerung von Waren) an Relevanz. Neben entsprechenden Budgetanalysen, die auf problematische Versorgungssituationen in bestimmten sozialen Schichten, insbesondere in Arbeiterfamilien, hinwiesen, zeigte die Entstehung von Konsumvereinen, dass der kapitalistische Warenumlauf im 19. Jahrhundert anders organisiert werden musste (vgl. ausführlich hierzu Prinz 1996). Verwirklicht werden sollte das Prinzip einer moralischen Ökonomie, in dem eine bestimmte Art der Organisation in den Vordergrund gestellt wurde und sich als Alternative zur kapitalistischen Konkurrenz etablieren sollte: Bedarfsdeckung statt Bedarfsweckung, Kooperation statt Konkurrenz. Die Zielgruppen waren die Arbeiterschaft, die Handwerker und die Bauern, deren Einkaufsmöglichkeiten durch Bündelung des Bedarfs und einen konsequenten Verzicht auf Gewinnstreben verbessert werden sollten. Damit entstand zugleich eine neue Konfliktlinie zu dem bereits etablierten Einzelhandel, der auf der anderen Seite auch in den expandierenden Warenhäusern einen weiteren Konkurrenten erblickte. Diese Situation, die insbesondere vom Mittelstand als problematisch erlebt wurde, kann hier nicht im Detail geschildert werden. Der Hinweis auf diese Konfliktlinien soll genügen, um zu verdeutlichen, dass sich der erkennbare Wandel der Konsumorte parallel zu einem ebenso deutlichen Wandel der Konsumgewohnheiten vollzog. Die Strukturen, die sich um die Jahrhundertwende zu etablieren begannen, entsprachen dem, was sich bis in die Mitte des 20. Jahrhunderts als die dominierenden Formen von Angebot und Verbrauch beschreiben ließ. Markante Veränderungen tauchen erst wieder in der zweiten Hälfte des 20. Jahrhunderts auf, insbesondere in Form der in den 60er Jahren beginnenden Ausdünnung der wohnungsnahen Versorgung, die zum Teil mit einer Veränderung des innerstädtischen Lebensraumes einherging.

Während die Warenhäuser (so wie die Krämerläden) noch fest in das Ensemble der alteuropäischen Stadt integriert waren, verlagerten sich im Deutschland der fünfziger Jahre die Orte des Konsums immer weiter an die Peripherie. Die Supermärkte, die sich am Innenstadtrand zu etablieren beginnen, werden von Hassenpflug mit deutlicher Anspielung auf die damit verbundene Rationalisierung von Produktion und Konsum als „fordistische Bedarfsdeckungsmaschinen" (Hassenpflug 1998, Internetquelle) bezeichnet. Nach seiner Auffassung werden hier die „Grundsätze der wissenschaftlichen Betriebsführung" (vgl. Taylor 1913) für den Massenkonsum umgesetzt. Die Konsumkritik fokussiert hier die Uniformierung des Raums und der Produkte, in dem sich Konsumhandlungen vollziehen. Obwohl diese Einschätzung den später einsetzenden Differenzierungen nicht gerecht wird (Stichwort: mass customization[11]), markiert diese Beobachtung den Anfang einer Entwicklung, die am Randbereich der Städte „Räume ohne Eigenschaf-

[11] Siehe hierzu die Ausführungen in Kapitel 4 und Kapitel 6.

ten" entstehen lässt, „effiziente, schnelle Räume mit einem hohen Durchsatz an Menschen und Gütern, jedoch ohne Eigenart und Bedeutung" (Hassenpflug 1998, Internetquelle; siehe auch Hassenpflug 2002). Unter der Voraussetzung, dass hier ein der Konsumentwicklung inhärentes Gesetz zur vollen Entfaltung gelangt, könnte man in den „Mega-Malls" der achtziger und neunziger Jahre den Höhepunkt einer Institutionalisierung von „pleasure domes" (vgl. Haubl 1996 sowie die Beiträge in Hellmann/Zurstiege 2008) sehen.

Konsumkritik richtet sich demnach häufig gegen das Neue an sich, sei es aus Gründen der unmittelbaren Betroffenheit (Modernisierungsgewinner, Modernisierungsverlierer), oder sei es, weil die mit der Modernisierung einhergehenden Lebensstile im Konflikt mit den eigenen gelebten Traditionen gesehen werden. Jene, die Kritik an den neuen Annehmlichkeiten des Lebens äußerten, hatten zwar viele öffentliche Fürsprecher, aber in der Praxis nur eine geringe Anhängerschaft. Das subjektiv empfundene Wohlbefinden, das sich im Zuge des Konsums bestimmter neuer Güter einstellt, mündet erstaunlicherweise nicht in eine ähnliche Befindlichkeit sozialer Kollektive. Privates Glück und öffentliche Unzufriedenheit existieren nebeneinander. Konsumkritik befindet sich daher häufig auf verlorenem Posten (vgl. Haubl 1996, S. 201) und wirkt unaufrichtig. Dies gilt in engerem Sinne natürlich auch für Kritik an der Werbung. Nicht nur Theodor Geiger hat Werbung unter Suggestionsverdacht gestellt. Der Begriff „Manipulation" tauchte vielmehr immer auf, wenn es um die Beurteilung der Wirkung von Werbung ging. Einige wichtige Positionen zum Thema „Werbewirkung" sollen im Folgenden zusammengefasst werden.

3.4 „Top of mind." Positionen zur Werbewirkung im Überblick

Das Wörterbuch der Soziologie versteht unter Werbung „die planmäßige Beeinflussung von Personenkategorien mit dem Ziel, zum Zwecke des Absatzes von Produkten und Dienstleistungen oder der Erringung bzw. Konsolidierung politischer Herrschaftsverhältnisse bestimmte Kauf- oder Wahlhandlungen zu stimulieren. Der Werbung gehen häufig Markt- und Motivforschung voraus." (Hillmann 2007, S. 926 [Abkürzungen ausgeschrieben]) Es ist müßig darüber zu streiten, ob den Konsumenten in der Frühphase der Konsumgesellschaft die Intentionen der Werbung und Reklame ebenso bewusst waren wie den modernen Verbrauchern. Man darf aber wohl konstatieren, dass die Interessengebundenheit von Werbung nicht erst in der Gegenwart dazu geführt hat, ihr ein relativ bescheidenes Niveau an Glaubwürdigkeit (Kutsch/Wiswede 1986, S. 232 sowie Schönbach 2009) zuzuschreiben. Werbung ist keine zweckfreie Kommunikation, und sie bedient sich insbesondere in audiovisuellen Medien häufig einer hyperrealistischen Rahmung von Produkten, Zielgruppen bzw. Protagonisten (vgl. zu dem Begriff Hyperrealismus auch Baudrillard 1982, S. 112ff. sowie 3.c, S. 159). Grundsätzlich aber erfüllt Werbung viele Funktionen, die mit dem Manipulationsverdacht alleine alles andere als erfasst sind (3.d, siehe S. 162). Werbung dient der Information der Verbraucher, nutzt diese Informationsfunktion aber gleichzeitig zu taktischen Manövern, die den Konsumenten, der sich zunächst nicht beeinflussen lassen möchte, vielleicht doch auf Dinge aufmerksam macht, die ihm bislang nicht aufgefallen sind. Die Phantasie der Werbenden nahm mit der Ausbreitung der Massenproduktion zu, weil Produkte zu Marken stilisiert werden mussten, um sie von anderen Waren unterscheidbar zu machen. Selbst alltäglichste Produkte werden durch ästhetische Fassaden in ihrem Tauschwert künstlich erhöht, das Design von Produkten nimmt an Stellenwert zu. Der neutrale Begriff Verpackung findet in dem Begriff „Corporate Design" ebenfalls eine der Werbung verpflichtete Einbettung.

Generell gilt, dass die Ungewissheit über die Wirkkraft von unterschiedlichen Werbemaßnahmen die Kommunikation über Erfolg oder Misserfolg solcher Kampagnen in Gang hält. Der Streit um das Stimulus-

Response-Modell, das direkte Beeinflussungsmöglichkeiten der Verbraucher unterstellt, gehört ebenso in diesen Kontext wie die Debatte um die Seriosität der Motivforschung, die insbesondere in den 50er Jahren in den Vereinigten Staaten einen von vehementer Kritik begleiteten Siegeszug angetreten hatte. In diesem Zusammenhang wird insbesondere das Phänomen der unterschwelligen Werbung diskutiert und beispielsweise auf das Experiment von James Vicary verwiesen. Sehr kurze, vom Publikum gar nicht wahrnehmbare Einblendungen von Werbeanzeigen sollen danach dazu geführt haben, dass im Foyer des Kinos in einem New Yorker Vorort der Absatz von Coca-Cola und Popcorn nach einem Zeitraum von sechs Wochen enorm angestiegen sei (vgl. hierzu die Darstellung bei Heller 1984, S. 17). Die öffentlichkeitswirksame Vermarktung solcher Befunde hat die Kontroverse um Methoden der geheimen Verführung noch verstärkt, auch nachdem bekannt wurde, dass Vicary die Befunde manipuliert hatte, um sein eigenes Werbeunternehmen aus der Krise zu retten (vgl. Foscht/Swoboda 2007, S. 92).

In besonderer Weise lässt sich dies an der Kontroverse um einen Klassiker der Werbekritik verdeutlichen, den Vance Packard 1957 in den USA publizierte (vgl. zur Wirkung dieses Buches insbesondere die Darstellung bei Horowitz 1994, Kap. 6). Packard spart in diesem Buch nicht mit Vorwürfen an die Werbebranche, nimmt sogleich aber die Mehrheit der Werbefachleute in Schutz, denen er attestiert, dass sie nicht so sehr an einer systematischen Irreführung des Konsumenten interessiert seien, sondern an sachlicher Überzeugung. Das Buch suggeriert Insiderwissen, wenn beispielsweise Effekte beschrieben werden, die der Gestaltung bestimmter Produkte, der Formulierung bestimmter Werbeaussagen und der Verwendung bestimmter Farben bzw. Farbkonstellationen usw. folgen können. Zugleich ist der Erfolg dieses Buches symptomatisch für die Beurteilung von Werbewirkung im Allgemeinen. Packard wählte den Weg eines populären Sachbuchs und rückte damit Konsumphänomene ans Tageslicht, die bis heute in der Lage sind, Anschlusskommunikation zu garantieren. Wenn die Boulevard-Presse beispielsweise Berichte über die versteckten Verführungsmethoden in Supermärkten und Kaufhäusern publiziert, ist diesen Berichten Aufmerksamkeit garantiert. Obstabteilungen sollen Frische vermitteln, Paletten werden auch Stopper genannt, teure Produkte werden in Augenhöhe platziert und das billige Backmehl verschwindet in den unteren Reihen der Regale. Ebenso versuchen Verkaufsstellen von Großbäckereien in Fußgängerzonen durch das Setzen von Duftmarken die Atmosphäre der klassischen Bäckerei zumindest zu simulieren. Zu Packards Botschaften gehört aber auch, dass es nicht leicht ist, den Konsumenten in eine bestimmte Richtung zu lenken. Auch in der Werbung muss mit Widerspenstigkeit oder mit Interpretationen gerechnet werden, die sich nicht mit den Intentionen der Kommunikatoren decken.

Neuere verhaltenswissenschaftliche Ansätze sind seit langem von der Zielsetzung abgegangen, den Nachweis direkter Werbewirkungen zu erbringen. Insbesondere Kroeber-Riel argumentierte, dass eine solche Zielvorgabe für jeden Werbemanager einer Überforderung gleichkommen müsse (vgl. Kroeber-Riel/Esch 2004, S. 35f.). Man könne in der Regel keine direkten Beziehungen zwischen der Werbung einerseits und bestimmten Einstellungs- bzw. Verhaltensänderungen andererseits nachweisen (3.e, siehe S. 165). Dieses Zurechnungsproblem steigt im Zuge einer Ausweitung des Angebots bei gleichzeitiger äußerer Anpassung der Produkte. Ungeachtet dessen bleibt das Ziel der Werbung, eine Verhaltensbeeinflussung zu erzielen. Dieses Ziel wird nur etwas moderater formuliert: Man spricht nicht mehr von Verhalten, sondern von Verhaltensdispositionen.

Ein ganz besonderes Haushaltsgerät

„Ein Waschmaschinenfabrikant (Bendix) erregte bei den Verbrauchern betrübliche Verständnislosigkeit, indem er zeigte, wie seine Duomatic die Familienwäsche wäscht und trocknet, während die ganze Familie in süßem Schlummer liegt. Die Werbeagentur, die sich das Thema ausgedacht hatte (»Während Sie und die Familie schlafen, wird Ihre ganze Wäsche gewaschen und getrocknet!«) war davon überzeugt, es gebe einen besseren Blickfang ab, alle fünf Familienmitglieder in einem Bett zu zeigen. Von allen Anzeigen und Plakaten grüßte also eine entsprechende Darstellung den Betrachter. Statt jedoch von der Wunderleistung der Waschmaschine für die Familie beeindruckt zu sein, waren die Betrachter empört, und Dutzende unterzogen sich sogar der Mühe, der Firma einen bitterbösen Brief zu schreiben. Der Hauptpunkt ihrer Beschwerde lautete nach *Advertising Age*, daß diese Leute »sich so großartig aufplustern und eine Bendix Duomatic kaufen, wenn sie sich nicht einmal genügend Betten leisten können«!"

Quelle: Packard 1958, S. 110f.

Die „Wirkungskaskade", die zu einer Veränderung der Verhaltensdispositionen führen soll, lässt sich vereinfacht in vier Schritten darstellen (vgl. Kroeber-Riel/Esch 2004, S. 39):

Wahrnehmung des Angebots

⬇

Emotionale Reaktionen
auf dargebotene Reize

⬇

Inhaltliche Auseinandersetzung mit der Werbebotschaft
(rationale Informationsfunktion)

⬇

Wechselwirkung von Emotion und Rationalität mit dem Resultat einer Einstellungsbildung, die verhaltensrelevant sein kann

Die beschriebene Kaskade muss nicht in dieser Reihenfolge ablaufen. Differenzierungen werden insbesondere dann wirksam, wenn eine Unterscheidung nach Impulskäufen, Gewohnheitskäufen und extensiven Kaufentscheidungen vorgenommen wird. Ähnlich wie Katona kommt auch Kroeber-Riel zu dem Ergebnis, dass Werbeausgaben umso höher sein müssen, je geringer das „Involvement" des Konsumenten ist. Dabei meint Involvement „das Engagement, mit dem sich jemand einem Gegenstand oder einer Aktivität zuwendet." (Kroeber-Riel/Esch 2004, S. 143) Kaufentscheidungen lassen sich demnach nach dem Ausmaß der Emotionalität und Rationalität klassifizieren[12].

[12] Siehe hierzu auch die Ausführungen in Kapitel 4.

Ebenso wichtig sind Maßnahmen zur Stärkung des Markenbewusstseins im Zuge einer Übersättigung der Märkte. Kroeber-Riel sprach in diesem Zusammenhang von Maßnahmen zur Aufrechterhaltung der Aktualität eines Produkts. Gemeint ist der Versuch, Produkte und Dienstleistungen in den Köpfen der Menschen präsent zu halten. Dieser kognitive Effekt wird in der Wirkungsforschung auch mit dem Begriff Agenda-Setting bezeichnet (vgl. hierzu Jäckel 2008, S.169ff.). Die Bekanntheit einer Marke wird hier zum Indikator für die „Aktualität“ bestimmter Produktgruppen. Markenbekanntheit wird operationalisiert, indem für Produktbereiche nach Marken gefragt wird, die einem spontan einfallen. Welche Marke assoziiert man beispielsweise mit „Zahnpasta“? Darüber hinaus kann die Ermittlung dieser Markenbekanntheit sich auch auf die Erfassung der Eigenschaften von Produkten beziehen. In der Sprache der Werbung ausgedrückt: Der „Top of Mind“-Effekt bzw. die „First Brand-Awareness“ erhöht die Kaufwahrscheinlichkeit am „Point of Sale“.

Agenda Setting ist nur ein Beispiel für die zahlreichen Formen der Werbewirkungsmessung, die sich in den letzten Jahren entwickelt haben. Dieses Forschungsfeld lässt sich zum einen nach Erfolgsmessungen klassifizieren, die sich auf Werbeträger- und Werbemittelkontakte konzentrieren, zum anderen nach Wahrnehmungs-, Aktivierungs- und Bewertungsgesichtspunkten (vgl. zu letzterem Engelhardt 1999, S. 39). Auf diese, häufig mit methodisch-technischen Details verbundenen Verfahren soll hier nicht weiter eingegangen werden. Insgesamt dominiert auch in diesem Bereich die Vorsicht vor eindeutigen und unzweifelhaften Zurechnungen zwischen Stimuli auf der einen und Reaktionen auf der anderen Seite. Wer sich jenseits dieser methodischen Details und der damit verbundenen Messprobleme mit der Werbung als sozialem Phänomen befasst, mag es hinsichtlich der Eindeutigkeit der Einschätzung leichter haben. Es offenbart sich aber auch eine Kluft zwischen der theoretischen Erfassung des Phänomens und der empirischen Analyse.

Aus der Perspektive der Kritischen Theorie wird der übertriebene Hang der Werbewirkungsforschung zum Empirischen mit einer Verherrlichung von Fakten gleichgesetzt, die sich jeglicher Kritik an den zu Grunde liegenden gesellschaftlichen Bedingungen enthält. Die Kritik der Konsumgesellschaft, die sich aus der Tradition der Frankfurter

Schule entwickelt hat, betont die Fremdbestimmung des Konsums und die damit verbundene Aufgabe der Werbung, immer wieder neue Bedürfnisse zu schaffen und gleichzeitig den Schein von Konkurrenz und Auswahlmöglichkeit für die Konsumenten aufrecht zu erhalten. Weitergehend werden die Konsumenten als Teil eines umfassenden Entfremdungsprozesses betrachtet, der sich sowohl im Bereich der Arbeitswelt im Sinne einer Entfremdung vom erzeugten Produkt als auch im Bereich des Konsums in Form einer Unterordnung der eigenen Interessen unter die Notwendigkeiten einer auf Produktion und Konsumtion ausgerichteten Industriegesellschaft niederschlägt. Horkheimer und Adorno haben in diesem Zusammenhang die Vermessung der Gesellschaft durch empirisch orientierte Sozialwissenschaftler mit deutlichen Worten kritisiert: „Die Konsumenten werden als statistisches Material auf der Landkarte der Forschungsstellen, die von denen der Propaganda nicht mehr zu unterscheiden sind, in Einkommensgruppen, in rote, grüne und blaue Felder, aufgeteilt." (Horkheimer/Adorno 1969, S. 131) Der Versuch, die Menschen davon abzubringen, sich nicht permanent im Einklang mit der Reklame zu verhalten und sich im Sinne dieser zu entspannen, also der aufklärerische Impetus dieser Art von Konsumkritik, ist nur von begrenztem Erfolg gewesen. Darüber hinaus impliziert die Unterscheidung von wahren und falschen Bedürfnissen, dass es bezüglich der Beurteilung des Notwendigen und des Überflüssigen nur eine Antwort geben kann. Vor dem Hintergrund der Debatte über die Ursprünge der Bedürfnisse ist dies ebenfalls eine sehr entschiedene Sichtweise.

Bocock vertritt die Auffassung, dass die Legitimationskrise des Kapitalismus keine weitreichenden Veränderungen für die Lebensweise in westlichen Industriegesellschaften gehabt hat (vgl. 1993, S. 2). Der bereits zitierte britische Staatsmann Benjamin Disraeli hat bereits im 19. Jahrhundert festgestellt: „Increased means and increased leisure are the two civilizers of man" (zit. nach Neulinger 1981, S. 1). Annähernd einhundert Jahre später heißt es an anderer Stelle: „Fernsehen, Kühlschrank und Auto hätten die revolutionären Ideologen und Agitatoren brotlos gemacht [...]." (Schiwy 1969, S. 25) Dennoch entstand als Reaktion auf ein Verblassen der Konsumkritik eine neue Sichtweise auf die mit der Präsentation von Konsumwelten verbundenen Implikationen.

Zu erwähnen ist in diesem Zusammenhang insbesondere der Strukturalismus, der trotz seiner internen Differenzierungen zumindest in dem Aufdecken kultureller und sozialer Eigentümlichkeiten von Gesellschaften eine gemeinsame Klammer findet. Die Strukturen einer Gesellschaft finden sich danach in einer Vielzahl von Zeichensystemen, zu denen etwa auch Sprache und Ernährungsweisen, aber auch Architektur und Kleidung oder Verwandtschaftsstrukturen zählen (vgl. Münch 2004, S. 377ff.). Der Strukturalismus geht nicht von einer objektiven Realität aus, sondern von einer Realität, die ihren Sinn auch durch die Praxis der daran beteiligten Menschen erfährt. Insofern ist es auch z.B. nicht möglich, eine natürliche Beziehung zwischen den jeweils angebotenen Konsumgütern und ihrer Verwendung herzustellen. Der bereits zitierte Bocock meinte beispielsweise: „There is nothing natural about modern consumption; it is something which is acquired, learned; something which some people are socialised into desiring. Once a small group of people in a locality, for instance, do become consumers of designer clothes, certain kinds of cars, or whatever, others may wish to join in too." (Bocock 1993, S. 54) Der Strukturalismus entschlüsselt somit sowohl die Symbolwelten der Werbung, die neben der Mode zu einem wichtigen Vermittlungssystem in modernen Gesellschaften avanciert, aber auch strukturelle Analogien in der Art und Weise, wie Menschen ihre Lebensführung gestalten[13]. Zwischen der Hypostasierung der Konsumentensouveränität und der Fremdbestimmung des Konsumenten wird hier ein Vermittlungsvorschlag präsentiert, der eine Analogie zwischen den „Gesetzmäßigkeiten" der Werbung und den beobachtbaren Verhaltensweisen in sozialkulturellen Milieus unterstellt. Featherstone verwendet den Begriff „Consumer Culture" und will damit betonen, „that the world of goods and their principles of structuration are central to the understanding of contemporary society." (1991, S. 82) Folgerichtig müsste Werbung – unabhängig von historisch bedingten Variationen – ein Spiegel der Gesellschaft sein. Dass dies nicht zutrifft und allenfalls in Form partieller Übereinstimmungen zu beobachten ist, aber auch Fortsetzungen hyperrealistischer Lebensentwürfe in der gesellschaftlichen Wirklichkeit nicht auszuschließen sind, unterstreicht

[13] Siehe hierzu auch die Ausführungen in Kapitel 4 und Kapitel 5.

noch einmal die Varianz der Angebote und die Varianz der Reaktionen (vgl. hierzu Reinhardt 2006 und Zurstiege 2002).

Das Ausmaß der durch Werbung sozialisierten Interessen liegt somit nicht allein in der jeweiligen Botschaft begründet. Konsumenten sind Teil des Wirkungsprozesses. Insofern mag überraschen, dass es jenseits dieser Unterschiede doch einen gemeinsamen Kern zu benennen gibt, der Werbung grundsätzlich auszeichnet. Nach Luhmann, der sich in seinem Buch „Die Realität der Massenmedien" auch mit dem Phänomen der Werbung (3.f, siehe S. 168) auseinandergesetzt hat, besteht kein Zweifel daran, dass die Werbung zu manipulieren versucht. Die Werbung gehe zudem davon aus, dass diese Unaufrichtigkeit vorausgesetzt wird: „Nach der Wahrheit die Werbung." (Luhmann 1996, S. 85) Werbung ist polyvalent. Die Kernbotschaft scheint offensichtlich zu sein, aber es mag auch etwas verheimlicht werden. Die Faszination, die die unaufrichtige Werbung verursacht, ist deshalb zu hinterfragen. Sie mag beispielsweise darin begründet sein, dass Werbung selbst mit Widersprüchen arbeitet. Nach Luhmann kommt es im Falle der Werbung vor allem darauf an, auf der Seite des Konsumenten eine spezifische Ungewissheit zu erzeugen. Es gilt in ein Terrain einzudringen, in dem die Frage nach einem bestimmten Bedarf gar nicht aktuell gewesen ist. Aus diesem Grund betont die Werbung auch gerne die Entscheidungsfreiheit des Konsumenten, obwohl er natürlich eigentlich etwas kaufen soll, was er gar nicht wollte. Für die Funktionsweise der Werbung aber ist entscheidender, dass sie, so Schmidt, „unendlich *gefräßig* [ist], indem sie schier alle kulturellen Darstellungsformen vereinzeln, entkontextualisieren und für ihre Zwecke funktionalisieren kann." (Schmidt 2000, S. 236) Dieser Zugriff auf Angebote der Umwelt ist reflexiv, aber nicht spiegelbildlich organisiert. Die Werbung arbeitet an Illusionen, beispielsweise daran, dass etwas Ähnliches nicht dasselbe ist. Solange sie in der Lage ist, eine Kommunikation über diese Illusionen in Gang zu halten, ist der Erfolg garantiert.

Der entscheidende Code lautet: Aufmerksamkeit versus Nicht-Aufmerksamkeit. Wie Werbung eine Bindung an ihre Angebote zu erreichen versucht, soll daher abschließend kurz skizziert werden.

3.5 „... der Wirklichkeit entrückt.“ Strategien der Werbung

Die Möglichkeiten, die der Werbung zur Verfügung stehen, sind an den jeweiligen Werbeträger gebunden und hängen von den dort einsetzbaren Werbemitteln ab. Innerhalb dieses Rahmens sind der Phantasie keine Grenzen gesetzt (grundlegend hierzu Levine 2004). Der Plakatwerbung und Annoncenwerbung eröffneten sich beispielsweise durch neue Druckverfahren und die Perfektionierung der Fotografie neue Gestaltungsformen, der Hörfunk operierte mit Musik, Dialogen und unverwechselbaren Stimmen, der Tonfilm ebnete den Weg für audiovisuelle Experimente, die mit dem Aufstieg des Fernsehens perfektioniert wurden. Blickt man auf die Entwicklung der Werbung, wie sie sich seit den 50er Jahren des 20. Jahrhunderts zeigt, so ist es kaum möglich, generalisierbare Aussagen zu formulieren, die ohne Widerspruch bleiben. Werbung selbst ist eben ambivalent. Jedes Jahrzehnt enthält Beispiele, die die Werbung als ein sehr konservatives Medium erscheinen lässt (geringer Mut zum Wandel, das Festhalten an bestimmten Protagonisten), aber auch Beispiele, die sich bewusst gegen eine dominierende Werbestrategie richten und dadurch Aufmerksamkeit zu erreichen versuchen. In einer umfangreichen Arbeit über die Geschichte der Werbung von 1956 bis 1989 haben Schmidt und Spieß diese unterschiedlichen Entwicklungslinien jeweils mit der Analyse von Werbespots aus drei Bereichen illustriert:

- Als Mainstream bezeichnen sie jenen Sektor, der allgemeine Tendenzen der Fernsehwerbung illustriert und sich bewusst an der Produktion und Verstärkung bestimmter Stereotypen beteiligt.
- Als Trendsetter werden Spots klassifiziert, die in der jeweiligen Produktkategorie für sich zunächst ein Alleinstellungsmerkmal reklamieren konnten, sodann aber Nachahmungseffekte induzierten, die einen zunächst ungewöhnlichen Weg der Werbeansprache zu einem gewöhnlichen werden ließen.
- Als Exoten gelten schließlich Werbespots, die diesen Nachahmungseffekt nicht erzielen konnten und keine Breitenwirkung erlangten (vgl. Schmidt/ Spieß 1996, S. 152f.).

Als Jahrzehnt der Etablierung der Werbung (und hier ist insbesondere die Fernsehwerbung gemeint) gelten die 60er Jahre. Operierten die Werbekampagnen der 50er Jahre häufig noch mit märchenhaften und paradiesisch anmutenden Traumwelten, folgten in den 60er Jahren so genannte Social Pressure – Kampagnen, die sich insbesondere auf Fragen der Ernährung, der Gesundheit und eine Vielzahl praktischer Alltagsdinge konzentrierten. Die Werbung greift hier auf Wahrheitsinstanzen, beispielsweise den Experten mit einem akademischen Grad, zurück und setzt auf pseudowissenschaftliche Strategien, beispielsweise die Platzierung von Produkten in einem wissenschaftlichen Umfeld, die dosierte Verwendung wissenschaftlicher Fachtermini (z.B. Cerealien, Liposomen). Protagonisten verweisen auf Erfolge in Testverfahren und betonen Sorgfalt und Qualitätsprüfung als Merkmale des jeweiligen Produkts. Erfolge werden nach einem Vorher/Nachher-Schema sichtbar gemacht, die Verwendung von Superlativen soll die Leistungskraft unterstreichen; Exklusivität wird paradoxerweise zu einem Merkmal, das vielen Produkten attestiert werden kann, die Multiplikatorenwirkung wird in der Werbung selbst vorgeführt, indem sich Menschen gegenseitig Ratschläge geben. Die Liste der Inszenierungsformen ist lang, der Versuch, sachliche und emotionale Appelle zu koppeln, ebenso. In der Summe entsteht ein der Werbung eigener Gesellschaftsentwurf, der sowohl ein selektives Spiegelbild der Zeitgeschichte ist, aber auch auf die Aspirationen der umworbenen Gesellschaft zurückwirkt. Werbung ist nicht nur Produzent von Stereotypen und der Wirklichkeit entrückter Szenarien, sondern will Vergleichsmaßstäbe für den eigenen Lebensstandard offerieren. Der Konjunktiv wurde hier bewusst gewählt, weil im Zuge eines vermehrten Aufkommens dieser Werbestrategien, vor allem aber aufgrund der Vielzahl und Vielfalt der Konsumentenansprachen, die Werbung sich selbst unter einen neuen Erfolgsdruck setzte. An die Stelle eines Produktwettbewerbs trat mehr und mehr auch ein Kommunikationswettbewerb. Begleitet und verstärkt wurde diese Entwicklung durch vier Faktoren, die Werbung zwar einerseits zu einem Integrationsmedium, andererseits aber auch zu einem ubiquitären Phänomen werden lassen. Im Einzelnen handelt es sich dabei um eine

- sachliche Ausdehnung der Werbung: Gemeint ist eine Differenzierung von Produkten und Dienstleistungen, die nicht notwendigerweise mit klar erkennbaren Unterscheidungskriterien einhergeht,
- zeitliche Ausdehnung der Werbung: Durch eine Ausweitung und Diversifizierung des Medienspektrums erhöht sich das Werbevolumen. Insbesondere im Bereich der audiovisuellen Medien hat die Deregulierung von Medienordnungen den Fernsehmarkt für privatkommerzielle Anbieter geöffnet,
- räumliche Ausdehnung der Werbung: Eine Ausweitung der Werbeflächen und Werbeorte ist unverkennbar, Strategien des Product Placement und Sponsoring versuchen immer wieder aufs Neue die Grenzen des Erlaubten neu zu definieren,
- soziale Ausdehnung der Werbung: Das Spektrum der interessierenden Zielgruppen wird immer weiter ausgedehnt. Kinder (differenziert nach Altersgruppen), Werbung für und mit älteren Menschen, Integration von Randgruppen in Werbestrategien, Werbung für und mit Subkulturen usw.

Diese Ausdehnungen machen Werbung zu einem inflationären Phänomen und erweitern damit die Plätze, an denen die Konsumgesellschaft sichtbar wird (vgl. hierzu auch Krotz 2001). Zugleich unterliegen zahlreiche Werbeformen einem Prozess von Innovation, Beschleunigung und Abnutzung. Ein innovativer Spot bleibt nicht lange allein und damit eben auch nicht lange innovativ. Seine Popularität wird registriert, in den Grenzen des Erlaubten kopiert und vielfach beobachtbar gemacht. Er wird von „den Konkurrenten im Werbesystem gnadenlos ausgeschlachtet und damit normalisiert." (Schmidt 2000, S. 265) Ebenso wird es Maßnahmen ergehen, die sich als ultimative Antwort auf den „Werbe-Overkill" präsentieren und sich beispielsweise unter dem Namen Guerilla-Marketing als neue Erfolgsstrategie für Aufmerksamkeitssicherung und Effizienz präsentieren. Geringer Mitteleinsatz soll große Wirkung erzielen. Originelle Ideen bei überschaubaren Kosten sollen Konsumenten überzeugen, z.B. ein neuer Autotyp inmitten der Zuschauerränge einer Sportveranstaltung (vgl. hierzu auch das Kompendium von Schulte 2007).

Die Steigerung dieses Kommunikationswettbewerbs kann wiederum zu Effekten führen, die der Zielsetzung, die mit jeder Wirtschaftswerbung verbunden sein sollte, nämlich ein Produkt zu verkaufen, nicht dienlich sein kann. Je mehr die Beurteilung von Originalität und ästhetischer Qualität der Werbung in den Vordergrund tritt, desto schwieriger wird der Nachweis einer erwarteten wirtschaftlichen Effizienz (vgl. hierzu auch Schmidt 2000, S, 271). Da Aufmerksamkeit ein knappes Gut ist, weist zunehmende Konkurrenz auch in diesem Bereich den Charakter eines Nullsummenspiels auf. Mit den Worten von Schmidt: „Je erfolgreicher das Werbesystem Aufmerksamkeit erzeugt, desto unvermeidlicher erzeugt es Aufmerksamkeitsverknappung. Aufmerksamkeit als Voraussetzung für Vermarktung führt zwangsläufig zur Vermarktung von Aufmerksamkeit." (Schmidt 2000, S. 270) Die Werbung bewirbt sich daher auch immer häufiger selbst. Sie betont, dass sie wirkt, parodiert also das übertriebene Werbeversprechen und setzt auf das Vorwissen der Werberezipienten (vgl. hierzu Siegert/Brecheis 2005, S. 74f.).

Während die einen in diesem Wettlauf dem Mainstream verhaftet bleiben, glauben andere in der bewussten Provokation der Öffentlichkeit eine neue und Erfolg versprechende Strategie der Werbung entdeckt zu haben (siehe auch die Beiträge in Nava et al. 1997). Jenseits des durchaus gerechtfertigten Standpunkts, dass in pluralistischen Gesellschaften sich bestimmte soziale Gruppen immer durch Werbung provoziert fühlen können, geht es in diesem Falle um das Hervorrufen von Reaktionen bzw. Irritationen, die Verstehen und Missverstehen gleichermaßen beinhalten. Provokante Werbung will gerade durch die Erzeugung von Anschlusskommunikation Aufmerksamkeit erzeugen (vgl. zu einer umfassenderen Analyse Jäckel/Reinhardt 2002a).

Der Deutsche Werberat, eine Institution, die im Jahr 1972 angesichts einer zunehmenden Kritik an dem damaligen Gebaren der Werbebranche als Selbstkontrollinstanz etabliert wurde, sah sich im Jahr 2001 genötigt darauf hinzuweisen, dass „Aufsehen [...] noch kein Ansehen [ist], um das sich Unternehmen für ihre Angebote im Markt bewerben müssen." (zit. nach Jäckel/Reinhardt 2002a, S. 527) Anfänglich konzentrierte sich die Diskussion noch auf die Kampagnen von Benetton, des Weiteren auf Versuche, religiöse Symbole im Kontext der Werbung für kommerzielle Zwecke zu verfremden. Insbesondere Reichertz hat darauf hingewiesen, dass sich die Werbung seit jeher aus der Zeugkammer des Religiösen bedient hat (vgl. Reichertz 1998, S. 273). Eine Systematik provokanter Werbemaßnahmen muss daher mindestens fünf Bereiche unterscheiden: provokante Darstellung von Sexualität, Diskriminierung sozialer Gruppen oder Einzelpersonen, Darstellung extremer körperlicher Gewalt, das Elend sozialer Gruppen oder des Todes, Verwendung religiöser Symbole, Würdenträger oder von Verweisen auf religiöse Institutionen sowie Aneignung moralischer Codes und Werte (vgl. hierzu Jäckel/Reinhardt 2002b). Alleine diese Systematik lässt erwarten, dass in den zurückliegenden Jahren der Kopier- und Imitationsmechanismus auch diesen Bereich erfasst hat. Die dysfunktionalen Effekte solcher Aufmerksamkeitsspiele sind in sozialer Hinsicht schwer kalkulierbar. In einem Spiegel-Interview sagte Luciano Benetton im Jahr 2005: „Am Ende waren die Provokationen nicht mehr provokant." (N.N. 2005, S. 106)

Für die Werbung selbst konstituiert sich mehr und mehr ein modernes Hase-Igel-Syndrom: Alles ist schon einmal da gewesen. Ebenso steigt das Misstrauen derjenigen, die sich aus den Investitionen in diese Werbemaßnahmen einen Erfolg erhoffen. Produktpositionierung findet daher nicht mehr ausschließlich innerhalb des klassischen Werbespektrums der (Massen-)Medien statt, sondern bedient sich ergänzend unterschiedlich ambitionierter Maßnahmen im Feld des Eventmarketing (vgl. Jäckel 1998; Beiträge in Gebhardt u.a. 2000). Symptomatisch für den Kampf um Aufmerksamkeit sind vermehrte Investitionen in diese Below-the-line-Strategien, die unweigerlich zu einer weiteren Eroberung des öffentlichen Raums durch kommerzielle Botschaften führen.

Die Notwendigkeit solcher Maßnahmen wird gleichwohl nicht nur mit der mangelnden Effizienz der herkömmlichen Werbeansprache begründet, sondern mit grundlegenden Veränderungen in der Sozialstruktur moderner Gesellschaften. Diesem Aspekt soll daher innerhalb des Kapitels 4 Rechnung getragen werden.

Zum Weiterlesen:

Borscheid, Peter / Wischermann, Clemens (1995) (Hrsg.): Bilderwelt des Alltags. Werbung in der Konsumgesellschaft des 19. und 20. Jahrhunderts. Festschrift für Hans Jürgen Teuteberg. Stuttgart.

Willems, Herbert (2002) (Hrsg.): Die Gesellschaft der Werbung. Kontexte und Texte. Produktionen und Rezeptionen. Entwicklungen und Perspektiven. Wiesbaden.

Levine, Robert (2004): Die große Verführung. Psychologie der Manipulation. [Aus d. Amerik.]. München, Zürich.

Beispieltexte[14] zu Kapitel 3:

3.a Theodor Geiger

(1987): Kritik der Reklame – Wesen, Wirkungsprinzip, Publikum.[zuerst 1932]. In: Soziale Welt, Heft 4, Jg. 38, 1987, S. 471-492.

Kritik der Reklame – Wesen, Wirkungsprinzip, Publikum
S. 471-475

„Definition: Reklame ist die mit geschäftlichem Eigeninteresse vor Augen ausgeübte suggestive Beeinflussung von Personen in Massen, um sie als Käufer für Waren oder Dienstleistungen auf dem öffentlichen Markt zu gewinnen. – Diese, in einer früheren Studie gegebene Begriffsbestimmung wird hier eingehender begründet.

Ein Zweck und die Anwendung einer Methode begründen zusammen den Begriff Reklame. Eine vollständige Definition muß deshalb zweidimensional sein. Psychologen und Werbefachleute richten die Augen gern auf die Methode und erweitern den Begriff, bis er alle psychische Bearbeitung von Menschen umfaßt, auch außerhalb des Wirtschaftslebens. Betriebsökonomie und Handelskunde legen gerade entgegengesetzt das Hauptgewicht auf den gewerbsmäßigen Zweck und wollen oftmals unter Reklame alle verkaufsvorbereitenden Veranstaltungen verstehen. Beide Begriffsbildungen, die in verschiedene Richtungen erweitern, erscheinen mir unpraktisch. Definitionen, die „einen ökonomischen und einen

[14] Zur Bearbeitung der Beispieltexte siehe die Hinweise am Ende der Einleitung.

psychologischen Bestandteil vermengen", sind die einzigen, die das zusammengesetzte Wesen der Reklame treffen.

Propaganda und Zwang: Sieht man vom ökonomischen Zweck der Reklame ab, kommt man zum weiteren Begriff Propaganda. Diese ist ein Verfahren, während Reklame deren Anwendung im Dienste des Geschäftslebens bezeichnet. Die Propaganda versucht, mehrere für etwas zu gewinnen – für eine Auffassung, eine Glaubensrichtung, eine Lebensform, eine Verhaltensweise. „Zu gewinnen" schließt Gewalt und Zwang aus. ...

Suggestion: Propaganda wirkt, wenn nicht gegen, so doch um die kritische Vernunft herum; sie ist nicht informative, sondern suggestive Publizität und wendet sich an Phantasie und Gefühlsleben. Das Wort Propaganda wurde, bezeichnend genug, zum ersten Mal in Verbindung mit dem Glaubensleben gebraucht, wo logisch-kritische Urteile nicht am Platze sind (Congregatio de propaganda fide 1622).

Die verbreitete Abneigung der Werbebranche gegen die Verwendung des Begriffes Suggestion in Verbindung mit der Reklame rührt teilweise daher, daß man Suggestion mit Hypnose und Taschenspielertricks verwechselt. Aber Suggestion bedeutet in modernen Fachsprachen nichts anderes als eine Beeinflussung des Denkens und des Willens anderer mit Hilfe gefühlsbetonter Vorstellungen. Propaganda ist Suggestion, denn sie will nicht zu kritisch-logischem Urteilen anregen, sondern verlocken und betören.

Propaganda und Reklame: Propaganda ist eine zweckindifferente psychische Technik, verwendbar für viele Zwecke, immer den besonderen Erfordernissen des Zweckes angepaßt. Man unterscheidet z.B. zwischen politischer, kultureller, religiöser, sozialer und geschäftlicher Propaganda, und die letzte wird in der Regel mit der Reklame gleichgesetzt. Dieses entspricht des Wortes ursprünglicher Bedeutung und den Vorstellungen, die es auslöst. Es gibt eine weitere Art der Propaganda, die einen besonderen Namen hat, nämlich politische Agitation. Zwischen den übrigen Arten wird unterschieden durch Adjektive und zusammengesetzte Ausdrücke, die Inhalt und Zweck bezeichnen.

Die Reklame ist ein Glied im Absatzsystem eines Verkäufers oder einer Verkäufergruppe. Ehe die Ware über den Ladentisch gereicht wird, laufen neben der verkaufsorganisatorischen Arbeit bestimmte Gesellschaftsprozesse ab, die man unter dem Namen Markt- oder Käuferbearbeitung zusammenfassen kann. Dazu gehört die Reklame; sie ist eine Marktbearbeitung mit Propagandamethoden und umfaßt mit anderen Worten die Absatzveranstaltungen, die sich in verlockender Form an mögliche Käufer ohne Unterschied wenden. ...

Reklame und Ideepropaganda: Reklame für Waren kann indirekt einen ideellen Zweck fördern. Damit versucht man oft, die Nützlichkeit der Reklame für die Gesellschaft aufzuzeigen. Die stereotypen Beispiele sind Seifen- und Zahnpastareklame, die angeblich die Leute zu Reinlichkeit und Hygiene erzogen haben. Eine solche Nebenwirkung macht die Reklame nicht zur Ideepropaganda. Die Zahnpastafirma bezweckt nicht, die Volkshygiene zu heben, sondern ihre Ware zu verkaufen und an ihr zu verdienen. – Umgekehrt gilt das Entsprechende. Die Reklame für Pornographie ist keine Propaganda für Unsittlichkeit. Der Verkäufer will Geld verdienen und kümmert sich nicht um die Moral der Leute. [...]

Kann die Reklame anders als suggestiv sein? Die meisten neueren Autoren räumen ein, daß ein Teil der Reklame suggestiv ist. Das erste Kapitel dieses Buches ging weiter und schloß die nichtsuggestive Reklamebotschaft vom Reklamebegriff aus. Dieser radikale Standpunkt wird durch den Hinweis darauf, daß die Reklame nur durch Suggestion ihren Zweck erreichen kann, gerechtfertigt. Sie beabsichtigt eine Vergrößerung des Absatzes, oft nur Vergrößerung des Absatzes des Reklamisten auf Kosten der Konkurrenten, oft auch Expansion des Branchenmarktes als Gesamtheit, natürlich in der Hoffnung darauf, daß sie hauptsächlich dem Reklamisten zugute komme. Vermehrter Umsatz ist das unmittelbare Ziel der Reklame (Aktionsreklame), oder es wird indirekt darauf abgezielt, eine günstige Stimmung für Firma und Ware zu schaffen (Einstellungsreklame). Daß die Reklame oft hauptsächlich versucht, einen drohenden Absatzrückgang zu verhindern, ist eine Variante, eigentlich nur die Kehrseite ihres Expansionstriebes. Die Reklame ist mit anderen Worten ein Exzitationsfaktor. Die auf dem anonymen Markt ausreichende Marktinformation wird auf dem expansiven Markt von der aufreizenden, Verlangen erweckenden Reklame abgelöst.

Zu diesem Zweck gilt es, die Leute zum Kauf zu veranlassen und als Vorstadium dazu, „sie dazu zu bringen, die Ware zu schätzen und eine gute Meinung über sie zu haben", was gleichbedeutend mit suggestiver Bearbeitung ist. Die Reklame ist „eine Botschaft, die den Willen weckt und anspornt". Sie kann sich nicht mit indifferenter sachlicher Auskunft begnügen, die nur die rein faktische Voraussetzung für Erwägung und endgültigen Entschluß bildet. Die Botschaft enthält gewöhnlich etwas Information, „sagt aber selten das Wesentliche" und bleibt auf jeden Fall nicht bei der reinen Mitteilung von Fakten stehen. Gerade das, was darüber hinausgeht, macht die Botschaft zur Reklame. „Suggestive Reklame enthält in der Regel nur wenig Information, während reine Information andererseits den Verbraucher nicht genügend stark beeinflusst". Information ist nur Material für einen Entschluß; dem Informierten steht es frei, welchen Schluß er ziehen will. Der

Zweck der Reklame läßt ein solch zurückhaltendes Abwarten nicht zu; sie muß aufdringlicher sein. Sie will einen Entschluß zugunsten des Reklamats erreichen, sucht also den Gedankengang und die Willensbildung des Reklamanden in eine bestimmte Richtung zu dirigieren – und sei es nur, um bestimmte motivbildende Vorstellungen zu unterstreichen und andere abzuschwächen. Das ist es, was man öfters Suggestion nennt.

Oder betrachten Sie die Sache mit Ausgangspunkt im Konkurrenzprozeß! Wie, fragt man sich, soll der Käufer auf dem Markt zwischen mir und einem anderen Verkäufer wählen können, wenn ich ihm nicht mitteile, daß ich auf dem Markt bin? [...] Ökonomische Güter konkurrieren im Bewußtsein des Käufers – also müssen sie ihm zunächst zu Bewußtsein gebracht werden. Damit ist indifferente Marktauskunft begründet. Aber die Reklame teilt nicht bloß mit, was der Käufer zu welchem Preis und wo bekommen kann; sie sagt nicht „hier kann man bekommen", sondern „kauf' bei mir!" Sie meldet nicht nur das Erscheinen der Ware auf dem Markt und überläßt dann den Ablauf der Zugkraft der Ware; sie folgt mit der Peitsche und versucht, dem Produkt einen Auftrieb zu geben, der weit über die ihm innewohnenden Kräfte hinausgeht. Sie will dem Käufer keine Möglichkeit geben, nach eigenem Ermessen zu wählen, sondern ihm ihr Gutachten geben und seine Wahl bestimmen. Er soll nicht die Ware kaufen, die er am besten findet; er soll finden, daß die Ware des Reklamisten die beste ist.

Man kann geradezu sagen, daß die Reklame – unter sonst gleichen Verhältnissen – suggestiver werden muß, in je größerem Stil sie expansiv ist. ..."

3.b Gustav Stresemann
(1900): Die Warenhäuser. Ihre Entstehung, Entwicklung, und volkswirtschaftliche Bedeutung. In: Zeitschrift für die gesamte Staatswissenschaft, Jg. 1900, S. 696-733.

Die Warenhäuser
S. 697-698, 704-705, 713-715

„Es scheint, dass die Warenhäuser (Grossbazare, Magazine) etwa zu gleicher Zeit, wenn auch in verschiedenen Formen in Frankreich und England aufgetaucht sind. Nach Mataja wurde das erste Warenhaus in Frankreich zur Zeit Louis Philipps eröffnet, es besass die für damalige Verhältnisse grosse Zahl von 150 Angestellten. Es war ein Modewarenhaus, in dem namentlich die Damenwelt ihren Bedarf befriedigen konnte; es wirkte auf das Publikum durch seine Grösse, seine eleganten Schauläden, den Komfort, der in allen seinen Räumen herrschte, endlich durch die grösste Zuvorkommenheit mit der jeder einzelne Käufer bedient wurde. Als der erste Versuch dieser Art gelungen war und das Publikum Geschmack daran zu finden schien, in grossen Geschäftshäusern einzukaufen, folgten bald Neugründungen ähnlicher Art. Schon 1855 wurde das bekannte Kaufhaus Grands Magasins du Louvre gegründet, das später zu Weltruhm gelangen sollte. Es war hauptsächlich die Zeit des zweiten Kaiserreiches, welche die Entwicklung der Grands Magasins begünstigte, weil in ihr der Hang zum Luxus und zur Eleganz demokratisiert wurde. Da aber Luxus und Eleganz nicht ohne grosse Mittel sich entfalten lassen, so musste man seine Zuflucht nehmen zur Talmi-Eleganz, welche die äussere Form nachahmt oder erreicht, ohne doch den inneren Gehalt zu bewahren. Allerdings besassen die Grands Magasins neben jener Kundschaft, welche sich hiermit begnügte, gleichzeitig die höchsten und feinsten Kreise als Abnehmer und wurden so in jeder Beziehung zu Herrschern der Mode. Sie diktierten den Geschmack von Paris und damit Frankreichs, ja ihr Einfluss erstreckte sich über die Grenzen Frankreichs hinaus, – sie suggerierten dem Hirn der Frauen die Formen, die Farben, die Ausführung der Gewandstücke etc.; und weil sie vermöge des ihnen zur Verfügung stehenden Kapitals grosses zu leisten im Stande waren, so siegten sie auf der ganzen Linie. [...]

Einen wesentlich anderen Charakter als diese Gründungen, denen wohl die englischen Associations als Vorbild gedient haben, trug der Kaiser-Bazar, der im Frühjahr 1891 in Berlin eröffnet wurde. Er war mit einem Kapital von 4 Millionen gegründet worden und hatte sich zur Aufgabe gesetzt, im Stil der französischen Grands Magasins ein Kaufhaus zu errichten, das womöglich jene an Vielseitigkeit des zum Verkauf dargebotenen noch übertreffen sollte. Der Zuspruch des Publikums zu dem neuen Unternehmen war sehr gross, es machte den am Orte bestehenden alten Firmen (z. B. Rudolf Hertzog) äusserst scharfe Konkurrenz, musste aber trotzdem nach 18 Monaten Konkurs anmelden. Das Aktienkapital ging völlig verloren, die Gläubiger erhielten 55 Prozent. Von Anhängern der Warenhausentwicklung wird dieser Untergang des Kaiser-Bazars gern zu folgender Argumentation benutzt: „Die Warenhäuser, sind der Kritik des Publikums aufs schärfste unterworfen, wenn ein Warenhaus den Ansprüchen des Publikums nicht genügt oder etwa sich unreelle Geschäftspraktiken zu Schulden kommen lässt, so geht es zu Grunde, wie der mit grossem Kapitalaufwand gegründete Kaiser-Bazar. Daraus folgt nun, dass die jetzt florierenden Warenhäuser streng reell sind, denn sonst würden sie demselben Schicksal verfallen“. Ich nehme diese Sätze voraus, um gleich hier gegen diese Auffassung Verwahrung einzulegen. Der »Krach« des Kaiser-Bazars ist nicht erfolgt, weil er sich unreeller Machinationen gegenüber seinen Kunden schuldig gemacht hätte, sondern weil bei seiner Gründung mancherlei unsaubere Dinge sich ereignet hatten, und anscheinend jeder der Leiter in seine eigene Tasche wirtschaftete. Die Unreellität wurde also von der eigenen Verwaltung dem Bazar gegenüber geübt, nicht aber vom Bazar seinen Kunden gegenüber; der auch sonst sehr anfechtbare Schluss verliert damit vollends seine Berechtigung. Der Kaiser-Bazar hatte übrigens die Selbstproduktion in seinen Statuten als erstrebenswert bezeichnet. In Wirklichkeit kam er während der kurzen Zeit seines Bestehens nicht dazu, vielleicht schon deshalb nicht, weil ein grosser Teil seiner Aktien sich in den Händen seiner Lieferanten befand.

In neuerer Zeit sind es zwei Namen gewesen, an welche man oft die neuere Warenhausentwicklung anzuknüpfen pflegt: Tietz und Wertheim. Ersterer hat im Jahre 1880 mit einem Kapital von 15 000 M. in Gera einen Bazar eröffnet. Von dort ist er nach Weimar, Greiz, Koburg, Heidelberg, Karlsruhe gegangen, dann erst nach München und Hamburg. Neuerdings harrt in Berlin ein mächtiges Gebäude in der Leipziger Strasse seiner Vollendung, das den neuen Tietz'schen Bazar aufzunehmen bestimmt ist und von dem der Baugrund allein mehrere Millionen gekostet hat. Wertheim, dessen Geschäftsräume sich in derselben Strasse befinden, wie das Tietz'sche Haus, hat sich ebenfalls aus kleinen Anfängen heraus entwickelt. Er führte im Anfang hauptsächlich Passementrieartikel: Schürzen, Hemden, Strümpfe, Bänder, Zwirn etc., eine auffällige Reklame, pfennigweise Ausrechnung der Preise, Lockartikel und ähnliche Mittel bewirkten, dass sein Geschäft namentlich von Frauen der unteren Stände gestürmt wurde; bald erstanden an Stelle der gemieteten Räumlichkeiten eigene Häuser im Norden und Süden Berlins, bis der mächtige Warenpalast im vornehmen Westen (in der Leipzigerstrasse) die Krönung des Unternehmens bildete. Der Charakter des Geschäftes hat sich sehr geändert. Während früher meist nur Arbeiterfrauen im Wertheim'schen Bazar einkauften, sind es heute auch die vornehmen Kreise, die dort ihre Einkäufe machen. Auch die Geschäftsprinzipien sind andere geworden. Zwar sind die Ausverkäufe an bestimmten Tagen geblieben, ebenso wie gewisse »Ausnahmepreise«, dagegen ist mit der Pfennigrechnung fast völlig gebrochen, die Reklame ist vornehmer geworden, die Branchenausdehnung mehr nach der Seite der Luxusartikel hin gerichtet worden. Abgesehen von der Mannigfaltigkeit der zum Verkauf gelangenden Waren unterscheidet sich das Wertheim'sche Geschäft, dessen Umsatz auf 30 Millionen Mark geschätzt wird, kaum von anderen grossen Konfektionshäusern. [...]

Unterstützt werden die Warenhäuser schliesslich durch die intensive Reklame, die sie entfalten. Vor allem dürften sie hierdurch in den kleineren Städten Erfolg erzielen, denn der Grossstädter ist dagegen schon so abgestumpft, dass man nur durch Anwendung aussergewöhnlicher Mittel seine Aufmerksamkeit erregen kann. Allerorten gleichmässig dagegen übt das Warenhaus seine Anziehungskraft aus durch das in ihm stets herrschende Leben und Treiben. Es mag auch unter den Frauen solche geben, die lieber in einem kleinen Laden kaufen, dessen Besitzer oder Personal sie mit der Zeit persönlich kennen gelernt haben, mit denen sie deshalb ungezwungen verkehren und plaudern können; andere mögen es auch vorziehen, in sogen. ferneren Geschäften zu kaufen, weil ihnen das Warenhaus nicht vornehm genug ist, aber die überwiegende Mehrzahl der Frauen teilt diese Anschauungen nicht. Ihnen bietet der Besuch des Warenhauses Anregungen der verschiedensten Art und deshalb machen sie in ihm lieber Besorgungen als anderswo. Schon das ist so interessant, dass man den ganzen Bazar ruhig durchwandern kann, ohne von vornherein die Absicht zu haben, etwas zu kaufen. Niemand geht zu Hertzog, wenn er nicht bestimmt entschlossen ist, diesen oder jenen Einkauf vorzunehmen. Anders bei den Warenhäusern. Schon beim Kaiser-Bazar hatte man sich daran gewöhnt, in seinen Räumen gemächlich herumzubummeln, wollte man sich ausruhen, so begab man sich in den Erfrischungsraum oder in das Lesezimmer. Inzwischen haben es die Warenhäuser sich angelegen sein lassen, immer mehr zur Bequemlichkeit ihrer Kunden zu thun, Wertheim hat in Berlin bereits eine Art Ausschank innerhalb seines Etablissements errichtet, wo man gegen Entgelt Bier, Kaffee, Chocolade, Gebäck etc. erhält. Wenn man heute in einer Familie hört: Wir gehen zu Wertheim, so heisst das nicht in erster Linie, wir brauchen irgend etwas besonders notwendig für unsere Wirtschaft, sondern man spricht wie von einem Ausfluge, den man etwa nach irgend einem schönen Orte der Umgegend macht. Man wählt sich dazu einen Nachmittag, an dem man möglichst viel Zeit hat, verabredet sich womöglich noch mit Bekannten. In der Leipzigerstrasse angekommen, bewundert man erst eine ganze Zeit lang die Schaufenster, dann ergeht man sich in den Erdgeschossräumen, sieht sich die verschiedensten Auslagen an, kauft vielleicht hier und da, lässt sich durch den Fahrstuhl nach dem ersten Stock befördern und nimmt womöglich eine Tasse Chocolade nebst dem obligaten Stück Torte oder Apfelkuchen. Hat man Bekannte gefunden oder mitgebracht, so bleibt man wohl plaudernd längere Zeit sitzen, zeigt die gegenseitigen Einkäufe und reizt sich dadurch gegenseitig zu neuen Ausgaben. Die Zeit verfliegt mit dem Betrachten der verschiedensten Rayons, der Toiletten der einkaufenden Damen, der Unterhaltung und anderem, und wenn man an der

Uhr plötzlich sieht, dass es höchste Zeit sei heimzukehren, so macht man oft wohl gleichzeitig die Wahrnehmung, dass man anstatt der einen Cravattenschleife, die man anfänglich kaufen wollte, mit einem ganzen Bündel der verschiedenartigsten Sachen beladen ist. Eine Zeitlang spürt man dann vielleicht Reue, und nimmt sich vor, nicht wieder so leichtsinnig zu sein, aber sobald man das Warenhaus betreten hat, um einen kleinen Einkauf zu machen, wiederholt sich das Schauspiel aufs neue. Und zwar spüren die Frauen der verschiedensten Gesellschaftsklassen gleichmässig die Anziehungskraft, welche das Warenhaus gerade in dieser Hinsicht ausübt; die vornehmen Beamtenfrauen aus dem Westen Berlins oder aus Charlottenburg geben sich dem Trubel ebenso willig hin, wie die Handwerker- oder Arbeiterfrauen des Ostens und Nordens, die stets ihr sonst für Festtage aufgespartes »gutes Kleid« anziehen, wenn sie zu Wertheim gehen. In wunderbarer Weise hat Zola in einem seiner Romane dargelegt, wie die Warenhäuser gerade durch die Kenntnis der Psychologie der Frau und ihren darauf berechneten Wirkungen ihre Haupterfolge erzielt haben, und wer als Grossstädter Gelegenheit gehabt hat, einige Beobachtungen in dieser Hinsicht zu machen, der wird zu dem Ergebnis kommen, dass man diese Wirkungen nicht hoch genug anschlagen kann. Was ist alle Zeitungs- und Katalogreklame gegenüber derjenigen, die das Warenhaus durch sich selbst, durch das sinnbethörende Treiben und Leben in ihm ausübt! Man kann die Wirkung derartiger Umstände nicht mathematisch ausmessen, ihre Wertung wird stets eine subjektive sein, jedenfalls haben die hier angeführten zusammengewirkt und ihr Ergebnis zeigt sich in dem Florieren der Warenhausunternehmungen, das nicht mehr hinwegdiskutiert werden kann und die erste Anregung dazu gegeben hat, der volkswirtschaftlichen Bedeutung dieser neuen Form des Geschäftsbetriebes näherzutreten."

3.c Erving Goffman
(1981): Geschlecht und Werbung [Aus dem Engl.]. Frankfurt am Main. Suhrkamp.

Bilder-Rahmen
S. 90-94

„Während wir uns durch den normalen Alltag bewegen, geraten wir immer wieder in den unmittelbaren Gesichtskreis anderer Menschen, und wieder hinaus; und auch wir haben im Vorbeigehen Gelegenheit, diese flüchtig zu sehen. Im

Großstadtleben bedeutet dies, dass wir zeitweilig als Betrachter andere Menschen wahrnehmen, die wir nicht namentlich oder vom Aussehen her identifizieren können. Das heißt, wir nehmen nur flüchtig die Handlungsweisen von Fremden wahr. Anhand der sozialen Einschätzung verschiedener Verhaltensstile und aufgrund der für die Selbstdarstellung geltenden Konventionen können wir doch vielleicht gewisse Schlüsse über die soziale Identität (Alter, Geschlecht, Rasse, Schicht usw.) dieser Fremden ziehen, außerdem über ihre persönlichen Beziehungen zueinander, ihre seelische Verfassung und ihr Verhalten, wobei letztere Anhaltspunkte in der Regel nur sehr allgemein sind.

Die Gesamtheit dieser Einblicke in das Tun und Treiben von Fremden, wie das Alltagsleben sie uns vermittelt, konstituiert unsere flüchtig wahrgenommene Welt. Diese ist mitnichten eine unpersönliche Welt – vor allem nicht für den Betrachter, der zu differenzieren weiß. Aber es ist eine abgeflachte Welt, in der wir alles nur in allgemeinster Form begreifen. Diesem Weltbild fehlen normalerweise alle Einzelheiten über das Leben derer, die wir im Vorbeigehen wahrnehmen; und es fehlt ihm auch der »longitudinale« Einblick in ihr Dasein und ihr Tun und Treiben, soweit wir es wahrnehmen. (Wir fremden Betrachter sehen nicht Hans oder Marie, die im Schaufenster nach Ersatz für die Brosche suchen, die bei Babsis Party letzte Woche verlorenging; auch erkennen wir nicht, daß die beiden absichtlich etwas herumtrödeln, weil sie bis zur Vorstellung des neuen Fellini-Films die Zeit totschlagen müssen. So sehen sie selber die Sache. Wir dagegen sehen nur ein junges Paar der Mittelschicht, das die Auslage eines Juwelierladens anschaut.) Flüchtig die Welt wahrnehmen, bedeutet also nicht, daß wir zufällige Zeugen eines aufschlußreichen, aber nicht für uns bestimmten Dramas sind. Auch bedeutet es nicht, daß wir einen irgendwie entstellten, verzerrten, fragmentarischen Eindruck vom Ganzen erhalten, das erst durch Hinzufügung neuer Informationen oder durch sachkundige Interpretation in den richtigen Proportionen zu ergänzen wäre. Wir gehen an diese Welt also nicht wie Kryptographen heran, die einen teilweise entzifferten Text vor sich haben und sich mit der Aussicht trösten können, schließlich etwas zu entschlüsseln, das unabhängig vom Interesse des Forschers vorhanden ist. Auch nicht wie Kardiologen, die aus den Geräuschen im Stethoskop auf die Art der Krankheit des Patienten schließen. Die Welt flüchtig wahrnehmen, bedeutet vielmehr, eine Reihe von Kategorien anwenden, die für das flüchtige Wahrnehmen mehr oder minder typisch sind und der Aufgabe, für die sie gedacht sind, meist auch vollauf genügen. Auch sind diese Kategorien keineswegs grob und unentwickelt: die solcherart wahrgenommenen Personen sind sich meist der Tatsache bewußt, wie sie verstanden werden, und sie werden es sich angelegen sein lassen, unseren Erwartungen hinsichtlich ihrer Selbstdarstellung zu entsprechen und ein solches Verhalten als Tarnung für alle möglichen Pläne und Vorhaben zu nutzen, die nicht für Augen und Ohren der Öffentlichkeit bestimmt sind. Und doch werden auch noch so viele zusätzliche Informationen, die wir uns vielleicht beschaffen können, uns nicht offenbaren, welche private Auffassung die Objekte unseres Interesses von ihrem eigenen Tun und Treiben hegen. Natürlich werden unsere flüchtigen Ansichten und die längerfristigen Meinungen der unmittelbar Beteiligten sich in der Regel nicht widersprechen, ja, es ließen sich sogar gewisse Entsprechungen aufzeigen. Aber unser Interesse und die Interessen der anderen werden doch erheblich voneinander abweichen – was in gewissem Maß auch für die beiden Welten gilt: diese, die das konventionelle Verhalten der anderen in der Öffentlichkeit vor unseren Augen entstehen läßt; und jene, in der sie nach dem oben besprochenen Prinzip Schritt für Schritt ihre eigenen Wege gehen.

Nun gibt es im wirklichen Leben zwar Menschen, deren flüchtig wahrgenommene Welt beinahe die einzige ist, die sie haben. Aber die meisten von uns leben doch vorwiegend in anderen Welten, und zwar in Welten, die longitudinal organisiert sind, die längere, ineinandergreifende Handlungsverläufe und unverwechselbare Beziehungen zu anderen Menschen aufweisen. Bedenken wir aber, daß etwa ein Theaterstück, ja sogar ein Comic Strip uns weit mehr als nur einen flüchtigen Blick ins (wenn auch fiktive) Leben der Charaktere ermöglicht; denn wir erhalten umfangreiche persönliche Informationen über die Protagonisten und können unsere flüchtigen Eindrücke von ihnen miteinander in Beziehung setzen. Infolgedessen können wir ihrem Tun und Treiben genauer und zeitweilig mit tieferer innerer Beteiligung folgen, als es bei unseren flüchtigen Einblicken in das reale Leben von Fremden oft möglich ist.

Der kommerzielle Realismus (wie auch gewisse Cartoons und andere graphische Formen) führt also jene Art Lebenswelt vor Augen, in der sich jemand befinden würde, der allen Menschen seiner Umgebung fremd wäre. Diese Lebenswelt ist voller bedeutungsgeladener Anblicke anderer Personen, aber jede dieser Ansichten ist auf die dargelegte Weise abgeflacht und abstrakt.

Und jetzt, nachdem wir die signifikante Ähnlichkeit zwischen lebenden Szenen und den in der Reklame abgebildeten Szenen festgestellt haben, können wir ihre oben erwähnten Unterschiede in den gebührenden Zusammenhang stellen. Wiederholen wir: flüchtige Wahrnehmungen des wirklichen Lebens (ähnlich wie Schnappschuß-Fotos von diesem) zeigen uns Modelle, die sich selbst porträtieren, was der kommerzielle Realismus nicht tut; Cartoons und andere graphische Formen kommen sogar ganz ohne Modelle aus. Und doch zeigt der kommerzielle

Realismus uns etwas, das in gewissem Sinn voller und reicher ist als unsere realen, flüchtigen Wahrnehmungen. Erstens werden Reklamebilder (wie auch Cartoons und andere Moment-Zeichnungen) vorsätzlich so choreografiert, daß sie eindeutig Sachverhalte darstellen, wie ungestellte Szenen sie dem Fremden vielleicht nicht offenbaren würden. Zweitens können Szenen die aufgebaut wurden, um fotografiert zu werden (ähnlich den in Comic Strips gezeichneten), aus jedem der Kamera möglichen Blickwinkel abgelichtet werden, wobei die Sujets so aufgestellt sind, daß sie sich frei dem Blick darbieten. Dies sind zwei Privilegien, die der Betrachter einer lebendigen Szene nicht genießt. Und letztlich unterliegt ein realer Mensch, will er sich nicht als Voyeur betätigen, erheblichen Einschränkungen, was die Art der lebendigen Szenen betrifft, die er, aus welcher Perspektive auch immer, flüchtig wahrnehmen kann. Denn seine Anwesenheit an irgendeinem Ort erfordert stets eine soziale Rechtfertigung. In den Welten der Reklame hingegen wird uns beinahe alles gezeigt. Halten wir aber fest, daß diese dramaturgischen Vorteile des kommerziellen Realismus vor dem wirklichen Leben auch andere Gattungen der Fiktion kennzeichnen; und diese haben außerdem Vorzüge, die dem kommerziellen Realismus abgehen.

Noch eine abschließende Bemerkung: die magische Fähigkeit des Designers, mit Hilfe einiger Modelle und Requisiten nach eigenem Belieben lebensähnliche Szenen zu beschwören, ist nicht in erster Linie der Kunst und Technik kommerzieller Fotografie zu danken. Sie verdankt sich vor allem jenen institutionalisierten Vereinbarungen des sozialen Lebens, die es dem Fremden erlauben, im Vorbeigehen das Leben von anderen Menschen flüchtig wahrzunehmen, sowie der Bereitschaft von uns allen, jederzeit von der Beschäftigung mit der realen Welt auf die Beteiligung an Scheinwelten überzugehen."

3. d George Katona
(1965): Der Massenkonsum. Eine Psychologie der neuen Käuferschichten.
[Aus dem Amerik.]. Wien, Düsseldorf. Econ.

Der Einfluß der Werbung
S. 86-89

„Die ursprüngliche Aufgabe der Werbung und die, für die sie die besten Erfolge erzielt, ist die Verbreitung von Information. Der Verbraucher erhält Kenntnis von den am Markt erhältlichen Waren. Wie oben bemerkt, wurden die meisten neuen Waren nicht deshalb erzeugt, weil die Verbraucher einen Wunsch danach kundgetan hätten. Also muß der Verbraucher Nachricht erhalten, was es gibt, wozu es gut ist und was es kostet.

Soweit befinden wir uns auf sicherem Boden. Kenntnis zu vermitteln, wird gemeinhin nicht als Überredung des Verbrauchers gerügt. Die Sache wird komplizierter, wo Überredung und der Versuch, den Geschmack des Publikums zu ändern, wo die Verbreitung von Meinungen und Glaubenssätzen als normale Aufgaben der Werbung gelten. Ohne Zweifel gibt es derartige Versuche, auf das Publikum einen psychologischen Zwang auszuüben, die ewige Wiederholung gewisser Markennamen und die Anpreisung gewisser Marken hat oft den Charakter vernunftloser Suggestion. Für solche Versuche gilt eine einfache Regel: Der Einfluß der Werbung, wie jeder anderen Nachrichtenübermittlung an die Masse wird geringer, je mehr Bedeutung der Konsument selbst einer Sache beimißt. Das beruht auf der Art, wie in wichtigen Dingen Entschlüsse zustande kommen, aber es lässt sich auch ohne die zugrunde liegenden psychologischen Prinzipien erklären.

Erhebungen haben ergeben, daß die meisten Amerikaner nicht an einen wesentlichen Unterschied zwischen den verschiedenen Treibstoffmarken glauben; das trifft auch dann zu, wenn jemand gewohnheitsmäßig eine bestimmte Marke bevorzugt. Allerlei andere Umstände entscheiden, die günstige Lage, freundliche Bedienung bei einer gewissen Tankstelle, die Persönlichkeit des Tankwarts usw. Unter solchen Umständen kann Werbung dem Produzenten entscheidenden Nutzen bringen. Die Markenbezeichnung muß gerade deshalb dem Abnehmer fortwährend vor Augen geführt werden, weil es ihm im Grunde gleichgültig ist, welche Marke er kauft. Ähnlich verhält es sich für manche, nicht für alle Käufer bezüglich der Marken für Zahncreme, Orangensaft und vieles andere. Wir willigen ein, erinnert oder sogar überredet zu werden, weil uns der Entschluß nicht sehr wichtig ist.

Meinungen und Einstellungen gehen gewöhnlich um wichtige Dinge, und es ist oft schwerer diese zu beeinflussen als bloß gewohnheitsmäßiges Verhalten. Einige wesentliche Formen des Verhaltens sind fest mit unseren Meinungen und Einstellungen verknüpft. In den wichtigeren Lebensfragen verhält sich der amerikanische Verbraucher meist vernünftig und kritisch, selten töricht und leichtgläubig.

Eine der festgegründeten Lehren der modernen Psychologie besagt, daß es eine ungemein schwere Aufgabe ist, Menschen zu verändern, und erst recht, wo der persönliche Kontakt fehlt. Häufig lernen Mann und Frau ihre Meinungen und ihren Geschmack miteinander zu teilen. Das kann durch bewußte Wahl und Absicht geschehen – man geht eine Ehe ein, weil der Geschmack übereinstimmt – oder durch einen langsamen Prozeß der Anpassung in vieljährigem engem Zusammenleben. Auch an der Arbeitsstätte entwickeln sich Wechselbeziehungen, gegenseitige Beeinflussung. Angestellte lernen, die Einstellungen ihrer Kollegen, manchmal sogar ihrer Vorgesetzten zu akzeptieren.

Gruppen, deren Glieder wir sind – wie Gewerbeverbände, Gewerkschaften, Vereinigungen der freien Berufe –, üben ihren Einfluß auf uns aus, entweder weil dieser erwartete Einfluß gerade der Grund unseres Beitritts war oder weil die Zugehörigkeit zu dieser Gruppe uns eine gewisse Art von Information zugänglich macht. So hören sich Mitglieder der demokratischen Partei eher demokratische Redner an, die Republikaner suchen sich eher die republikanischen Manifeste aus. Über lange Zeiträume fortgesetzte Gruppenzugehörigkeit kann ein echter sozialer Lehrgang sein und zur Erwerbung neuer Meinungen, Einstellungen und Bedürfnisse führen, die für diese Gruppe charakteristisch sind.

Zur Diskussion über die Grenzen der persönlichen Veränderbarkeit sei an die Behauptung erinnert, daß Psychoanalytiker zuweilen tatsächlich eine Persönlichkeit verändern können. Wo das zutrifft, möchten wir die Wirkung einer lange dauernden, engen Wechselbeziehung zwischen Arzt und Patient, die vom Patienten angestrebt wird, zuschreiben.

Solche Beispiele sollen zeigen, daß in wichtigeren Dingen eine Persönlichkeitsänderung des Verbrauchers durch die Mittel der Werbung nicht häufig sein kann. Sozialer Einfluß, wo er wirksam ist, kommt selten von außen oder oben. Eher unterliegen wir dem Einfluß der Gruppe, der wir angehören, also auf horizontaler, nicht auf vertikaler Ebene.

Steht diese Schlußfolgerung im Widerspruch mit dem gelegentlich raschen Erfolg eines mit großem Werbeaufwand eingeführten neuen Artikels oder mit der öfters bemerkenswert plötzlichen Änderung der Mode oder des Publikumsgeschmacks? Der große Verkaufserfolg eines gewissen kosmetischen Artikels, der von einem populären Fernsehprogramm angepriesen wurde, kann schwerlich für die Möglichkeit von außen kommender Änderungen in der Einstellung zu wichtigen Dingen angeführt werden. Vielleicht könnte die allgemeine Zunahme im Gebrauch kosmetischer Mittel oder im Jahr 1955 die plötzliche Vorliebe der Automobilkäuferschaft für große, mit Fischflossen und einer Menge von Chrommetall ausgestattete Wagen als Beweis dafür dienen, daß der Verbrauchergeschmack der Überredung zugänglich ist und daß die Käufer fast gezwungen werden können, sich einem Diktat der Produzenten zu unterwerfen. Aber man darf nicht übersehen, daß es Gegenbeispiele gibt. So wendeten sich im Jahr 1957 die amerikanischen Automobilisten von den Riesenwagen mit Fischflossen ab, obwohl sie die einzigen verfügbaren heimischen Automobile waren und sie überdies reichlich von der Werbung angepriesen wurden. Im nächsten Jahr war die Automobilwerbung genauso energisch wie zuvor, aber der Absatz der Wagen fiel scharf. Nicht alle Werbeaktionen sind erfolgreich, und nicht alle Produkte, für die große Reklame gemacht wird, erobern den Markt."

3.e David Ogilvy
(1991): Geständnisse eines Werbefachmannes. [Aus dem Engl., zuerst 1963]. Düsseldorf usw. Econ.

Sollte man Werbung abschaffen?
S. 203-206, 215

„Vor nicht allzu langer Zeit versuchte mich Lady Hendy, meine ältere Schwester, die eine begeisterte Sozialistin ist, davon zu überzeugen, daß Werbung abgeschafft werden sollte. Es war für mich sehr schwierig, mich mit diesem drohenden Vorschlag zu beschäftigen, da ich weder Wirtschaftswissenschaftler noch Philosoph bin. Zu guter Letzt gelang es mir aber zu beweisen, daß die Ansichten in diesem Punkt zumindest geteilt wären.

Der verstorbene Aneurin Bevan glaubte, daß die Werbung vom Übel sei. Arnold Toynbee (von Winchester und Balliol) kann sich »keine Situation vorstellen, in der Werbung nicht ein Übel darstellt«. Professor Galbraith von der Harvard-Universität meint, daß die Werbung die Menschen dazu verführe, Geld für unnötige Wünsche auszugeben, das sie besser für öffentliche Zwecke aufwenden sollten.

Aber es wäre falsch anzunehmen, daß jeder Liberale die Ansicht von Bevan-Toynbee-Galbraith teile. Präsident Franklin D. Roosevelt zum Beispiel meinte:

Wenn ich mein Leben noch einmal beginnen könnte, so glaube ich, daß ich der Werbung gegenüber jedem anderen Beruf den Vorzug gäbe... .

Die allgemeine Zunahme des Lebensstandards in allen Bevölkerungsschichten innerhalb der letzten fünfzig Jahre wäre ohne Werbung unmöglich gewesen; hat diese doch dazu beigetragen, das Wissen um einen höheren Lebensstandard zu verbreiten. Sir Winston Churchill stimmt mit Mr. Roosevelt überein:

Die Werbung ist der Nährboden für den Konsum der Menschheit. Sie zeigt dem Menschen eine bessere Wohnung als sein Ziel, bessere Bekleidung, bessere Ernährung für sich und seine Familie. Das spornt jeden einzelnen zu größeren Leistungen an.

Fast alle ernst zu nehmenden Wirtschaftstheoretiker aller politischen Richtungen stimmen darin überein, daß die Werbung eine nützliche Aufgabe erfüllt, wenn sie Informationen über neue Produkte liefert. So sagt zum Beispiel der Russe Anastas L. Mikoyan:

Es ist die Aufgabe der Werbung in der Sowjetunion, den Menschen genaue Informationen über die zum Kauf angebotenen Waren zu geben, dazu beizutragen, neue Bedürfnisse zu wecken, den Geschmack zu kultivieren und den Verkauf von neuen Produkten zu fördern, gleichzeitig aber den Konsumenten den Gebrauch dieser neuen Waren zu erklären. Die wichtigste Aufgabe der sowjetischen Werbung ist eine wahrheitsgetreue, exakte und interessante Beschreibung der Produkte, für die geworben wird.

Alfred Marshall, der Wirtschaftler der viktorianischen Zeit, erkennt auch die Vorzüge informativer Werbung für neue Produkte an, verurteilt aber das, was er »streitbare« Werbung nennt, als Verschwendung. Walter Taplin von der London School of Economics weist darauf hin, daß Marshalls Analyse der Werbung »auch jenes Vorurteil und jene gefühlsbetonte Haltung der Werbung gegenüber aufweist, von der offenbar niemand gänzlich frei ist, nicht einmal die klassischen Wirtschaftswissenschaftler«. Offenbar war Marshall wirklich ein ziemlich zimperlicher Mensch. Sein berühmtester Schüler, Maynard Keynes, beschrieb ihn einmal als einen »äußerst ungereimten« Menschen. Was Marshall über die Werbung schrieb, wurde von vielen späteren Nationalökonomen übernommen. Es wurde allgemein üblich zu sagen, daß »aggressive« oder »überredende« Werbung eine wirtschaftliche Verschwendung darstelle. Ist sie das wirklich?

Ich meine, daß die Werbung, wenn sie über Tatsachen informiert, und das wird ja von den Herren Professoren gutgeheißen, wesentlich stärkere Auswirkungen auf die Verkaufsziffern hat als die aggressive oder überredende Werbung, die diese Herren verurteilen. Kommerzieller Egoismus und akademische Tugend gehen hier durchaus Hand in Hand.

Wenn alle Werbungtreibenden diese großspurige Marktschreierei aufgeben wollten und sich nur noch dieser Art von Werbung bedienen möchten, wie ich sie für Rolls-Royce, KLM und Shell anwandte, einer Werbung nämlich, die Tatsachen vermittelt und informiert, so würden die Werbungtreibenden nicht nur ihre Umsätze erhöhen, sondern sie würden auch in das Reich der Engel aufgenommen werden. Je informativer Ihre Werbung ist, um so weniger werden Sie es nötig haben zu überreden, dann werden Sie nämlich überzeugen.

Kürzlich stellte Hill & Knowlton verschiedenen meinungsbildenden Persönlichkeiten die Frage: »Sollten die Werbungtreibenden nur Tatsachen anführen und nichts als Tatsachen?« Die Pro-Stimmen waren auffallend hoch:

Religionsführer	76 Prozent
Redakteure von anspruchsvollen Zeitschriften	74 Prozent
Leiter von Mittelschulen	74 Prozent
Nationalökonomen	73 Prozent
Soziologen	62 Prozent
Regierungsbeamte	45 Prozent
Dekane	33 Prozent
Wirtschaftsführer	23 Prozent

Wir sehen also, daß die Werbung, die Tatsachen vermittelt, in weiten Kreisen positiv beurteilt wird. Wenn aber überredende Werbung für eine alte Marke beurteilt werden soll, dann folgt die Mehrheit der Nationalökonomen dem Beispiel Marshalls und verurteilt diese Werbung. Rexford Tugwell, der meine immerwährende Bewunderung erwarb, weil er der Schöpfer der wirtschaftlichen Renaissance von Puerto Rico ist, verurteilt auch »die enorme Verschwendung, die beim Versuch, die Umsätze einer Firma auf eine andere umzulenken, entsteht«. Dasselbe Dogma kommt von Stuart Chase: [...]

Kaufen Menschen wegen der Werbung Dinge, die sie nicht brauchen? Wenn Sie der Meinung sind, daß die Menschen Deodorants nicht brauchen, so steht es Ihnen natürlich frei, die Werbung deswegen zu kritisieren, daß sie 87 Prozent der amerikanischen Frauen und 66 Prozent der amerikanischen Männer dazu bewog, Deodorants zu verwenden. Wenn Sie glauben, daß die Menschen kein Bier brauchen, so haben Sie ebenfalls recht, wenn Sie die Werbung tadeln, weil sie 58

Prozent der erwachsenen Bevölkerung veranlaßt, Bier zu trinken. Wenn Sie mit dem Reiseverkehr, dem persönlichen Komfort der Menschen und dem Automobilismus nicht einverstanden sind, so ist es Ihr gutes Recht, die Werbung zu verurteilen, weil sie derlei verwerfliche Dinge noch fördert. Wenn Sie die Wohlstandsgesellschaft für unerwünscht halten, so haben Sie recht, wenn Sie die Werbung dafür verantwortlich machen, daß die Menschen danach streben. Wenn Sie ein solcher Puritaner sind, so kann ich mit Ihnen nicht diskutieren. Ich kann Sie nur einen psychischen Masochisten nennen, und ich kann so wie Erzbischof Leighton nur beten: »O Gott, erlöse mich von den Irrtümern der weisen Menschen und von den ach so guten Menschen.«

Der gute alte John Burns, der Vater der Arbeiterbewegung in England, pflegte zu sagen, »die Tragödie der arbeitenden Klasse bestünde in der Armseligkeit ihrer Wünsche«. Ich glaube nicht, daß ich mich zu entschuldigen brauche, wenn ich die arbeitende Klasse zu einer etwas weniger spartanischen Lebensführung bringen will.“

3.f Niklas Luhmann

(1996): Die Realität der Massenmedien. 2., erweiterte Auflage, Opladen. Westdeutscher Verlag.

Werbung
S. 86-89, 94-95

„[...] Eher darf man das Umgekehrte vermuten: Gerade weil der Werber sein Interesse an Werbung offenlegt, kann er um so ungenierter mit dem Gedächtnis und den Motiven des Umworbenen umgehen. Der bewußten Täuschung sind rechtliche Grenzen gezogen, aber das gilt nicht für die eher übliche Beihilfe zur Selbsttäuschung des Adressaten. Mehr und mehr Werbung beruht heute darauf, daß die Motive des Umworbenen unkenntlich gemacht werden. Er wird dann erkennen, daß es sich um Werbung handelt, aber nicht: wie er beeinflußt wird. Ihm wird Entscheidungsfreiheit suggeriert, und das schließt ein, daß er von sich aus will, was er eigentlich gar nicht wollte.

Vor allem die in der heutigen Werbung bildlich ebenso wie textlich dominierende Tendenz zur schönen Form dient dieser Funktion des Unkenntlichmachens der Motive des Umworbenen. Gute Form vernichtet Information. Sie erscheint als durch sich selbst determiniert, als nicht weiter klärungsbedürftig, als unmittelbar einleuchtend. Sie bietet also keinen Anlaß zu weiterer Kommunikation, auf die die weitere Kommunikation dann wieder mit Ja oder mit Nein reagieren könnte.

Eine weitere, verbreitete Technik der „Opakisierung" liegt in paradoxem Sprachgebrauch. Zum Beispiel wird nahegelegt, man könne durch Geldausgeben „sparen"; oder Artikel werden als „exklusiv" bezeichnet in einer Werbung, die offensichtlich für jedermann bestimmt ist. „Rustikal" wird für die Einrichtung von Stadtwohnungen empfohlen. Gerade weil man weiß, daß es um Werbung geht, fühlt man sich durch „exklusiv" nicht ausgeschlossen, sondern eingeschlossen; durch „rustikal" nicht abgeschreckt, sondern angezogen. Die Werbetechnik läuft also auf Vereinnahmung des Gegenmotivs hinaus.

Oder auf Vorenthaltung des Objekts, für das gezahlt werden soll. In Bildarrangements wird nicht selten das, wofür geworben wird, in den Hintergrund gerückt, so daß man das Bild erst gleichsam in sich drehen muß, um herauszubekommen, um was es geht. Ähnliches gilt für zeitliche Sequenzen, bei denen das, wofür geworben wird, erst am Ende herauskommt. Dubo, Dubon, Dubonnet ist ein dafür bekanntgewordenes Beispiel. Offenbar mutet diese Vertauschung Vordergrund/Hintergrund, Anfang/Ende dem zunächst Uninteressierten eine Anstrengung zu, die das Erinnern fördert und, wenn sie Erfolg hat, als Interesse fixiert wird.

Solche Techniken der Paradoxierung der Motivlage lassen jede Freiheit (oder so meint man jedenfalls), das Paradox durch Entscheidung für oder gegen die Transaktion aufzulösen. Aber schon damit sind Erfolgserwartungen verbunden. Denn zunächst kommt es ja darauf an, in ein bereits interessenfixiertes Terrain einzubrechen und eine spezifische Ungewißheit zu erzeugen:

Schon daß man überhaupt die Frage stellt, ob oder ob nicht (eine neue Küche angeschafft werden sollte), ist ein Erfolg der Werbung; denn wahrscheinlicher ist ja zunächst, daß der Geist sich nicht mit seiner Küche, sondern mit etwas anderem beschäftigt.

Selbstverständlich gilt dies nur für kenntlich gemachte Werbung und nicht für Werbung, die gar nicht als solche wahrgenommen wird. In diesem Falle spielt die Werbung mit der Unterscheidung bewußt/unbewußt. Die Paradoxie besteht dann darin, daß bewußte Entscheidungen unbewußt getroffen werden – aber wieder im Modus der freien Wahl und nicht unter Zwang oder Drohung oder Vorspiegelung falscher Tatsachen. Im übrigen ist auch getarnte Werbung in vielen Fällen so standardisiert, daß sie inzwischen als Werbung erkannt wird. Daß „Sponsoring" (man beachte schon das eigens dafür geprägte Wort!) nicht der Wohltätigkeit dient, sondern der Werbung, dürfte inzwischen bekannt sein.

Zu den wichtigsten latenten (aber als solche dann strategisch genutzten) Funktionen der Werbung gehört es, Leute ohne Geschmack mit Geschmack zu versorgen. Nachdem es sich als unmöglich erwiesen hat, Bildung in Geld umzusetzen, hat die umgekehrte Möglichkeit, Geld als Bildung erscheinen zu lassen, immerhin gewisse Chancen – und in erheblichem Umfang natürlich: auf Kredit. Diese Funktion bezieht sich auf die symbolische Qualität von Objekten, die in ihrem Preis auch, aber nicht hinreichend ausgedrückt ist. Mit ihrer Hilfe kann man sich sowohl optisch als auch verbal in Bereichen, in denen man über keine eigenen Kriterien verfügt, mit Selektionssicherheit versorgen lassen – und braucht nicht einmal zu kaufen, denn die Werbung bedient umsonst. Diese Geschmack substituierende Funktion ist um so wichtiger, als der alte, im 18. Jahrhundert noch vorausgesetzte Zusammenhang von Schichtung und Geschmack heute aufgelöst ist und bei raschem Aufstieg und unregulierter Heiratspraxis gerade in den Oberschichten ein Nachrüstungsbedarf besteht. [...]

Der Erfolg der Werbung liegt nicht nur im Ökonomischen, nicht nur im Verkaufserfolg. Das System der Massenmedien hat auch hier eine eigene Funktion, und sie dürfte in der Stabilisierung eines Verhältnisses von Redundanz und Varietät in der Alltagskultur liegen. Redundanz wird dadurch erzeugt, daß sich etwas verkaufen läßt – that it sells well, Varietät dadurch, daß man die eigenen Produkte am Markt muß unterscheiden können. Unter Bedingungen industrieller Produktion ist es ja eher ein Akt der Verzweiflung als der Vernunft, dasselbe nochmals zu kaufen. Man braucht deshalb zusätzliche Unterstützung der Motive, und am besten geschieht dies durch Erzeugung der Illusion, Dasselbe sei gar nicht dasselbe, sondern etwas Neues. Entsprechend liegt ein Hauptproblem der Werbung darin, laufend Neues vorstellen und zugleich Markentreue, also Varietät und Redundanz erzeugen zu müssen. Ein BMW bleibt ein BMW, aber er wird von Modell zu Modell immer besser, und sogar die Beseitigung des Objekts, das sogenannte „recycling", kann verbessert werden. Um dies beobachten zu können, ist ein Mindestmaß an Information unerläßlich. So entsteht eine Kombination von hoher Standardisierung mit gleichfalls hoher Oberflächendifferenzierung – eine Art beste der möglichen Welten mit so viel Ordnung wie nötig und soviel Freiheit wie möglich. Die Werbung macht diese Ordnung bekannt und setzt sie durch. Man kann in typischen amerikanischen Restaurants zwischen Salatdressings (French or Italian) wählen, aber nicht Olivenöl und Zitronensaft verlangen und selbst über eine angemessene Mischung entscheiden. Und offenbar wählen nur wenige den Ausweg, unter diesen Bedingungen auf Salate ganz zu verzichten."

Kapitel 4 Soziale Gruppen und soziale Herkunft: Einflüsse auf das Konsumverhalten

4.1 „... fühlen sich die Menschen frei." Anmerkungen zur Konsumentensouveränität

Am 15. Juni 1883 wurde in Deutschland die gesetzliche Krankenversicherung eingeführt. Ein Nebenprodukt dieser Reform war unter anderem die Einführung der Kassenbrille. Die Sehschwäche wurde am Ende des 19. Jahrhunderts noch als vermeidbare Erkrankung betrachtet, entsprechend gering war die Nachfrage nach Brillen und entsprechend zweckmäßig waren die wenigen zur Verfügung stehenden Modelle geformt. In seinen Arbeiten zur Schulhygiene betont Leo Burgerstein die Auswirkungen des Schulalltags zur Jahrhundertwende auf den Gesundheitszustand der Schüler und Lehrer. Zur Kurzsichtigkeit bemerkt er: „Es ist selbstverständlich nicht nur der Unterricht, sondern auch die häusliche Arbeit für die Schule – unter öfter sehr ungünstigen Verhältnissen – [...] ferner zu langes Lesen in schlecht gedruckten Unterhaltungsbüchern bis in die Dämmerung" (Burgerstein 1906, S. 118), die für Burgerstein Ursache sind.

Erst der medizinische und wirtschaftliche Fortschritt der fünfziger und sechziger Jahre des zwanzigsten Jahrhunderts ebnete der Brille den Weg zum Konsumgut. Mit der Verbreitung der Sehhilfe begann dann allerdings auch schnell der Untergang des Kassengestells. Die Optiker experimentierten mit der modischen Variation des Gestells, und wer es sich leisten konnte, verabschiedete sich von plumper Zweckmäßigkeit. Überspitzt formuliert: Aus der Kassenbrille wurde die Klassenbrille.

Im Jahr 2001, so Peter Gross in einem Artikel für eine schweizer Tageszeitung, allein in einem Optikerladen an der Bahnhofstraße in Zürich 18.700 verschiedene Brillengestelle (Gross 2001, Internetquelle). Er sah darin einen weiteren Beleg für die Multioptionsgesellschaft, die er bereits 1994 beschrieben hatte (vgl. Gross 1994). Wer heute eine Brille braucht, kauft nicht mehr einfach nur eine Sehhilfe, sondern ein modisches Accessoire, bei dessen Auswahl medizinische Gesichtspunkte eher eine Nebenrolle spielen dürften. Schon bei der Wahl des richtigen Gestells stellen sich so verwirrend viele Optionen für den Käufer, dass bei jeder getroffenen Entscheidung das beunruhigende Gefühl bleibt, eine vielleicht bessere Möglichkeit nicht genutzt zu haben. Wer sich angesichts von 18.700 verschiedenen Möglichkeiten nicht sagen kann: „Wie zahlreich sind doch die Dinge, derer ich nicht bedarf!" (Sokrates, zit. nach Diogenes Laertius 1998, S. 86), muss Orientierungen finden, nach denen er seine Wahl richtet. Mittlerweile werden Brillen mit Wechseloptionen angeboten: die passenden Brillenbügel zum jeweiligen Outfit.

Diese Vorbemerkung lenkt den Blick auf einen Aspekt, der aus der Perspektive der Konsumentensouveränität (4.a, siehe S. 218) als konsequentes Eingehen der Produzenten auf die Bedürfnisse der Konsumenten interpretiert werden müsste. Die Kaufinitiative geht vom Verbraucher aus (vgl. Zentes/Swoboda 2001, S. 289). Aber gelangt der Verbraucher zu seinen Entscheidungen ausschließlich auf der Basis seines inneren Kompasses?

In einem Interview äußerte der Konsumforscher Gerhard Scherhorn im Jahr 1993 unter anderem die Auffassung, dass das Kaufen für viele Menschen der einzige Bereich sei, „in dem sie noch das Gefühl haben, frei entscheiden zu können." (N.N. 1993, S. 26) Vor dem Hintergrund der bisherigen Ausführungen muss man daher die Frage stellen, ob sich zwischen den Diagnosen von Galbraith und Riesman und der heutigen Situation gravierende Veränderungen vollzogen haben, die es rechtfertigen, von einem Sieg des Individuums über alle Versuche der Beeinflussung zu sprechen (siehe auch die Auszüge aus dem Interview mit Gerhard Scherhorn).

Freie Entscheidungen? Ein Interview mit Gerhard Scherhorn

PH:* (...) Der Shopping-Wunsch als historische Schubkraft – das Kaufenwollen als anthropologische Konstante? Ist nicht der Markt der eigentliche Treffpunkt der Menschen, der Mittelpunkt unserer Zivilisation?

Scherhorn: Ja, ich denke das stimmt schon. Dieser tiefverankerte Wunsch, diese anthropologische Konstante läßt sich auch bezeichnen: es ist das Bedürfnis nach selbstbestimmter, freier Entscheidung, letztlich also nach kompetentem Umgang mit der Umwelt. In einer konsumbetonten Umwelt richtet sich viel Kompetenz auf das Kaufen. Und der Kaufakt wird ideologisch entsprechend aufgewertet als Zeichen von Freiheit und Selbständigkeit...

PH: „Die Freiheit nehm' ich mir", läßt eine Kreditkartenfirma singen...

Scherhorn: ... und dieser Bereich ist heute für viele Menschen tatsächlich fast der einzige, in dem sie noch das Gefühl haben, frei entscheiden zu können. Das Problem ist nur, daß es in den meisten Fällen gar keine freien Entscheidungen sind. Wenn ich als Kriterium für einen selbstbestimmten Kauf zugrundelege, daß man sich ernstlich überlegt hat, das Gut überhaupt nicht zu kaufen, dann sind die meisten Konsumakte keine wirklich freien Entscheidungen. Denn es steht von vornherein fest, daß das Gut gebraucht wird, und diese Überzeugung zu vermitteln, ist das eigentliche Ziel aller Werbeanstrengungen: Du brauchst das!

PH: Nun stehen wir aber vor einer wirtschaftlichen Rezession, die Arbeitslosigkeit nimmt weiter zu und viele müssen mit sinkenden Haushaltsnettoeinkommen rechnen...

Scherhorn: ... und Sie werden gerade jetzt, in einer solchen Rezession, erleben, daß Politiker und Wirtschaftsführer auf uns einreden, es sei geradezu unsere soziale Pflicht, zu kaufen und zu konsumieren!"

Quelle: N.N. 1993, S. 26 (*Psychologie heute)

In einem weiteren Sinne berührt diese Frage eine Kernthematik der Soziologie, die sich als Wissenschaft stets mit dem Spannungsverhältnis von Individuum und Gesellschaft befasst hat. Die Auseinandersetzung mit so genannten individualistischen oder kollektivistischen Erklärungen gesellschaftlicher Phänomene ist in Gestalt dieser groben Klassifikation nur ein Spiegelbild der Kontroverse um Selbst- und Fremdbestimmung von Handlungen. Eine Übertragung dieser Fragestellung auf Konsumentscheidungen und Konsumverhalten führt zu dem Ergebnis, dass dieses Problem auf verschiedenen Ebenen beobachtet und analysiert werden kann. Ein Blick auf diese Ebenen zeigt, dass die individuelle Entscheidung häufig das Resultat einer Vielzahl von Abstimmungsprozessen darstellt, die sowohl die Interessen und Erwartungen Dritter als auch ein Element von Individualität enthält.

Vor diesem Hintergrund wird deutlich, dass die vielzitierte Konsumentensouveränität, die ein sehr positives und unabhängiges Bild des Verbrauchers zeichnet, das Marktverhalten von Konsumenten sehr isoliert betrachtet und als entscheidenden Gradmesser lediglich die artikulierten Bedürfnisse bzw. die beobachtete Nachfrage heranzieht. Je stärker diese Konsumentensouveränität das reelle Verhalten der Konsumenten bestimmt, desto mehr ist von einem Käufermarkt zu sprechen[15], in dem nicht mehr die Anbieter einen maßgeblichen Anteil an der Schaffung und Verstärkung von Bedürfnissen haben, sondern die Käufer selbst eine Verbrauchermacht konstituieren. Der Vorwurf des Konsumzwangs kehrt sich um in einen „Anbieteraktivismus", dessen Erfolg vom Wohlwollen der Konsumenten abhängt.

Es wird somit deutlich, dass die Gegenüberstellung von Selbst- und Fremdbestimmung, von Individuum und Gesellschaft, von Verkäufermarkt und Käufermarkt usw. die Diskussion in einer relativ starren Pro- und Kontra-Argumentation verharren lässt. In der Soziologie spiegelt sich dieser Gegensatz in einer unglücklichen Kontrastierung von Homo Oeconomicus und Homo Sociologicus (siehe grundlegend hierzu Luhmann 1993, insb. Kap. 3). Nach Esser lässt sich der Homo Oeconomicus wie folgt definieren: „[...] daß er seinen individuellen Nutzen auf der Grundlage vollkommener Information und stabiler und geordneter Präferenzen im Rahmen gegebener Restriktionen maximier[t]." (1999, S. 236f.) Die genannten Restriktionen können zeitlicher (Zeitbudget), ökonomischer (Kaufkraft), sozialer (Orientierung an bzw. Berücksichtigung der Interessen anderer) oder normativer Art (geltende Normen)

[15] Siehe hierzu insbesondere auch die Ausführungen in Kapitel 6.

sein. In den Restriktionen stecken somit eine Vielzahl von Faktoren, die es kaum noch gerechtfertigt erscheinen lassen, von einer ausschließlich individuellen Entscheidung zu sprechen. Im Übrigen genügt es nicht darauf hinzuweisen, dass Nutzenmaximierung eine generelle Zielgröße aller menschlichen Aktivitäten darstellt; diese Aussage muss ergänzt werden durch eine Spezifizierung der Handlungsfelder, in denen diese Leitlinie des Handelns praktisch wird. Zweckrationales Handeln heißt daher häufig, dass kalkulierte Wahlakte in Situationen beobachtet werden können, die als Rahmenbedingungen selbst in die Kalkulation Eingang finden. Allgemein gesprochen könnte man auch sagen: Die Logik der jeweiligen Situation bestimmt die Logik der Selektion. In einer langfristigen Perspektive lässt sich dieser Zusammenhang beispielsweise an der ökonomischen Entwicklung im Sinne des Bereitstellens von Produkten und Dienstleistungen und der Entwicklung der Kaufkraft veranschaulichen. Während in den 50er Jahren zum Beispiel in der Bundesrepublik Deutschland die Konzentration des Verbrauchs auf die Wiederbeschaffung lebensnotwendiger Produkte konzentriert war, galt für die 60er Jahre eine verstärkte Nachfrage nach Einrichtungsgegenständen für Wohnung und Haus, darüber hinaus nach Personenkraftwagen. In den 70er Jahren folgte dann eine Phase, in der insbesondere der allmählich expandierende Freizeitmarkt entsprechende Ausgabenzuwächse verzeichnen konnte, zum Beispiel für Unterhaltungselektronik, aber auch für sportliche Aktivitäten. Dieser Trend hat sich in den 80er und 90er Jahren fortgesetzt, wobei insbesondere durch neue Telekommunikationsangebote gerade die Ausgaben im Bereich von Information und Kommunikation deutliche Zuwächse aufzuweisen hatten (vgl. hierzu Schmidt, J. 2000, S. 242f.). Diese langfristigen Entwicklungen verdeutlichen auch unzweifelhaft die Bedeutung des Faktors „Kaufkraft“. Das jeweils verfügbare Einkommen stellt in den Haushalten die entscheidende Bestimmungsgröße für die beobachtbaren Konsumstrukturen dar[16]. Dennoch ist auch innerhalb dieser Konsumstrukturen keine Homogenität zu konstatieren, sondern eine wachsende Produktvielfalt, die selbst wieder Ausgangspunkt für zahlreiche

---

[16] Siehe hierzu auch die Ergebnisse der Allensbacher Werbeträgeranalyse (AWA), die jährlich durchgeführt wird, sowie die Ergebnisse, die die Gesellschaft für Konsumforschung im Rahmen des GfK ConsumerScan publiziert.

Bemühungen um Distinktion, aber auch Herstellung von Gemeinsamkeiten sein kann. Darauf wird später noch einzugehen sein.

Eine Differenzierung der Entscheidungen des Konsumenten nach dem zu beobachtenden Aufwand lässt zudem deutliche Anknüpfungspunkte an die Verbindung von Situation und Selektion erkennen. So genannte Impulskäufe resultieren beispielsweise aus sehr kurzfristigen Stimulus-Response-Konstellationen, entschieden wird unmittelbar, aus einer Laune heraus. Spontankäufe sind also Entscheidungen, die zunächst nicht geplant waren, die in ihren Folgewirkungen aber auch von geringer Bedeutung sein werden. Diese Impulskäufe binden in der Regel keine großen Anteile der verfügbaren Kaufkraft. Impulsive Käufe können durchaus der Anfang einer längeren Bindung an bestimmte Produkte sein, weil aus dem spontanen Urteil „Oh, das gefällt mir!“ im Falle der Bestätigung des Eindrucks Wiederholungskäufe resultieren können. So genannte Gewohnheitskäufe können daher durchaus auch das Resultat ursprünglich nicht geplanter Handlungen sein. In der Regel geht man aber davon aus, dass Gewohnheitsentscheidungen (auch habitualisierte Entscheidungen genannt) ursprünglich auf der Basis eines hohen Informationsaufwands entstanden sind. Konsumenten vergleichen also eine Vielzahl von Produkten und Anbietern, sie informieren sich auf verschiedenen Ebenen und treffen dann eine wohlüberlegte Entscheidung. Gewohnheitskäufe schlagen sich dann nieder in einer Bindung an einen Kern von Produkten und Dienstleistungen. Dadurch verringert sich die Varianz der Entscheidungen. Diese Phänomene lassen sich beispielsweise beim Autokauf (wenn der Käufer einer bestimmten Marke „treu“ bleibt), aber auch beispielsweise bei dem Phänomen ‚wiederholter Besuch von Urlaubsregionen‘ beobachten (vgl. hierzu beispielsweise Scherhag 2003 sowie allgemein zu einer Typologie von Kaufentscheidungen Foscht/Swoboda 2007, S. 149ff.).

Eine grundlegende Differenz wird erkennbar, wenn Low Cost- und High Cost-Entscheidungen gegenübergestellt werden. Dabei wird die Annahme einer situationsübergreifenden Handlungs- und Entscheidungslogik mit der Variation des Entscheidungsaufwands in verschiedenen Situationen konfrontiert. Die Entscheidungen, die wir treffen (müssen), sind unterschiedlich komplex und in zeitlicher Hinsicht von unterschiedlicher Relevanz. Coleman beispielsweise hat damit verbundene Strategien wie folgt beschrieben. Ein Akteur „kann sich auf eine umfassende Suche nach Informationen begeben, insbesondere, wenn die Entscheidung bedeutsame Folgen für die Person haben wird, weil es sich zum Beispiel um den Kauf eines langfristigen Konsumguts – beispielsweise eines Autos – handelt. Wenn die Entscheidung keine bedeutsamen Folgen nach sich zieht und es zum Beispiel darum geht, ob man einen Joghurt für 79 Pfennig oder 89 Pfennig kaufen soll, bzw. wenn es allgemeiner gesagt um den Kauf eines kurzfristigen Konsumgutes geht, bei dem man sich bei dem nächsten Mal für die andere Marke entscheiden kann, dann sollte man nicht erst lange Informationen einholen, weil dies Kosten macht und die kostenwirksamste Methode, sich zu informieren, darin besteht, den Artikel zu kaufen (oder vielleicht sogar beide) und aus der eigenen Erfahrung zu lernen." (Coleman 1991, S. 308) In Low Cost-Situationen sind daher nicht-optimale Entscheidungen von geringer Bedeutung, während High-Cost-Situationen nicht-optimale Entscheidungsfindungen bestrafen. Zum Zwecke einer realistischeren Einschätzung des Homo Oeconomicus hat Zintl daher folgenden Vorschlag gemacht: „Die Figur des homo oeconomicus sollte nicht als Behauptung über die Eigenschaften von Menschen im allgemeinen wahrgenommen werden, sondern als Behauptung über ihre Handlungsweisen in bestimmten Situationen. Die Frage ist dann nicht, ob der Mensch so ist, sondern vielmehr, in welchen Situationen er sich verhält, als sei er so." (Zintl 1989, S. 60f.)[17]

In den von Esser genannten Restriktionen taucht auch ein sozialer Faktor auf, nämlich die Orientierung bzw. die Berücksichtigung der Interessen anderer Personen, bzw. der Hinweis auf den Einfluss sozialer Normen. Wenn man sich zunächst auf letzteres konzentriert und eine Verbindung von Normen und Konsumverhalten herzustellen versucht, ist an die Beispiele zu erinnern, die in Kapitel 1 und 2 die Regulierungsdichte des Verhaltens in ständisch geprägten Gesellschaften illustriert haben. In der Einleitung ist weiter darauf hingewiesen worden, dass Brewer in der Entstehung einer neuen sozialen Figur, nämlich der des Konsumenten, ein Merkmal der Konsumgesellschaft sieht. Es ist also zu fragen, ob es Erwartungen an Konsumenten gibt, die es rechtfertigen, von einer sozialen Rolle zu sprechen.

---

[17] Hierzu hat die Untersuchung von Entscheidungsanomalien ebenfalls zahlreiche Antworten geliefert. Für einen kompakten Überblick siehe Eichenberger 1992.

Die Soziologie versteht unter einer sozialen Rolle die Summe der Verhaltenserwartungen, die an den Träger einer sozialen Position gerichtet werden. Unter der Voraussetzung, dass es eine konsistente Vorstellung von diesem Erwartungsspektrum gibt, können sich diese sozialen Rollen im Sinne von Vorbildern auf das konkrete Handeln einzelner Menschen auswirken. Letztlich aber kommt es darauf an, wie gut man sich in einem solchen Erwartungsspektrum bewegt. Die Kritik an einer naiven Variante der soziologischen Rollentheorie, die hier nicht in aller Ausführlichkeit diskutiert werden kann, hat insbesondere diesen Aspekt fokussiert, weil die kluge Anpassung der Rollenträger an unterschiedlichste Situationen unterschätzt wurde. Insbesondere Tenbruck ist es gewesen, der die Rezeption der amerikanischen Rollentheorie in Deutschland diesbezüglich kritisiert hat (vgl. hierzu ausführlich Tenbruck 1965). Hillmann, der sich im deutschsprachigen Raum insbesondere mit der Übertragung der Rollentheorie auf das Konsumentenverhalten beschäftigt hat, betont, dass Rollenerwartungen insbesondere dort an Bedeutung gewinnen, wo es nicht um die Erfüllung vitaler Bedürfnisse geht. Mit anderen Worten: Die Einflussnahme auf die Art und Weise des Konsums gewinnt an Bedeutung, je mehr die Sicherstellung der permanenten Befriedigung vitaler Bedürfnisse gewährleistet ist und den Charakter einer Selbstverständlichkeit angenommen hat (vgl. Hillmann 1971, S. 48). Primärbedürfnisse werden zunehmend von Sekundärbedürfnissen überlagert, so dass auch hier eine Variante der Bedürfnispyramide von Maslow thematisiert wird. Die generelle Debatte um die Entstehung von Bedürfnissen erfährt hier eine mit den in Kapitel 2 genannten Theorien vergleichbare Antwort. Motivationen werden somit im Zuge der ökonomischen Entwicklung auf andere Motive gelenkt, zum Beispiel auf Statusstreben, auf das Streben nach Anerkennung, auf Selbstverwirklichung, auf Erfolg in unterschiedlichsten Bereichen. Der Konsum selbst erlangt in diesem Kontext nach Auffassung der Rollentheorie eine neue Funktion. Er dient sowohl der Abgrenzung von als auch der Identifikation mit bestimmten Vorbildern.

Schwierig wird die Übertragung des rollentheoretischen Vokabulars spätestens dann, wenn es darum geht zu beurteilen, ob es sich um zugeschriebenen oder erworbenen Status handelt. Jeder Konsument wird quasi automatisch zu einem Marktteilnehmer und in Abhängigkeit von seiner sozialen Position in diese Marktteilnehmerschaft eingebunden. In diesem Zusammenhang wird etwa auf unterschiedliches Konsumverhalten und unterschiedliche Entscheidungsbefugnisse von Männern und Frauen verwiesen. Die Rolle von Mann und Frau wird somit auch im Bereich des Konsums mit bestimmten Formen der Arbeitsteilung verbunden. Auch hier könnte man also in Bezug auf die jeweils beobachtbaren Zuständigkeiten Rückschlüsse auf den normativen Ursprung dieser Differenzierung wagen. Interessanterweise ist eine frühe Arbeit zum Konsumverhalten in Haushalten zu dem Ergebnis gekommen, dass wichtige Entscheidungen nicht vom Mann, sondern von der Frau getroffen werden. Diese frühe Arbeit stammt von Kurt Lewin, der mit dem Begriff „Pförtner" die Schlüsselposition der Frau im Falle von Ausgabeentscheidungen im Haushalt beschrieben hat (4.b, siehe S. 220). Auch Packard weist in seinem Bestseller „Die geheimen Verführer" darauf hin, dass sich die amerikanische Konsumindustrie in ihren Anstrengungen insbesondere an dem Leitbild der „Mrs. Middle Majority" orientiert habe (vgl. Packard 1958, S. 143 sowie 4.c, siehe S. 222). Ein konkretes Beispiel für damit verbundene Entscheidungskonflikte illustriert das folgende Zitat, das die Relevanz des Autokaufs unter Berücksichtigung der Auffassungen von Mann und Frau erläutert: „The role of the female head is to resist the purchase of a new car. The resistance appears to stem from a difference between husband and wife in the hierarchy of values rather than opposition to a new car per se. […] The male head of the household believes the family can afford a new car, whereas the female head of the family does not know where the money for a new car will come from […] the automobiles tends to be valued higher by the husband than by the wife." (Brown 1961, S. 194f.) Solche Differenzen müssen keineswegs stabil bleiben, sondern können sich im Zuge einer veränderten Stellung von Mann und Frau in der Gesellschaft verändern[18]. Ebenso ist beobachtbar, dass der Stellenwert bestimmter Konsumentengruppen im Laufe der letzten Jahrzehnte eine signifikante Veränderung erfahren hat. Wenn beispielsweise amerikanische Konsumforscher in den 60er Jahren noch behaupten konnten, dass Kinder weniger Kleidung als Erwachsene benötigen (vgl. hierzu Roseborough 1965, S. 279), dürfte die konsequente Inklusion des

[18] Siehe hierzu auch die Ausführungen unter Punkt 2 in diesem Kapitel.

gesamten Segments der Heranwachsenden heute andere Beurteilungen erforderlich machen.[19]

Konsumerwartungen knüpfen sich aber nicht nur an bestimmte Lebensphasen, sondern insbesondere auch an den sozialen Status, der nach wie vor in einem engen Zusammenhang mit der Ausübung des jeweiligen Berufs steht. Der Beruf als Statuszuweisungskriterium beschränkt seinen Einfluss nicht auf die damit verbundene soziale Position innerhalb eines hierarchischen Sozialgefüges. Der Besitz bestimmter Güter wird erwartet, sei es nun im Bereich der Kleidung, der Wohnungsausstattung, der Mobilität usw.

„Millionaires Who Don't Feel Rich"

„Silicon Valley is thick with those who might be called working-class millionaires - nose-to-the-grindstone people like Mr. Steger who, much to their surprise, are still working as hard as ever even as they find themselves among the fortunate few. Their lives are rich with opportunity; they generally enjoy their jobs. They are amply cushioned against the anxieties and jolts that worry most people living paycheck to paycheck.

But many such accomplished and ambitious members of the digital elite still do not think of themselves as particularly fortunate, in part because they are surrounded by people with more wealth - often a lot more. [...]

„You look around," Mr. Barbagallo said, „and the pressures to spend more are everywhere." Children want the latest fashions their peers are wearing and the most popular high-ticket toys. Furniture does not seem to snuff up once you move into a multimillion-dollar home. Spouses talk, and now that resort in Mexico the family enjoyed so much last winter is not good enough when looking ahead to next year. Summer camp, a full-time housekeeper, vintage vines, country clubs: the cost of living boats."

Quelle: Rivlin 2007

[19] Siehe hierzu auch die Ausführungen in Kapitel 5.

Wenngleich der eindeutige Schluss von diesen positionalen Gütern (vgl. hierzu auch die Ausführungen in Kapitel 3 sowie 4.d, siehe S. 225) auf die soziale Position des jeweiligen Inhabers heute eine geringere Treffsicherheit vorweisen wird als in den 60er und 70er Jahren, ist der Sinn für diese sozialen Unterschiede doch keineswegs verschwunden. Eher hat sich der Preis für positionale Güter erhöht (siehe den Kommentar von Enzensberger), während die Unterschiede in der Kaufkraft geblieben sind. Die Erweiterung des Produkt- und Dienstleistungsspektrums ist es auch, die eine eindeutige Bestimmung des Spielraums für die Inhaber bestimmter sozialer Positionen erschwert. Es geht heute mehr und mehr darum, ein Aktivitätenspektrum abzugrenzen, innerhalb dessen sich Menschen ähnlicher sozialer Positionen relativ frei entfalten können. Verhaltenserwartungen im Bereich des Konsums unterliegen nicht nur einem sozialen Wandel, sondern eröffnen variierende Freiräume, deren Ausgestaltung Individualität erfordert und möglich macht. Diese Wechselwirkung lässt sich ebenfalls beobachten, wenn Entscheidungen innerhalb überschaubarer sozialer Gruppen betrachtet werden.

4.2 „... so haben wir uns geeinigt." Konsumentscheidungen im engeren sozialen Kontext

Anzeichen für eine Demokratisierung des Haushalts hat man in den 60er Jahren daran zu erkennen geglaubt, dass der Mann in Bereiche vorzudringen begann, die vorher vorwiegend der Frau vorbehalten waren. Umgekehrt, so die rollentheoretische Argumentation, habe die Frau die Grenzen des Haushalts überschritten und gleichzeitig ehemalige Verzichtsforderungen aufgebrochen (beispielsweise im Bereich Alkohol und Zigarettenkonsum).

Aus diesem Grund ist auch nachvollziehbar, warum die Bedeutung der kollektiven Kaufentscheidungsfindung zugenommen hat. Böcker und Thomas sprachen bereits 1983 von einer „Antinomie zwischen den Forschungsschwerpunkten (orientiert auf Individuen) und der täglichen Entscheidungspraxis in Haushalten (Entscheidungen im sozialen

Kontext)." (1983, S. 245)[20] Dieser Hinweis ist nachvollziehbar, muss aber ergänzt werden durch die generelle Schwierigkeit, diese Kontexteffekte analysieren zu können. Wilkie (1990, S. 473f.) nennt unter anderem folgende Gründe, die die Untersuchung von Kaufentscheidungen in Familien erschweren:

- Familien sind intime soziale Gruppen, deren Entscheidungen kaum ohne Verzerrungen untersucht werden können. Die Entscheidungsprozesse werden durch subtile Aspekte der interpersonalen Beziehung sowie gemeinsame Erfahrungen der Familienmitglieder beeinflusst, die dem Forscher weitgehend verborgen bleiben.
- Viele Kaufentscheidungen in Familien sind nicht unabhängig voneinander. Denkbar ist beispielsweise, dass der Ehemann zwar den Kauf eines Autos dominiert, die Dominanz in diesem Bereich aber durch die Zustimmung in einem anderen „erkauft" wurde. Erschwerend kommt hinzu, dass häufig mehrere Personen an einer Kaufentscheidung beteiligt sind.
- Familiäre Kaufentscheidungen differieren stark in Abhängigkeit vom Produkttyp.
- Schließlich unterscheiden sich Familienstrukturen hinsichtlich des Ausmaßes der dort beobachtbaren Egalisierungstendenzen.

Zum Kaufentscheidungsverhalten der Ehepartner liegt eine Vielzahl an Studien vor. Schwerpunktmäßig wird dort die Kaufrollenstruktur bzw. die Beteiligung von Mann und Frau an einer Kaufentscheidung untersucht. Es wird vor allem der Frage nachgegangen, wie der Einfluss auf eine Kaufentscheidung zwischen den Partnern verteilt ist und welche Faktoren die Einflussverteilung bestimmen (vgl. den Überblick bei Lee/Beatty 2002). Eine bekannte Klassifikation kaufentscheidungsrelevanter Rollen in der Familie nutzt eine Unterscheidung, die auf die Arbeiten von Talcott Parsons und Robert F. Bales zurückgeht. Zur Veranschaulichung der Rollenstrukturen in Familien wählten sie zwei

[20] Die Diplomarbeit von Stefan Schmitt, Kaufentscheidungen in Familien, Trier 2005, hat für die nachfolgenden Ausführungen wichtige Hinweise geliefert.

Achsen der Differenzierung: „[...] that of hierarchy or power and that of instrumental vs. expressive function." (Parsons/Bales 1955, S. 45)

In Bezug auf den Kauf von Produkten (vgl. Bänsch 2002) wird die instrumentelle Rolle (auch als aufgabenorientierte Führerschaft bezeichnet) von Familienmitgliedern übernommen, die sich auf die sachbezogene Aufgabenlösung im Kaufentscheidungsprozess spezialisieren. Tätigkeiten, die instrumentelles Rollenverhalten charakterisieren, umfassen zum Beispiel die Festlegung des Kaufzeitpunkts sowie des Kaufbudgets. Das expressive Rollenverhalten (auch als stimmungsorientierte Führerschaft bezeichnet) umfasst dagegen die Unterstützung anderer Familienmitglieder im Entscheidungsprozess sowie die Sicherstellung der ästhetischen und emotionalen Bedürfnisse der Familie. Die Wahl der Farbe, des Stils und des Designs werden häufiger als Ausdruck dieses expressiven Rollenverhaltens angesehen. Während traditionell dem Ehemann die instrumentelle und der Ehefrau die expressive Rolle zugeschrieben wurde, variiert heute das Ausmaß an expressivem und instrumentellem Verhalten der Ehepartner in Abhängigkeit vom Entscheidungsobjekt (Produkttyp), der Persönlichkeit der Partner sowie des spezifischen Entscheidungskontexts (kultureller Hintergrund, Phase des Lebenszyklus usw.) stärker. Das 1974 von Davis und Rigaux vorgelegte Rollendreieck unterschied bereits vier Rollenkategorien (mann-dominant, frau-dominant, autonom und synkratisch), die zur Charakterisierung der Einflussverteilung bei familialen Kaufentscheidungen herangezogen werden können. Während die dominanten Bereiche jeweils von einem Partner verbindlich getroffene Entscheidungen markieren, soll das Feld „autonom" für einen größeren Bereich an Produktgruppen stehen, in denen die Kaufentscheidung mal vom einen, mal vom anderen Partner getroffen wird. „Synkratisch" steht dann für gemeinsame Formen des Kaufs. Die Zuordnung eines Produkts zu einem der vier Felder gibt darüber Auskunft, inwieweit – aggregiert über alle Befragten – der Mann, die Frau oder beide gemeinsam den Kaufentscheidungsprozess dominieren.

Abbildung 4.1 Einflussverteilung bei Kaufentscheidungen: das Rollendreieck

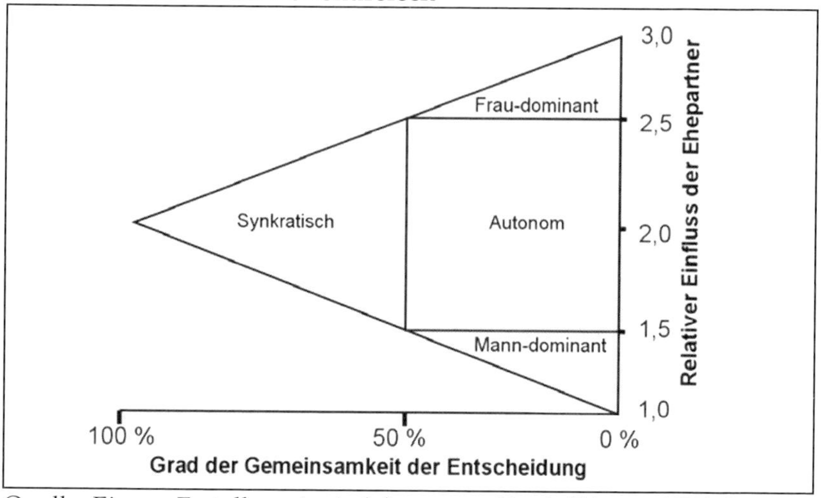

Frau-dominant
Synkratisch
Autonom
Mann-dominant
3,0
2,5
2,0
1,5
1,0
Relativer Einfluss der Ehepartner
100 %
50 %
0 %
Grad der Gemeinsamkeit der Entscheidung

Quelle: Eigene Erstellung in Anlehnung an Davis/Rigaux 1974, S. 54

Der Einfluss des Mannes ist dann stärker, wenn es um den Kauf von Produkten, die außerhalb des Hauses genutzt werden, geht, während die Frau bei Kaufentscheidungen für Produkte dominiert, die innerhalb des Hauses verwendet werden. Je höher der Anschaffungspreis wird, desto geringer aber erweisen sich diese noch eher traditionellen Vorstellungen über die Zuständigkeiten von Mann und Frau als zutreffend. Eine alleinige Fokussierung der Entscheidung berücksichtigt darüber hinaus nicht in ausreichendem Maße die Bedeutung von Subentscheidungen, die beim Kauf eines Produkts getroffen werden. In Anlehnung an den Differenzierungsvorschlag von Parsons ist der Mann dann immer noch eher für instrumentelle, die Frau häufiger für ästhetische Aspekte des Entscheidungsobjekts (z. B. Stil, Farbe) zuständig (vgl. Bänsch 2002, S. 118). Vor dem Hintergrund einer zunehmenden Thematisierung der „Geschlechterfrage" dürften aber Generalisierungen in diesem Bereich mit wachsender Vorsicht vorgetragen werden. Wenig bekannt ist darüber hinaus das Entscheidungsverhalten in Lebensformen, die sich nicht mehr den herkömmlichen Familienvorstellungen einfügen möchten und im Zusammenhang mit der These eines Funktionsverlusts der Familie häufiger Erwähnung finden. Hill und Kopp machen deutlich, dass diese These allenfalls gerechtfertigt ist, wenn man die 1950er und 1960er Jahre mit der Gegenwart vergleicht (vgl. 2006, S. 48f.).

Unbestritten aber dürfte sein, dass diese Veränderungen auch von werblicher Seite unterstützt werden. Diese Art von Inklusion gesellschaftlicher Veränderungen in die Art und Weise der Vermarktung von Produkten beschränkt sich nicht auf das Verhältnis von Mann und Frau, sondern versucht auch konsequent den Einfluss von Kindern auf Konsumentscheidungen zu integrieren. Die Werbeanzeige in Abbildung 4.2 verdeutlicht dies in besonders eindringlicher Weise. Auf das gezeigte Modell, so die mehrseitige Anzeige, habe man sich geeinigt.

Die familiensoziologische Forschung hat den veränderten Erziehungsleitbildern in Familien unter anderem auch mit dem Hinweis Rechnung getragen, dass sich Befehlshaushalte zu Verhandlungshaushalten entwickelt haben (vgl. hierzu beispielsweise Schülein 1990). Auch in diesem Bereich gilt es sorgfältig zu unterscheiden, ob es sich um Zuschreibungen von bestimmten Erwartungen handelt oder um eigenständig entwickelte Motivationen. Bereits Jean Piaget hat darauf hingewiesen, dass Erwachsene dazu neigen, Kindheit selbst aus einer Erwachsenenperspektive wahrzunehmen bzw. Kinder als kleine Erwachsene zu betrachten. Ohne Zweifel wird der Prozess des Hineinwachsens in eine Gesellschaft zunächst eher einseitig, nämlich von der jeweiligen Elterngeneration, bestimmt. Der Begriff der Entwicklung würde keinen Sinn machen, wenn es in dieser Hinsicht um vorprogrammierte Prozesse ginge. Jede Verständigung auf Regeln ist insofern nicht nur ein individueller, sondern immer auch ein sozialer Vorgang (vgl. Piaget 1986 [zuerst 1928], S. 107). Soziologie und Psychologie stimmen darin überein, „[...] daß das Gefühl für die Regel nicht aus dem Individuum als solchem hervorgeht, sondern aus einer Beziehung zwischen Individuen." (Piaget 1986 [zuerst 1928], S. 107) Das Hineinwachsen in eine Gesellschaft wird also zunächst von den signifikanten Anderen bestimmt. Gemeint ist damit die Nahwelt, die die Heranwachsenden in den ersten Lebensjahren umgibt und hinsichtlich der Beeinflussungsmöglichkeiten relativ konkurrenzlos bleibt.

Abbildung 4.2 Werbeanzeige eines Automobilherstellers

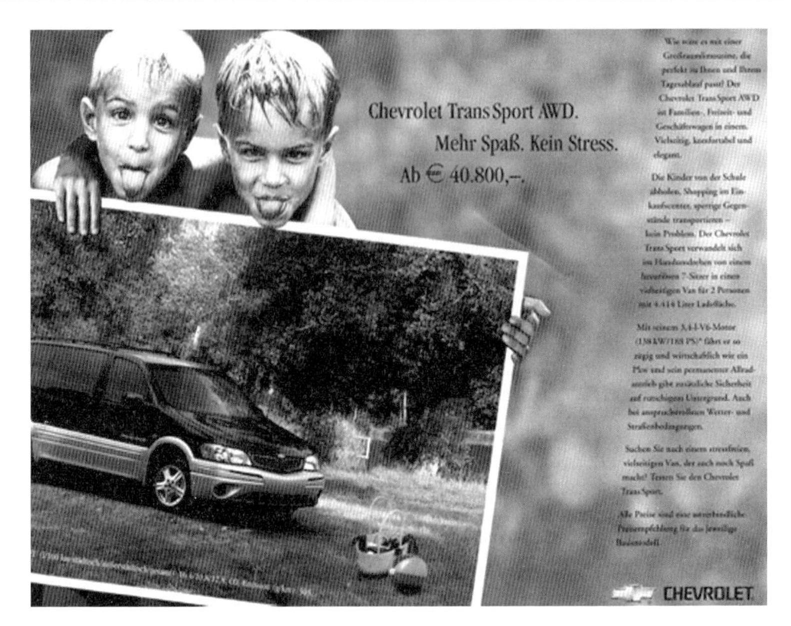

Quelle: Werbeflyer des Automobilherstellers

Selbstverständlich existieren bereits zu diesem Zeitpunkt Versuche, elterliche Kaufentscheidungen, die die Kinder betreffen, in bestimmte Bahnen zu lenken. Gleichzeitig findet aber immer früher eine Attribution des Konsumentenstatus auf die Kinder selbst statt. Sie werden als Mitentscheider sehr früh angesprochen und damit in ein Geflecht sekundärer Strukturen (vgl. hierzu Tenbruck 1965, S. 91f.) integriert. Diese praktizieren eine Doppelstrategie der Präsenz: nämlich in den Medien selbst und in der Gruppe der Gleichaltrigen. Die Schlussfolgerungen einer jüngeren französischen Studie bestätigen diese Effekte. Eine qualitative Analyse der Bedeutsamkeit von Marken (brands) für 10-11jährige Kinder gelangte zu folgender Zusammenfassung: „The child's identity is constructed through the interactions with others who are important for her/his development. For 10 to 11 years-old, those are parents, siblings, peers (particularly at school) and the teacher as well as other persons that they cannot directly meet but they know from the media (stars, characters, ...). The child's identity is partly constructed like a mosaic, taking piece after piece, ideal people's characteristics. And brands intervene in the process for they can symbolize these people, groups or culture the child wants to identify to. Once obtained as a symbol, brands allow the child to assert her/himself and to communicate this gender, age group, peer group, family and cultural identity to others." (Rodhain 2006, S. 554) Das hier verwandte Bild eines Mosaiks verdeutlicht die Entstehung von Selbstbildern in anschaulicher Weise.

Einen Teil dieses Mosaiks hatte wohl auch Riesman vor Augen, als er die Entscheidungsfindung und die Überzeugungsversuche in Familien in der von ihm als außengeleitet charakterisierten Phase wie folgt beschrieb: „So diskutieren Eltern und Kinder über Schlafens- und Mahlzeiten, wie sie später über die Benutzung des Familienautos diskutieren werden, und sie erörtern eingehend die Kontakte des Kindes mit den „anderen" und die emotionale Abschattierung der Argumente als solche. Aber nach der Art des Diskutierens fällt den Eltern der Sieg nicht leicht in die Hand." (Riesman 1958, S. 68) Diese Beobachtung darf nicht darüber hinwegtäuschen, dass Kinder bereits in der Frühphase der Konsumgesellschaft eine Zielgruppe von Werbemaßnahmen gewesen sind. Kinder sollten auf den erneuten Kauf bestimmter Produkte Einfluss nehmen. Das Motiv des Sammelns einer Märchen-Bibliothek wurde beispielsweise mit dem Kauf eines Erwachsenenprodukts, nämlich Kaffee, verbunden (vgl. hierzu das nachfolgende Beispiel).

Sammelt Imperial-Märchen!

„Liebe Kinder! Sammelt die wundervollen Imperial-Märchen! Ihr bekommt sie bei dem Kaufmann, bei dem Ihr den guten Imperial-Feigenkaffeee mit der Krone kauft. Wenn Ihr acht solcher Märchen – es können auch gleiche sein – beisammen habt und an die Imperial-Feigenkaffee-Fabrik, München, Alfred-Schmidtstraße 7 als offene Drucksache ohne schriftliche Mitteilungen (Porto

5.Pfg. bis 50 Gr.) einsendet, erhaltet Ihr ein geschmackvolles Album mit eingehefteten 8 Imperial-Märchen gratis und franko zugesandt. Auf diese Weise gelangt Ihr mit der Zeit in den Besitz einer netten, kleinen Märchenbibliothek, die Euch gar manche Stunde schönster Unterhaltung bescheren wird.“

Quelle: zit. nach Wasem 1987, S. 33

Die heutige Werbung ist in ihren Formen der Zielgruppenansprache vielfältiger geworden. Sie differenziert ihre Strategien zur Produktplatzierung z.B. nach Alter und Geschlecht. Sie versucht durch eine systematische Vernetzung von Marketing-Aktivitäten in einem Medienverbund einen Platz in der Welt der Markenpräferenz der Heranwachsenden zu erobern. Der Einsatz neuer Informations- und Kommunikationstechnologien wird nahezu selbstverständlich. Gleichzeitig verbindet sich mit diesen neuen Werbemaßnahmen ein Effekt, der von der Werbebranche selbst ins Kalkül gezogen werden muss: Wer junge Konsumenten schon sehr früh als Marktteilnehmer behandelt, muss auch damit rechnen, dass diese als solche reagieren. Häufig sind es aber auch die Eltern selbst, die der Auffassung sind, dass man ihnen eine entsprechende Marktposition zuschreiben muss. Wenn Faith Popcorn in einem ihrer Trendreports die Empfehlung ausspricht, dass große Unternehmen gut beraten seien, wenn sie in ihren Verwaltungsrat auch Kinder aufnehmen würden, ist dies nur ein – wenngleich skurriles – Beispiel. Andererseits ist zu beobachten, dass sich kämpferische Eltern organisieren und gegen bestimmte Formen der Vereinnahmung von Kindern für Konsumzwecke zu Felde ziehen. Dieser wachsende Trend zum „wehrhaften Verbraucher" ist ohne Zweifel auch ein Phänomen des allgemeinen Anstiegs des Bildungsniveaus und der Veränderung der Erwerbstätigenstruktur insgesamt. Popcorn selbst weist darauf hin: „Als Folge ihrer zunehmenden Berufstätigkeit (mittlerweile fast 60 Prozent [1996, Anm. des Verf.]) bringen die Frauen ihre diesbezügliche Erfahrung ein, wenn sie in kämpferischer Manier Schulbehörden, die Konsumgüterindustrie und die Anbieter von Unterhaltungssendungen aufrütteln." (Popcorn/Marigold 1996, S. 241) Die Beispiele, die genannt werden, sprechen eine deutliche Sprache: Maßnahmen gegen aggressives Spielzeug,

Kampf gegen Geschlechterstereotype, die wiederum in Gestalt von Spielzeugen ihren Niederschlag finden.[21] Diese Maßnahmen signalisieren zum einen ein wachsendes Verantwortungsbewusstsein in diesem Bereich, zugleich aber auch ein diffuses Unbehagen hinsichtlich der Art und Weise, wie zeitliche Lücken in Eltern-Kind-Beziehungen ausgenutzt werden. Kindermarketing, so der Trendforscher Horx bereits 1995, werde daher eine neue moralische Debatte auslösen. Er stellt fest, dass die Versuche, diesen neuen Markt zu durchdringen, „auf zunehmenden Widerstand der moralisch aktivsten Konsumentengruppe der gebildeten Mittelschichts-Eltern [stoßen werde]. In einem Werte-Set, das Kinder immer mehr verheiligt, muß dies wütende Gegenreaktionen bewirken, die schnell eine Marke im Kern beschädigen können." (Horx 1995, S. 322) Bis zum heutigen Tag kann diese moralische Debatte keine weitreichenden Erfolge vorweisen. Die vielfältigen Versuche der (Werbe-)Industrie, auch das Kinderzimmer zu erobern, machen jedenfalls deutlich, dass das Konsumverhalten von Heranwachsenden (insbesondere der so genannten Teenager) ohne die Berücksichtigung der Erwartungen Dritter kaum angemessen beurteilt werden kann. Von Konsumentensouveränität im Kinderzimmer kann also keine Rede sein.

Für Kaufentscheidungen ist nicht nur die Zahl der unmittelbar beteiligten Personen relevant, sondern - je nach Orientierungsbedürfnis - die Bezugnahme auf weitere Informationsquellen. Dass die Werbung in diesem Zusammenhang viele Anknüpfungspunkte zu offerieren versucht, ist bereits mehrfach betont worden. Wenn in Werbespots der Versuch unternommen wird, Konsumentscheidungen und deren Akzeptanz in einen Gruppenkontext zu integrieren (beispielsweise der Jubel von Freundinnen und Freunden beim Überreichen eines Geschenks), dann integriert und signalisiert sie die Bedeutung des Urteils dieser Beobachter, die wiederum selbst mehr oder weniger stark als Konsumenten beteiligt sind. Die Schokolade wird gemeinsam genossen, Essen ist ein soziales Ereignis usw.

Die Soziologie spricht von Referenzgruppen oder Bezugsgruppen und meint damit Gruppen, die in der Lage sind, individuelles Verhalten

---

[21] So sollen amerikanische Frauen, die in der Computerindustrie beschäftigt sind, durch anhaltenden Protest (organisiert über eine Mailing-Liste) die Firma Mattel dazu veranlasst haben, den Satz „Mathe ist schwer" aus dem Chip der Barbiepuppe zu löschen.

und individuelle Einstellungen zu verändern oder zu verstärken. Meist assoziiert man mit dem Begriff „Gruppe" ein überschaubares soziales System, das durch die Interaktion der Beteiligten geprägt wird. Gruppe impliziert, dass sich die Mitglieder untereinander kennen. Dieses Kriterium muss für die Bezugsgruppe nicht notwendigerweise gelten. Merton hatte im Falle dieses Begriffs von „something of a misnomer" (1957, S. 284) gesprochen, weil er offensichtlich auch Aggregate beschreibt, die im statistischen Sinne bestimmbar sind, aber als Voraussetzung für Referenzen Mitgliedschaft eben nicht unbedingt notwendig macht. Eine soziale Gruppe ist insofern immer auch eine Bezugsgruppe, eine Bezugsgruppe aber nicht notwendigerweise auch eine soziale Gruppe. Jugendliche, die als gemeinsames Merkmal die Zugehörigkeit zu einer bestimmten Altersklasse aufweisen, sind sowohl Mitglied einer sozialen Gruppe (sofern sie nicht völlig isoliert sind), aber auch Teil des Aggregats, das den jeweiligen sozialen Gruppen als Referenzpunkt dienen kann. Dennoch vermitteln Bezugsgruppen Perspektiven. Das in Bezugsgruppen beobachtbare Verhalten kann positiv oder negativ auf Personen wirken, die nach Orientierung suchen. Die Funktion von Bezugsgruppen kann dabei sowohl normativer Art sein, indem es zu (partiellen) Orientierungen des Verhaltens an den Regeln dieser Gruppe kommt, oder komparativer Art, indem die Bestimmung der eigenen Position in positiver oder negativer Abgrenzungsabsicht erfolgt (siehe auch Escalas/Bettman 2005). Positiv bedeutet dann gleichzeitig, dass eine Identifikation mit den Werten und Normen dieser Gruppe zu beobachten ist und eine Imitation dieser Verhaltensmuster dem jeweiligen Konsumenten subjektiv einen Gewinn verspricht. Negativ signalisiert zwar zunächst Ablehnung, aber selbst die Artikulation einer Aversion kann subjektiv als Belohnung empfunden werden.

In Anlehnung an Wells und Prensky (1996) können drei Dimensionen genannt werden, die hierbei von Bedeutung sind:

- Mitgliedschaft: Die Bedeutung dieses Merkmals lässt sich nicht auf die Dichotomie Mitglied/Nicht-Mitglied reduzieren. Die Häufigkeit der sozialen Interaktionen ist ein Gradmesser für das Ausmaß der Identifikation mit der jeweiligen Referenzgruppe. Dieses Merkmal ist darüber hinaus nicht statisch, wie Kumpf verdeutlich hat (vgl.

1983, S. 289f.). Die Dynamik dieser Kategorie liegt in der Vielzahl möglicher Relationierungen.

- Affinität: Die Affinität mit einer Referenzgruppe kann von völliger Zustimmung bis zu völliger Ablehnung reichen und spiegelt damit das Spektrum positiver und negativer Nachahmungen wider. Wells und Prensky sprechen von Attraktivität bzw. „appeal" (1996, S. 209). Auch hier greift somit das Wechselspiel von Identifikation und Abgrenzung, das auch für das Kriterium Mitgliedschaft gilt. Beide Dimensionen hängen somit eng zusammen.
- Struktur: Strukturelle Merkmale von Referenzgruppen lassen sich danach unterscheiden, ob es eine formelle Form der Mitgliedschaft gibt oder Mitgliedschaft eher informell geregelt ist. Für viele soziale Gruppen gilt, dass Mitgliedschaft informeller Art ist. Sobald Mitgliedschaft zu einem Kriterium wird, ist in der Regel eine Satzung die Folge. Informelle Gruppen sind daher beispielsweise Freundeskreise, die Peer Group, aber auch die Familie. Gruppenbildungen aufgrund gemeinsamer Interessen (beispielsweise im Bereich des Sports) können unterschiedliche Grade der Formalisierung aufweisen. Ob informell oder formell: In beiden Fällen gilt in der Regel, dass die Bezugsgruppe eine soziale Gruppe darstellt. Vergleiche zu anderen Gruppen sind dabei selbstverständlich ebenfalls impliziert. Als Referenzgruppe mindestens ebenso wichtig und unter Umständen von noch größerer Bedeutung sind dagegen soziale Kategorien, die eben nicht Mitgliedschaft voraussetzen, sondern nur das Vorliegen bestimmter gemeinsamer Merkmale unter Ausschluss wirklich stattfindender Interaktionen. Die Lebensstilforschung, auf die später noch einzugehen sein wird, beschreibt zum Beispiel eine Vielzahl sozialer Kategorien. Aus dem Vorliegen bestimmter Freizeit- oder Konsuminteressen wird dort auf signifikante Gemeinsamkeiten dieser Gruppen geschlossen. Diese Muster der Lebensführung sind dann wiederum Referenzpunkt für Mitglieder und Nicht-Mitglieder und ebenfalls Bezugspunkt für die Bestimmung von Attraktivität etc. (siehe auch Gundle 2008, insb. S. 10ff.).

Während im Rahmen der Bezugnahme auf soziale Kategorien der Medieneinfluss höher einzuschätzen ist, steigt im Falle informeller und formeller Gruppen die Bedeutung der interpersonalen Kommunikation als Orientierungsgröße an. Besonders drastische Referenzgruppeneffekte beschreibt beispielsweise das Phänomen, dass weltweit ähnliche Kleidungs- und Markenpräferenzen in verschiedenen sozialen Großgruppen beobachtet werden können. Für diese auf den ersten Blick homogenisierend wirkenden Phänomene hat Hubert Markl einmal den Begriff „Medien-Cloning" verwandt (N.N. 1998, S. 37). Die Vernetzung von Präferenzen über regionale Grenzen hinaus erscheint hier als ein in erster Linie medienvermittelter Prozess. Eine ausschließliche Betonung dieses Einflusses unterschätzt aber die ergänzende oder auch modifizierende Wirkung, die innerhalb der jeweiligen Gruppen – und dies bedeutet in der Regel: über interpersonelle Kommunikation – erfolgt.

Orientierung an Medienfiguren kann einhergehen mit Prozessen, die in ihrem Ergebnis Trickle down-Effekte hervorbringen. Das heißt: Mit der Orientierung geht auch ein sozioökonomischer Unterschied einher. Dies ist dann der Fall, wenn die Konsumnormen höherer sozialer Schichten die Bedürfnisse von Mitgliedern unterer sozialer Schichten beeinflussen. Dies muss nicht durchgängig der Fall sein, wie die noch darzustellende Analyse von Bourdieu illustriert. Es ist ebenso beobachtbar, dass sich eine Orientierung an so genannten „taste cultures" (Gans 1957) vollzieht. Deren Entstehung ist ohne Verbreitungsmedien (Massenmedien) kaum denkbar, sondern resultiert aus einer „convergence of interests, rather than by shared locality or social background." (McQuail 1997, S. 31)

Wenn die soziale Gruppe selbst aber zur Bezugsgruppe wird, nehmen Homogenitätskriterien zu. Parsons hat darauf hingewiesen, dass die Wahrscheinlichkeit von Einflussnahme steigt, je mehr das Gefühl vorhanden ist, mit „my kind of people" (Parsons 1969, S. 419) zu verkehren. King und Summers haben verschiedene Faktoren zusammengestellt, die in diesem Zusammenhang von Bedeutung sind:

- Homogenität: Geringe Statusdifferenzen und geringe Altersdifferenzen kennzeichnen die Interaktionsdyaden bzw. -zirkel.
- Glaubwürdigkeit: Die unpersönliche und mit einem Beeinflussungsziel assoziierte Medienbotschaft wird durch Hinzuziehung persönlicher Informationsquellen ergänzt, denen wiederum Informiertheit zugestanden wird.

- Sozialisation: Informelle Gruppen übernehmen selbst Informationsfunktionen und sind zugleich ein wichtiger Gradmesser für individuelle Entscheidungen.
- Nähe: Gemeint ist sowohl physische als auch soziale Nähe. Wenn von persönlichem Einfluss gesprochen wird, ist in der Regel ein Kriterium oder auch beide relevant. Auch hier gilt für die zu beobachtenden Dyaden, dass sie durch eine geringe soziale Distanz gekennzeichnet sind (vgl. King/ Summers 1967; Weimann 1994, S. 117f.).

Neben diesen sozialen Merkmalen gilt es zu beachten, dass Referenzgruppeneffekte nach zwei weiteren Kriterien differenziert werden können: nach dem Ort und der Notwendigkeit des Konsums einerseits und der Relevanz von Markenbewusstsein andererseits. Wells und Prensky haben hierzu eine Übersicht vorgelegt, die in leicht modifizierter Form in Abbildung 4.3 wiedergegeben ist.

Wenn es beispielsweise um den Konsum von Luxusgütern im öffentlichen Bereich geht, ist der Einfluss der Referenzgruppe auf die Auswahl der zu konsumierenden Marke groß, geht es dagegen um Luxusgüter im privaten Bereich, ist zwar der Produkteinfluss gegeben, dagegen wird ein eher geringer Effekt der Referenzgruppe konstatiert. Am wenigsten spielt die Bezugnahme auf die Urteile Dritter dann eine Rolle, wenn es um nicht-sichtbare Produkte im privaten Bereich geht, die auch nicht mit dem Attribut luxuriös versehen werden, zum Beispiel der Kauf einer Matratze oder der Kauf eines Kühlschranks.

Abbildung 4.3 Referenzgruppeneffekte beim Produkt- und Markenkauf

Marke \ **Produkt**	**Schwacher Einfluss der Referenzgruppe auf das Produkt**	**Starker Einfluss der Referenzgruppe auf das Produkt**
Starker Einfluss der Referenzgruppe auf die Marke	**Öffentliche Notwendigkeit** *Einfluss*: schwach durch das Produkt und stark durch die Gruppe *Beispiele*: Armbanduhren, Automobile, Anzüge	**Luxus im öffentlichen Bereich** *Einfluss*: stark durch Produkt und Marke *Beispiele*: Golfclubs, Skiausrüstung, Segelboote
Schwacher Einfluss der Referenzgruppe auf die Marke	**Private Notwendigkeit** *Einfluss*: schwach durch Produkt und Marke *Beispiele*: Matratze, Flurbeleuchtung, Kühlschränke	**Luxus im privaten Bereich** *Einfluss*: stark durch das Produkt und schwach durch die Marke *Beispiele*: Videospiele, Müllzerkleinerer, Eismaschine

Quelle: In Anlehnung an Wells/Prensky 1996, S. 217

Offensichtlich spielen Referenzgruppeneffekte insbesondere dann eine Rolle, wenn Konsumverhalten beobachtbar ist. Bereits Veblen hat auf den Unterschied zwischen dem demonstrativen Konsum in der Öffentlichkeit und der Laissez faire-Haltung im privaten Bereich hingewiesen. Der private Bereich dient somit teilweise als Vorbereitung auf das Handeln im öffentlichen Raum. Dies gilt nicht nur für Erwachsene, sondern in zunehmendem Maße auch für Heranwachsende.

Auch hier nimmt die Bedeutung des Markenbewusstseins zu. Im Rahmen einer explorativen Untersuchung wurde nach der Bedeutung von Markenprodukten für Jugendliche gefragt. Die Antwort eines 13-

jährigen Jugendlichen lautete beispielsweise: „Ich denke ja. Denn heute ist man ohne Markenprodukte eine Lachnummer. Es guckt doch jeder nur noch auf die Sachen, die man trägt, besitzt und isst. Wenn man nicht allein ohne Freunde sein will, ist man gezwungen, sich Markensachen zuzulegen. Man hat keine Wahl mehr." (Metzen 2003, S. 1) Die unabhängigen und selbständigen Kaufentscheidungen, die Jugendliche nach Auffassung von Kroeber-Riel u. a. (2009, S. 491) treffen, scheinen daher nicht ohne Rückversicherungen zu erfolgen. Der Kauf von Markenprodukten wird dabei weniger im Sinne des Erwerbs von Statussymbolen interpretiert, sondern eher als sichtbares Merkmal, das über Inklusion und Exklusion entscheidet. Die Orientierung an den Gruppennormen steigt in ungekehrtem Verhältnis zum Ausmaß des Selbstbewusstseins. Markenbewusstsein als Gruppenphänomen verliert darüber hinaus mit wachsendem Alter an Bedeutung. Ältere Jugendliche (über 20-Jährige) äußern sich generell distanzierter über die Verherrlichung von Marken. Dennoch bleibt die ambivalente Einschätzung des Markenbewusstseins ein interessantes Phänomen. Während die Jugendlichen selbst sich nur zu einem geringen Anteil selbst als markenbewusst einstufen, schreiben sie dieses Markenbewusstsein annähernd jedem zweiten Jugendlichen zu. In der Literatur werden solche Zuschreibungen auch mit dem Begriff „Dritte Person-Effekte" bezeichnet (vgl. hierzu Perloff 2002).

Die soziale Erwünschtheit geht in diesem Falle somit ungewöhnliche Wege. Sie realisiert sich über das Nichteingeständnis einer Orientierung an Dritten. Zugleich soll es aber signalisieren, dass auch in diesem Bereich der Konsumentscheidungen sich Heranwachsende ein gehöriges Maß an Individualität bewahren wollen. Der Umgang mit Modephänomenen ist hierfür ein signifikantes Beispiel[22]. Auch hier kann als Zwischenfazit festgestellt werden, dass von einer völligen Vereinnahmung durch die Erwartungen Dritter nicht gesprochen werden kann. Wenn diese Fragestellung im Folgenden auf den weiteren sozialen Kontext ausgedehnt wird, bleibt diese Leitthematik erhalten. Auch im Falle des Einflusses der sozialen Herkunft gilt es letztendlich zu bestimmen, welche vereinheitlichenden Wirkungen von diesem Faktor ausgehen.

[22] Siehe hierzu insbesondere die Ausführungen in Kapitel 5.

4.3 „... powerful symbols of status." Konsumentscheidungen im weiteren sozialen Kontext

Als der amerikanische Soziologe Lloyd Warner seine Analysen über die soziale Schichtung der Vereinigten Staaten in den 1940er Jahren publizierte, fand diese soziodemografische Differenzierung der amerikanischen Gesellschaft insbesondere unter Marketing-Fachleuten großes Interesse. Noch im Jahr 1923 fragte Kyrk in ihrem Buch „A Theory of Consumption": „Who, then, is the consumer and what is his status and function in the economic order? In the first place, it is obvious there is no separate class we may call consumers; they do not constitute a group who can be differentiated and isolated from their fellows. For consumers are all of us; consumers are simply the general public. In consumers we are dealing with a group which does not close its ranks short of the whole community." (Kyrk 1923, S. 1) Das Bedürfnis, mehr über den Konsumenten erfahren zu wollen, spiegelt sich auch in Vance Packards Klassiker "Die geheimen Verführer" wider, das ein Kapitel zu „Klasse und Kaste im Laden"[23] enthält (vgl. Packard 1958, S. 141). Nach Packard habe Warner die damalige Verbraucherforschung sehr beflügelt und einen Meilenstein für die Erforschung des Zusammenhangs von sozialer Ungleichheit und Konsumverhalten gesetzt. Jede Klasse weise ein gleichförmiges Verhalten auf, das man relativ gut vorhersagen könne. Die Bestimmung der Schichtzugehörigkeit erfolgte bei Warner im Wesentlichen auf der Basis von vier Kriterien: Beruf bzw. Beschäftigungsverhältnis, Einkommen, Wohnverhältnisse, Ausstattung der Wohnung. Diese Kriterien waren ihm zunächst einmal hinreichend, um die Position eines Menschen in einer sozialen Hierarchie einigermaßen präzise bestimmen zu können. Hinsichtlich der Zweckdienlichkeit dieser Vorgehensweise für die Einschätzung des Verbraucherverhaltens stellte er in seiner Analyse fest: „The business of men who make, sell, and advertise merchandise as diverse as houses and women's garments, magazines and motion pictures, of, for that matter, all other mass products and media of communication, are forever at the mercy of the status evaluations of their customers, for their products are not only items of utility for those who buy but powerful symbols of status and

[23] Siehe den Beispieltext von Vance Packard am Ende dieses Kapitels.

social class. This book will greatly aid them in measuring and understanding the human beings who make up their markets." (Warner 1949, S. VII)

Nicht jeder, der sich mit den Konsumpräferenzen der amerikanischen Gesellschaft beschäftigte, hat eine solch detaillierte Vorgehensweise als erforderlich betrachtet. Es gab beispielsweise auch Versuche, die Präferenz für gemischten Salat als ein zuverlässigeres Kennzeichen für die geistige Haltung eines Menschen zu betrachten als sein Bankkonto. So zumindest verfuhr der Herausgeber und Redakteur der amerikanischen Illustrierten Harper's in den 50er Jahren. Kuriositäten dieser Art sind keineswegs ausgestorben. Sie können allerdings den Zusammenhang von sozialer Herkunft und Konsumverhalten nur unzureichend illustrieren.

Warners Klassenmodell, das insgesamt sechs Klassen unterscheidet, beschreibt nicht nur die Struktur einer Gesellschaft, sondern auch damit korrespondierende Märkte, die sich durch unterschiedliche Kaufgewohnheiten auszeichnen. Für die oberen drei Klassen, die zum damaligen Zeitpunkt etwa 15 Prozent der Gesamtbevölkerung vereinten, wird beispielsweise von einem Qualitätsmarkt gesprochen. Die mittleren Klassen, die nahezu 65 Prozent der Bevölkerung repräsentierten, interessierten die Wirtschaft am meisten, weil man hier die größte Kaufkraft vermutete. In der Mitte der Gesellschaft ist ein Konsumententypus beheimatet, von dem in diesem Kapitel bereits die Rede war: Mrs. Middle Majority. In den 50er Jahren ging die amerikanische Verbraucherforschung davon aus, dass ca. 80 Prozent der Familieneinkäufe im wesentlichen von der Frau kontrolliert oder zumindest in wesentlichen Anteilen mit bestimmt werden. Der Haushalt war ihre Welt, dort geht es ihr um die Realisierung eines verantwortungsvollen und wohlanständigen Lebens. Infolgedessen war es auch ein primäres Ziel der Werbung, diesen emotionalen Faktor zu unterstützen und durch entsprechende Testimonials „Herzlichkeit" ins Haus zu bringen. Der Lebensstil von Mrs. Middle Majority beschreibt zugleich einen wünschenswerten Standard, der als Ausdruck eines persönlichen Erfolgs gewertet werden soll. Der Lebensstil der oberen Klassen dient diesen mittleren Klassen als Vorbild.

Wesentlich mehr auf sich selbst bezogen, und infolgedessen auch unbekümmerter und ungehemmter, geben sich dagegen die unteren

Klassen, die in Warners Modell etwa 20 Prozent ausmachten. Auch in diesen Klassen gibt es Konsumpräferenzen. Deren Erfüllung wird aber in weitaus geringerem Maße mit Statusstreben assoziiert. Packard zitiert den Werbechef einer Chicagoer Agentur mit den Worten: „Wir können diesen Leuten Kühlschränke verkaufen. Wenn sie keinen Platz dafür haben, werden sie sie auf die Straßenbalkone stellen. Sie werden sich ein dickes Auto und allen möglichen Luxus kaufen – aber sie bleiben immer, was sie waren." (zit. nach Packard 1958, S. 141)

Warners Analyse und die sich daran anschließende Debatte muss somit zu dem Ergebnis führen, dass die von Riesman betonte Zunahme des außengeleiteten Verhaltens zwar Homogenisierungstendenzen in der Gesellschaft befördert, nicht aber soweit führen kann, dass der sich ausbreitende Massenkonsum keinen Raum mehr für Differenzierungen lässt. Statushierarchie-Modelle sind daher auch noch in der Gegenwart zu finden. Sie spiegeln sowohl den Faktor Kaufkraft wider, aber auch unterschiedliche Interessensspektren und Geschmackspräferenzen.

Ebenso differenziert ist die Ansprache dieser Märkte. Mal wird auf die Kriterien einer „leisure class" Bezug genommen, mal auf Kriterien einer Leistungsgesellschaft, dann wieder auf praktische und ganz nützliche Dinge. Von einem Determinismus der sozialen Herkunft auf die Konsumentscheidungen und Konsumgewohnheiten kann aber nicht die Rede sein. Nach Solomon (2004, S. 451) gelingt eine gute Vorhersage insbesondere dann, wenn es sich um Produkte bzw. Dienstleistungen handelt, denen ein symbolischer Wert zugeschrieben wird: Ausstattungsgegenstände, Kleidung, Schmuck, Urlaub, bestimmte kulturelle Aktivitäten, oder auch das Auto. In der Regel handelt es sich dabei also um Produkte, bei denen der Preis eine signifikante Rolle spielt (vgl. zum Beispiel Abbildung 4.4). Wenn es dagegen um Produkte mit niedrigem bzw. moderatem oder mittlerem Preis geht, sind die Auswirkungen der Schichtzugehörigkeit nicht mehr in einem Maße beobachtbar, das eindeutige Ursache-Wirkungs-Beziehungen zuließe. Dies liegt nicht nur daran, dass sich viele Menschen diese Produkte leisten können, sondern auch an Formen der oberflächlichen Individualisierung der Produktpalette. Nach außen wird eine Differenzierung signalisiert, die aber jeweils mit geringem Aufwand erreichbar ist.

Abbildung 4.4 Werbeanzeigen mit unterschiedlicher Zielgruppenorientierung

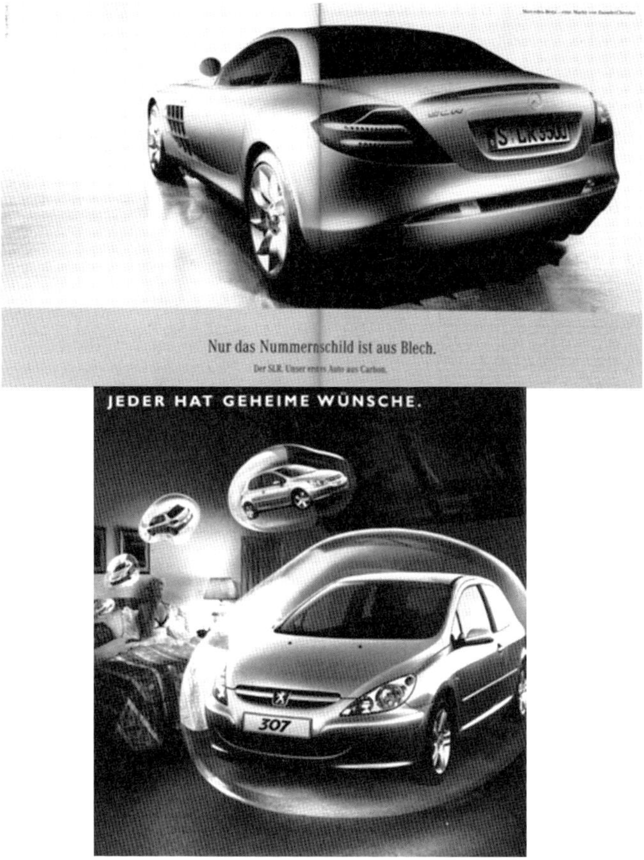

Quelle: Stern (23.12.2003), Nr.1, S. 14, 70-71

Mit der Zugehörigkeit zu einer sozialen Schicht korrespondieren häufig bestimmte routinisierte Formen der Verwendung von Geld. Nach Solomon lässt sich dieser Einfluss insbesondere dann zeigen, wenn Menschen, die zuvor nur über eine begrenzte Geldsumme frei verfügen konnten, durch einen glücklichen Zufall, zum Beispiel den Gewinn in einer Lotterie, zu plötzlichem Reichtum gelangen. Gerade diese Konsumenten haben häufig Probleme, mit dem unerwarteten Überfluss adäquat umzugehen. Das Sprichwort, Geld allein mache nicht glücklich, findet offensichtlich hier eine besondere Bestätigung. Für die mittleren und oberen Klassen wird auf einen weiteren interessanten Befund hingewiesen: die Unterscheidung von „Old Money Consumers“ und „Nouveaux Riches“. Die erstgenannte Gruppe ist sich in ihrem Status sehr sicher und weiß sich auch in entsprechenden Situationen adäquat zu verhalten. Die Statussicherheit ist somit sehr groß. Für die zweite Gruppe dagegen gilt etwas ähnliches wie für den Fall des plötzlichen Lottogewinners. Mit dem neuen Reichtum gehen Unsicherheiten über statusadäquates Verhalten einher (vgl. hierzu Solomon 2004, S. 453).

Der Einfluss der Schichtzugehörigkeit zeigt sich aber auch, wenn auf die Ebene der Konsumorte gewechselt wird. Auch hier können heute – ähnlich wie es Göhre für den Beginn des 20. Jahrhunderts zeigen konnte[24] – Unterschiede in den Kaufgewohnheiten beobachtet werden. Der Einfluss setzt sich fort bei der Beurteilung der Produkte und der dazu herangezogenen Kriterien: Mitglieder der Arbeiterschicht beurteilen Produkte eher unter einem Nützlichkeitsgesichtspunkt sowie unter Stabilitäts- und Bequemlichkeitsaspekten. Stilistische oder Modefragen spielen eine geringere Rolle. Sie sind in dieser Hinsicht konservative Konsumenten, ein Konservatismus, der aber in erster Linie das Resultat eines Fortlebens von Vorstellungen des Notwendigen ist. Ebenso, so Solomon in seiner Darstellung des Faktors soziale Schicht, sei das Neidphänomen in der arbeitenden Bevölkerung geringer ausgeprägt als in der Mittelschicht. Der Kommentar eines so genannten Blue Collar-Workers[25] lautete beispielsweise: „Life is very hectic for those people. There are more breakdowns and alcoholism. It must be very hard to sustain the status, the clothes, the parties that are expected. I don't think I'd want to take their place.“ (zit. nach Solomon 2004, S. 455).

---

[24] Siehe hierzu die Ausführungen in Kapitel 3.

[25] Blue Collar meint: Der blaue Hemdkragen dient als Merkmal der arbeitenden Bevölkerung.

Diese Hinweise dürfen nicht darüber hinwegtäuschen, dass Trickle down-Effekte überwiegend in der Mittelschicht Halt machen und die unteren Klassen nicht erreichen. Neben einem Kern typischer Lebensmuster etablieren sich nach und nach auch Konsumformen, die eben nicht schichtspezifisch sind, aber zunächst als untypisch wahrgenommen werden. Je häufiger sich solche Veränderungen einstellen, desto schwieriger wird es, einen eindeutigen Einfluss der sozialen Herkunft nachzuweisen. Ein Beispiel, das das Wohnumfeld betrifft, ist im Zusammmenhang mit Veblen (vgl. Kapitel 1) bereits genannt worden. Auch Solomon griff dieses Beispiel in der ersten Auflage seines Buches auf: „While we (especially children of the suburbs) take it for granted that house should be surrounded by a wide expanse of green grass, this is actually a relatively new concept. Homes, especially those of the working class, traditionally were surrounded by "useful" plants bearing fruits, vegetables, and so on for the family to consume." (Solomon 1992, S. 406) In der zweiten Auflage wählte er als Beispiel die Faszination, die von einer gebräunten Haut ausgeht und zum Erfolg von Sonnen- und Bräunungsstudios führte (vgl. Solomon 1994, S. 427). Als ein Großteil der Arbeitszeit noch im Freien stattfand, war eine gebräunte Haut nichts Außergewöhnliches. Moderne Arbeitsbedingungen machen dieses Merkmal zu einem Wohlstandsattribut. Das Sonnenstudio ist aber zugleich auch ein Instrument der Fremd- und Selbsttäuschung, indem man allenthalben zur Schau stellt, immer einen Platz an der Sonne zu haben. An diese Phänomene schließen sich immer neue Differenzierungen an: natürliche und unnatürliche Bräune, bestimmte Formen des Schmucks usw.

Die Erforschung der sozialen Ungleichheit, wie sie in den Vereinigten Staaten praktiziert wurde, hat auch die europäische Soziologie, insbesondere nach dem Zweiten Weltkrieg, maßgeblich beeinflusst. Generell darf zunächst festgestellt werden, dass eine ahistorische Betrachtung des Zusammenhangs von sozialer Ungleichheit einerseits und Konsumverhalten andererseits nicht zulässig ist. Stets muss Berücksichtigung finden, wie sich das Klassen- bzw. Schichtgefüge einer Gesellschaft entwickelt hat. Soziale Auf- und Abstiegsprozesse gehen in der Regel zunächst einher mit einer Erhöhung bzw. Verminderung der Kaufkraft, im allgemeineren Sinne mit einer Erweiterung oder Einschränkung von Optionen. Für die Entwicklung in Deutschland nach

1945 waren diese Einschränkungen zunächst beträchtlich. Es mag daher erstaunen, dass bereits im Jahr 1953 ein Beitrag erschien, der sich mit der Frage beschäftigte, ob der Schichtungsbegriff für eine Analyse der damaligen deutschen Gesellschaft anwendbar sei. Dieser Beitrag stammte von Helmut Schelsky (1912-1984) und ist insbesondere aufgrund eines darin verwandten Begriffs bis heute in Erinnerung geblieben: die „nivellierte Mittelstandsgesellschaft". Acht Jahre nach Kriegsende wird hier konstatiert, dass auf der Grundlage umfangreicherer sozialer Aufstiegs- und Abstiegsprozesse, insbesondere durch eine Expansion des Angestelltensektors im technischen und Verwaltungsbereich, aber auch durch einen erkennbaren Anstieg des Lebensstandards der Industriearbeiterschaft, die Teilhabe an neuen sozialen und kulturellen Verhaltensformen ermöglicht wird. Diese neue Konformität in zumindest äußerlich beobachtbaren Verhaltensweisen lokalisiert Schelsky insbesondere in der unteren Mitte der Gesellschaft und gliedert somit diesen Prozess des sozialen Wandels in eine Schichtenstufung der Gesellschaft ein. Er nannte diese soziale Großgruppe, die aus der ökonomischen Entwicklung einen erkennbaren Vorteil erzielen konnte, als kleinbürgerlich-mittelständisch. Nivellierung heißt hier, dass innerhalb dieser Schicht die großen sozialen Unterschiede verblassen und stattdessen eine Annäherung in den Lebensstilen, aber auch in den Aspirationen und Werthaltungen dieser Menschen, zu beobachten ist. Etwa auch dann, wenn es um die Gestaltung des Familienlebens, die Berufs- und Ausbildungswünsche für die Kinder, um Wohn-, Verbrauchs- und Unterhaltungsformen geht. Der Begriff integriert politische, kulturelle und wirtschaftliche Verhaltensweisen. Die Teilhabe am Zivilisationskomfort schlägt sich darin nieder, dass sich ein Gefühl breit macht, „nicht mehr ganz »unten zu sein«, sondern an der Fülle und dem Luxus des Daseins schon teilhaben zu können." (Schelsky 1953, S. 332f.) Das Schichtgefüge der bundesrepublikanischen Gesellschaft der 50er Jahre erscheint vor diesem Hintergrund nicht mehr als Schichtpyramide, sondern vielmehr bereits als eine Zwiebel mit einem breiten Sockel im unteren Mittelfeld. Der hier beschriebene Entschichtungsvorgang, der sich innerhalb einer sozialen Schicht vollzieht und gleichsam durch Aufstiegsprozesse eine Erweiterung und Neukonstitution erfährt, impliziert aber nach Auffassung von Schelsky keineswegs, dass fortan eine an der sozialen Schichtung orientierte Betrachtung und Analyse von

Gesellschaften nicht mehr möglich sei. Die alten Kriterien sozialer Ungleichheit, nämlich Beruf, Einkommen, Bildung, verlieren ihren Einfluss nicht in Gänze (siehe zur Kritik an Schelskys These auch Geißler 2008, S. 113ff.). Er stellt jedoch bereits 1953 die Frage, „ob damit noch Gruppierungen erfaßt werden, aus deren sozialem Status man wirklich spezifische, einheitliche und gemeinsame soziale Interessen und Bedürfnisse ableiten kann." (Schelsky 1953, S. 333)

Diese Fragestellung ist bis heute innerhalb der sozialen Ungleichheitsforschung virulent. Der deutsche Soziologe Theodor Geiger (1891-1952), der in den 1920er Jahren eine Analyse der deutschen Gesellschaft durchführte und in „Die soziale Schichtung des deutschen Volkes" zusammengefasst hatte, konnte damals noch von fünf „Hauptmassen" sprechen. Diese Hauptmassen stellte er als Soziallagen mit unterschiedlicher Mentalität dar, beispielsweise das kleinere und mittlere Unternehmertum, die Lohneinkommensbezieher ohne besondere Qualifikation oder der so genannte neue Mittelstand, in dem sich insbesondere Beamte, Akademiker und höhere Angestellte versammelten. Für letztere galt allerdings, dass ihnen eine gemeinsame Mentalität fehlte. Ganz anders hingegen im alten Mittelstand, der zu der Soziallage der kleineren und mittleren Unternehmer zählte; hier waren Familienorientierung und Religiosität von zentraler Bedeutung und bildeten eine Klammer für diese Soziallage. Geiger wusste aber bereits zur damaligen Zeit, dass man „als Soziograph das Handgelenk lockerer halten [muß]: Das Leben zieht keine klaren Grenzen, sondern verspielt sich in tausend Zwischenformen." (Geiger 1932, S. 82) Es kommt also immer darauf an, die zentralen und die nachrangigen Unterschiede entsprechend zu gewichten. Das Beispiel des gerade erwähnten neuen Mittelstands zeigt, dass zwischen einer „Klasse an sich" (im Sinne einer objektiven Zuordnung auf der Basis festgelegter Merkmale) und einer „Klasse für sich" zu unterscheiden ist, die erst dann gegeben ist, wenn entweder ein gemeinsames Klassenbewusstsein oder eine diese Klasse prägende Mentalität vorliegt.

Erstaunlicherweise ist bislang von einer „Schicht an sich" und einer „Schicht für sich" nicht gesprochen worden. Schicht bezeichnet als soziologische Kategorie eine Gruppierung von Menschen, die sich durch einen ähnlichen sozialen Status innerhalb einer in der Regel nahe an der beruflichen Ungleichheit orientierten Dimension positionieren lässt.

Dabei wird durchaus unterstellt, dass es innerhalb dieser Schichten auch zu ähnlichen Interessen und Mentalitäten kommen kann, insgesamt aber wird dem subjektiven Ungleichheitsempfinden eine größere Rolle zugeschrieben. Gelegentlich reduziert sich daher die Darstellung von sozialer Ungleichheit im Falle von Schichtanalysen auf die subjektive Zuschreibung von Ungleichheit, die dann letztlich in der Messung der subjektiven Schichteinstufung endet (vgl. hierzu auch Hradil 2001, S. 37ff.).

Die tausend Zwischenformen, von denen Geiger gesprochen hatte, werden im Falle einer subjektzentrierten Schichtbestimmung kaum sichtbar. In der Summe werden allenfalls unscharfe Grenzen markiert, innerhalb derer sich Interessen vor dem Hintergrund der jeweils gegebenen und erreichbaren Optionen entfalten können. Je mehr sich das verfügbare Angebot erweiterte und differenzierte und je größer auf der anderen Seite das disponible Einkommen und auch die frei disponible Zeit wurde, um so irrelevanter wurden Konzepte, die von einer Determination unterschiedlichster Verhaltensweisen durch die soziale Herkunft ausgingen. Die geringe Treffsicherheit der Vorhersage ist insbesondere dann zu beobachten, wenn es um ganz spezifische Verhaltensweisen oder Interessen geht. Vorhersagen dieser Art läuft eine Art Gesetz zuwider, das wie folgt lautet: Je stärker sich das Gefühl ausbreitet, Teil einer von der Mittelschicht dominierten Gesellschaft zu sein, desto stärker entwickelt sich ein Bedürfnis nach Differenzierung. Je stärker sich parallel dazu der Einfluss des sozialen Herkunftsmilieus reduziert, umso mehr Freiheitsspielräume für das eigene Verhalten eröffnen sich. Die Regulierungsdichte eines ständisch geprägten Verhaltens wird ersetzt durch die Freiheit des Wählens aus immer vielzähligeren (nicht unbedingt vielfältigeren) Möglichkeiten. Vor dem Hintergrund dieser Beobachtungen entfaltete sich spätestens Ende der 70er, aber signifikant dann zu Beginn der 80er Jahre eine Umorientierung in der sozialen Ungleichheitsforschung, die eng mit dem Begriff „Lebensstile" zusammenhängt (siehe auch Otte 2004).

4.4 „... rivalisierende Kämpfe?" Die Lebensstilforschung

Wenn diese Forschungsrichtung hier in erster Linie unter dem Aspekt der sozialen Ungleichheit thematisiert wird, soll nicht unerwähnt bleiben, dass der Begriff „Lebensstil" auch andere Formen von Ungleichheit beschreibt. Zapf u.a. haben vorgeschlagen, darunter „relativ stabile [...] Muster der Organisation des Alltags im Rahmen gegebener Lebenslagen, verfügbarer Ressourcen und getroffener Lebensplanung" (Zapf u.a. 1987, S. 14) zu verstehen.

In den USA begann eine intensivere Auseinandersetzung mit dem Konzept der Lebensstile Ende der 70er Jahre (vgl. Coleman 1983). Im Mittelpunkt standen dabei nicht in erster Linie neue Milieubeschreibungen, sondern die Identifizierung von Alterskohorten, die sich durch unterschiedliche Verhaltensweisen auszeichnen. Es ging beispielsweise um Generationeneffekte, die sich jenseits von Klasse und Schicht in neuen kulturellen Präferenzen niederschlugen (Literatur, Musik etc.). Je weiter sich das Indikatorenspektrum ausdehnte, um so schwieriger wurde es aber auch, die vielen Beobachtungen auf einen gemeinsamen Kern zurückführen zu können. Die Breitenwirkung des Konzepts sieht auch Müller. Er spricht von einer „Pluralisierung des Ungleichheitsparadigmas" (Müller 1992, S. 355). Ein Nebeneffekt dieser Eingrenzungsproblematik ist darin zu sehen, dass heute eine Fülle von Beschreibungen vorliegt, die sich in ihrem Anspruch und in ihrer Zielgruppenorientierung unterscheiden. Wenn im Folgenden nur zwei Beispiele herausgegriffen werden, so erfolgt dies im Bewusstsein eines Horizonts vieler anderer Möglichkeiten. Obwohl das erste Beispiel nicht die deutsche Gesellschaft betrifft, hat es die Analysen in Deutschland beeinflusst: Gemeint ist Pierre Bourdieus (1930-2002) Analyse der französischen Gesellschaft („Die feinen Unterschiede"). Als zweites Beispiel dient Gerhard Schulzes Analyse „Die Erlebnisgesellschaft", weil die sich daran anschließende Kontroverse verdeutlicht, was mit den Zwischenformen gemeint sein kann, aber auch einen neuen Blick auf Entschichtungsvorgänge eröffnet, von denen auch Schelsky berichtete. Beide Analysen sollen hier nur knapp in ihren Grundzügen dargestellt und diskutiert werden. Im Vordergrund soll dabei wiederum deren Relevanz für die Erklärung von Konsumverhalten stehen.

- ***Pierre Bourdieu: Die feinen Unterschiede***: Bourdieus Analyse kann als eine konsequente Aufkündigung des Gegensatzes von Individuum und Gesellschaft betrachtet werden. Er betrachtet das Handeln der Menschen in erster Linie unter dem Aspekt der Relationen, und diese Relationen werden zu einem guten Teil aus strategischer Perspektive beurteilt. Er leistet damit nicht nur einen signifikanten Beitrag zu einer „genuin europäischen Tradition" (Müller 1992, S. 361) der Ungleichheitsforschung, sondern markiert auch einen Wechsel zu einer spezifischen Klassentheorie.

Von Regeln zu sprechen, erscheint Bourdieu als zu starr. Alle Regeln, die sich im Alltag beobachten lassen, enthalten ein Moment von Unbestimmtheit. Diese Unbestimmtheit wiederum beschreibt das Ausmaß der Freiheitsgrade, die letztlich das praktische Handeln ausmachen. Übertragen auf den Konsum heißt dies: Es geht nicht nur um den Erwerb bestimmter Produkte, sondern auch um die Aneignung dieser Produkte im Alltag. Eine ausschließlich am Subjekt orientierte Erklärung erscheint Bourdieu unvollständig, weil dadurch alles, was sich in den alltäglichen Interaktionen der Menschen vollzieht, in das voluntaristische Belieben der jeweiligen Akteure gestellt werde.

Als Vermittlungsinstanz, die zwischen das Individuum und die Gesellschaft tritt, betrachtet er verschiedene Habitus. Wenn ein Akteur entscheiden soll, ob er ein bestimmtes Gut erwerben oder eine bestimmte Aktivität ausüben soll, trifft er nicht rein individuelle Entscheidungen. Diese Entscheidungen werden bereits vor dem Hintergrund gesellschaftlicher Wahrnehmungs- und Bewertungsschemata getroffen, die sich auch als sozialisierte Interessen bezeichnen lassen. Sie sind, so Honneth, als positionsbedingte Nutzenkalküle zu verstehen und immer vorhanden, wenngleich nicht immer bewusst (vgl. Honneth 1990, S. 161). Wenn solche Gemeinsamkeiten vorliegen, ist man in der Lage, Handlungsorientierungen zu benennen, die nicht individuell sind. Sie drängen das Individuelle aber nicht völlig zurück, sondern setzen den Rahmen für freie Entscheidungen. Der Habitus macht daher das Handeln der Menschen nicht exakt berechenbar, markiert aber eine Nähe bzw. Distanz zu unterschiedlichsten Dingen und Praktiken. Als „nicht gewähltes Prinzip aller Wahlen" (Bohn/Hahn 2007, S. 296) ist der Habitus beständiger Teil einer sozialen Logik, die sich in Einstellungen und Verhaltensweisen wiederfindet. Dies gilt für die Beurteilung von

Kunstwerken, die Bevorzugung bestimmter Obstsorten, die Einstellung gegenüber Formen des kultivierten Essens usw. Der Habitus erfasst die gesamte Alltagskultur und ist eine Art Meta-Instanz. Dieser Habitus ist nicht nur auf sich selbst bezogen bzw. die Klammer für eine soziale Großgruppe, sondern ist ebenso Teil eines gesellschaftlichen Konkurrenzkampfes. Der Habitus macht die Menschen nicht alle gleich, sondern eröffnet Spielräume des Handelns bzw. ein mehr oder weniger differenziertes Aktivitätenspektrum, das den Horizont der Möglichkeiten beschreibt. Je weiter man in der Klassenstruktur nach oben wandert, desto mehr erhöhen sich die Spielräume, zugleich erhöhen sich aber auch die rivalisierenden Kämpfe zwischen den jeweiligen Gruppen.

Die Gesellschaft, die Bourdieu beschreibt, erlebt sich vor allem über Differenzen. Diese Differenzen verschaffen nach innen das Gefühl der Identität und nach außen eine Bestätigung für Abgrenzung. Auch hier wird auf Äußerlichkeiten geachtet. An einer Stelle heißt es bei Bourdieu: „Daher besitzen von allen Unterscheidungen diejenigen das größte Prestige, die am deutlichsten die Stellung in der Sozialstruktur symbolisieren, wie etwa Kleidung, Sprache oder Akzent und vor allem die »Manieren«, Geschmack und Bildung." (Bourdieu 1974, S. 60) Der ökonomische Klassenkampf wird durch einen symbolischen Klassenkampf überlagert. Dieser symbolische Klassenkampf findet seinen Ausdruck in Lebensstilen, die auf Distinktion bedacht sind. Die von Bourdieu zur Illustration verschiedener Lebensstile herangezogenen Beispiele reichen von der Analyse der Bekanntheit klassischer Musikstücke über die Interpretation bestimmter Fotografien bis hin zu Formen der Geselligkeit, die klassenspezifische Formen aufweisen können. Dabei betont er immer wieder, dass gerade die Stilisierung des Lebens sich in einer demonstrativen Abgrenzung vom Massengeschmack niederschlägt, Kultur sich sozusagen immer ‚jenseits der Pisten' abspielt. Daher rührt auch die besondere Betonung der rivalisierenden Kämpfe innerhalb der herrschenden Klasse. Dagegen bezeichnet er die unteren Klassen als weit weniger distinguiert und spricht hier von einem „Notwendigkeitsgeschmack", der sich von dem Luxusgeschmack der oberen Klassen unterscheidet (4.e, siehe S. 227). Dabei ist er sich der Bedeutung des Einkommens für das Zustandekommen dieser „feinen Unterschiede" natürlich bewusst. Er macht aber deutlich, dass eine alleinige Fokussierung auf das Einkommen diese feinen Unterschiede nicht zu erklären vermag. Wörtlich heißt es bei ihm: Die Erklärung einer schlichten Einkommensfunktion „versagt freilich dort, wo gleiches Einkommen mit jeweils strukturell vollkommen andersartigem Konsum einhergeht: So bleiben die Vorarbeiter durchaus noch dem »populären« Geschmack verhaftet, obwohl sie über ein höheres Einkommen verfügen als die unteren Angestellten, deren Geschmack wiederum von einem abrupten Bruch zu dem der Arbeiter gekennzeichnet ist und dem der Lehrer höherer Schulen und Hochschulen nahe steht." (Bourdieu 1982, S. 289)

Bourdieus Analyse ist reich an Beispielen, die jenseits einer groben Unterscheidung von Klassen sehr differenzierte Beobachtungen offenbaren, die einer bestimmten Logik gehorchen. Gliedert man die Konsumstrukturen nach den Ausgaben für Nahrung, Kultur und Selbstdarstellung und Repräsentation, nehmen die beiden letzteren mit dem Anstieg in der sozialen Hierarchie einer Gesellschaft zu. Primärbedürfnisse dominieren in den unteren Klassen und die oberen Klassen versuchen, sich von diesen Primärbedürfnissen abzuheben. Die Binnenkonkurrenz in den oberen Klassen – dieser Gedanke erinnert an die Ausführungen von Veblen – nehmen immer skurrilere Formen an und entfernen sich sukzessive von Pragmatismus und Unkompliziertheit. Dagegen findet man in den unteren Klassen noch eine Präferenz für das Nicht-Stilisierte, für das Einfache und Unprätentiöse. Dieser Unterschied wird von Bourdieu sehr ausführlich beschrieben; er deutet zugleich den antibürgerlichen Affekt an, der seine Position mitbestimmt. Der Realismus der einfachen Leute (vgl. Bourdieu 1982, S. 322) wird als eine strategiefreie Form der Lebensführung dargestellt. Bourdieu beschreibt Sozialwelten, die sich hinsichtlich ihres Realismus und den Bezug auf Notwendigkeiten, aber auch hinsichtlich der Bandbreite von Stilisierungen skizzieren lassen. Bei aller Kritik, die sowohl an dem Habitus-Konzept als auch an dem Distinktions-Phänomen geübt wurde (vgl. hierzu ausführlich Müller 1992, S. 346ff.), ist die von Bourdieu vorgenommene Relationierung von Theorie und Empirie ein maßgebliches Vorbild für die Lebensstilforschung geworden, ohne im Sinne einer Imitation gewirkt zu haben. Die Art und Weise, wie soziale Positionen auf der einen Seite und Konsum- bzw. Freizeitinteressen auf der anderen Seite verknüpft wurden, ist als Leitprinzip fortgeführt worden, ohne zugleich auch die damit einhergehende Theorie zu kopieren. Gerade gegen Letzteres verwehrt sich auch der Autor, der für das zweite hier zu skizzierende Beispiel verantwortlich zeichnet: Gerhard Schulze.

- ***Gerhard Schulze: Die Erlebnisgesellschaft*:** Während Bourdieu die Distinktion hervorhebt, stellt Schulze in seiner Analyse der deutschen Gesellschaft die Genussorientierung in den Vordergrund. Damit verbindet sich nach seiner Auffassung ein Rückgang des Stellenwerts sichtbarer Statussymbole. Kern dieser Verschiebung von Relevanzen ist der wachsende Stellenwert von Erlebnissen. Diese werden für den Bereich der Konsum- und Freizeitgestaltung zu einem wichtigen Selektionskriterium. Es handelt sich dabei um eine Disposition, die sich nach Schulzes Auffassung immer häufiger im Handeln der Menschen niederschlägt. Diese Einschränkung gilt es zu beachten, wenn im Folgenden die Grundzüge seiner Gesellschaftsdiagnose und die daraus resultierenden Konsequenzen für die Konsumsoziologie herausgearbeitet werden.

Für Bourdieus Analyse galt folgende Grundannahme: „Auch kulturelle Güter unterliegen einer Ökonomie, doch verfügt diese über ihre eigene Logik. Die Soziologie sucht die Bedingungen zu rekonstruieren, deren Produkt die Konsumenten dieser Güter und ihr Geschmack gleichermaßen sind [...].“ (Bourdieu 1982, S. 17) Das beschriebene Habitus-Konzept konstituiert in diesem Zusammenhang einen Raum der Lebensstile, der durch ein hohes Maß an Übereinstimmung gekennzeichnet ist und sich insbesondere in den mittleren und oberen Klassen durch unterschiedlichste Distinktionsstrategien aufbaut und reproduziert. Schulze legt hingegen ein Modell vor, das als antihierarchisch wahrgenommen werden kann, obwohl die von ihm identifizierten Milieus auch ohne weiteres in einen Rahmen vertikaler Ungleichheit eingefügt werden könnten. Müller hat in einem Kommentar zu Schulzes Buch „Die Erlebnisgesellschaft“ auf Folgendes hingewiesen: „Klassifiziert nach sozialer Lage ergibt sich eine Rangordnung mit dem Niveaumilieu an der Spitze, gefolgt vom Selbstverwirklichungs- und Integrationsmilieu in der Mitte und Harmonie- und Unterhaltungsmilieu am unteren Ende der Hierarchie.“ (Müller 1993, S. 779) Damit sind hier bereits die Namen genannt worden, die anstelle einer herkömmlichen Schichtklassifikation neue soziale Großgruppen benennen, die eine Gesellschaft – hier die der Bundesrepublik Deutschland – auszeichnen. Während Bourdieu die soziale

Herkunft nach wie vor als eine zentrale Bestimmungsgröße betrachtet, betont Schulze in weitaus stärkerem Maße die Dimension des Wählens, die freiwillige Selektion der Zugehörigkeit zu bestimmten Lebensstilen. Für ihn bezeichnen soziale Milieus „Personengruppen, die sich durch gruppenspezifische Existenzformen und erhöhte Binnenkommunikation voneinander abheben." (Schulze 1992, S. 174) Wenn von Milieus gesprochen wird, ist daher mehr als nur Beschreibung im Sinne von Soziografie gemeint. Milieuzugehörigkeit erscheint nach Schulze immer weniger als ein zugeschriebener Status, stattdessen als ein Bekenntnis zu bestimmten Lebensformen. Er geht soweit und behauptet: „Immer weniger wird die Entfaltung persönlicher Stile durch die Einkommensverhältnisse limitiert. Nach wie vor vorhandene Einkommensunterschiede haben nicht mehr die Auswirkung, daß sie unterschiedliche Milieuzughörigkeit durch die maximal erreichbare Aufwendigkeit der Lebensführung determinieren würden." (Schulze 1992, S. 177) Diese Einschätzung erinnert an die frühe Diagnose von Schelsky, der zumindest für die untere Mittelschicht eine wachsende Teilhabe an den Wohlstandsgütern diagnostiziert hatte. Hier gilt es aber zu betonen, dass Schulze insbesondere die Schicksalhaftigkeit gesellschaftlicher Zuschreibungsprozesse zurückweist zugunsten einer nicht auf Fremdbestimmung beruhenden Wahl. Das enge Korsett des Habitus, wie es im Falle von Bourdieu beschrieben wird, wird hier – um im Bild zu bleiben – durch legere Kleidung substituiert. Schulzes Milieusegmentierung ist zugleich eine Antwort auf den Individualisierungsirrtum und die Prognose vom Ende des Sozialen. Für ihn sind Milieus Selektionsgemeinschaften, die über ein gemeinsames handlungsrelevantes Wissen verfügen. Dieses Wissen aber wird nicht in jedem Falle neu konstituiert, sondern resultiert aus unterschiedlichen Wertesynthesen. Eine nähere Betrachtung dieser Milieus zeigt denn auch, dass hier keineswegs soziale Erscheinungsformen beschrieben werden, die bis dato unbekannt gewesen sind. Allenfalls mögen sich die Mischverhältnisse geändert haben. Die nachfolgende Abbildung 4.5 soll die wesentlichen Merkmale und Konstitutionsbedingungen dieser Milieus illustrieren. Wenn hier von Konstitutionsbedingungen gesprochen wird, wird auf eine Begrifflichkeit Bezug genommen, der in Schulzes Analyse ein zentraler Stellenwert zukommt: alltagsästhetische Schemata. Diese Schemata lassen sich als eine Art kognitiver Kompass für Mitglieder von Gesellschaften bezeichnen, die in diesen selbst nach Orientierung suchen und dabei einen mit den eigenen Werthaltungen und Interessen korrespondierenden Handlungsentwurf wählen. Dabei geht es vor allem um eine Vielzahl von Zeichen, das heißt Objekte des Alltags, denen eine bestimmte Bedeutung zugeschrieben wird, aber auch um Ideelles. Während Marx die Unterscheidung zwischen Klasse an sich und Klasse für sich zur Verdeutlichung des Vorhandenseins gesellschaftlichen Bewusstseins herangezogen hatte, könnte in Bezug auf Schulze gesagt werden: Er bevorzugt eine Unterscheidung von „Zeichen an sich" und „Zeichen für sich" und verbindet damit eine Identifikation mit relativ homogenen Ausdrucksformen (Literatur, Kunst, Musik, Freizeitgestaltung etc.). In der Summe entsteht auch hierdurch eine Skizze des sozialen Raums, die sich durch eine Milieusegmentierung veranschaulichen lässt.

Als Zwischenresultat kann festgehalten werden, dass jene Verhaltensweisen, die sowohl für Bourdieu als auch für Veblen eine zentrale Bedeutung im gesellschaftlichen Konkurrenzkampf eingenommen hatten, nämlich Distinktion und demonstrativer Konsum, nach Schulze signifikante Einbußen erleiden und durch eine neue Grundorientierung ersetzt werden.

Abbildung 4.5 Soziale Milieus und alltagsästhetische Schemata nach Schulze

	hohe Bildung	mittlere Bildung	niedrige Bildung
Alte Milieus: **40 Jahre und älter**	**Niveaumilieu:** Nähe zum Hochkulturschema Distanz zu Trivial- und Spannungsschema	**Integrationsmilieu:** Nähe zu Trivial- und Hochkulturschema (überwiegend) Distanz zum Spannungsschema	**Harmoniemilieu:** Nähe zum Trivialschema Distanz zu Spannungs- und Hochkulturschema
Junge Milieus: **Jünger als 40 Jahre**	**Selbstverwirklichungsmilieu:** Nähe zu Hochkultur- und Spannungsschema Distanz zum Trivialschema		**Unterhaltungsmilieu:** Nähe zu Trivial- und Spannungsschema Distanz zum Hochkulturschema

Alltagsästhetische Schemata: dominante Attribute

Hochkulturschema: schöngeistig, kultiviert, kontemplativ, exklusiv

Trivialschema: gleichmäßig, gemütlich, antiexzentrisch, alltäglich, harmonisch, konventionell

Spannungsschema: enthemmt, dynamisch, rhythmisch, diskontinuierlich, spaßorientiert

Quelle: Eigene Darstellung in Anlehnung an Schulze 1992

Die Art und Weise, wie Menschen ihr Leben gestalten, ist weniger für die Zuschauer gedacht, also als Möglichkeit der Beeindruckung Dritter, sondern nimmt für den persönlichen Lebensentwurf und für eine nach innen gerichtete Orientierung an Bedeutung zu. Vor allem dieser Sachverhalt dürfte zu einer einseitigen Interpretation des Begriffs „Erlebnisgesellschaft" beigetragen haben. Schulze ging es um die Verdeutlichung einer Relevanzverschiebung, die sich in einem historischen Kontext von gut 40 Jahren erkennen ließ: die wachsende Bedeutung von Erlebnissen in einer Gesellschaft, die an einer Vielzahl von Optionen zu leiden beginnt. Acht Jahre nach der erstmaligen Publikation seiner Analyse stellte Schulze in einem kurzen Beitrag fest: „Die Aussage, eine Gesellschaft sei „eine Erlebnisgesellschaft" (oder sie sei es nicht), zeugt von unsoziologischem Denken, weil sie der Unschärfe und Vielschichtigkeit des Gegenstands nicht gerecht wird. Die Soziologie kann immer nur über Mischungsverhältnisse und ihren Wandel sprechen." (Schulze 2000, S. 4) Eben diese Mischungsverhältnisse sind soeben betont worden. Das ist die entscheidende Botschaft, nicht die Wahl eines Begriffs, der notgedrungenermaßen immer mit Pointierungen arbeiten muss. Denn Erlebnisse, die mittlerweile von einem umfangreichen Programm des Event- und Erlebnismarketing bedient und begleitet werden, lassen viel Raum für Differenzierung. Insofern ist Schulzes Vorschlag, sich an drei relevanten Schemata zu orientieren (vgl. auch Abbildung 4.5), nur ein weiterer Beleg dafür, dass Geigers Hinweis auf die Unmöglichkeit klarer Trennungslinien nach wie vor und wohl in viel stärkerem Maße als damals Gültigkeit hat.

Fest steht, dass Gesellschaften in zunehmendem Maße Phänomene produzieren, die permanent als Aufforderung, ein neues Rätsel zu lösen, empfunden werden. Ein zentraler Auslöser für diese Überraschungseffekte wird einhellig in einer wachsenden Individualisierung gesehen. Individualisierung meint: die Verschiebung bzw. Auflösung von alten Mustern sozialer Ungleichheit, das Aufkommen und die Konkurrenz neuer Lebensformen, der Wertewandel im allgemeinen, die Ausdifferenzierung des Wissens, die Beschleunigung des Lebens, die Ambivalenz der Vielfalt, die sowohl als Chance als auch als Überforderung erlebt wird. Dass auch Schulze noch Milieus identifizieren kann, ist somit das Resultat eines latent vorhandenen Integrationsbedürfnisses der Menschen. Der Rückgang traditioneller Sozialzusammenhänge wird durch das Entstehen neuer Sozialzusammenhänge aufgefangen (vgl. Schulze 1992, S. 76). Die Zunahme von Optionen erhöht den Entscheidungsbedarf, der letztlich individuell, aber unter Rückgriff auf

Selektionshilfen, die zugleich auch Konformitätsbereitschaft steigern, erfolgt (Orientierung an Schemata bzw. Milieus). Schulzes Antwort auf Individualisierung lautet: Es werden keine markanten Unterschiede signalisiert, sondern ein kollektives Phänomen durch Oberflächendifferenzierungen zufriedengestellt. Schulze hat hierfür auch einmal die markante Formel „Erlebnisse vom laufenden Band" gewählt (4.f, siehe S. 230). Man kann darüber streiten, ob der Vorschlag, diese Vorgänge auf einem Erlebnismarkt zu platzieren, von dauerhafter Bedeutung sein kann. Schulze beschreibt mit dem Begriff „Erlebnismarkt" eine Institution, die nach den neuen Regeln von Angebot und Nachfrage operiert. Die Besonderheit des Erlebnismarktes besteht darin, dass Individualisierung ein höheres Maß an Unberechenbarkeit der Konsumenten mit sich bringt und damit insbesondere die Anbieter von Produkten auf diesem Erlebnismarkt gefordert sind. Die von Schulze beschriebene Asymmetrie zwischen Erlebnisanbietern und Erlebnisnachfragern ist im Grunde genommen eine Spielart der Veränderung von Verkäufermärkten zu Käufermärkten[26]. Der Erlebnismarkt beschreibt aber insbesondere eine Veränderung von Konsumorientierungen, die sich signifikant in den jüngeren Milieus beobachten lassen. Hier trifft man auf Personen, die Bedürfnisbefriedigung ohne großen Aufwand erzielen wollen und auch eine langfristige Bindung an bestimmte Produkte und Dienstleistungen zu Gunsten einer Orientierung an Moden und Trends aufgeben. Man möchte anders sein als die anderen, aber dennoch nicht ohne Bindung an Dritte bleiben. Konsumentensouveränität ist dieser Klientel zu anstrengend.

Damit wird der Erlebnismarkt im Sinne von Schulze zu einer Institution, die es der Gesellschaft ermöglicht, sich selbst zu beobachten. Diese Beobachtung selbst darf wiederum nicht zu kompliziert sein, weil sie ansonsten dem Bedürfnis nach Erlebnissen zuwiderläuft. Gerade für diese neue Form der Rationalität gilt: „Erlebnisrationalität könnte gerade in der Vermeidung expliziter Erlebnisplanung bestehen, damit der sensible Vorgang des Erlebens nicht durch die Absicht gestört wird, ihn herbeizuführen." (Schulze 1992, S. 426) Damit steigt der emotionale Faktor im Rahmen von Entscheidungen, ohne dass er Rationalität im klassischen Sinne völlig außer Kraft setzen würde. Anbieter auf solchen

[26] Siehe hierzu auch die Ausführungen in Kapitel 6.

Märkten stehen daher vor einem Problem: Einfache Lösungen für ungeduldige Konsumenten zu präsentieren, die Langeweile verabscheuen. Diese Reduktion von Komplexität illustriert Schulze unter anderem an dazu verwandten Strategien:

- *Schematisierung* der Angebote (= Orientierung an bestimmten Stiltypen). Der Konsument realisiert die Nähe zu bestimmten alltagsästhetischen Schemata und antwortet innerhalb dieses Schemas mit Variation: „Man kauft neue Kleider, bleibt aber seinem Typ treu." (Schulze 1992, S. 435)
- *Profilierung* (= Hervorhebung der Einmaligkeit von Produkten)
- *Abwandlung* und *Suggestion* (= Strategien der Vermittlung von Neuheit). Veränderungen müssen als neu empfunden und entsprechend inszeniert werden: „Immer häufiger stoßen Gebrauchswertsteigerungen in die Sphäre des Unbrauchbaren vor: Erhöhung der Höchstgeschwindigkeit von Autos, Erhöhung der Lautstärke von Boxen, Erhöhung der Genauigkeit von Armbanduhren." (Schulze 1992, S. 442) Ebenso wird der Arbeit an Erlebnissen eine „Konstruktionshilfe" (ebenda, S. 443) gegeben.

Obwohl auf der einen Seite die Gesellschaft also immer komplizierter wird, erscheint sie sich auf der anderen Seite selbst in einfacher Form zu steuern bzw. bereitwillig steuern zu lassen. So zumindest ließe sich Schulzes Schlussfolgerung interpretieren, wonach folgender Prozess stattfindet: „Unter dem Etikett der Individualisierung erobern sich neue Formen der Vergesellschaftung die Sozialwelt." (Schulze 1996, S. 38) Eigentlich müsste man hinzufügen: Es handelt sich um den Versuch, unter dem Etikett der Individualisierung diese neuen Formen der Vergesellschaftung voranzutreiben. Denn Schulze selbst ist es, der den Begriff „Individualisierungszauber" (Schulze 1996, S. 41) verwendet, um damit wohl indirekt dem Konsumenten die Fähigkeit, dieses Schauspiel zu durchschauen, zuzugestehen. Unter Rückgriff auf Katona könnte der moderne Konsument als ebenso lernfähig wie der Konsument der 50er und 60er Jahre beschrieben werden. Er wird daher unter neuen Bedingungen eine neue Form von situationsspezifischer Zweckrationalität entwickeln und sich im Sinne einer klugen Anpassung mit den neuen Modalitäten arrangieren. Der häufig beschriebene ambivalente bzw.

hybride Verbraucher, auf den in Kapitel 6 dieses Buchs noch einmal eingegangen wird, erweist sich vor diesem Hintergrund als ein Konsument, der mittlerweile hinreichend häufig darüber aufgeklärt wurde, dass er schwer zu berechnen ist. Dieser Sachverhalt macht die Identifizierung von Lebensstilen nicht obsolet. Er macht eben deutlich, dass Kaufkraft, Bildung und soziale Herkunft in einer in ihren Wahlen freien Gesellschaft eben nicht von geringer Relevanz sind. Lebensstil- und Milieukonzeptionen sind daher auch Antworten auf den großen Interpretationsspielraum, den Versuche einer subjektiven Schichteinstufung hinterlassen. Die als Sinus-Milieus bekannt gewordenen Klassifikationen moderner Gesellschaften fügen sich in diesen Rahmen ein. Die Beschreibung dieser vielen neuen Mischverhältnisse sollte daher beachten, dass auch der Konsument im Zuge der Entscheidung für bestimmte Konsumprodukte nicht ausschließlich auf Entweder-/Oder-Lösungen setzt. Campbell hat einen möglichen Extrempunkt dieses Entscheidungsspektrums mit der „Consumption as communication"-These beschrieben. Diese besagt: „It has become quite usual for sociologists to suggest that when individuals in contemporary society engage with consumer goods they are principally employing them as 'signs' rather than as 'things' actively manipulating them in such a way as to communicate information about themselves to others." (Campbell 1997, S. 340) Die Gegenposition zu dieser These wäre die ausschließliche Berücksichtigung von Funktionalität und Zweckdienlichkeit im Sinne von Haltbarkeit, Perfektion und angemessenem Preis-Leistungs-Verhältnis.

Damit kann am Ende dieses Kapitels noch einmal darauf hingewiesen werden, dass auch für die Beurteilung des Zusammenhangs von sozialer Schicht und Konsumverhalten das Verhältnis von sachlichen und sozialen Motivationen nach wie vor eine große Rolle spielt. Dieser soziologische Basismechanismus prägt individuelle Entscheidungen und daraus resultierende gesellschaftliche Phänomene. In besonderer Weise lässt sich dieser Mechanismus beobachten, wenn man sich mit Modephänomenen und Ausbreitungsprozessen von Neuerungen beschäftigt. Dieser Aufgabe widmet sich Kapitel 5.

Zum Weiterlesen:

Gross, Peter (1994): Die Multioptionsgesellschaft. Frankfurt am Main.

Hirsch, Fred (1980): Die sozialen Grenzen des Wachstums. Eine ökonomische Analyse der Wachstumskrise. [Aus dem Engl.]. Reinbek bei Hamburg.

Weimann, Gabriel (1994): The Influentials. People who influence People. Albany, insb. Kapitel 7 und 8.

Beispieltexte[27] zu Kapitel 4:

4.a Don Slater

(1997): Consumer Culture and Modernity. Cambridge. Polity Press.

Consumer culture identifies freedom with private choice and private life S. 27-29

"To be a consumer is to make choices: to decide what you want, to consider how to spend your money to get it. This exercise of choice is in principle, if never in fact, unconstrained: no one has the right to tell you what to buy, what to want. 'Consumer sovereignty' is an extremely compelling image of freedom: apart from the modern right to choose our intimate partners, it provides one of the few tangible and mundane experiences of freedom which feels personally significant to modern subjects. How emotionally charged within everyday life is the right to vote?

The 'freedom' of consumer culture is defined in a particular way which is crucial to modernity, especially its liberal version: consumer choice is a private act. Firstly it is private in the positive sense that it occurs within a domain of the private – of the individual, the household, the group of friends – which is ideologically declared out of bounds to public intervention. The relation between freedom and privacy is crucial to the idea of the modern individual: reason, for example, was

[27] Zur Bearbeitung der Beispieltexte siehe die Hinweise am Ende der Einleitung.

conceptualized by much of the Enlightenment as a private resource, found within the individual, with which he (as we shall see, the hero of this story is specifically male) could resist the irrational social authority of tradition, religion, political elites, superstition. Private, individual resources were also defined in terms of the interests of the individual, which only he could know and which he had every right to pursue. Consumer choice is merely the mundane version of this broader notion of private, individual freedom.

Secondly, however, consumer choice is private in the more negative sense that it is restricted to the household, mundane domesticity, the world of private relationships. Any particular act of consumption is private in the sense of having no public significance. We do not consume in order to build a better society, to be a good person and live the true life, but to increase private pleasures and comforts.

Consumer culture is marked by this double sense of privacy and its relation to choice and freedom: individual empowerment, meaning, investment in the future, identity etc. are bound up with a restricted area of life. The constant complaint of critical traditions is that in becoming 'free' as consumers we barter away power and freedom in the workplace or in the political arena in exchange for mere private contentment.

Finally, and perhaps most importantly, the privacy of individual choice seems to contradict social order, solidarity and authority. If individuals define their own interests, how can society hold together? If choice is governed by private individual preferences, what happens to enduring cultural values? In many respects, this is the main preoccupation of critics of consumer culture, both conservative and radical: if we cannot judge or regulate the desires of individuals, how can they work to constitute a good or progressive or authentic collective life? [...]

In most cultures, the possibility that needs may be insatiable indicates a social or moral pathology (sin, corruption, decadence) or a very particular status marker for social elites (the excesses of competitive display). In consumer culture, uniquely, unlimited need – the constant desire for more and the constant production of more desires – is widely taken to be not only normal for its denizens but essential for socio-economic order and progress.

The idea of insatiable need is bound up with notions of cultural modernization: the increased productivity of modern industry is widely understood as both a response and a spur to the capacity of people's desires to become increasingly sophisticated, refined, imaginative and personal, as well as people's desire to advance themselves socially and economically. As we shall see in several chapters, these capacities can be heralded as either a quantum leap in human civilization or a descent into decadence. On the other hand, it is generally accepted by most parties that a commercial society is systemically dependent on the insatiability of needs: put crudely, commodity production requires the sale of ever-increasing quantities of ever-changing goods; market society is therefore perpetually haunted by the possibility that needs might be either satisfied or underfinanced.

This fear emerges in many forms and through a variety of historical experiences. There is the perpetual fear that workers will choose more time rather than more goods as the reward for industrial progress [...]. The redefinition of leisure time as consumption time, the commodification of leisure, has been crucial in sustaining capitalist growth. Experiences of global economic depression in the inter-war years give rise to an elaborate structure of demand management strategies (Keynesianism, welfare state). It has also been argued that advertising and marketing have not only addressed demand deficits for particular brands and products but also participated in changing values from a puritan orientation to savings, the future, the preservation of goods and sobriety to a hedonistic ethos of spending and credit, orientation to the present, rapid technical and aesthetic obsolescence, the turnover of styles and goods and a playful culture.

For many authors, it is precisely in this domain that the fundamental and ultimately self-rending cultural contradictions of modernity (and its crumbling into postmodernity) arise: economic modernization is characterized, on the one hand, by rational planning, discipline and labour underpinned by a work ethic; yet, on the other hand, it structurally depends upon fostering irrational desires and passions, a hedonistic orientation to gratification in the present which must surely undermine it."

4.b Kurt Lewin

(1982): Kurt-Lewin-Werkausgabe. Band 4 Feldtheorie, hrsg. Von Carl-Friedrich Graumann. [Aus dem Engl., zuerst 1951]. Bern, Stuttgart. Hans Huber, Klett-Cotta.

Die Kanal-Theorie
S. 295, 297, 298, 299

„Die Frage, «warum essen die Leute, was sie essen», ist ziemlich komplex, sie schließt kulturgeschichtliche und psychologische Aspekte ein (beispielsweise traditionelle Speisen und aus Kindheitserlebnissen stammende individuelle

Vorlieben), aber auch Probleme des Transports, der Verfügbarkeit an einem bestimmten Ort und wirtschaftliche Erwägungen. Der erste Schritt ihrer wissenschaftlichen Analyse liegt deshalb in der Behandlung der Frage, wo und wie sich die psychologischen und die nichtpsychologischen Aspekte überschneiden. Dieses Problem läßt sich, wenigstens teilweise, durch eine «Kanal-Theorie» lösen.

Die Tatsache, daß Speisen, die auf den Tisch kommen, von irgendeinem der Familienmitglieder auch gegessen werden, ist in dieser Theorie von überragender Bedeutung. Man könnte deshalb die Frage, «warum essen die Leute, was sie essen?», zur Hauptsache damit beantworten, daß man eine Antwort auf die Frage gibt, «wie und warum gelangen die Nahrungsmittel auf den Tisch?».
Die Nahrungsmittel gelangen durch verschiedene Kanäle auf den Tisch [...]. Man kauft in einem Laden ein; nachdem die Sachen eingekauft sind, verschließt man sie in einen Schrank, nimmt sie später heraus, kocht und bringt sie auf den Tisch. Ein anderer Kanal ist der eigene Garten. Andere sind zu nennen, so der Zustelldienst, das Einkaufen auf dem Lande, das Backen und Einmachen zu Hause. [...]

Die Lebensmittel bewegen sich nicht aus eigenem Antrieb. Daß sie in einen Kanal gelangen oder nicht, und daß sie in diesem Kanal von einer Stelle zur andern kommen, wird durch einen «Pförtner» bewirkt [...]. Um die Nahrungsmittel, welche in den Kanal «Einkaufen» eintreten, genau zu kennen, sollten wir wissen, ob der Hausherr, die Hausfrau oder die Hausangestellte die Einkäufe besorgt. Ist es die Hausfrau, so muß die Psychologie der Hausfrau, besonders ihre Haltungen und ihr Verhalten beim Einkaufen, studiert werden.

Sehr wichtig ist, klar zu sehen, daß die psychologischen Kräfte, welche die Nahrungsmittel auf ihrer Wanderung beeinflussen, für die verschiedenen Kanäle sowie für die verschiedenen Abschnitte eines Kanals verschieden sein können. Jeder Kanal setzt der Fortbewegung einen gewissen Widerstand entgegen, und es gibt Kräfte, die den Eintritt in einen Kanal zu verhindern suchen. Wenn beispielsweise eine Speise viel kostet, so wirken zwei entgegengesetzte Kräfte auf die Hausfrau ein. Sie gerät in einen Konflikt. Die Kraft, die vom Zuviel-Geld-Ausgeben fortweist, hindert die Speisen am Eintritt in den Einkaufskanal. Eine zweite Kraft, die der Anziehungskraft der Speise entspricht, hat die Tendenz, ihr den Eintritt in den Kanal zu verschaffen.

Nehmen wir einmal an, eine Hausfrau habe sich entschlossen, ein teures Stück Fleisch zu kaufen: die Speise passiert das Tor zum Kanal. Nun ist die Hausfrau sehr erpicht darauf, es nicht zu verschwenden. Die Kräfte, die vorher entgegengesetzt gerichtet waren, wirken nun beide in gleicher Richtung: der hohe Preis, der vorher die teure Speise auszuschließen versuchte, bewirkt nun, daß die Hausfrau besorgt ist, daß das Fleisch durch alle Hindernisse hindurch sicher auf den Tisch kommt und gegessen wird. [...]

Es ist von Bedeutung, daß man weiß, welche Familienglieder welche Kanäle beherrschen, da jegliche Veränderungen über diese Personen erzielt werden müssen. In allen untersuchten Gruppen beherrscht eindeutig die Hausfrau die Kanäle, ausgenommen den Garten, wo der Ehemann aktiv eingreift; doch sogar hier gebietet der Ehemann selten allein. Von den Kindern wird nie erwähnt, daß sie über diesen oder jenen Kanal gebieten, obwohl sie durch Verweigerung der ihnen vorgesetzten Speisen die Entscheidungen ohne Zweifel indirekt beeinflussen.

[...] Um die Essensgewohnheiten verstehen und beeinflussen zu können, müssen wir, über die objektiven Lebensmittelkanäle und die objektive Verfügbarkeit hinaus, die psychologischen Faktoren in der Person kennen, welche über die Kanäle gebietet.

Die Psychologie des «Pförtners» erstreckt sich auf eine große Vielfalt von Faktoren, die wir nicht vollständig darzustellen gedenken. Man kann diese Faktoren unter zwei Gesichtspunkten einteilen: einmal unter dem Gesichtspunkt der Erkenntnisstruktur, das heißt der Art und Weise, wie die Leute über das Essen denken und sprechen; und zweitens unter dem Gesichtspunkt der Motivation, beispielsweise des Wertsystems, welches die Wahl ihrer Nahrung bestimmt."

4.c Vance Packard

(1969) Die geheimen Verführer. Der Griff nach dem Unbewussten in jedermann. [Aus dem Amerik., zuerst 1957]. Düsseldorf. Econ.

Klasse und Kaste im Laden
S. 141-145

„Als Lloyd Warner von der Universität Chicago 1948 sein Buch Social Class in America veröffentlichte, rief es in akademischen Kreisen respektvolles Aufsehen hervor; noch größeres Aufsehen sollte es jedoch in den folgenden Jahren in Wirtschaftskreisen erregen. Es wurde schließlich als Meilenstein in der soziologischen Verbraucherforschung angesehen. Es wurde ein Handbuch, mit dessen Hilfe die Wirtschaft ihre Werbung so zurechtbiegen konnte, daß sie damit die verschiedenen sozialen Schichten der amerikanischen Bevölkerung besonders überzeugend ansprechen mußte. Das Journal of Marketing nannte Warners Begriffsbestimmung

der sozialen Klassen in Amerika »den bedeutsamsten Schritt nach vorn, der seit vielen Jahren auf dem Gebiete der Marktforschung gemacht wurde«. Das Buch bewirkte so viel Aufregung im Marktwesen, weil es die Motive und Wünsche der Menschen nach Klassenzugehörigkeit gliederte.
Bei der Gründung der Motivforschungsfirma Social Research, Inc., erkor Burleigh Gardner die Warnersche Definition zum wichtigsten Leitsatz und nahm Warner als Teilhaber in die Firma auf.

Warners Begriff der sozialen Schichtung Amerikas geht von einer sechsklassigen Gesellschaft aus. Diese Klassen unterscheiden sich seiner Meinung nach deutlich voneinander, wobei jede Klasse für sich eine Gleichförmigkeit des Verhaltens aufweise, die mit ziemlicher Genauigkeit vorausgesagt werden könne. Er definiert seine sozialen Klassen nicht nur nach Wohlstand und Macht, sondern auch nach dem Konsum der Menschen und den Formen ihrer Geselligkeit. Dieser großzügigeren Auffassung von der Differenzierung schlossen sich andere kluge Beobachter der amerikanischen Gesellschaft an. Russell Lynes, Herausgeber und Redakteur von Harper's, benutzte in seiner berühmten Gliederung der geistigen Ober-, Unter- und Mittelschichten den gemischten Salat als ein zuverlässigeres Kennzeichen für die geistige Haltung eines Menschen als sein Bankkonto. Und David Riesman weist in seinem heute klassischen Buch *Die einsame Masse* darauf hin, daß wir die Heraufkunft einer neuen sozialen Ordnung erleben, mit Kriterien des Status, die bei den herkömmlichen Einheiten der Klassenstruktur unberücksichtigt blieben.

Warners sechs Klassen setzen sich, ihren typischen Bestandteilen nach geordnet, in großen Zügen wie folgt zusammen:

1. Obere Oberklasse – die Geburtsaristokratie einer Gemeinde
2. Untere Oberklasse – die Neureichen
3. Obere Mittelklasse – Angehörige der freien Berufe, Beamte und leitende Angestellte, Eigentümer der größeren Geschäfte in einer Gemeinde
4. Untere Mittelklasse – einfache Angestellte, Handwerker, einige wenige Facharbeiter
5. Obere Unterklasse – hauptsächlich Fach- und angelernte Arbeiter
6. Untere Unterklasse – ungelernte Arbeiter und nichtassimilierte Fremdgruppen

Vom Standpunkt Wirtschaft aus gesehen bilden die drei Spitzenklassen den sogenannten »Qualitätsmarkt«; sie machen etwa 15 Prozent der Gesamtbevölkerung aus. Weitere 20 Prozent der Gesamtbevölkerung findet man zuunterst in der »Unteren Unterklasse«. Die vierte und die fünfte Klasse interessieren die Wirtschaft am stärksten, denn zusammengenommen machen sie bei einer typischen Gemeinde etwa 65 Prozent der Bevölkerung aus, und in ihnen konzentriert sich ein großer Teil der Kaufkraft des Landes.

Innerhalb dieser 65 Prozent der Bevölkerung hat sich die Wirtschaft besonders für die Frau interessiert. In der Wirtschaft heißt sie »Mrs. Middle Majority«, und Gardner nennt sie »Engel der Werbung«. (Stärker als am männlichen Brotverdiener sind Industrie und Handel an der Frau interessiert, weil die Frau normalerweise rund 80 Prozent der Familieneinkäufe kontrolliert.)

Zum Glück für Handel und Industrie ist Mrs. Middle Majority von vielen der für die amerikanische Hausfrau bestimmten Erzeugnisse einfach entzückt, besonders von Produkten und Zubehör für die Küche, den Mittelpunkt ihrer Welt. Ihre Küche ist, nach Warners Feststellungen, tatsächlich bedeutend hübscher eingerichtet als eine Küche der Oberklasse. Warner sagt: »Es klingt verrückt, aber es stimmt. Diese Frau ist ein wunderbarer Markt; kaum sind all die schönen Sachen herausgebracht, sieht man sie schon bei ihr herumstehen. Kommt man zu ihr ins Haus, erwartet sie oftmals, daß man ihre Küche an- schaut und bewundert. «

Die volkstümliche amerikanische Literatur, die Werbung und das Fernsehen stellen die »typische amerikanische Hausfrau« als aufgewecktes, flinkes, sehr verständiges und tüchtiges Mädel dar. Diese idealisierte, von den Symbolmanipulatoren erschaffene amerikanische Durchschnitts-Hausfrau und die von Mr. Warner dem wahren Leben entnommene Mrs. Middle Majoriry haben wenig Ähnlichkeit miteinander, zumindest was ihre Gefühlswelt anbelangt. Nach Burleigh Gardner besitzt Mr. Middle Majoriry ein ausgeprägtes Verantwortungsgefühl und baut ihr ganzes Leben rund um ihr Heim auf. Andererseits lebt sie in einer engen und begrenzten Welt und hat ziemliche Angst vor der Außenwelt. Für staatsbürgerliche Dinge oder die Künste interessiert sie sich wenig; sie fügt sich bereitwillig und rasch in anerkannte Schablonen und verspürt keinen Drang nach Originalität. Lloyd Warner faßt ihr Charakterbild noch anschaulicher zusammen, wenn er den Werbefachleuten sagt, »diese Frau der großen Mitte ist das Ziel, bei dem Sie >ankommen< müssen«, und ergänzend erklärt, daß sie in einer außerordentlich beschränkten Welt lebt. Sie arbeitet schwerer als andere Frauen, ihr Leben verläuft zwischen sehr engen Gleisen, am liebsten befaßt sie sich nur mit Familienangelegenheiten und pflegt alles außerhalb ihrer kleinen Welt liegende als gefährlich und bedrohlich anzusehen. Er fügt hinzu: »Ihr Vorstellungsvermögen ist höchst begrenzt«; eigene Gedankengänge fallen ihr schwer, und sie ist nicht sehr unternehmungslustig. Anschließend sagt er: »Eines ist besonders wichtig: ihr Gefühlsleben ist stark gehemmt und zurückgedrängt, ihre Spontaneität sehr schwach; meist ist sie ihrem strengen Moralkodex unterworfen, und sie empfindet ein tiefes Schuldgefühl, wenn sie einmal davon abweicht.« Für diese Frauen ist das Heim der sichere Hafen. Versetzt man sie in die Außenwelt, so ist das für sie ziemlich erschreckend. «Darauf kommt es bei den Sendungen mit versteckter Werbung an ... und grundsätzlich gilt das auch stets für eine Anzeige. Auf eine Anzeige kann sie mit Besorgnis reagieren, weil sie jenen bedrohlichen Aspekt hat. Diese Frauen fürchten alles, was mit unbeherrschtem Impuls und Gefühlsleben zu tun hat oder wo die sexuelle Note zu stark betont wird.« Aus diesem Grunde seien manche Anzeigen Gift für solche Frauen.

Pierre Martineau, ebenfalls stark von der Warnerschen Analyse beeinflußt, behauptete, die untere Mittelklasse der Vereinigten Staaten, besonders ihr protestantischer Teil, sei die moralischste Gruppe der amerikanischen Gesellschaft. Er hob die wenigen Ehescheidungen in dieser Schicht hervor; »ganz oben« und »ganz unten« des Klassengefüges stellen die Ehescheidungen. Auch er betonte, daß die Menschen dieser Schicht unbewußt alle Veranschaulichungen mit Schlafzimmeratmosphäre ablehnen."

4.d Fred Hirsch

(1980): Die sozialen Grenzen des Wachstums. Eine ökonomische Analyse der Wachstumskrise. [Aus dem Engl.]. Reinbek bei Hamburg. Rowohlt.

Materielle Güter und Positionsgüter
S. 52-86

„Die Ökonomie der materiellen Güter ist definiert als die Summe aller Güter, bei denen ein kontinuierliches Wachstum der Arbeitsproduktivität möglich ist: sie ist Harrods demokratischer Wohlstand. Dieser Sektor umfaßt die Produktion physikalischer Güter sowie solcher Dienstleistungen, die einer Mechanisierung oder technischen Neuerung unterworfen werden können, ohne in den Augen der Konsumenten eine Qualitätseinbuße zu erfahren. Es wird angenommen, daß ein anhaltendes Wachstum der «Materialproduktivität» des Output, d.h. der Endproduktmenge, die man pro Einheit des Rohstoffeinsatzes erhält, aufgrund des technischen Fortschritts genügt, um mit auftretenden Rohstoffverknappungen fertigzuwerden, was auch bis heute weitgehend der Fall war. Die Ökonomie der Positionsgüter, die dem oligarchischen Wohlstand Harrods zugrundeliegt, bezieht sich auf alle Eigenschaften von Gütern, Dienstleistungen, Berufspositionen und andere gesellschaftliche Verhältnisse, die entweder 1. absolut oder gesellschaftlich bedingt knapp sind oder 2. bei extensiverem Gebrauch zu Engpässen führen. Der Schwerpunkt der vorliegenden Untersuchung liegt auf der Interaktion zwischen diesen beiden Sektoren der Wirtschaft. Was geschieht, wenn die Menge der materiellen Güter wächst, während die Positionsgüter auf einen bestimmten Umfang beschränkt bleiben? [...]

Die Stadtrandsiedlung, als Zuflucht vor der Stadt gedacht, wird von denen verändert, die dort Zuflucht suchen. Nebenbei bemerkt geschieht der im wesentlichen selbe Prozeß, bei dem die Teilnahme an einer bestimmten Aktivität deren Form ändert, auf dem Gebiet des Tourismus. «Der Tourist, ständig auf der Suche nach etwas Neuem, untergräbt und zerstört unweigerlich dieses Neue allein dadurch, dass er es genießt.» [...]

So ist die von jedem einzelnen isoliert getroffene Wahl kein zuverlässiger Anhaltspunkt mehr dafür, was andere Individuen wählen werden, wenn sie die Folgen der Summe aller Einzelentscheidungen auch der anderen übersehen könnten. Nehmen wir an, jede Entscheidung verschlechtere die Situation für alle anderen geringfügig. Ohne gegenseitige Absprache wird die beste Taktik für jeden einzelnen sein, erst mal vorzupreschen, bevor andere die Lage für ihn noch schlechter gemacht haben. Trotzdem würden vielleicht alle ein Verfahren vorziehen, bei dem sie sich darauf einigten, sich zurückzuhalten und keiner die «Freiheit» hätte, sich an diese Absprache nicht zu halten. [...]

Das Haus in einer Stadtrandsiedlung an sich scheint erstrebenswert (ebenso wie das preiswertere Buch). Ob seine Vorzüge die mit der Zeit folgende Verschlechterungen der vorstädtischen Annehmlichkeiten und vielleicht die effektive Zerstörung der Innenstadt aufwiegen – die Konsequenz aus der Gesamtheit aller individuellen Entscheidungen – das wird nie geprüft. Da die einzig mögliche Wahl für isoliert handelnde Individuen die vorteilhafte Hälfte der Sequenz betrifft, wird auf das negative Endergebnis schon beim Kauf eine Option erworben. [...]

Die Kombination von Wachstum im materiellen Sektor mit einem stationären Zustand (Stagnation ohne den abwertenden Beigeschmack des Wortes) des Positionsgütersektors bewirkt einen Aufwärtstrend der relativen Preise der Positionsgüter. Außerdem ist es möglich, dass infolgedessen der Allokationsprozeß der knappen Positionsgüter Geldmittel absorbiert. Es mag sein, daß der Preisanstieg sich bei bestimmten Gütern und Dienstleistungen nicht bemerkbar macht –

die Preise von Häusern in bestimmten Stadtrandsiedlungen fallen möglicherweise, bestimmte Bildungsnachweise sind vielleicht für geringere Kosten zu haben. Der effektive Preisanstieg wird sich dann eher als Verringerung der Qualität oder des Wertes dieser Mittel niederschlagen, mit denen das individuell erstrebte Ziel verwirklicht werden soll. So wird die Effektivität eines bestimmten Vorortes in der Lieferung einer ruhigen Wohnung mit guter Verbindung zur Stadt und zum Umland sinken; ein bestimmter Bildungsnachweis wird weniger effektiv im Hinblick auf den Zugang zu bestimmten Arbeitsstellen und, allgemeiner, auf die implizite Kennzeichnung des Inhabers als besonders intelligent oder fleißig innerhalb seiner Altersgruppe.

Das Leistungsdefizit entsteht nicht, weil die Leistung sinkt, sondern weil sich die Nachfrage nach Leistung erhöht. Es ist, als brenne ein Kohlefeuer mit gleichbleibender Intensität, aber sinkender Außentemperatur oder schlechterer Raumisolierung. Dann wäre mehr Kohle erforderlich, um die Temperatur zu halten und eine Verschlechterung der physischen Umwelt auszugleichen. Für den einzelnen bedeutet ein verschärfter Wettbewerb um Positionen eine Verschlechterung der sozialen Umwelt. Zusätzliche individuelle Leistungen und Geldmittel sind erforderlich, um dasselbe Ergebnis zu erzielen.“

4.e Pierre Bourdieu

(1982): Die feinen Unterschiede: Kritik der gesellschaftlichen Urteilskraft. [Aus dem Franz.]. Frankfurt am Main. Suhrkamp.

Die Entscheidung für das Notwendige
S. 585-593

„Die Grundthese, wonach der Habitus eine aus Not entstandene Tugend ist, läßt sich nirgends so deutlich nachvollziehen wie am Beispiel der unteren Klassen, stellt Not für sie doch alles dar, was sich üblicherweise mit diesem Wort verbindet, nämlich daß es unvermeidlicherweise am Notwendigen fehlt. Aus der Not heraus entsteht ein Not-Geschmack, der eine Art Anpassung an den Mangel einschließt und damit ein Sich-in-das-Notwendige-fügen, ein Resignieren vom Unausweichlichen, eine tiefreichende Einstellung, die mit revolutionären Absichten keineswegs unvereinbar ist, wenn sie diese auch stets in einer Weise prägt, sie sie von intellektuellen oder künstlerischen Revolten scharf unterscheidet. Eine gesellschaftliche Klasse ist nicht nur durch ihre Stellung in den Produktionsverhältnissen bestimmt, sondern auch durch den Klassenhabitus, der »normalerweise« (d.h. mit hoher statistischer Wahrscheinlichkeit) mit dieser Stellung verbunden ist. [...]

Die Auswirkungen des Mangels fallen mit denen des aus dem Mangel herrührenden Geschmacks am Notwendigen zusammen und verschleiern diese; daß der Geschmack eine eigene, nachhaltige Wirksamkeit entfaltet, kommt nie so klar zum Ausdruck wie dann, wenn er seine Voraussetzungen überlebt, wie sich bei jenen Handwerkern und Kleinunternehmern zeigt, die nach ihren eignen Worten »nicht wissen, was sie mit ihrem Geld anfangen sollen«, oder bei jenen späteren kleinen Angestellten, die vorher Bauern oder Arbeiter waren, und die im genießerischen Ausrechnen, »wieviel sie auf der hohen Kante haben« und was sie nicht antasten (sie sparen es sich vom Munde ab oder »erledigen die Arbeit selbst«), die gleiche Befriedigung empfinden, wie sie ihnen Güter oder Dienstleistungen verschaffen würden, und die auf ihr Erspartes nicht ohne das schmerzhafte Gefühl, etwas zu verschwenden, zurückgreifen können. Es genügt nicht, über eine Million zu verfügen, um das Leben eines Millionärs führen zu können: die Emporkömmlinge brauchen im allgemeinen sehr lange, manchmal ein ganzes Leben, bis sie gelernt haben, daß, was sie zunächst als sträflichen Exzeß betrachten, in ihren neuen Lebensverhältnissen zu den allernotwendigsten Ausgaben gehört. Um die völlig symbolischen Dienstleistungen, die in Hotels und bei Friseuren z. B. den eigentlichen Unterschied zwischen luxuriösen und gewöhnlichen Etablissements ausmachen, »nach ihrem rechten Wert« einzuschätzen, muß man sich als der legitime Adressat dieser bürokratisch verwalteten und scheinbar persönlichen Bemühungen und Aufmerksamkeiten empfinden und gegenüber denen, die dafür bezahlt werden, dieselbe Mischung aus Distanz (dazu gehört das »großzügige« Trinkgeld) und Unbefangenheit an den Tag legen wie Großbürger gegenüber ihren Bediensteten. Wer daran zweifeln sollte, ob die »Kunst, sich bedienen zu lassen«, wie es bei den Bürgern heißt, zum bürgerlichen Lebensstil gehört, braucht sich nur jene Arbeiter oder kleine Angestellten zu vergegenwärtigen, die aus irgendeinem festlichen Anlaß ein schickes Restaurant betreten und den Kellern, die »sofort sehen, mit wem sie es zu tun haben«, ins Handwerk pfuschen, als wollten sie symbolisch das Gefälle zwischen ihnen und dem Personal zerstören und so ihr Unbehagen daran bannen. Der Arbeiter, der eine Uhr ausgestellt sieht, die 20 000 Francs kostet, oder davon hört, daß ein Chirurg für die Verlobung seines Sohnes 30 000 Francs ausgegeben hat, ist nicht neidisch auf die Uhr oder auf die Verlobung, sondern auf das Geld, mit dem er etwas ganz anderes machen würde, weil er sich ein Bedürfnissystem nicht vorstellen kann, in dem man mit 20 000

Francs nichts Wichtigeres zu kaufen hat als eine Uhr. Wenn es soviel Vorrangigeres gibt, muß man »wirklich verrückt sein«, um an eine derart teure Uhr zu denken. Aber man versetzt sich niemals wirklich »an die Stelle« derer, die am anderen Ende der sozialen Welt leben. Was den einen eine verrückte Anschaffung, ist den anderen lebensnotwendig. Was eine bestimmte Summe wert ist, hängt einmal vom Gesamtbesitz ab; zum anderen stellen viele der sogenannten ostentativen Ausgaben alles andere als eine Verschwendung dar, und abgesehen davon, daß sie zu einem bestimmten Lebensstil zwingend gehören, sind sie – wie die Verlobungsfeierlichkeiten – meist eine ausgezeichnete Investition im Sinne der Akkumulation von sozialem Kapital.

Die statistisch festgestellten Bedürfnissysteme sind eigentlich nur kohärente Entscheidungen eines jeweiligen Habitus. Die Unfähigkeit, mehr oder auf andere Weise Geld auszugeben, d. h. zu einem Bedürfnissystem zu gelangen, das einer höheren Einkommensstufe entspräche, dokumentiert eindeutig, wie wenig Konsumneigung auf die Voraussetzungen dazu oder der Habitus auf punktuell festgestellte ökonomische Bedingungen (wie sie z.B. auf einer bestimmten Einkommensstufe erfaßt werden) reduzierbar sind. Wenn es ganz danach aussieht, als gäbe es eine direkte Beziehung zwischen Einkommen und Konsum, dann liegt das daran, daß der Geschmack fast immer aus denselben ökonomischen Bedingungen hervorgeht, in deren Rahmen er agiert, so daß sich dem Einkommen eine kausale Wirkung zuschreiben läßt, die es aber tatsächlich nur in Verbindung mit dem Habitus ausübt, der ihn hervorgebracht hat. In der Tat zeigt sich der Einfluß des Habitus deutlich, wenn denselben Einkünften verschiedene Konsumgewohnheiten entsprechen, was nur unter der Voraussetzung verständlich wird, daß andere Kriterien mitwirken. [...]

Die bedeutsamsten Unterschiede innerhalb der Lebensstile und mehr noch der »Lebensstilisierung« beruhen auf Unterschieden in der objektiven und subjektiven Distanz gegenüber materiellen und zeitlichen Zwängen. Eine gelöste und gleichgültige Einstellung – man kann sie kaum subjektiv nennen, da sie verinnerlichte Objektivität ist – kann sich (ganz wie die ästhetische Einstellung, die zu ihr gehört) nur unter Lebensbedingungen entfalten, die von den elementarsten Sorgen weitgehend befreien. Daß sie allem möglichen Zwang ausgesetzt sind, führt die unteren Klassen, wie wir bereits sahen zu einer pragmatischen und funktionalistischen »Ästhetik«, die jedes l'art pour l'art und formale Experimente als sinnlos und läppisch zurückweist, und motiviert auch ihre alltäglichen Entscheidungen und die Wahl ihres Lebensstils, der notwendigerweise rein ästhetische Intentionen als »hellen Wahnsinn« ablehnt. Daher geben auch die Arbeiter häufiger als alle anderen

Klassen an, daß sie eine saubere und ordentliche, pflegeleichte Wohungseinrichtung und preisgünstige Kleidung bevorzugen, wozu sie ihre ökonomische Lage ohnehin nötigt. Doppelte Vorsicht bei der Wahl der Kleidung, die zugleich »schlicht« (»zu allem passend«; »praktisch und ohne Kinkerlitzchen«), d.h. so wenig ausgefallen wie möglich und »günstig«, d.h. ebenso preiswert wie haltbar sein soll, drängt sich als die vernünftigste Strategie auf, und zwar einerseits wegen des ökonomischen und kulturellen Kapitals (ganz zu schweigen von der Zeit), die man in den Kauf eines Kleidungsstücks zu investieren vermag, andererseits wegen des geringen symbolischen Gewinns, den man sich von einer derartigen Investition versprechen darf (zumindest im Arbeitsbereich – im Unterschied z. B. zu den Angestellten)."

4.f Gerhard Schulze
(1996): Erlebnisse am laufenden Band. In: Absatzwirtschaft, Nr.6

Erlebnisse am laufenden Band
S. 38-41

„Eine »Madeleine« ist ein täglich millionenfach verkauftes französisches Gebäck. Gerade an diesem Massenartikel führt uns Marcel Proust vor, was Individualisierung des Konsums bedeutet. In einer berühmt gewordenen Passage seines autobiographischen Romas »Auf der Suche nach der verlorenen Zeit« schildert er, was er erlebte, wenn er den Duft einer in Tee eingetauchten Madeleine riecht: eine Reise in seinen höchstpersönlichen Mikrokosmos von Erinnerungen, Gefühlen, Bildern, Gedanken, ausgelöst durch einen einfachen Sinneseindruck, der ihn an seine Kinderjahre erinnert. [...]

Unter dem Etikett der Individualisierung erobern sich neue Formen der Vergesellschaftung die Sozialwelt. Weil dabei das Subjektive eine größere Rolle spielt als je zuvor, sollte man nicht gleich von Etikettenschwindel sprechen; gleichwohl muß man sich in acht nehmen, nicht der Suggestion des Ausdrucks »Individualisierung« aufzusitzen und darüber zu vergessen, daß es sich um einen Trend handelt, der ebenso kollektiven Charakter hat wie jeder andere Trend auf dem Markt. Schon ein Blick zurück auf den kulturgeschichtlichen Ursprung dieses Trends liefert eine Bestätigung für die Annahme, daß Individualisierung nichts weiter ist als verkappte Konventionalisierung. [...]

Gewiß kommt es den Menschen immer noch auf den situativen Aspekt ihres Lebens an, sonst würden sie ja – womöglich – aufhören zu konsumieren. Doch gibt es einen entscheidenden Unterschied im Verhältnis zu früher: Produkte und Dienstleistungen werden immer weniger danach beurteilt, was sie objektiv sind, immer mehr jedoch danach, wie sie subjektiv wirken. In der Werbung treten nun Gefühle, körperliche Erfahrungen, Träume und Erlebnisse aller Art auf breiter Front vor die objektiven Eigenschaften der Produkte. Das Produkt selbst erscheint vielfach geradezu als Nebensache. Zur Hauptsache avanciert der Zustand, in den das Produkt den Konsumenten versetzt. Am prägnantesten läßt sich diese Haltung mit dem Begriff der Erlebnisrationalität bezeichnen. Gemeint ist eine Lebenstechnik der Optimierung von situativen Inputs (Konsumgüter, Dienstleistungen, Partner, Reiseziele usw.) im Verhältnis zu subjektiven Outputs (Erlebnisse), ähnlich wie man Arbeitsabläufe, Maschinen oder Anbaumethoden optimiert.

Der Denkfehler dabei ist leicht zu benennen: Das Subjekt ist etwas grundsätzlich anderes als eine Fabrik, eine Maschine oder eine landwirtschaftliche Nutzfläche. Wie? Das wäre einem schon immer klar gewesen? Die kollektive Praxis der Erlebnisgesellschaft ignoriert jedenfalls genau diese banale Einsicht. In der Unklarheit der gegenwärtigen Individualisierungsdiskussion begegnet uns diese Ignoranz wieder – es wird so getan, als ließe sich das Einzigartige, das Höchstpersönliche, das Subjektive zum Zielpunkt von Produktentwicklungspfaden und Marktprozessen machen. Paradoxerweise hat der Versuch, das Unmögliche zu tun, nicht etwa zum Zusammenbruch, sondern zum Wachstum des Erlebnismarktes geführt.

Warum? Erlebnisnachfrage richtet sich auf ein Produkt, das jeder nur ganz alleine herstellen kann. In der Geschichte der Menschheit ist noch kein einziges Erlebnis verkauft worden. Gehandelt werden immer nur Güter, die angeblich besonders stimulierend für die Produktion von Erlebnissen wirken. Man kauft immer nur Katalysatoren für Erlebnisse, ohne jemals die eigene Erlebnisarbeit an einen Dienstleistungsanbieter abtreten zu können. Viele Konsumenten unterliegen jedoch genau dieser Illusion, ob sie nun ein Auto kaufen, ins Museum gehen, eine Reise buchen, sich mit den neuesten Sportartikeln ausrüsten usw. [...]

Nun versetzen neue Techniken die Anbieter mehr und mehr in die Lage, Produkte herzustellen, die ganz und gar auf die höchstpersönlichen Wünsche des Konsumenten eingehen. Wird uns die Technik schließlich doch noch den radikal individualisierten Markt aufzwingen? Zwei Gründe sprechen gegen diese Annahme: Zum ersten ist der Mensch zu sehr auf andere angewiesen, um sich seiner selbst zu vergewissern. Wie man an besonders individualisierungsträchtigen

Branchen wie der Bauwirtschaft, der Innenarchitektur, der Gartengestaltung, der Bekleidungsindustrie, dem Autozubehörhandel oder dem gerade beginnenden Informations- und Unterhaltungsmarkt der Zukunft sehen kann, haben die Konsumenten nichts Eiligeres zu tun, als voneinander abzuschauen und allgemeine ästhetische Schemata auszubilden. Wo sich leere, dunkle Räume möglicher Individualisierung auftun, schaffen sich die Konsumenten immer wieder aufs neue kollektive Existenzkrücken. Zum zweiten ist schon die Idee des Marktes an sich individualisierungsfeindlich. Produkte beruhen immer auf wechselseitiger Verständigung zwischen Anbietern und Nachfragern, über Individualität kann man sich aber nicht verständigen. Sie muß die Privatsache dessen bleiben, der sie hat.

Diese beiden Tatbestände markieren die Widerstandslinie des Marktes gegen vollständige Individualisierung. Im Nebel des Individualisierungszaubers verschwimmen freilich die kollektiven Fakten. Vielleicht aber zählt die Magie zu den Übergangserscheinungen einer sich wandelnden Erlebnisgesellschaft, die irgendwann von der Pubertät zur Reife voranschreiten wird. Der Zauber bricht in sich zusammen, sobald er durchschaut wird; wie weggeblasen ist das Individualitätsgefühl, wenn man feststellt, daß es auf kollektiver Autosuggestion beruht. Der Konsument in dieser vielleicht nicht allzu fernen Zukunft wird zurückkehren zu den objektiven Eigenschaften der Ware; er wird Wert darauf legen, dass die »Madeleine« alle Merkmale guter Backwaren aufweist, die damit verbundenen Erlebnisse aber als seine eigene Angelegenheit betrachten. In der gereiften Erlebnisgesellschaft könnten Produkte Konjunktur haben, die nicht Erlebnisse suggerieren, sondern ihnen Raum geben.“

Kapitel 5 Konsum und sozialer Wandel

5.1 „... von den Lastern und Thorheiten.“ Theorien der Mode

Der Roman „Die Leiden des jungen Werther“ wird gewöhnlich mit einer sehr verhängnisvollen Form der Nachahmung in Verbindung gebracht. Gemeint ist der Selbstmord. Weniger bekannt dagegen dürfte die Wirkung des „Werther“ auf einige Bereiche der Mode des 18. Jahrhunderts sein. „Gestiefelt, im blauen Frack mit gelber Weste“, so fand man den jungen Werther tot vor seinem Schreibtisch liegen. Dass Werther trug, was er trug, war kein Zufall. Seine Kleidung sollte Ausdruck von Individualität und ein Affront gegen die Usancen der Adelsgesellschaft sein. Die Werthertracht war nach englischem Vorbild gestaltet und über Goethes Buch wurde diese Tracht schließlich auch in Deutschland zur Kleidung fortschrittlich gesinnter Bürger. Mit dem Anlegen der Werthertracht demonstrierte man den Anspruch auf persönliche Freiheit sowie den Widerstand gegen höfische Sitten.

Während das Bürgertum sich lange Zeit an den Kleidungs- und Konsumgewohnheiten des Adels orientiert hatte, begann es nun eigene Verhaltensformen – in Abgrenzung zum Adel – zu entwickeln. Eine wichtige Rolle bei der Vermittlung, Verbreitung und Verfeinerung dieser neuen Gewohnheiten spielte zum einen die Literatur, zum anderen aber auch das Erscheinen von Frauen- und Modezeitschriften. 1725 beispielsweise erschien die erste Ausgabe von „Die vernünftigen Tadlerinnen"[28], die erste deutsche Frauenzeitschrift, herausgegeben von Johann Christoph Gottsched. Wichtiger aber wurde das in Weimar von

---

[28] Der eigenwillige Name der Zeitschrift beruht vielleicht auf einem schlichten Übersetzungsfehler Gottscheds. Er orientierte seine Zeitschrift stark an der 15 Jahre früher erschienenen englischen Frauenzeitschrift „The Female Tatler“; aus den „weiblichen Klatschbasen“ könnten so „vernünftige Tadlerinnen“ geworden sein.

Friedrich Johann Justin Bertuch herausgebrachte „Journal des Luxus und der Moden". Bertuch, der Besitzer einer Blumen- und Galanteriewarenfabrik war, wollte mit diesem Journal nicht nur ausländische Modeströmungen zu Hause bekannt machen, sondern konnte damit zugleich für seine Produkte werben. „Teutschland auf seinen eignen Kunstfleiß aufmerksamer zu machen, warmen Patriotismus dafür bey unsern Fürsten, Großen und Reichen zu erwecken oder zu beleben, unsern Künstlern und Handwerkern mehr Vertrauen auf ihre eigenen Kräfte, Kunstliebe und Geschmack in ihren Arbeiten zu geben und sie mit Erfindungen und schönen Formen der Ausländer bekannt zu machen; vor allen Dingen aber unsre Beutel vor den Brandschatzungen der Ausländer zu sichern" (Bertuch 1793, S. 415f.), sei die Aufgabe des Journals. Bertuch verstand es also, das Schöne mit dem Nützlichen, die Förderung des Kunsthandwerks mit der Förderung seiner Geschäfte zu verbinden (siehe auch Rasche 2008).

Abbildung 5.1 Werther am Schreibpult, die Pistolen in der Hand

Quelle: Aquarell von unbekannter Hand

Dass diese neue, populäre Form der Verbreitung von Kleidungs- und Konsumgewohnheiten nicht nur auf Zustimmung stoßen würde, war zu erwarten: „Mit Journalen ist vollends gar nichts mehr zu verdienen [...] Die Zeitung für die elegante Welt und das Moden-Journal sind beynahe die einzigen, die einen starken Abgang haben, weil sie auf die Eitelkeit, Frivolität und Anekdotensucht unsres Publikums fundiert sind. Aber welcher Mann von Gefühl und Ehre wird von den Lastern und Thorheiten seines Zeitalters leben wollen." (zit. nach Geiger 1987, S. 30) Christoph Martin Wieland beschreibt damit schon 1802 in einem Brief an Ludwig Wieland das Ergebnis, zu dem man wohl auch heute noch bei einem Blick in die Zeitschriftenregale der Supermarktketten kommen muss. Wieland hat allerdings offenbar die Zahl derer unterschätzt, die „von den Lastern und Thorheiten" ihres Zeitalters zu leben bereit sind. Was für Wieland „Laster und Thorheiten" gewesen sein mögen, nämlich die Bereitschaft, neue Moden schnell aufzugreifen und sich dabei an Zeitschriften statt am Hof zu orientieren, war für Bertuch die Grundlage seiner geschäftlichen Existenz – und nicht nur für ihn. Sassatelli vergleicht den Hof als Medium der höfischen Gesellschaft interessanterweise mit dem „mass-media star system" der Gegenwart und stellt fest: „While courts are now much less relevant, a similar mechanism is to be found in contemporary societies in other social strata. We may see the formation of a relatively close group of people competing for status using lifestyle and consumption in the mass media star system – which includes music, film and TV stars." (2007, S. 26) Eine immer stärker expandierende Konsumgüterproduktion war auf den raschen Verbrauch oder auf den raschen Verfall ihrer Erzeugnisse (und damit eben auf den Wandel der Moden) geradezu angewiesen. Frauen- und Modezeitschriften waren also von Anfang an nicht nur der Berichterstattung, sondern vor allem der Förderung des bürgerlichen Konsums verpflichtet. Dieser Prozess der Förderung soll nunmehr im Mittelpunkt der Ausführungen stehen, ohne dabei nur den bürgerlichen Konsum vor Augen zu haben.

Es lebe die Mode!

Für die Mode, nicht dagegen
Sei der Mensch! – Denn sie erfreut,
Wenn sie sich auch oft verwegen
Vor dem größten Kitsch nicht scheut.

Ob sie etwas kürzer, länger,
Enger oder anders macht,
Bin ich immer gern ihr Sänger,
Weil sie keck ins Leben lacht.

Durch das Weltall sei's gejodelt
Allen Schneidern zum Gewinn:
Mode lebt und Leben modelt,
Und so haben beide Sinn.

Joachim Ringelnatz

Mode, das zeigen unter anderem die gerade zitierten Beispiele, ist für viele ein Synonym für Kurzlebigkeit und schnellen Wandel. Bezeichnet wird allerdings ein fluktuierender Wandel, kein soziale Strukturen erfassender Wandel. Dies gilt insbesondere, wenn von Kleidung, Schmuck, Kosmetik usw. die Rede ist. Kleidung darf dabei besonders hervorgehoben werden, weil sie unzweifelhaft im Zentrum des Interesses steht. Mode bedeutet Ausbreitung und Vergänglichkeit, sie nimmt Bezug auf den aktuellen Zeitgeschmack. So betonen bereits die Gebrüder Grimm in ihrem Deutschen Wörterbuch: „[...] mode erweitert seine bedeutung aber bald auch auf den augenblicklichen zeitgeschmack im benehmen und thun der gesellschaft: mode als `die gewöhnliche und gebräuchliche Manier in kleidungen, meublen, kutschen und zimmern, gebäuden, manufacturen, schreib- und redarten, complimenten, ceremonien und anderem gepränge, gastereien und übrigen lebensarten' [...]." (1885, Sp. 2436) Der Begriff diffundiert also in viele kulturelle Bereiche.

Für Modeprodukte ist charakteristisch, dass ihre Lebenszeit begrenzt ist. Sie sind nach ästhetischen Kriterien gestaltbar und abwandelbar, insofern auch relativ leicht zu ersetzen. Modisch meint daher auch: mit der Zeit gehen und die Bereitschaft zur Abwechslung signalisieren. Ein konstantes Merkmal des Modeprozesses ist also die Institutionalisierung des Wandels; ein Wandel, der sich als Neuschöpfung oder als Variation bereits vorhandener Produkte zeigt (5.a, siehe S. 263).

Mode ist kein modernes Phänomen. Anzeichen für „Stilisierung" lassen sich schon in früher Zeit finden, jedoch verbunden mit einer in der Regel scharfen Verurteilung dieser Lebensführung. René König hat hierzu einige alttestamentarische Belege zusammengetragen, die eine konsequente Zurückweisung übertriebener Formen der Selbstdarstellung enthalten. So liest man bei Jesaja 3, 16-24: „Und der Herr sprach: Weil die Töchter Zions hoffertig sind und im Gehen den Kopf hoch tragen und mit den Augen nach der Seite blinzeln, weil sie trippelnd einhergehen und mit ihren Fußspangen klirren, wird der Herr den Scheitel der Töchter Zions kahl machen und der Herr wird ihre Schläfe entblößen. An jenem Tage wird der Herr die ganze Pracht wegnehmen: die Fußspangen, die Stirnreifen und Möndchen, die Ohrgehänge, die Armketten und Schleier, die Kopfbunde und Fußkettchen, die Gürtel, die Riechfläschchen und die Amulette, die Fingerringe und die Nasenringe, die Feierkleider und die Mäntel, die Umschlagtücher und die Taschen, die feinen Zeuge und die Hemden, die Turbane und die Überwürfe. Und statt des Balsamduftes wird Moder sein und statt des Gürtels ein Strick, statt des Haargekräusels eine Glatze, statt des Prunkgewandes der umgegürtete Sack, das Brandmal statt der Schönheit."

Dieses Beispiel ist zugleich ein weiterer Beleg für die Kontroverse um Notwendigkeit und Luxus, die bereits in Kapitel 1 dieses Buches beschrieben wurde. Dort wurde die Bienenfabel Mandevilles erwähnt, die auch bezüglich des Modephänomens eine interessante Passage aufzuweisen hat. Sie lautet:

„Die Sucht, sich als modern in Speisen,
in Kleid und Möbeln zu erweisen,
Stets ein Objekt des Spottes zwar,
Des Handels wahre Triebkraft war.

Gesetze werden umgestaltet
So schnell, als wie die Tracht veraltet;
Was heut als gut und löblich galt
Man übers Jahr Verbrechen schalt.
Doch grad durch diese Flickarbeit
An Recht und Brauch zu jeder Zeit
Gar mancher Schaden Heilung fand,
Den Klugheit nie vorausgeahnt."

(Mandeville 1980 [zuerst 1724],S. 85)

Mandevilles Zitat beschreibt die innovative Kraft der Mode, die aus dem menschlichen Grundbedürfnis nach Abwechslung Kapital schlägt. Ungeachtet dessen konnte sich die innovative Kraft der Mode zunächst nicht in einem marktwirtschaftlichen Kontext entfalten, sondern Rücksicht auf die bereits erläuterte Regulierungsdichte ständischer Ordnungen nehmen. Diese Regulierungsdichte hat sich in zahlreichen Kleiderordnungen niedergeschlagen. Sehr anschaulich ist dies beispielsweise von Sennett beschrieben worden, der in seinem Buch „Verfall und Ende des öffentlichen Lebens" (▤ 5.b, siehe S. 266) den Körper als „Kleiderpuppe" bezeichnet und das Erscheinungsbild der Großstädte Paris und London um das Jahr 1750 illustriert. Nach Sennett erschien die Gesellschaft, die dort zu beobachten war, einfacher und zugleich verwirrender als in heutigen Tagen. Heute, so Sennett, „kann man auf der Straße gerade noch den Unterschied zwischen einem Armen und einem Angehörigen des Mittelstandes und – obschon weniger deutlich – vielleicht auch den zwischen einem Angehörigen eines Mittelstandes und einem Reichen erkennen. Das Erscheinungsbild der Leute auf den Straßen von London und Paris vor 200 Jahren lieferte dagegen sehr viel genauere Hinweise auf den gesellschaftlichen Status des einzelnen." (Sennett 1983, S. 85) Trachten repräsentierten einen bestimmten Berufszweig, Knöpfe und Tressen signalisierten Rangmerkmale innerhalb einer beruflichen Hierarchie, Schminke signalisierte Zugehörigkeit zur Elite bzw. zum wohlhabenden Bürgertum. Haartrachten und Perücken gerieten zu verspielten Kunstobjekten, die aus Prestigegründen, nicht aus funktionalen Gesichtspunkten, getragen wurden. Kleider machten in diesem Sinne nicht nur Leute, sondern markierten auch eine beobachtbare gesellschaftliche Ordnung. Diese Übersichtlichkeit glich einem Spiegelbild von Traditionen, für neue Berufsbilder, die sich im städtischen Leben herauszubilden begannen, blieben diese Kleidungsfragen (zunächst) ungeklärt.

Etymologisch betrachtet leitet sich der Begriff Mode von dem lateinischen Wort „modus" (gleich Art und Weise, Sitte, Brauch) her. Die Bezeichnung setzt sich etwa ab dem 17. Jahrhundert von den höfischen Zentren Frankreichs ausgehend auch in Deutschland durch und wird zunächst zur Beschreibung des sich wandelnden Geschmacks und der verschiedenen Erscheinungsbilder von Kleidung, Schuhen, Haarpracht, Kopfbedeckung und Schminke verwendet (vgl. Klein 1997, S. 167). Der Geltungsbereich des Begriffs wurde sukzessive ausgeweitet, so dass heute auch verschiedene musikalische Stilrichtungen, neue Freizeitentwicklungen, aber auch politische Einstellungen mit dem Begriff Mode zumindest umschrieben werden. Häufig ist dann auch von modischen „Strömungen" die Rede; wer also über Moden spricht, verweist gleichzeitig auf einen zeitlichen Aspekt. Mode meint als Allgemeinbegriff einen Komplex zeitweise gültiger Kulturformen. Es handelt sich um Interessen, die langsam entstehen und wachsen und eine Zeitlang Beliebtheit genießen, danach aber allmählich absterben. Der Gegensatz zu Mode wäre in diesem Sinne mit „zeitlos" zu umschreiben. Mode ist ein zyklisches Phänomen, wobei sich in historischer Hinsicht die Phasen des Modewechsels (Modezyklen) deutlich verkürzt haben (siehe auch Ebner 2007).

Im Hinblick auf Mode ist erneut wichtig, dass ein sachlicher und ein sozialer Aspekt unterschieden wird. Der sachliche Aspekt bezieht sich auf den eigentlichen Gegenstand, der als modisch oder nicht-modisch bezeichnet wird. Der soziale Aspekt dagegen betont die Tatsache, dass Mode immer ein kollektives Phänomen darstellt. Eine Mode wird erst dann wirklich sichtbar, wenn sie von mehreren Individuen getragen bzw. angenommen wird. Da modische Objekte und modische Verhaltensweisen einer andauernden und wechselnden Beurteilung im Raum sozialer Beziehungen ausgesetzt sind, ist mit jedem Neubeginn auch ein absehbares Ende vorprogrammiert. Somit sind hinsichtlich der Mode insgesamt drei Dimensionen zu unterscheiden: die sachliche Dimension (Gegenstandsebene), die soziale Dimension (beteiligte Personenkreise) und die zeitliche Dimension (Dauer des Modezyklus).

In der Soziologie ist es insbesondere Georg Simmel gewesen, der diesen Dimensionen eine sehr treffende Beschreibung gegeben hat. Nach ihm besteht das Wesen der Mode darin, „daß immer nur ein Teil der Gruppe sie übt, die Gesamtheit aber sich erst auf dem Weg zu ihr befindet. Sobald sie völlig durchdrungen ist [...], so bezeichnet man das nicht mehr als Mode. Jedes Wachstum ihrer treibt sie ihrem Ende zu, weil eben dies die Unterschiedlichkeit aufhebt.“ (Simmel 1919, S. 35, sowie 5.c, siehe S. 269) Da sich Mode also in erster Linie auf Stilwechsel bezieht, geht von ihr kein signifikanter Einfluss auf soziale Strukturen aus. Wiswede siedelt diesen „fluktuellen Wandel peripherer Verhaltensformen“ (Wiswede 1976, S. 395) am Rande des sozialen Geschehens an. Dennoch bleibt es interessant danach zu fragen, an welchem Ort der Ursprung der Mode zu finden ist.

Anthropologische und psychologische Theorien betonen insbesondere die Scham- und Schutzfunktion von Kleidung auf der einen und die Neugierde bzw. den Drang nach Wechsel auf der anderen Seite. Ebenso wird erotischen Grundmotiven ein hoher Stellenwert beigemessen. Als weitere Ursache modischen Verhaltens wird häufig der Geltungstrieb angeführt. In diesem Motiv vereinigt sich eine Vielzahl von Motivationen, wie z.B. der Rivalitäts- bzw. Wettbewerbsgedanke oder das Bedürfnis, Auszeichnung und Anerkennung zu erlangen (vgl. Wiswede 1976, S. 397). Insbesondere Veblen hat diesem Faktor hohe Aufmerksamkeit gewidmet und die Kleidung als Ausdruck des Reichtums und eines verschwenderischen Aufwands in den oberen Ständen definiert[29]. Zugleich vermittelt dieses verschwenderische Verhalten der oberen Stände Anhaltspunkte für die unteren Stände, was wiederum im Sinne des Trickle down-Modells interpretiert werden kann. Nachahmung ist also ein weiterer wichtiger Faktor im Rahmen des Mode-Verhaltens. Bereits König wies darauf hin, dass „es in der Natur des gesellschaftli-

[29] Siehe hierzu auch die Ausführungen in Kapitel 1.

chen Menschen [liegt], daß immer die vielen es dem oder den sich Auszeichnenden gleichzutun suchen." (König 1985, S. 175, sowie 5.d, siehe S. 272) Es ist insbesondere Simmel gewesen, der diesen Nachahmungstrieb im Sinne einer psychologischen Tendenz interpretiert hat. Für ihn ist maßgeblich, dass die Sicherheit, nicht alleine zu stehen, gepaart mit einer Delegation von Verantwortung für das eigene Tun, ein Bedürfnis nach sozialer Anlehnung verkörpert, das gerade im Bereich der Mode besonders deutlich erkennbar ist. Zugleich – und damit geht Simmel über monokausale Theorien hinaus – identifiziert er ein Unterschiedsbedürfnis, eine Tendenz zur Differenzierung, die mit dem Motiv der Abwechslung und des Sich-Abhebens von anderen einhergeht. Dieses stilisierende und distinguierende Element ist Teil eines Grundkonflikts, der zwischen Bewegung und Ruhe, zwischen Produktivität und Rezeptivität schwankt. Zugleich betont auch Simmel, dass Moden immer Klassenmoden sind. Sobald Moden zu einem einheitlichen Erscheinungsbild führen, die unteren Schichten also in signifikantem Maße den Weg der Nachahmung bzw. Imitation beschritten haben, wird einer sozialen Egalisierung entgegengewirkt.. Diese Doppelbewegung beschreibt die Wechselwirkung sachlicher, sozialer und zeitlicher Faktoren im Rahmen von Modezyklen. Hier sind die beiden Grundfunktionen der Mode verbunden: Mode ist ein ständiger Versuch, diese beiden entgegengesetzten Tendenzen zu befriedigen; sie bündelt damit soziale und psychologische Bedürfnisse. Boudon dient die Mode daher als gutes Beispiel für das Zusammenwirken kumulativer und oszillatorischer Prozesse (vgl. 1980, S. 149ff.). Exklusivität definiert sich über Knappheit, Wertzuschreibungen über Verfügbarkeit. Wird Exklusivität durch zunehmende Verbreitung eines Gutes „demokratisiert", lösen Kumulationen dieser Art neue Impulse der Abgrenzung aus. Diffusion und Distinktion wechseln sich als Effekte ab und geben dem sozialen Prozess des Modewandels die Figur eines Perpetuum mobile. Differenzierung ist mithin eine Reaktion auf Nivellierung, Nivellierung ein Ergebnis von Nachahmung, Nachahmung der Beginn eines Wertverlusts.

Zu fragen ist allerdings, ob sich dieses Modell der Modeausbreitung unter modernen Produktions- und Konsumbedingungen noch aufrecht erhalten lässt. Zunächst lassen sich im Wesentlichen drei unterschiedliche gesellschaftliche Ausbreitungsmodelle für Mode unterscheiden:

- Trickle down: In diesem Diffusionsmodell reklamieren die oberen Schichten Exklusivität und signalisieren durch ihre Mode ein signifikantes Unterscheidungsbedürfnis. Zugleich wird behauptet, dass die unteren Klassen dazu neigen, die höheren Gesellschaftsschichten nachzuahmen. Bereits 1976 attestierte Wiswede diesem Modell nur noch eine eingeschränkte Gültigkeit. Eine neue Mode wird zunächst in einem exklusiven Marktsegment in geringer Stückzahl angeboten, ist dann aber nach relativ kurzer Zeit zu einem wesentlich günstigeren Preis als Massenware erhältlich (vgl. Wiswede 1976, S. 401f.). Ebenso ging King bereits in den 70er Jahren davon aus, dass im Zuge der Ausweitung von Massenkommunikationsangeboten und der Etablierung moderner Herstellungs- und Verkaufsstrategien ein vertikaler Fluss der Modeadaption eher verhindert wird, da es sehr rasch zu einer Wahrnehmung modischer Neuheiten kommt. In dieser Beschleunigung des Wahrnehmungs- und Aufmerksamkeitszyklus bleibt gleichwohl eine qualitätsbezogene Produktdifferenzierung erhalten, in dem es zu einer fast simultanen Übernahme neuer Moden in allen sozio-ökonomischen Gruppen, aber eben zu unterschiedlichen Preisen und mit unterschiedlichen Qualitäten, kommt (vgl. King 1976, S. 378).

Über Mode und Geschäftsphilosophie von H&M

„*Spiegel:* Wurde Mode durch H&M demokratisiert oder eher gleichgeschaltet?

Persson: Für einen Unternehmer ist es nicht sonderlich ratsam, ein Freund von allzu viel Demokratie zu sein, wenn klare Entscheidungen gefragt sind. [...]

Spiegel: Anders gefragt: Wird der globale Massengeschmack von H&M nur befriedigt oder auch geschaffen?

Persson: Wenn Sie mich ganz persönlich fragen: Ich bedaure es, dass wir uns weltweit immer ähnlicher werden. Wir lesen dieselben Magazine, kaufen dieselben Autos, sehen dasselbe Fernsehprogramm, tragen die gleiche Mode und verlieren dabei ein Stück unserer kulturellen Wurzeln und Identität. [...] Wenn Sie mich jetzt den weltbesten Kopierer nennen wollen – nur zu! Solche Komplimente höre ich gern, zumal man heute kaum noch sagen kann, wer wen zuerst kopiert. Aber ich denke, unser Erfolg ist eine Mischung aus Kopierraffinesse, Inspiration und eigenen Ideen. Sie täten auch unseren eigenen 95 Designern Unrecht, wenn Sie denen vorwerfen würden, nur abzukupfern. Zeigen Sie mir einen Kreativen – egal, welcher Branche -, der heute in einem dunklen Keller hockt und nicht schaut, was die Konkurrenz macht! Jeder stiehlt mit den Augen."

Quelle: N.N. 2002, S. 108

Über Mode und Geschäftsphilosophie der irischen Textilkette Primark

„*FAZ*: Frau O'Donoghue, Sie haben gerade die neue Filiale von Primark eröffnet. Hier gibt es Jeans für 9 Euro und T-Shirts für 3,50 Euro. Ist das Ihr Ernst?

O'Donaghue: Ja, selbstverständlich. Seit wann muss Mode teuer sein? [...]

FAZ: Und wie können Sie diese Preise anbieten?

O'Donaghue: Unsere wichtigste Regel: Wir setzen auf Volumen. Alle Kollektionen werden in enormen Mengen hergestellt. Wenn Sie zum Beispiel alle Socken in unserem Sortiment aneinanderlegen, dann können Sie einen Ring um die ganze Erdkugel legen.

FAZ: Wieso ist mehr gleich billiger?

O'Donaghue: Teuer ist es für uns, ein Kleidungsstück zu entwerfen und zu bestimmen, wo es von wem produziert wird. Aber wenn diese Prozesse abgelaufen sind, dann sind die Stückzahlen nicht die Kostentreiber. Im Gegenteil: Je mehr wir an unsere 190 Läden in sechs Ländern liefern, desto mehr Umsatz machen wir. [...]

FAZ: Ihr Konkurrent H&M feiert Erfolge mit Kollektionen, die Star-Designer entworfen haben. Machen Sie das auch?

O'Donaghue: Nein. Wir kopieren auch nicht die Haute Couture. Natürlich schauen sich unsere Trendscouts an, was die großen Häuser machen. Sie fahren auf die Bademodenmesse in Monaco, sie lesen die angesagten Zeitschriften, sie beobachten, was die Leute in London auf der Straße tragen. Aber daraus entwickeln sie eigene Ideen, den eigenen Stil von Primark. "

Quelle: Amann 2009

- Spiralmodell: Während die Trickle down-Theorie das Zentrum der Modeinnovationen im oberen Teil der Gesellschaft verankert, geht das Spiralmodell von einer zentralen Bedeutung der Mittelschichten aus. Der Grund für diese Neupositionierung des Modeursprungs liegt insbesondere darin, dass im Zuge der Entstehung von mittelschichtorientierten Gesellschaften gerade dort ein Lebensstil zu beobachten ist, der auf Unterschiedlichkeit im Rahmen der gegebenen Möglichkeiten ausgerichtet ist. Dieses Wohlstandsphänomen ist bereits in Kapitel 4 ausführlicher beschrieben worden und dient hier als Anlass, neue Konsumentengruppen und deren Rolle für Modeprozesse zu identifizieren. König weist beispielsweise darauf hin, dass besonders den Frauen in diesen Wohlstandsschichten, aber auch den jüngeren Altersklassen, eine bedeutende Funktion für die Entstehung und Etablierung von Moden zukommt. Dagegen präferieren die oberen Gesellschaftsschichten in der Tendenz eine eher konservative, unauffällige Mode (vgl. König 1985, S. 263ff.). Damit wird bereits in diesen Spiralmodellen angedeutet, dass Wohlstand alleine nicht über die Verbreitung einer neuen Mode entscheidet, sondern die modischen Anregungen aus verschiedenen Gesellschaftsbereichen und -schichten kommen können. Darauf nimmt auch das folgende Modell Bezug.
- Trickle up: Dieses Modell betont insbesondere die Rolle von Subkulturen für die Entstehung und Ausbreitung von Moden. Vereinfacht wird angenommen, dass Modedesigner oder Mitglieder der Haute Couture sich durch die „Kultur der Straße" inspirieren lassen. Diese Formulierung (Kultur der Straße) lässt sich unter Bezugnahme auf ein Zitat von Vinken begründen. Dort heißt es: „Gemacht, getragen, vorgeführt wird die Mode nicht mehr von Bourgeoisie oder Aristokratie, sondern auf der Straße." (1993, S. 35) Der Anstoß für eine neue Modeentwicklung kommt somit nicht aus dem Zentrum der Gesellschaft, sondern wird zunächst von Minderheiten vorgelebt. Deren Verhalten wird dann imitiert und auf die Bedürfnisse anderer Konsumentengruppen zugeschnitten.

Eine Beobachtung, die bereits Simmel getroffen hat, wird hier also nachdrücklich bestätigt: Es sind nicht Mehrheiten, sondern Minderheiten (im Falle von Simmel ist an das „Demimonde-Phänomen" zu denken), die den Anstoß für Innovationen geben. In diesem Zusammenhang spielen heute die modernen Verbreitungsmedien (insbesondere der Musikvideomarkt) eine zentrale Rolle. Zugleich wird damit auch auf die Bedeutung jüngerer Konsumenten in diesen Prozessen hingewiesen. Eine nähere Beschäftigung mit diesen Subkulturen macht in besonderer Weise deutlich, dass Mode als visuelle Kommunikation im Sinne des Arbeitens mit einer sehr differenzierten Symbolik betrachtet werden kann.

5.2 „... Bahnbrecherin für die neue Mode." Mode als visuelle Kommunikation

Zeichen vermitteln Informationen. Die Zeichen, um die es im Folgenden geht, bringen sich in erster Linie auf der Ebene von Kleidung und Schmuck zur Geltung. Sie werden daher auch als visuelle Kommunikationsmedien bezeichnet. Die Interpretation und Einordnung dieser Zeichen folgt spezifischen Regeln, die darüber informieren, ob die gewählten Unterscheidungen auf Differenz oder auf Integration hinweisen sollen (vgl. hierzu auch Bohn 2000, S. 118). Die Relevanz von Kleidungsstücken und Accessoires lebt von Zuschreibungen entsprechender Bedeutungen. Diese Informationen gehen über die materiellen Eigenschaften von Kleidern hinaus und generieren einen Zusatznutzen, der strategisch eingesetzt werden kann. So zumindest gestaltet sich die Funktionsweise von Mode, insbesondere dann, wenn man bestimmte Trägerschichten näher analysiert. Wenn Barthes von einer Rhetorik der Mode spricht, ruft er gleichsam zu einer Deutung dieser Zeichenwelt auf, die ihm als „Traum von Identität und Spiel" (Barthes 1985, S. 261) erscheint. Eine Teilhabe an diesem strategischen Puzzle bleibt nicht ohne semantische Unbestimmtheiten. Sie liegen in der „Natur" der Sache begründet und sind zugleich Ausdruck einer spezifischen Kompetenz. Im übertragenen Sinne könnte man auch sagen: Es gibt Personen, die mehr oder weniger gut aus diesen Botschaften lesen können. So ermöglicht alleine eine Hierarchie dieses Wissens unterschiedliche

Platzierungen innerhalb von Modegruppen. In diesem Spezialwissen realisiert sich ein Leistungsprinzip ganz eigener Art, das innerhalb darüber definierter Gemeinschaften Statuszuweisungsfunktionen übernehmen kann (vgl. hierzu auch Fiske 1997).

In diesem Zusammenhang kommt dem Stil-Begriff eine besondere Bedeutung zu. Mode wird dann zu einem Stil, wenn sie von einem Modeträger in stimmiger und konsequenter Weise eingesetzt wird. Das Gesamtbild der wahrnehmbaren Elemente vermittelt nach innen und außen einen gemeinten Sinn. Die Inszenierung erfolgt, um beobachtet zu werden, zugleich aber auch, um damit ein Produkt der Interpretation für andere bereit zu stellen (vgl. hierzu auch Soeffner 1986, S. 319f.). Während für viele Bereiche der Mode dieses stilbildende Element insbesondere eine Frage der Ästhetik ist, wird dieses Phänomen in anderen soziokulturellen Kontexten mit einer Vielzahl von Bedeutungselementen verknüpft. Die alltäglich beobachtbare Mode, also die Kleidung einer Vielzahl von Menschen, löst in der Regel keine langen Interpretations- und Deutungsketten aus. Attribute wie schick, elegant, dezent, originell, passend etc. verdeutlichen ein weites Feld herkömmlicher Modebeurteilung, das dem stilbildenden und zugleich verschiedene Semantiken vermittelnden Element wenig Raum einräumt.

Wenn es dagegen um die Beurteilung von Moderichtungen geht, die nicht nur den ästhetischen, sondern auch den sozialen bzw. politischen Kontext thematisieren, werden die Interpretationen vielfältiger und schwieriger. Wenn beispielsweise vorherrschende Bedeutungen und Konventionen gezielt untergraben werden, um damit der bestehenden gesellschaftlichen Ordnung „den Spiegel vorzuhalten" und zugleich deren Dominanz im öffentlichen Raum zu kritisieren, erscheinen vermeintlich banale Alltagsobjekte in einem neuen, subkulturell geprägten, und damit häufig auch oppositionellen Rahmen. Es sind insbesondere jugendliche Subkulturen, die diesbezüglich eine Vielzahl von Beispielen liefern (siehe den Überblick bei Schmidt 2003). Auch wenn Verallgemeinerungen in diesem Bereich sehr schwierig sind, scheint das zugrunde liegende Phänomen doch wie folgt skizzierbar zu sein: Die Objekte und Waren sind immer bereits durch eine herrschende Kultur mit Bedeutungen und sozialen Konnotationen belegt. Mit Hilfe einer Neukombination dieser Elemente werden diese ihres ursprünglichen Sinnes beraubt, verweisen aber dennoch auf den Ursprung und schaffen damit den Konflikt, der gewollt ist. Die Gegenstände werden nunmehr mit neuen, auch subversiven Bedeutungen in Verbindung gebracht (vgl. hierzu auch Clarke u. a. 1979, S. 105). Aus diesem Grund ist zur Beschreibung dieses Sachverhalts auch ein aus der strukturalen Anthropologie von Claude Lévi-Strauss (1908 – 2009) stammender Begriff übernommen worden: Bricolage (vgl. Lévi-Strauss 1968, S. 29). Ein sehr markantes Beispiel ist in diesem Zusammenhang der so genannte „Edwardian Look" der Teddyboys. Anfang der 60er Jahre des 20. Jahrhunderts übernehmen die Anhänger dieser Gruppe beispielsweise Anzug und Krawatte als Stilelemente ihrer Mode, kombinieren sie aber mit fremden Accessoires und vermitteln insbesondere darüber das provozierende Element. Ähnlich verhält es sich mit Punk oder New Wave-Stilarten, die „seriöse" Modeelemente auf andere Art und Weise einer neuen Ordnung einfügen.

Insofern wird hier nochmals konsequent ein neuer Ursprung für Stiltransformationen benannt, der sich in Subkulturen realisiert und manifestiert. Neue Modetrends spiegeln ein zeittypisches Lebensgefühl wider, sie sollen bestimmte milieubezogene Wertorientierungen und Identitätsvorstellungen symbolisieren, sie sollen auf die gesellschaftliche Konstruktion von sozialer Wirklichkeit hinweisen und über den Weg der Visualisierung Auffälligkeit garantieren (vgl. hierzu auch Sommer 1989, S. 131). Neu ist der hier beschriebene soziale Prozess keineswegs. Auch im 19. Jahrhundert nahmen beispielsweise Sozialfiguren wie Kokotte oder Dandy diese Funktion ein. Diese Personen bewegten sich sozusagen außerhalb einer Klassen- und Geschlechterordnung. Gerade aufgrund dieser Grenzüberschreitung konnten sie Modestile beeinflussen (vgl. Vinken 1993, S. 24). Auch Simmel hat das Aufkommen neuer Moden mit sozialen Platzierungen am Rande der Gesellschaft in Verbindung gebracht: „Daß die Demimonde vielfach die Bahnbrecherin für die neue Mode ist, liegt an ihrer eigentümlich entwurzelten Lebensform; das Pariadasein, das die Gesellschaft ihr anweist, erzeugt in ihr einen offenen oder latenten Haß, der in dem Drängen auf immer neue Erscheinungsformen seinen noch relativ unschuldigsten Ausdruck findet." (Simmel 1919, S. 44)

Offensichtlich muss also gewährleistet sein, dass die zunächst in einem subkulturellen Milieu entstehende neue Mode Anschlussmöglichkeiten für eine Vielzahl von Menschen eröffnet. Die Mode muss sozusagen ein Lebensgefühl vorwegnehmend symbolisieren. Gelingt dies nicht, wird sich diese Mode in einer Enklave verlieren und gegebenenfalls aufbrauchen. Offensichtlich konnte die Punk-Bewegung eine Sinnkrise unter Jugendlichen vorwegnehmen und damit eine allgemeine Orientierungslosigkeit der 70er Jahre in spezifischer Weise zum Ausdruck bringen. Der Einfluss reduzierte sich nicht nur auf die Verhaltensweisen und Präferenzen von Jugendlichen, sondern strahlte in viele Bereiche der Massenmode hinein (vgl. hierzu Sommer/Wind 1989, S. 219). Vivienne Westwood, eine Pionierfigur der Punk-Bewegung, beklagte in einem Interview diese Vereinnahmungsstrategien (siehe den nachfolgenden Interviewauszug).

Verstärkt werden diese Prozesse durch eine hinlänglich bekannte Aufmerksamkeitsasymmetrie, die gerade den Massenmedien nachgesagt wird. Je ungewöhnlicher Phänomene sind, desto höher ist die ihnen zugeschriebene Relevanz einzuschätzen. Medien räumen daher diesen subkulturellen Phänomenen mehr Platz ein als ihnen in einem rein statistischen Sinne zukommen müsste.

Vereinnahmungsstrategien. Aus einem Interview mit Vivienne Westwood

„*[Stern]:* Ist Punk für Vivienne Westwood tot?
[Westwood]: Absolut. Ich hätte mir ein Denkmal als ewiger Rebell errichten lassen können, aber wie langweilig ist das, bitte? Ich habe Besseres zu tun, als alten Ideen nachzuhängen. Punk war für mich eine reine Fingerübung. Ich wollte herausfinden, inwieweit man die Verhältnisse verändern kann, indem man das System attackiert.

[Stern]: Zu welchem Schluss sind Sie gekommen?
[Westwood]: Man ändert gar nichts, zumindest nicht durch T-Shirts mit pauschalen Phrasen. Dadurch schockt man das Establishment nicht, sondern füttert es im Gegenteil noch. Punk wurde verschluckt, vermarktet, und am Ende waren wir die Opfer.

[Stern]: Worum geht es Ihnen heute mit Ihrer Mode?

[Westwood]: Ich möchte das Denken der Leute beeinflussen. Ich weiß, dass das anmaßend und womöglich dümmlich klingt, wenn man betrachtet, in welcher Zeit wir leben. Aber ich bin davon überzeugt, dass die Welt sich bereits ändern würde, wenn nur einer von hundert anfinge, wirklich nachzudenken. Die Menschen müssen endlich wieder lesen, sich mit Geschichte beschäftigen und die Gesellschaft infrage stellen. Die alten Griechen hatten eine viel lebendigere Kultur als wir. Sie waren Vordenker, Visionäre, Skeptiker. Heute wird nur noch konsumiert, was die Propaganda-Industrie den Menschen vorsetzt.

[Stern]: Und deshalb tragen Westwood-T-Shirts jetzt Slogans wie „AP - Against-Propaganda"?
[Westwood]: Ja, oder „AR", für „Active Resistance To Propaganda". Das ist mein neues Projekt. Ich habe ein Manifest geschrieben, das sich an das anlehnt, was Aldous Huxley bereits in den 20er Jahren formuliert hat: Die drei Grundübel unserer Gesellschaft liegen im Nationalismus, der organisierten Lüge und der ununterbrochenen Ablenkung. Schauen Sie sich doch um, die Leute konsumieren, was man ihnen vorsetzt. Sie blättern in billigen Magazinen, verblöden vor dem Fernseher und lassen sich permanent beschallen. Und je mehr die Leute konsumieren, desto weniger denken sie nach. [...]"

Quelle: N.N. 2006, S. 98

Gleichwohl ist der damit verbundene Einfluss nicht im Sinne einer Verdoppelung der vorgelebten Identitätsmuster zu interpretieren. Häufig reduziert sich dieser Einfluss auf ästhetische Ausdrucksformen, die hinsichtlich der damit verbundenen Lesarten auf konventionelle Formen der Interpretation reduziert werden. Die Übernahme der subkulturellen Stilelemente in die Massenmode erfolgt also nicht direkt, sondern über unterschiedliche Zwischenstationen, die auch dazu beitragen können, dass der ursprüngliche Stil verwässert bzw. verfälscht wird. Was mit hohen Ansprüchen beginnt, endet in einem Prozess der Konventionalisierung (vgl. auch Sommer 1989, S. 187).

Darüber hinaus hat im Zuge einer Entpolitisierung von Jugendkulturen das rebellische Element an Bedeutung verloren. Bereits zu Beginn der 90er Jahre konnten Ferchhoff und Dewe feststellen: „Die Ästhetik hat die Ethik abgelöst." (1991, S. 193) Parallel zu dieser Entpolitisierung ist der Anteil der systematischen Kommerzialisierung dieser Modezyklen erkennbar angestiegen. Dadurch bauen sich in zunehmendem Maße zirkuläre Wirkungsketten auf, in denen Jugendliche sowohl Lieferanten als auch Konsumenten von entsprechenden Stilen werden. Wenn Jugendliche sich beispielsweise durch einen spielerischen Umgang mit Werbung auszeichnen (vgl. hierzu Vollbrecht 2001, S. 248), wird dieses spielerische Element umgehend für Marketingzwecke instrumentalisiert. Ursachen und Wirkungen werden damit in zunehmendem Maße dynamisiert. Je schneller diese Prozesse voranschreiten, um so geringer ist auch die Halbwertzeit jugendkultureller Stile einzuschätzen. Parallel dazu wird das Sampling von Stilelementen steigen und damit die Frage nach dem gemeinten Sinn einer ernst zu nehmenden Grundlage beraubt. Mit den Worten von Baacke: „Bricolagen werden zu Bricolagen werden zu Bricolagen und bedeuten nichts mehr und alles." (1999, S. 215)

Ein weiteres Phänomen, das mit dieser Entwicklung eng zusammenhängt, ist in der Schnelllebigkeit von Kultphänomenen zu finden. Bereits 1995 konnten Horx und Wippermann feststellen: „Das Problem unserer modernen Warenwelt ist [...], daß die ‚Kultgegenstände' in ungeheuren Zahlen reproduziert werden, sodaß das ‚Heilige' einer Inflation unterliegt." (1995, S. 13) Dort, wo Potentiale gesehen werden, wird zugegriffen. Alle gesellschaftlichen Funktionsbereiche sind als Lieferanten neuer stilbildender Elemente willkommen: z.B. Arbeit, Sport, Militär. Auch Schutzkleidung wird als Massenware zu günstigen Preisen angeboten. Klobige Arbeiterschuhe finden auf dem Asphalt neue und moderne Bewegungsfelder, Schlaghosen sind durch Zimmermannshosen inspiriert worden usw. Ein weiteres Beispiel, das auch im Sinne eines Recycling-Trends interpretiert werden kann, ist die sogenannte Retro-Mode. Die Vergangenheit inspiriert sozusagen die Modestile der Gegenwart. Bereits Simmel hatte die Ansicht vertreten, dass die Mode ihr Ziel des ständigen Wechsels mit den sparsamsten Mitteln zu erreichen versucht und aus diesem Grund immer wieder auf frühere Formen zurückgreift: „Sobald eine Mode einigermaßen aus dem Gedächtnis geschwunden ist, liegt kein Grund vor, sie nicht wieder zu beleben." (Simmel 1919, S. 53f.) Diese Formen des Revivals bleiben nicht auf Jugendmoden beschränkt, sondern werden zu einem beliebten Stilmittel von Modedesignern, die damit wiederum den Weg zur Massenmode ebnen. Neue Mode darf dabei auch getrost von Beginn an alt aussehen, wie sich unzweifelhaft an der Fabrikation bestimmter Formen von Jeans-Kleidung erkennen lässt.

Abbildung 5.2The Fashion Process – Ein sechsstufiges Modell

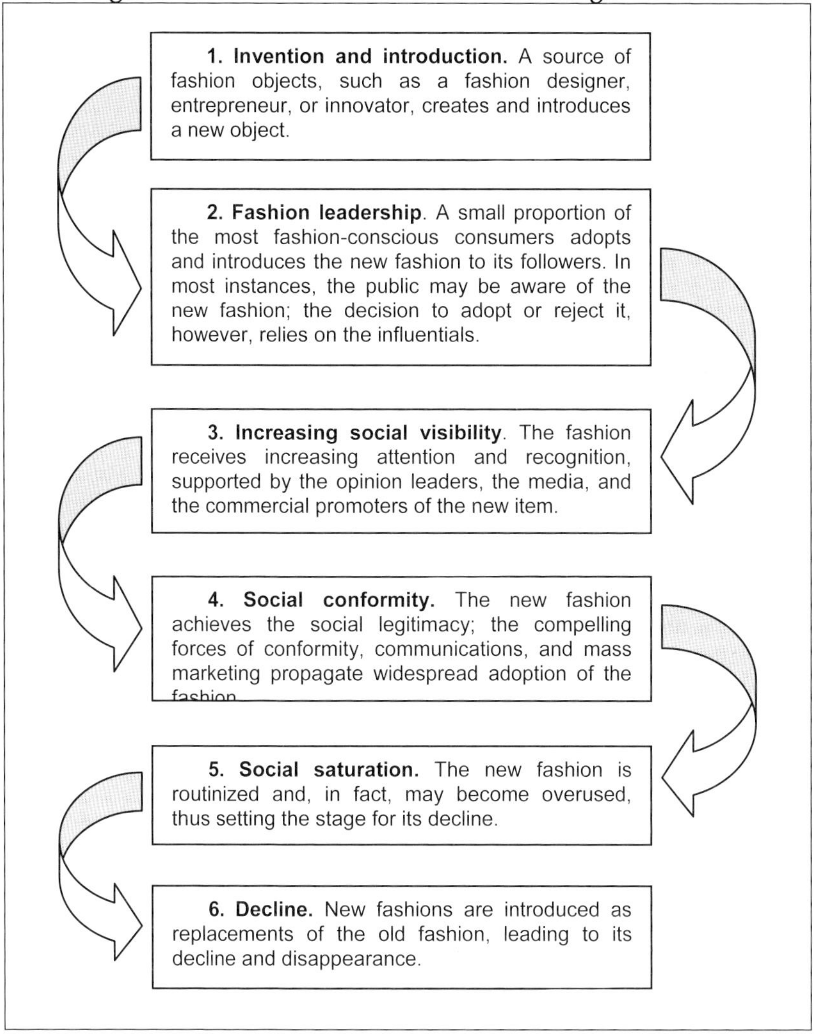

1. Invention and introduction. A source of fashion objects, such as a fashion designer, entrepreneur, or innovator, creates and introduces a new object.

2. Fashion leadership. A small proportion of the most fashion-conscious consumers adopts and introduces the new fashion to its followers. In most instances, the public may be aware of the new fashion; the decision to adopt or reject it, however, relies on the influentials.

3. Increasing social visibility. The fashion receives increasing attention and recognition, supported by the opinion leaders, the media, and the commercial promoters of the new item.

4. Social conformity. The new fashion achieves the social legitimacy; the compelling forces of conformity, communications, and mass marketing propagate widespread adoption of the fashion.

5. Social saturation. The new fashion is routinized and, in fact, may become overused, thus setting the stage for its decline.

6. Decline. New fashions are introduced as replacements of the old fashion, leading to its decline and disappearance.

Quelle: In Anlehnung an Weimann 1994, S. 141f.

Obwohl es zu einer Beschleunigung der Modezyklen und parallel verlaufender Entwicklungen gekommen ist, ist in dem zugrunde liegenden sozialen Prozess dennoch ein Muster erkennbar, das in idealtypischer Form in Abbildung 5.2 dargestellt ist.

Die sechs Schritte dieses Modells lassen sich wie folgt zusammenfassen: Am Beginn steht die Idee. Ein Unternehmer, ein Designer, eine innovative Persönlichkeit kreiert etwas Neues. In einem zweiten Schritt greift eine zunächst kleine Gruppe von modebewussten Menschen diese Idee auf und trägt damit insbesondere gegenüber dem engeren sozialen Umfeld zur Wahrnehmung des Neuen bei. In einem nächsten Schritt wird diese Innovation in verstärktem Maße sichtbar. Weitere Vermittlungskanäle schalten sich ein, beispielsweise Medien und Werbung. In einem vierten Schritt entwickelt sich die Mode zu etwas sozial Legitimierten. Das ursprünglich Neue wird zunehmend als etwas Konventionelles dargestellt und bedient sich auf diesem Weg des Instrumentariums der Konformitätssicherung. Von diesem Schritt ist es nicht weit zu einer Sättigung, der gleichsam ein allmählicher Rückgang der Bedeutung dieser Mode folgt. Mit diesem Rückgang, und das verdeutlicht der sechste Schritt, wird bereits der nächste Modezyklus in Gang gesetzt, der dazu führt, dass eine vorhandene Mode allmählich stirbt und substituiert wird.

Eine nähere Betrachtung dieser Modellannahmen zeigt überdies, dass die für Modeprozesse typischen Phänomene offensichtlich große Verwandtschaft zu Diffusionsprozessen aufweisen, die für ein weites Feld von Konsumgütern bekannt sind. Diese Verwandtschaft und die dort diskutierten Modelle sollen nunmehr erläutert werden.

5.3 „Be not the first..." Die Diffusion von Innovationen

Mode beschreibt ein Phänomen und einen Prozess. Diffusion steht für Ausbreitung und ist aus diesem Grund ein Synonym für die Zeit-Komponente der Mode. Erste Impulse für die mehr als hundertjährige Tradition der Diffusionsforschung werden beispielsweise auf Gabriel de Tarde zurückgeführt. Tarde hatte in seinem Buch „Les lois de l'imitation" die Frage gestellt, welche Faktoren es sind, die soziale Veränderungen einleiten (5.e, siehe S. 275). Nach seiner Auffassung sind es die Innovationen einzelner Personen. Es sei nicht eine Gesellschaft als Ganzes, die in der Lage sei, solche Impulse zu setzen, sondern Ausgangspunkt sei zunächst ein individualistischer Mechanismus (vgl. hierzu auch Jonas 1976, S. 26f.). Auf diese Impulsgeber hat auch Schumpeter hingewiesen, wobei er die Figur des Unternehmers („entrepreneurial activity", 1947, S. 151) zur Illustration heranzog. Innovation ist für ihn „the doing of new things or the doing of things that are already being done in a new way [...]." (Schumpeter 1947, S. 151 sowie 5.f, siehe S. 278)

Die Aufdeckung von Regelmäßigkeiten in diesem Bereich deutet bereits an, dass hier nach ähnlichen Gesetzmäßigkeiten wie im Bereich der Naturwissenschaften gesucht wird. So heißt es denn auch in einer Darstellung zur Geschichte der Soziologie in Bezug auf Tarde: „Wie der Naturwissenschaftler Naturgesetze aus den Bewegungen der einzelnen Partikel bzw. Massenteilchen ableitet, so leitet der Soziologe die gesellschaftlichen Gesetze aus einem individualistischen Mechanismus ab." (Jonas 1976, S. 26) Es geht dabei keineswegs um eine bloße Aufsummierung von individuellen Entscheidungen, sondern um die Verdeutlichung eines grundlegenden Sachverhalts, der auch für den Ablauf sozialer Prozesse zentral ist: Handlungen als Relationen zu betrachten (vgl. hierzu auch Hennen/Springer 1996, S. 15).

Dass einem individualistischen Mechanismus Wiederholungen folgen, führt Tarde auf Imitation zurück. In diesem Prozess der Nachahmung werden die Einzelnen zu Partikeln einer Massenbewegung. Innovationen waren für Tarde insbesondere neue Gedanken, Ideen, Glaubensvorstellungen und Handlungsformen (vgl. Klages 1969, S. 116). Es ging ihm um die Beschreibung gesellschaftlicher Entwicklungsprozesse; ein makrotheoretischer Anspruch dominierte. In erster Linie ist es daher die von Tarde formulierte Prozessidee, die die Diffusionsforschung stimuliert hat. Von einem makrotheoretischen Anspruch ist die Praxis der Diffusionsforschung dagegen eher abgekommen. Ihr Gegenstandsbereich ist in vielen Feldern sehr spezifisch geworden. Bereits 1967 bemerkte Kiefer in einer zusammenfassenden Darstellung, dass die moderne Diffusionsforschung „noch nicht einmal zentral die Problematik des sozialen Wandels [berührt], sondern [...] sich damit [bescheidet], in Annäherung an einen Quasi-Laborversuch, innerhalb eines überschaubaren mikrosoziologischen Systems die Diffusion einer zum Teil initiierten, manchmal sogar gelenkten Neuerung zu verfolgen." (Kiefer 1967, S. 7) Charakteristisch für den heutigen Anspruch der Diffusionsforschung dürften nach wie vor die von Rogers sowie Katz, Lewin und Hamilton vorgelegten Definitionen sein. Sie lauten:

- „*Diffusion* is the process by which an innovation is communicated through certain channels over time among the members of a social system." (Rogers 2003, S. 5)
- „Viewed sociologically, the process of diffusion may be characterized as the (1) acceptance, (2) over time, (3) of some specific item – an idea or practice (4) by individuals, groups or other adopting units, linked (5) to specific channels of communication, (6) to a social structure and (7) to a given system of values, or culture." (Katz et al. 1963, S. 240)

Auf die in diesen Definitionen genannten Kriterien soll im Folgenden jeweils kurz eingegangen werden:

- Innovationen: Rogers favorisiert auch in der fünften Auflage seines Klassikers „Diffusion of Innovations" eine subjektbezogene Definition von Innovation. Danach ist nicht entscheidend, ob ein Produkt de facto eine gegenüber früheren Entwicklungen deutliche Veränderung aufweist bzw. eine Neuheit im wahrsten Sinne des Wortes darstellt, sondern von den Individuen, die diese Neuheit übernehmen, als neu empfunden wird. Würde es bei dieser Charakterisierung bleiben, könnten diesbezügliche Differenzen auf Seiten der Konsumenten nur oberflächlich beleuchtet werden. Diese subjektbezogene Definition muss daher in engem Zusammenhang mit der so genannten Adoptertypologie gesehen werden, die weiter unten noch erläutert wird. Diffusionsforschung, die sich mit Konsumgütern beschäftigt, konzentriert sich daher selten auf objektbezogene Definitionen, die den Entwicklungsprozess neuer Produkte betreffen. Diese Ebene der Produktentwicklung ist insofern wichtig, als hier Impulsgeber für unterschiedliche Märkte identifiziert werden können. Zu beachten ist dabei auch, dass zwischen kontinuierlichen und diskontinuierlichen Innovationen unterschieden werden muss. Ein völlig neues Produkt würde als diskontinuierlich bezeichnet werden, weil es kein Vorbild auf dem Markt hat. Eine kontinuierliche Innovation setzt dagegen auf bereits vorhandenen Produkten auf und variiert bzw. verbessert diese. Für Konsumgütermärkte dürfte typisch sein, dass es viele kleine kontinuierliche Innovationen, dagegen wenige diskontinuierliche Innovationen gibt. Die Diversifizierung des Angebots und die Verkürzung der wirklichen Neuheitsphasen von Produkten führen dazu, dass Konsumenten nicht an jedem Innovationszyklus partizipieren wollen bzw. können. Die Entwicklung im Computerbereich ist hierfür ein gutes Beispiel (vgl. auch Weiber/Pohl 1996).

- Akzeptanz: Die Frage, ob man sich für ein neues Produkt entscheidet, wird im Falle optionaler Entscheidungen insbesondere durch fünf Faktoren beeinflusst: relative Vorteilhaftigkeit, Kompatibilität, Komplexität, Prüfbarkeit, Beobachtbarkeit. In dieses Entscheidungsraster fließen also Kosten/Nutzen-Überlegungen ein, die nicht nur im engeren Sinne von der Verfügbarkeit ökonomischer Ressourcen bestimmt werden. Gerade der Hinweis auf Kompatibilität, also auf die Anschlussfähigkeit der Innovation an bereits Bestehendes, soll verdeutlichen, dass Neuheiten den Gewohnheitsfaktor berücksichtigen müssen, aber auch die Vereinbarkeit mit bestehenden Werten und Normen innerhalb eines sozialen Systems. Letzteres hat in der Diffusionsforschung insbesondere dann eine Rolle gespielt, wenn soziale Systeme mit einem geringen Modernisierungsgrad von den Vorteilen technischer Innovationen überzeugt werden sollten. Hier mussten so genannte „change agents“ häufig die Erfahrung machen, dass die auf technischer Ebene realisierte Verbesserung nicht als praktischer Nutzen empfunden wurde. Beispielsweise versuchte man in einer peruanischen Gemeinde Wasserboiler einzuführen, um Infektionen, die durch unsauberes Wasser ausgelöst werden können, zu reduzieren. Die nur sehr verhaltene Akzeptanz dieser Innovation wurde letztlich darauf zurückgeführt, dass in dieser Gemeinde warmes Wasser in der Regel mit Krankheit assoziiert wurde (vgl. zu diesem Beispiel auch Rogers 2003, S. 1ff.). Mit dem Begriff „Komplexität“ wird darüber hinaus auf einen Aspekt hingewiesen, der den zunächst sehr allgemeinen Hinweis auf eine subjektbezogene Einschätzung von Innovationen durch ein wichtiges Kriterium ergänzt: die Fähigkeit, mit einer Innovation tatsächlich auch umgehen zu können. Die Handhabbarkeit und Bedienbarkeit von Produkten, aber auch die Transparenz von Dienstleistungen entscheiden mit darüber, ob und wann eine Innovation übernommen wird. Eng zusammenhängend damit ist für eine Vielzahl von Konsumenten daher die Möglichkeit, neue Innovationen zunächst einmal zu testen oder Erfahrungen, die andere mit dieser Innovation gemacht haben, zu beobachten. Dieses Kriterienbündel repräsentiert somit Bewertungskriterien, die für den zeitlichen Ablauf von Diffusionsprozessen eine herausragende Bedeutung haben.

- Der Faktor Zeit: Auf individueller Ebene wird hier angenommen, dass Entscheidungsprozesse einem idealtypischen Verlauf folgen. Zu Beginn dieser Phasenmodelle steht in der Regel die Wahrnehmung eines Produkts, gefolgt von einer Phase der Entscheidungsfindung, in der verschiedene Informationsquellen eine Rolle spielen. Diese Phase wird bei Rogers als „Persuasion“ bezeichnet. Hier kommt es insbesondere darauf an, zwischen dem Einfluss der Massenmedien und dem Einfluss interpersonaler Kommunikationsquellen zu unterscheiden. Letzteres meint insbesondere die Gespräche mit anderen Personen, die bereits über Erfahrungen in diesem Bereich verfügen. Hier wird gleichsam die Brücke zu dem Meinungsführer-Phänomen gebaut, dessen Relevanz im Rahmen der Darstellung von Modezyklen schon erwähnt wurde. Rogers generalisiert wie folgt: „Mass media channels are relatively more important at the knowledge stage and interpersonal channels are relatively more important at the persuasion stage in the innovation-decision process.“ (Rogers 2003, S. 205) Innerhalb der Meinungsführer-Forschung hatten Katz und Lazarsfeld in ihrer

Decatur-Studie bereits auf diese Bedeutung der Konsultation unter den Konsumenten hingewiesen. Zugleich konnten sie in ihrer Pionierarbeit nachweisen, dass je nach Produkt bzw. Themengebiet die Ratgeber in unterschiedlichen sozialen Gruppen gesucht werden. Auch dies ist für die Analyse von Diffusionsprozessen ein wichtiger Hinweis: Die Trägerschichten von Innovationen variieren mit den Innovationen selbst. Man stelle sich lediglich einmal die Frage, wer im Falle moderner Telekommunikationsgeräte, wer im Falle von Automobilkäufen und wer im Falle von Haushaltsgeräten wahrscheinlich häufiger um Rat gefragt wird. Diese auf Produkt- und Themenebene zu beobachtende Differenzierung erlaubt dennoch einige Hinweise auf die wahrscheinliche Struktur interpersonaler Kommunikation. Hierzu haben King und Summers mehrere Merkmale genannt, die bereits im Kontext der Bezugsgruppen-Thematik dargestellt wurden: Homogenität (z.B. ähnlicher Status, geringe Altersdifferenzen), Glaubwürdigkeit des Konsultierten, Rückversicherung in einem vertrauten Umfeld[30].

Diese entscheidungstheoretischen Überlegungen verdeutlichen, dass im Falle der Übernahme von Innovationen sowohl sachliche als auch soziale Aspekte eine Rolle spielen. Ratschläge Dritter werden dann gesucht, wenn die Ungewissheit, die mit einer bestimmten Entscheidung verbunden ist, auf der Ebene formeller Informationsquellen nicht angemessen reduziert werden kann. Meinungsführerschaft wird also dann eintreten, wenn die Verhaltensunsicherheit groß ist und Individuen nach Orientierungshilfe suchen, um Risiken zu minimieren. Gerade dann aber spielen insbesondere die sogenannten Konsum-Pioniere, die man auch als „wagnishafte Neuerer" bezeichnet, eine große Rolle. Sie übernehmen im Grunde genommen höhere Innovationskosten als jene, die eine Innovation später übernehmen. Auch hier wird ein individualistischer Mechanismus beschrieben, der weitergehende Prozesse in Gang setzt. Klassifiziert man daher frühe und späte Übernehmer, resultiert daraus die bekannte Adoptertypologie von Rogers. Trägt man die Zahl der Übernehmer auf einer Zeitachse ab, resultiert daraus die ebenso bekannte S-Kurve, die Auskunft über den Verbreitungsgrad einer

[30] Siehe hierzu die Ausführungen in Kapitel 4.

Innovation gibt. Beide Darstellungsformen sind in Abbildung 5.3 zusammengefasst.

In beiden Fällen handelt es sich um idealtypische Darstellungen (vgl. kritisch hierzu McAnany 1984). Dabei geht die Adoptertypologie davon aus, dass die Risikofreudigkeit bei den Innovatoren am größten und bei den Nachzüglern am geringsten ist. Die Integration und Anerkennung innerhalb eines sozialen Systems ist dagegen bei den frühen Übernehmern am größten. Diese Gruppe ist für die Beschleunigung eines Diffusionsprozesses von großer Bedeutung. Die Innovatoren dagegen übernehmen die Funktion der Einführung einer Innovation. Hier spiegelt sich wider, was Bandura als das Lernen am Modell bezeichnet hat (vgl. Bandura 2002). Frühübernehmer genießen also einen Vertrauensvorschuss und werden bezüglich anstehender Entscheidungen häufiger gefragt. Sie sind in der Regel auch gut informiert und zeichnen sich durch eine überdurchschnittliche Mediennutzung, die gleichwohl selektiv und zielgerichtet erfolgt, aus. In der Regel liegt hier auch ein höherer sozio-ökonomischer Status vor. Die Bedeutung von Meinungsführerschaft nimmt daher von den frühen Übernehmern bis hin zu den Nachzüglern ab. Die frühe Mehrheit stellt quasi den Durchschnittsbürger dar, der in seinem Urteil zunächst noch unsicher ist und insgesamt einen längeren Entscheidungsprozess benötigt. Im Falle der späten Mehrheit dominiert wieder stärker die Skepsis gegenüber Neuerungen, zugleich ist hier der sozio-ökonomische Status nicht mehr als überdurchschnittlich zu bezeichnen. In dieser Gruppe muss sozusagen der soziale Druck wachsen, damit eine Innovation endlich übernommen wird, sie muss unausweichlich werden und die Einstellungen innerhalb eines sozialen Systems müssen darauf hinweisen, dass eine Übernahme dieser Neuerung überfällig ist. Nachzügler schließlich neigen dazu, sich mit den gegebenen Verhältnissen zufrieden zu stellen, eine hohe Bereitschaft für Innovationen steht ihnen fern. In der Regel wird dort eine Innovation übernommen, wenn sie in den anderen Gruppen bereits als Produkt in den Alltag integriert ist bzw. ein neuer Innovationszyklus begonnen hat.

Abbildung 5.3 Kumulative und zeitliche Darstellung der Diffusion

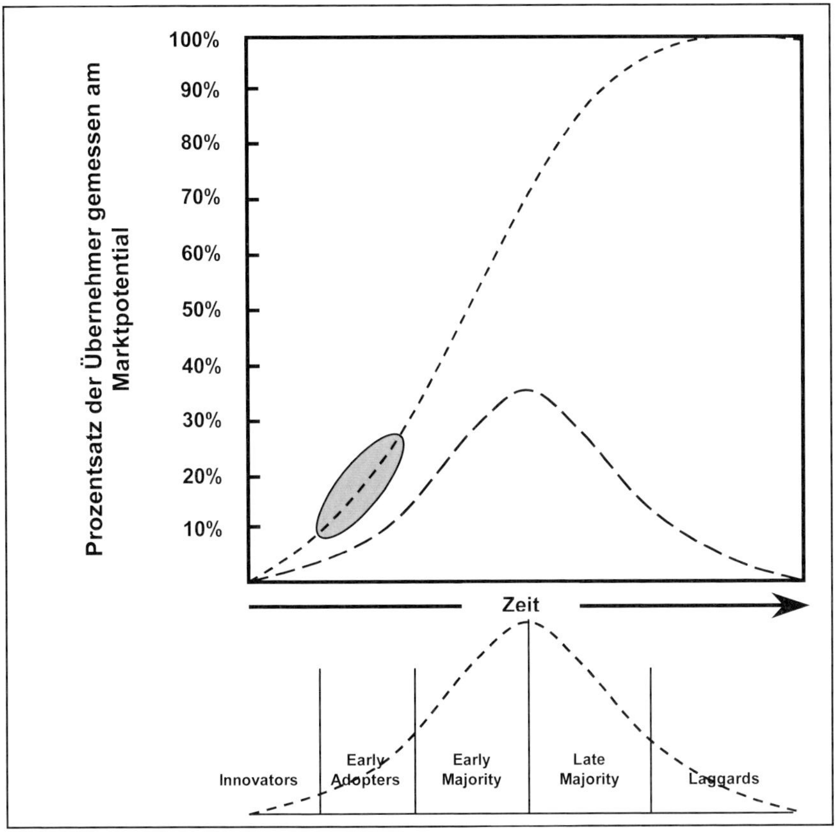

Quelle: In Anlehnung an Rogers 2003, S. 273, 281

Auch das von Frank Bass entwickelte Prognosemodell für Diffusionsprozesse geht implizit vom Vorhandensein der beschriebenen Orientierungen aus. Das Bass-Modell (vgl. Bass 1969) ist für Vorhersagezwecke entwickelt worden und unterscheidet drei wichtige Faktoren: das erwartete Marktpotential für ein Produkt oder eine Dienstleistung sowie zwei Kommunikationskanäle, die auch für jeweils andere Entscheidungswege stehen: Massenmedien und interpersonale

Kommunikation (word-of-mouth) als Informationsquellen. Personen, die eine Kaufentscheidung auf der Grundlage von Informationen in Massenmedien fällen, gehen in die Gleichung als „coefficient of innovation" ein, Personen, die sich vor allem an früheren Käufern orientieren, als „coefficient of imitation". In der Frühphase des Diffusionsprozesses spielt der Faktor „coefficient of innovation" eine größere Rolle als in späteren Phasen, verschwindet aber als Einflussgröße nicht; dagegen nimmt der Stellenwert des Faktors „coefficient of imitation" in der ersten Hälfte der Ausbreitungsphase zu, danach geht die Bedeutung zurück (vgl. zu weiteren Details und Anwendungsbeispielen auch Mahajan et al. 1990). Im Zuge einer Renaissance von Netzwerkanalysen wird neuerdings gefragt, ob die Rolle von Meinungsführern in der word-of-mouth-Kommunikation überschätzt werde und letztlich der Einfluss weniger „highly influential individuals" geringer einzuschätzen sei als der „of easily influenced individuals influencing other easy-to-influence people." (Watts/Dodds 2007, S. 454) Der Expertenstatus wird danach in Ausbreitungsprozessen ebenfalls demokratisiert.

Zusammenfassend kann gesagt werden, dass die Analyse von Diffusionsprozessen das Resultat verschiedener Wechselwirkungen darstellt: Konsumenten und Produkte/Dienstleistungen auf der einen und Interaktionen unter Konsumenten auf der anderen Seite. Hinzu kommen medienvermittelte Einflüsse. Das zu beobachtende Phänomen (S-Kurve, Adoptertypologie) ist nicht dem Willen der Akteure zuzuschreiben, sondern ein daraus hervorgehendes emergentes Phänomen. Letztlich aber wird dem Handeln der einzelnen Akteure der Status einer zweckorientierten Handlung zugeschrieben (vgl. hierzu auch Boudon 1980, S. 113ff.). Der in Abbildung 5.3 dargestellte Übernahmeprozess ist in dieser Differenziertheit dennoch selten empirisch belegt worden. In der Forschungspraxis reduziert sich die Gegenüberstellung häufig auf die frühen und die späten Übernehmer. Hinzu kommt, dass die Ableitung eines solchen Modells eine Längsschnittanalyse voraussetzt, ein großer Teil der Diffusionsstudien aber auf einmaligen Stichtagsbefragungen beruht. Ebenso ist darauf hinzuweisen, dass sowohl die Beschreibung der Adoptertypologie als auch die Schwerpunkte der Forschung den Vorwurf eines „Pro-Innovation-Bias" mit sich gebracht haben (vgl. Rogers 2003, S. 106ff.). Hesse stellte beispielsweise fest: „Die Diffusionsmodelle unterstellen hauptsächlich kauffördernde Kommunikationswirkungen." (Hesse 1987, S. 4) Eine negative Kommunikation, die den Prozess der Verbreitung von Neuerungen hemmt, ist seltener Gegenstand wissenschaftlicher Analysen gewesen. Gemessen an der Faustformel, das ein unzufriedener Kunde zehn potentielle Kunden von einem Kauf abhalten kann, ist diese Schieflage überraschend. Sie hat auch damit zu tun, dass Innovationsprozesse selten von Beginn an analysiert werden und jene Innovationen, die die Phase der Marktdurchdringung zu erreichen beginnen, eine höhere Chance auf Beobachtung erhalten als Innovationen, die bereits in einem frühen Stadium scheitern (vgl. auch die Arbeit von Bauer 2006). Letztlich ändern diese Einwände aber wenig daran, dass die meisten Konsumenten auch aus ihrer eigenen Erfahrung spontan dem nachfolgenden Reim eines britischen Poeten zustimmen werden:

„Be not the first by whom the new is tried, nor the last to lay the old aside." (Alexander Pope, 1711)

Ebenso würden sie auch Theodor Fontane (Der Stechlin, 1899) beipflichten:

„Alles Alte, soweit es Anspruch darauf hat, sollen wir lieben, aber für das Neue sollen wir recht eigentlich leben."

Zum Weiterlesen:

Boudon, Raymond (1980): Die Logik des gesellschaftlichen Handelns. Eine Einführung in die soziologische Denk- und Arbeitsweise. [Aus dem Franz.]. Neuwied usw. (Soziologische Texte, 116).

König, René (1985): Menschheit auf dem Laufsteg. Die Mode im Zivilisationsprozess. München usw.

Rogers, Everett M. (2003): Diffusion of innovations. 5th Edition. New York.

Beispieltexte[31] zu Kapitel 5:

5.a Jean Baudrillard
(1982): Der Symbolische Tausch und der Tod.[Aus dem Franz.]. München. Matthes & Seitz.

Die Mode-„Struktur" & Das Flottieren (Floating) der Zeichen S. 137-138, 139, 140

„Mode gibt es nur im Rahmen der Moderne. Das heißt in einem Schema von Bruch, Fortschritt und Innovation. Altes und Neues alternieren in jedem beliebigen kulturellen Kontext. Aber erst für uns gibt es seit der Aufklärung und der industriellen Revolution eine historische und streitbare Struktur von Veränderung und Krise. Anscheinend erzeugt die Moderne gleichzeitig die lineare Zeit des technischen Fortschritts, der Produktion und der Geschichte und eine zyklische Zeit der Mode. Ein offensichtlicher Widerspruch, denn in Wirklichkeit ist die Moderne niemals ein radikaler Bruch. Tradition beinhaltet nicht von vornherein ein Vorrecht des Alten über das Neue: sie kannte weder das eine noch das andere – erst die Moderne erfindet beide zugleich, daher ist sie gleichzeitig immer »neo« und »retro«, modern und anachronistisch. Als Dialektik des Bruchs wird sie sehr schnell zur Dynamik von Amalgam und Recycling. In Politik, Technik, Kunst und Kultur läßt sie sich als Grad der Veränderung bestimmen, den das System gerade noch

[31] Zur Bearbeitung der Beispieltexte siehe die Hinweise am Ende der Einleitung.

tolerieren kann, ohne daß etwas an der Grundordnung verändert wird. Die Mode ist also der Grundordnung keineswegs entgegengesetzt: gleichzeitig evoziert sie sehr deutlich den Mythos der Veränderung (sie erhält ihn in den alltäglichsten Anschauungen als höchsten Wert am Leben) und das strukturale Gesetz der Veränderung: und zwar deshalb, weil die Veränderung aus dem Spiel von Modellen und distinktiven Gegensatzpaaren hervorgeht, also aus einer Ordnung, die sie keineswegs dem Code der Tradition überläßt. Denn das Wesen der Moderne liegt in der binären Logik. Sie steuert die unendliche Differenzierung und die »dialektischen« Effekte von Brüchen. Die Moderne ist keine Umwertung aller Werte, sondern eine Austauschbarkeit aller Werte, also ihre Kombinatorik und ihre Ambiguität. Die Moderne ist eine Code, und die Mode ist sein Emblem.

Allein diese Sichtweise erlaubt es, die Grenzen der Mode zu beschreiben, das heißt die beiden gleichzeitig auftretenden Vorurteile zu überwinden, die darin bestehen:

1. ihren Bereich bis zu den Grenzen der Anthropologie auszuweiten, also bis hin zum animalischen Verhalten; und im Gegensatz dazu,

2. ihre aktuelle Einflußsphäre auf Kleidung und äußere Zeichen zu beschränken.

Die Mode hat mit ritueller Ordnung nichts zu tun (geschweige denn mit dem Schmuck der Tiere) – weil diese weder die Äquivalenz / das Wechselspiel von Altem und Neuem kannte, noch distinktive Gegensatzsysteme oder gar Modelle mit ihren seriellen und kombinatorischen Aufsplitterungen. Im Gegenteil, die Mode steht deshalb im Zentrum von Wissenschaft und Revolution und im Zentrum der ganzen Moderne, weil die ganze Ordnung der Moderne, vom Sex bis zu den Medien, sowie von der Kunst bis zur Politik von dieser Logik durchzogen ist. Selbst der Aspekt der Mode, der dem Ritual am nächsten zu sein scheint – Mode als Schauspiel, Fest oder Verschwendung - bestärkt noch den Unterschied von Mode und Ritual: denn was uns erst erlaubt, Mode und Zeremonial zu verbinden, ist gerade die ästhetische Betrachtungsweise (genauso wie es uns erst der Begriff des Festes ermöglicht, bestimmte aktuelle Prozesse mit sogenannten primitiven Strukturen in Verbindung zu bringen), die ihrerseits selber der Moderne entspringt (nämlich dem Spiel distinktiver Gegensatzpaare, wie Nützlichkeit/Gratuität, etc.) und welche wir in archaische Strukturen projizieren, um diese mit Hilfe unserer Analogien um so besser zu annektieren. Unsere Mode ist Spektakel und verdoppelte Sozialität, sie findet einen ästhetischen Genuß an sich selber; sie ist ein Spiel der Veränderung um der Veränderung willen. In der »primitiven« Ordnung hatte die Zurschaustellung von Zeichen niemals diesen

»ästhetischen« Effekt. Ebenso ist unser Fest eine »Ästhetik« der Überschreitung, also kein primitiver Austausch, in dem wir so gern einen Reflex oder ein Modell unserer Feste sähen – eine »ästhetische« Neuauflage des Potlatch', eine ethnozentrische Nachahmung (réécriture). [...]

In der Mode liegt etwas Mondänes: Träume, Phantasmen und Psychosen à la mode, wissenschaftliche Theorien und linguistische Schulen à la mode, von Kunst und Politik ganz zu schweigen – aber das sind ›alles nur kleine Fische‹. Viel tiefgreifender ist, daß die Mode die Modell-Disziplinen genau in dem Maße heimsucht, wie diese zu ihrem vermehrten Ruhme erfolgreich ihre Axiome verselbständigen und in ein ästhetisches Stadium übergehen, das nahezu spielerisch ist und in dem, wie bei gewissen mathematischen Formeln, nur die perfekte Brechung und Spiegelung der Analysemodelle zählt. [...]

Als Zeitgenosse der politischen Ökonomie ist die Mode, wie der Markt, eine universelle Form. Alle Zeichen werden in ihr ausgetauscht, so wie alle Produkte als Äquivalente auf dem Markt erscheinen. Die Mode ist das einzige universalisierbare Zeichensystem; es bringt alle anderen unter seine Gewalt, so wie der Markt alle anderen Tauschweisen eliminiert. Im Bereich der Mode gibt es kein allgemeines Äquivalent, weil sie von vornherein in einer viel formaleren Abstraktion als die politische Ökonomie angesiedelt ist; sie befindet sich in einem Stadium, in dem es für ein allgemeines sinnliches Äquivalent (Geld oder Gold) keinen Bedarf mehr gibt, weil nur noch die Form allgemeiner Äquivalenz vorhanden ist: nämlich die Mode selber. Oder vielmehr: für den quantitativen Wertaustausch wird ein allgemeines Äquivalent gebraucht, die Voraussetzung für einen Austausch von Differenzen sind Modelle. Modelle sind jene Art von allgemeinem Äquivalent, das in Matrizen aufgefächert ist, die die unterschiedlichen Bereiche der Mode beherrschen. Sie sind die Shifters, die Macher, die Dispatchers und Medien der Mode; mit ihrer Hilfe kann sie sich unendlich reproduzieren. Mode gibt es dann, wenn eine Form nicht mehr gemäß ihrer eigenen Determination produziert wird, sondern ausgehend von einem Modell – das heißt Mode wird niemals produziert, sondern immer und unmittelbar reproduziert. Das Modell ist zum einzigen Bezugs- und Referenz-Punkt geworden."

5.b Richard Sennett
(1983): Verfall und Ende des öffentlichen Lebens. Die Tyrannei der Intimität [Aus dem Amerik.]. Frankfurt am Main. S. Fischer.

Der Körper als Kleiderpuppe
S. 85-88

„Würde man den Bewohner einer modernen Großstadt plötzlich in das Paris oder London der Jahre um 1750 versetzen, so stieße er auf eine Menschenmenge, die in ihrem Erscheinungsbild zugleich einfacher und verwirrender ist als die unserer Tage. Heute kann man auf der Straße gerade noch den Unterschied zwischen einem Armen und einem Angehörigen des Mittelstandes und – obschon weniger deutlich – vielleicht auch den zwischen einem Angehörigen des Mittelstandes und einem Reichen erkennen. Das Erscheinungsbild der Leute auf den Straßen von London und Paris vor zweihundert Jahren lieferte dagegen sehr viel genauere Hinweise auf den gesellschaftlichen Status des einzelnen. Leicht waren Dienstboten von Arbeitern zu unterscheiden. Der ausgeübte Beruf ließ sich an der Tracht der verschiedenen Gewerbe ablesen, und bestimmte Tressen und Knöpfe deuteten an, welchen Rang ein Arbeiter innerhalb seines Gewerbes einnahm. Rechtsanwälte, Buchhalter und Geschäftsleute im mittleren Bereich der Gesellschaft waren sämtlich verschieden herausgeputzt und trugen unterschiedliche Perücken oder Tressen. Die höheren Gesellschaftskreise erschienen auf der Straße in einer Aufmachung, die sie deutlich von Leuten geringeren Standes absetzte und zudem das Straßenbild beherrschte.

Die äußere Erscheinung der Elite und des wohlhabenden Bürgertums würde den heutigen Betrachter in Erstaunen setzen. Nase, Stirn und Kinnpartien waren mit roter Schminke eingerieben. Es gab kunstvolle Perücken von erheblichen Ausmaßen. Zur Haartracht der Frauen gehörten mitunter genauestens gearbeitete Schiffsmodelle, die ins Haar geflochten wurden, Fruchtkörbe oder gar ganze, von kleinen Figuren dargestellte historische Szenen. Frauen wie Männer schminkten ihre Haut entweder kräftig rot oder matt weiß. Man trug Masken, aber nur um des Vergnügens willen, sie immer wieder abnehmen zu können. Der Körper schien zum Spielzeug geworden.

Während der ersten Augenblicke auf der Straße würde der moderne Besucher vielleicht zu dem Schluß kommen, in dieser Gesellschaft gebe es keine Ordnungsprobleme, jedermann sei klar gekennzeichnet. Und wenn er über historische Kenntnisse verfügte, so würde er eine einfache Erklärung für diese Ordnung haben: Die Menschen befolgten einfach die Gesetze. Denn die englischen und französischen Gesetzbücher enthielten Kleiderordnungen, die jedem Stand in der gesellschaftlichen Hierarchie vorschrieben, wie er sich »angemessen« zu kleiden hatte, und die es den Angehörigen eines bestimmten Standes untersagten, die Kleider eines anderen Standes zu tragen. In Frankreich waren diese Kleiderordnungen besonders kompliziert. So durfte sich z. B. um 1750 die Frau, deren Mann Arbeiter war, nicht so kleiden wie die Frau des Handwerksmeisters, und der Frau des »Händlers« waren bestimmte Putzstücke verwehrt, die der Frau der höheren Schichten gestattet waren.

Daß es Gesetze gibt, besagt allerdings noch nicht, daß sie auch eingehalten oder durchgesetzt werden. Zu Beginn des 18. Jahrhunderts kam es nur sehr selten zu Verhaftungen wegen eines Verstoßes gegen die Kleiderordnung. Theoretisch konnte man dafür, daß man die äußere Erscheinung eines anderen nachahmte, ins Gefängnis geworfen werden – in Wirklichkeit aber brauchte man das um 1700 kaum zu befürchten. In den Großstädten verfügten die Menschen, wie wir im letzten Kapitel gesehen haben, kaum über die Mittel, um festzustellen, ob die Kleidung eines Fremden auf der Straße ein getreues Abbild seiner gesellschaftlichen Stellung war. Die meisten Zuwanderer kamen aus relativ weiter Entfernung in die Großstadt und gingen hier neuen Beschäftigungen nach. War das, was der Betrachter auf der Straße sah, also ein Trugbild?

Der Logik einer egalitär gesinnten Gesellschaft zufolge werden die Menschen ihre gesellschaftlichen Unterschiede nicht hervorkehren, wenn sie nicht dazu gezwungen sind. Wenn Gesetz und Anonymität es zulassen, daß man sich in eine Person der eigenen Wahl verwandelt, so wird man nicht versuchen zu definieren, wer man in Wirklichkeit ist. Aber diese egalitäre Logik gilt für die Stadt des Ancien Régime nicht. Obwohl die Kleiderordnung nirgendwo in Europa jemals wirklich durchgesetzt wurde, obwohl es in der Großstadt schwierig war, etwas über die Herkunft derer, die einem auf der Straße begegneten, in Erfahrung zu bringen, bestand der Wunsch, die Gesetze standesgemäßer Kleidung zu befolgen. Damit hofften die Leute, Ordnung in das »Fremdengemisch« auf der Straße zu bringen.

Die Kleidung der meisten Franzosen und Engländer der städtischen Mittel- und Oberschicht wies in Schnitt und äußerer Form zwischen dem späten 17. Jahrhundert und der Mitte des 18. Jahrhunderts eine bemerkenswerte Stabilität auf, eine größere Stabilität jedenfalls als in den voraufgegangenen achtzig Jahren. Ausgenommen den Reifrock der Frauen und den Wandel im Männlichkeitsideal von der Korpulenz zu Schlankheit und enger Taille, hielt das 18. Jahrhundert hartnäckig an den Grundmustern der Mode des späten 17. Jahrhunderts fest. Allerdings wandelte sich die Verwendung dieser Formen.

Die Kleidung, die Ende des 17. Jahrhunderts zu allen Gelegenheiten getragen wurde, galt in der Mitte des 18. Jahrhunderts nur noch im Theater und auf der Straße als angemessen. Daheim gaben alle gesellschaftlichen Klassen einer lockeren, einfachen Kleidung den Vorzug. Wir haben es hier mit einem ersten Moment der Trennung zwischen öffentlichem und privatem Bereich zu tun – der Privatbereich galt als »natürlicher«, und der Körper erschien dort als an sich »ausdrucksvoll«. [...]

Auf der Straße hingegen trug man Kleider, die den eigenen Platz in der Gesellschaft deutlich sichtbar machten – und dazu mußte die Kleidung bekannt und vertraut sein. Daß die äußere Erscheinung in ihren Grundzügen seit dem späten 17. Jahrhundert beibehalten wurde, stellt also nicht einfach historische Kontinuität dar. Man benutzte die erprobten Formen vielmehr, um zu zeigen, wo man hingehörte, um auf der Straße eine gesellschaftliche Ordnung zu definieren.

Angesichts der Wandlungen des städtischen Lebens stieß dieses Bestreben auf gewisse Schwierigkeiten. Zum einen hatten viele der neuen Tätigkeiten im kaufmännischen Bereich keine Vorläufer im 17. Jahrhundert – für jemanden, der in der Rechnungsabteilung einer Reederei arbeitete, gab es keine allgemein als angemessen erachtete Kleidung. Zum anderen war mit dem Niedergang der Zünfte in den Großstädten ein großer Teil des Kleidungsrepertoires, das auf die traditionellen Trachten der Zünfte zurückging, nutzlos geworden, weil nur wenige Menschen berechtigt waren, diese Kleidung zu tragen. Diese Schwierigkeiten waren aus dem Weg zu räumen, indem man auf der Straße ein Kostüm trug, das zwar einen bestimmten Beruf signalisierte, aber nicht unbedingt den des Trägers. Das führte nicht notwendig dazu, daß man sich besser kleidete, als es gemäß der eigenen Stellung schicklich gewesen wäre – dieser Fall scheint im niederen Bürgertum sogar recht selten gewesen zu sein. Wenn die überkommene Mode von jemandem aufgegriffen wurde, der in einem anderen, aber gleichrangigen Gewerbe oder Beruf arbeitete, so wendete er nicht viele Gedanken daran, sie so abzuwandeln, daß sie zu seinem eigenen Beruf paßte oder diesem Beruf symbolischen Ausdruck verlieh. Das wäre eigenbrötlerisch gewesen, denn diese Kleidung hätte denen, die ihren Träger nicht kannten, auf der Straße nichts bedeutet, und noch weniger hätten sie verstanden, warum er eine vertraute Form verändert hatte. Ob die Leute das waren, was die Kleider aus ihnen machten, war nicht so wichtig wie der Wunsch, etwas Erkennbares zu tragen, um auf der Straße jemand zu sein.

Die Straßenkleidung des 18. Jahrhunderts ist deshalb so faszinierend, weil sie auch in weniger extremen Fällen, dort, wo die Disparität zwischen traditioneller Mode und den neuen materiellen Verhältnissen nicht dazu zwang, Schauspieler zu werden, wo die Mode vielmehr ziemlich genau widerspiegelte, wer man war, ein Element von Kostümierung besitzt. Zu Hause paßten sich die Kleider dem Körper und seinen Bedürfnissen an; ging man auf die Straße, so hüllte man sich in eine Kleidung, die es anderen ermöglichen sollte, sich so zu verhalten, als wäre man ihnen bekannt. Man wurde zur Figur in einer Kunstlandschaft. Die Kleidung brauchte nicht sicher anzuzeigen, mit wem man es zu tun hatte, sie sollte aber erlauben, so zu tun, als ob man sich dessen sicher wäre. Forsche der Wahrheit von anderer Leute äußerer Erscheinung nicht allzu gründlich nach, riet Chesterfield seinem Sohn; das Leben ist geselliger, wenn man die Leute nimmt, wie sie sich geben, und nicht, wie sie sind. In diesem Sinne kam den Kleidern unabhängig von ihrem Träger und dessen Körper eine eigenständige Bedeutung zu. Anders als im Hause war der Körper auf der Straße bloß ein Werkzeug, das es zu drapieren galt."

5.c Georg Simmel
(1995): Die Frau und die Mode. In: Rammstedt, Otthein (Hrsg.): Georg Simmel. Gesamtausgabe, Band 8. Aufsätze und Abhandlungen 1901-1908, Band II. Frankfurt am Main, S. 344-347. Suhrkamp.

Die Frau und die Mode
S. 344-347

„Wenn die Mode den Egalisierungs- und den Individualisierungstrieb, den Reiz der Nachahmung und den der Auszeichnung zugleich zum Ausdruck bringt und betont, so erklärt dies vielleicht, weshalb die Frauen im allgemeinen der Mode besonders stark anhängen. Aus der Schwäche der sozialen Position nämlich, zu der die Frauen den weit überwiegenden Teil der Geschichte hindurch verurteilt waren, ergibt sich ihre enge Beziehung zu allem, was »Sitte« ist, zu dem, »was sich ziemt«, zu der allgemein gültigen und gebilligten Daseinsform. Denn der Schwache vermeidet die Individualisierung, das Auf-sich-ruhen mit seinen Verantwortlichkeiten und seiner Notwendigkeit, sich ganz allein mit eigenen Kräften zu verteidigen. Ihm gewährt gerade nur die typische Lebensform Schutz, die den Starken an der Ausnutzung seiner exceptionellen Kräfte hindert. Auf diesem festgehaltenen Boden der Sitte aber, des Durchschnittlichen, des allgemeinen Niveaus streben die

Frauen nun stark zu der so noch möglichen relativen Individualisierung und Auszeichnung der Einzelpersönlichkeit. Die Mode bietet ihnen gerade diese Kombination aufs glücklichste: einerseits ein Gebiet allgemeiner Nachahmung, ein Schwimmen im breitesten sozialen Fahrwasser, eine Entlastung des Individuums von der Verantwortlichkeit für seinen Geschmack und sein Tun – andererseits doch eine Auszeichnung, eine Betonung, eine individuelle Geschmücktheit der Persönlichkeit.

Es scheint, dass für jede Klasse von Menschen, ja wahrscheinlich für jedes Individuum ein bestimmtes quantitatives Verhältnis zwischen dem Triebe zur Individualisierung und dem zum Untertauchen in die Kollektivität bestünde, so dass, wenn auf einem bestimmten Lebensgebiete das Ausleben des einen Triebes behindert ist, er sich ein anderes sucht, auf dem er nun das Mass, dessen er bedarf, erfüllt. So scheint es, als wäre die Mode gleichsam das Ventil, aus dem das Bedürfnis der Frauen nach irgend einem Mass von Auszeichnung und individueller Hervorgehobenheit ausbräche, wenn ihnen dessen Befriedigung auf anderen Gebieten mehr versagt ist.

Im vierzehnten und fünfzehnten Jahrhundert zeigt Deutschland eine ausserordentlich starke Entwickelung der Individualität. Die kollektivistischen Ordnungen des Mittelalters wurden durch die Freiheit der Einzelpersönlichkeit in hohem Masse durchbrochen. Innerhalb dieser individualistischen Entwicklung aber fanden die Frauen noch keinen Platz, ihnen wurde noch die Freiheit persönlicher Bewegung und Entfaltung versagt. Sie entschädigten sich dafür durch die denkbar extravagantesten und hypertrophischsten Kleidermoden. Umgekehrt sehen wir, dass in Italien die gleiche Epoche den Frauen den Spielraum für individuelle Entwickelung gewährt. Die Frauen der Renaissance hatten so viele Möglichkeiten der Bildung, der Betätigung nach aussen hin, der persönlichen Differenzierung, wie sie ihnen dann wieder fast Jahrhunderte hindurch nicht gegönnt waren, die Erziehung und die Bewegungsfreiheit war besonders in den höheren Schichten der Gesellschaft für beide Geschlechter fast die gleiche. Aber nun wird auch aus Italien von keinerlei besonderen Extravaganzen der weiblichen Mode aus dieser Zeit berichtet. Das Bedürfnis, sich auf diesem Gebiete individuell zu bewähren und eine Art von Ausgezeichnetheit zu gewinnen, bleibt aus, weil der hierin sich äussernde Trieb auf anderen Gebieten seine hinreichende Befriedigung gefunden hat. Im allgemeinen zeigt die Geschichte der Frauen in ihrem äusseren wie inneren Leben, in dem Individuum ebenso wie in ihrer Gesamtheit eine vergleichsweise so grosse Einheitlichkeit, Nivellement, Gleichmässigkeit, dass sie wenigstens auf dem Gebiete der Moden, das das der Abwechselung schlechthin ist, einer lebhafteren

Betätigung bedürfen, um sich und ihrem Leben – sowohl für das eigene Gefühl wie für andere – einen Reiz hinzuzufügen. Wie zwischen Individualisierung und Kollektivierung, so besteht zwischen Gleichmässigkeit und Abwechselung der Lebensinhalte eine bestimmte Proportion der Bedürfnisse, die auf den verschiedenen Gebieten hin- und hergeschoben wird, die die Versagtheit auf dem einen durch eine irgendwie erzwungene Gewährung auf dem andern auszugleichen sucht. Im ganzen wird man sagen können, dass die Frau, mit dem Manne verglichen, das treuere Wesen ist; eben die Treue, die die Gleichmässigkeit und Einheitlichkeit des Wesens nach der Seite des Gemütes hin ausdrückt, verlangt doch eben um jener Balancierung der Lebenstendenzen willen irgend eine lebhaftere Abwechselung auf mehr abseits gelegenen Gebieten. Der Mann umgekehrt, der seiner Natur nach untreuer ist, der die Bindung an das einmal eingegangene Gemütsverhältnis typischerweise nicht mit derselben Unbedingtheit und Konzentrierung aller Lebensinteressen auf dieses eine zu bewahren pflegt, wird infolgedessen weniger jener äusseren Abwechselungsform bedürfen. Ja, das Abweisen der Veränderungen auf äusseren Gebieten, die Gleichgültigkeit gegen die Moden der äusseren Erscheinung ist spezifisch männlich – nicht weil er das einheitlichere, sondern grade weil er im Grunde das vielfältigere Wesen ist und deshalb jener äusseren Abwechselungen eher entraten mag. Darum betont die emanzipierte Frau der Gegenwart, die sich dem männlichen Wesen, seiner Differenziertheit, Personalität, Bewegtheit anzunähern sucht, auch grade ihre Gleichgültigkeit gegen die Mode. Auch bildet die Mode für die Frauen in gewissem Sinne einen Ersatz für die Stellung innerhalb eines Berufsstandes. Der Mann, der in einen solchen hineingewachsen ist, hat sich damit freilich in einen Kreis relativen Nivellements begeben, er ist innerhalb dieses Standes vielen anderen gleich, er ist vielfach nur ein Exemplar für den Begriff dieses Standes oder Berufes. Andrerseits und wie zur Entschädigung hierfür ist er doch nun auch mit der ganzen Bedeutung, mit der sachlichen wie sozialen Kraft diese Standes geschmückt, seiner individuellen Bedeutung wird die seiner Standeszugehörigkeit hinzugefügt, die oft die Mängel und Unzulänglichkeiten des rein persönlichen Daseins decken kann.

Eben dies nun leistet an so ganz anderen Inhalten die Mode, auch sie ergänzt die Unbedeutendheit der Person, ihre Unfähigkeit, rein aus sich heraus die Existenz zu individualisieren, durch die Zugehörigkeit zu einem durch eben die Mode charakterisierten, herausgehobenen, für das öffentliche Bewusstsein irgendwie zusammengehörigen Kreis. Auch hier wird freilich die Persönlichkeit als solche in ein allgemeines Schema eingefügt, allein dieses Schema selbst hat in sozialer Hinsicht eine individuelle Färbung und ersetzt so auf dem sozialen

Umwege gerade das, was der Persönlichkeit auf rein individuellem Wege zu erreichen versagt ist. Dass die Demimonde vielfach die Bahnbrecherin für die neue Mode ist, liegt an ihrer eigentümlich entwurzelten Lebensform; das Pariadasein, das die Gesellschaft ihr anweist, erzeugt in ihr einen offenen oder latenten Hass gegen alles bereits Legalisierte, gefestigt Bestehende, einen Hass, der in dem Drängen auf immer neue Erscheinungsformen seinen noch relativ unschuldigsten Ausdruck findet; in dem fortwährenden Streben nach neuen, bisher unerhörten Moden, in der Rücksichtslosigkeit, mit der gerade die der bisherigen entgegengesetzteste leidenschaftlich ergriffen wird, liegt eine ästhetische Form des Zerstörungstriebes, der allen Pariaexistenzen, soweit sie nicht innerlich völlig versklavt sind, eigen zu sein scheint."

5.d René König

(1989): Unter und über der Haut. Die Mode als soziales Totalphänomen. In: Böhm, Thomas u.a. (Hrsg.): Die zweite Haut. Über Moden. Reinbek bei Hamburg, S. 113-123. Rowohlt.

Unter und über der Haut
S. 116-17, 118-120

„Auch die einfachsten Kulturen wandeln sich immerfort. Dieses Wechselspiel und Wechselbedürfnis der Menschen in ihrem äußeren Gehabe ist wohl die am festesten eingewurzelte Verhaltenskonstante der Menschheit überhaupt. Eine nicht mehr wandlungsfähige Kultur ist eine tote Kultur. Das kann jeder(mann) leicht nachprüfen; wer immer mit einfachen Kulturen zu tun gehabt hat, ist oft ganz verblüfft gewesen über die gelegentlich enormen Veränderungen des äußeren Gehabes ihrer Mitglieder, wenn man sie nur mehrfach in (auch kürzeren) Zeitabständen erlebt. Man muß sich dabei auch bewußt bleiben, daß der Modewechsel in verschiedenen Dimensionen erfolgen kann, von denen in der Regel drei gezählt werden; die häufigste Innovation ist die optische – der Mensch ist eben ein Augentier. Darauf folgen aber noch andere Änderungen, zum Beispiel akustische oder auch olfaktische. Auch in einfachen Gesellschaften wechseln die vorherrschenden Parfüms. Es ist mir noch nicht klar, ob komplexe Wandlungen in verschiedenen Dimensionen, die gewissermaßen als «Gestalten» gemeinsam gesehen werden müssen, überwiegen oder ob sich die Einzelheiten für sich allein ändern. Es besteht eine große Wahrscheinlichkeit für die erste Wendung, denn wenn man genau zusieht, sind fast immer mehrere Dimensionen bei einem Wechselimpuls im Spiel, wenn auch die Dimensionen nicht als einzelne hervortreten. Aus meinen eigenen, über mehr als dreißig Jahre reichenden Erfahrungen bei den Navajo im Südwesten der Vereinigten Staaten, kann ich sagen, daß diese in erstaunlicher Geschwindigkeit beispielsweise die Schmuckformen wechseln und neue Kompositionen erfinden. Andere, wie die mehr konservativen Hopi, machen solche Wandlungen langsamer durch, aber auch bei ihnen wechseln die Schmuckformen oder die Töpfereien. Das erlaubt uns die zusammenfassende Aussage, daß auch sehr einfache Kulturen dem modischen Wandel unterliegen. Die beiden genannten Kulturen sind aber relativ hoch entwickelte Kulturen, die bereits ein höheres und zusammengesetztes kulturelles Selbstbewußtsein repräsentieren. [...]

[Im Falle der Kleidung] ist nicht primär entscheidend der Schutz des Körpers vor den Unbilden der Witterung; auch nicht gewissermaßen die Absicht, das Schamgefühl der Nacktheit zu beruhigen. Die Schutzfunktion spielt eigentlich nur in den extremen Klimaten eine Rolle, das Schamgefühl ist – wenn überhaupt – bestenfalls eine Sekundärfunktion der Kleidung über der Haut. Wenn beide eine wesentliche Rolle spielen, so kommt diese erst ganz am Ende der möglichen Verursachungen zum Zuge, die vor allem kulturell ungeheuer variabel sind.

Viel wichtiger als diese Vorgänge sind dagegen die Farben; so sagte man vor längerer Zeit, die Manager der modernen Textilindustrie von heute sähen aus «wie lauter graue Mäuse». Als ich vor einigen Jahren an einer Verbandssitzung der Oberbekleidungsindustrie in Köln teilnahm und in dem Hotel, in dem die Sitzung stattfinden sollte, mich fragte, welche der anwesenden Herren wohl die Vertreter dieses Verbandes sein mochten und wie ihr eigenes Kleidungsverhalten wohl aussehen könnte, erlebte ich die Überraschung, sie nachher fast alle als lauter graue Mäuse wiederzufinden. Ein einziger trug einen Anzug von weinroter Farbe und fiel damit total aus dem Rahmen. Später sprach ein Vertreter der Kunstakademie München, der seinen Vortrag mit den Worten schloß: Der Mann ist gewiß keine graue Maus, sondern ein schöner bunter Kater, und erst als solcher wird er adäquat gekleidet sein. Der Beifall – von Lachen begleitet – war zwar groß, aber ich bin sicher, daß die anwesenden Vertreter der Oberbekleidungsindustrie zwar einerseits doch etwas verlegen waren, aber darum ihr eigenes Kleidungsverhalten in der Folge nicht im geringsten modifizieren würden. Wir dürfen also gewisse Sperren vor farblichen Experimenten nicht unterschätzen, wie das Beispiel zeigt. Außerdem gibt es andere Gestaltungsformen der Männerkleidung, von denen man gesagt hat, sie seien im Grunde wie ein «Futteral», in das der Träger eingesperrt würde, so daß auch im expressiven Sinne jede Möglichkeit einer freieren und wandelbaren

Gestaltungschance verschlossen sei. Mit der Entfaltung der Freizeitkleidung im Laufe der letzten fünfzig Jahre ist das sicher besser geworden. Wenn aber ein großer Finanzmanager im Büro ein Hemd mit offenem Kragen trägt, wird das noch immer als Extravaganz vermerkt, was – offen oder versteckt – natürlich einen kritischen Beigeschmack hat.

Die Mode ist in der Tat der reinste Ausdruck der kreativen Freiheit in der unabgerissenen Produktion immer neuer Formen, die mit der ästhetischen Selbstdarstellung des Menschen in den verschiedensten sozialen Zusammenhängen verbunden ist. Das Ziel ist immer das gleiche, auch wenn die Realisationen sich wandeln. Man spricht hier vom «Attrappeneffekt», also eine Auszeichnung irgendwelcher Art, die bei der in Frage stehenden Zielgruppe akzeptiert wird. Das ist sicher die wichtigste Entdeckung der modernen Verhaltenslehre (K. Lorenz). Damit ist die Mode gewissermaßen ein soziales Urphänomen. Entscheidend ist aber dabei nicht so sehr die Erfindung als solche, sondern die «Akzeptanz».

Das heißt mit anderen Worten: Die Innovation als solche reicht also nicht aus. Jede Epoche ist überreich an modischen Varianten, die sich nicht durchgesetzt haben. Das sind, um ein Wort Hegels zu paraphrasieren, die Grabstätten der Moden, verstorben, ohne daß sie akzeptiert worden wären. Sie sind der Menge nach sicherlich zahlreicher als die reüssierten. Nur das aber, was dann wirklich getragen wird, kann uns interessieren. Der Erfolg ist hier alles. Das gilt im Guten wie im Schlechten: Die grauen Mäuse sind der Beweis dafür, aber das Ausweichen in die Banalität ist keine Gegeninstanz gegen ein solches Verhalten. Dem steht allein der experimentelle Charakter jeder Mode im Wege, die erst nach einiger Zeit eine befriedigende Lösung findet, die sich also einer weiterreichenden Akzeptanz erfreuen kann. Experimentieren kann aber zunächst auch als Spiel auftreten, speziell in der Initiationsphase eines Modewandels. Dabei spielt selbstverständlich das Auge eine hervorragende Rolle, denn Akzeptanz erfolgt nur in unmittelbarer optischer Gegenwart."

5.e Gabriel de Tarde
(2003): Die Gesetze der Nachahmung. [Aus dem Franz., zuerst 1890]. Frankfurt am Main. Suhrkamp.

Die universelle Wiederholung & Gepflogenheiten und Bedürfnisse, Politische Ökonomie
S. 31-38, 358-367

„Jede Wiederholung, egal ob sie nun im Sozialen, Organischen oder Physikalischen, also durch Nachahmung, Vererbung oder Schwingung stattfindet (wir widmen uns hier nur den auffälligsten und typischsten Formen der universellen Wiederholung), entspringt einer Neuerung so wie jedes Licht einer Quelle. Derart scheint das Normale in jedem Wissensgebiet aus dem Zufälligen hervorzugehen. [...]

[Es ist] keineswegs überraschend, wenn die sozialen Tatsachen, wie sie von Historikern und sogar Soziologen dargestellt werden, auf uns chaotisch wirken, während die von Physikern, Chemikern und Physiologen beschriebenen Tatsachen den Eindruck von sehr wohlgeordneten Welten hinterlassen. Denn letztere zeigen uns den Gegenstand ihrer Wissenschaft nur von der Seite der Ähnlichkeiten und Wiederholungen und verbannen die Ungleichartigkeit samt entsprechender Veränderungen (oder Verwandlungen) klugerweise in den Schatten. Die Historiker und Soziologen verschleiern dagegen umgekehrt die monotone und geregelte Seite der sozialen Tatsachen, also ihre Ähnlichkeiten und Wiederholungen, und führen uns nur deren zufällige, interessante, bis ins unendliche erneuerte und vielseitige Seite vor Augen. [...]

Alle Ähnlichkeiten sozialen Ursprungs, die der sozialen Welt angehören, sind Früchte jedweder Art von Nachahmung, also der Nachahmung von Gebräuchen oder Moden, durch Sympathie oder Gehorsam, Belehrung oder Erziehung, der naiven oder überlegten Nachahmung usw. Deshalb ist die heutige Methode vortrefflich, nach der die Lehrmeinungen oder Institutionen durch ihre Geschichte erklärt werden. Diese Tendenz kann nur verallgemeinert werden. Zwar sagt man, daß große Genies und große Erfinder zeitgleich das gleiche entdecken; solche Zufälle sind jedoch selten. Wenn sie sich dennoch bewahrheiten, lassen sie sich immer auf ein allgemeines Wissen zurückführen, von dem die beiden Erfinder unabhängig voneinander profitierten. Dieses Wissen besteht aus einer Mischung von vergangenen Traditionen und gewöhnlichen, mehr oder weniger geordneten Erfahrungen und wird über den großen Träger aller Nachahmungen vermittelt, nämlich über die Sprache. [...]

Zu einer Zeit, wo der Gebrauch in jeder Ortschaft die Ernährung, Kleidung, Möbel, Wohnung usw. vorschreibt, die über mehrere Generationen gleich bleiben, sich jedoch von Ort zu Ort unterscheiden, ist es klar, daß die Großproduktion mit Maschinen, wenn sie bekannt wäre, nichts nützen würde. Der Handwerker stellt unter diesen Umständen nur eine kleine Anzahl von Artikeln her, die jedoch sehr solide und beständig sind. Später hingegen, in den Zeiten, wo die gleiche Mode in jedem Land herrscht, die jedoch jedes Jahr neu ist, zielte die Industrie auf Quantität, nicht auf Haltbarkeit der Produkte ab. Ein Hersteller von Handelsschiffen in Amerika sagte zu Tocqueville, daß es wegen der oft wechselnden Moden von Vorteil sei, kurzlebige Schiffe zu konstruieren. Der Hersteller sucht in den Zeiten des Gebrauchs einen zukünftigen, also begrenzten und anhaltenden Absatzmarkt, zu Zeiten der Mode einen auswärtigen, also breiten und schnell wechselnden. Wenn es sich um Produkte handelt, deren wesentliche Qualität die Dauer ist, wie bei Gebäuden, Goldschmuck oder wertvollen Steinen, Möbeln, Bucheinbänden, Skulpturen usw., kann in Zeiten des Brauchs bis zu einem gewissen Grad die fehlende zeitgenössische Kundschaft durch die Perspektive auf die künftige, mit jeder Generation anwachsende kompensiert werden. Daher hatte das Mittelalter, trotz seiner Zerstückelung in lokale Gebräuche, seine großen Architekten, Goldschmiede, Tischler, Buchbinder und Bildhauer. Für die zur mehr oder weniger baldigen Zerstörung gedachten Produkte, die sich schnell abnutzen, gibt es diese Kompensation jedoch nicht. Man muß sich also nicht wundern, daß der Gartenbau und sogar die Landwirtschaft, die Glasherstellung und Töpferkunst für den gewöhnlichen Gebrauch sowie die Tuchfabrikation unter feudaler Herrschaft so wenig florierten und so wenig Fortschritte machten. Wenn umgekehrt in den Zeiten der Mode die Entwicklung von sich auf die Zukunft richtenden Industrien oder Künsten wie Architektur und Bildhauerei behindert wird von der Unbeständigkeit der Vorlieben, dann begünstigt die weitverbreitete Einheitlichkeit dieser Vorlieben, trotz deren Unbeständigkeit, den Fortschritt jedweder Herstellung von notwendig kurzlebigen Produkten wie die Papierfabrikation, den Journalismus, die Weberei, den Gartenbau usw. Nichtsdestoweniger bricht eine dritte Periode für die Industrie an, die eine unvergleichliche Blüte hervorbringt, wenn jemals die Stabilität wiedergefunden wird und sich mit der erreichten Einheitlichkeit verbindet. Das kann man jetzt schon erahnen. China ist, was das betrifft, seit Jahrhunderten bei diesem glücklichen Ende angekommen.

Man kennt in Anbetracht des kleinen Schatzes an Erfindungen, die es nutzt, seinen überraschenden industriellen Reichtum.

Habe ich bei all dem die Rolle der Nachahmung übertrieben? Ich denke nicht. Wenn eine große Industrie in einem Land auftaucht, betrifft das bemerkenswerterweise zuerst die Luxusgüter wie Teppiche, Edelsteine usw. Erst später weitet es sich auf Gegenstände von sekundärer und schließlich primärer Dringlichkeit aus. Warum? Weil sich zuerst die Gepflogenheiten der oberen Klassen, die Luxusgüter verwenden, aneinander angleichen, bevor sie dann in den unteren Klassen einheitlich werden. [...]

Die Herrschaft der Mode und der Fortschritt der zeitgenössischen Erfindung werden immer gleichzeitig stimuliert. Dadurch darf nicht verkannt werden, daß die Herrschaft der Mode immer vorgängig ist. Zweifellos reizt der einmal ausgebrochene Modestrom, wie schon gesagt, die erfinderische Einbildungskraft in die Richtung, in der er sich am schnellsten ausbreitet. Was hat ihn jedoch ausbrechen lassen, wenn nicht der Kontakt mit einem Nachbarland, wo fruchtbare Neuerungen mehr oder weniger aus freien Stücken entstanden? Darüber besteht in unserem Jahrhundert in bezug auf die Industrie kein Zweifel. Denn der erste Grund für diese Begeisterung, die alle europäischen Völker zur Nachahmung untereinander bringt, ist die Erfindung der Dampfmaschinen, die zur Großproduktion verhalfen, und der Eisenbahn, die den Ferntransport der Produkte ermöglichte. Ganz zu schweigen von den Telegraphen. - Der Einbildungskraft unseres Zeitalters wurde besonders auf dem Gebiet der Industrie und der Wissenschaft freier Lauf gelassen. Ebenfalls durchbrach es vor allem auf ökonomischem und wissenschaftlichem Gebiet die Schranken des Gebrauchs. Im künstlerischen Bereich dagegen blieb der Geist der Tradition insgesamt bestehen, da ihm die ursprüngliche Kreativität oft fehlte. Ein Umstand, der für sich spricht. In der Architektur, zu der wir fast nichts beigetragen haben, ahmte unsere Epoche sklavisch gotische, romanische und byzantinische Vorbilder nach. Unter diesem Gesichtspunkt ist unser Jahrhundert – zumindest bis zur sogenannten Eisenarchitektur – ebenso traditionsbewusst, wie das 12. Jahrhundert reich an Neuerungen ist.

Trotz des zum Teil zufälligen Charakters der Erfindungen ahmen nämlich die Erfinder selbst einander so sehr nach, daß in jedem Zeitalter ein Erfindungsstrom in eine Hauptrichtung geht, also entweder in religiöse oder architektonische, bildhauerische, musikalische, philosophische usw.“

5.f Joseph A. Schumpeter
(1947): The Creative Response in Economic History. In: The Journal of Economic History, November 1947, Vol. VII, No.2, S. 149-159. Cambridge University Press.

The creative response in economic history
S. 149-152

„Economic historians and economic theorists can make an interesting and socially valuable journey together, if they will. It would be an investigation into the sadly neglected area of economic change.

As anyone familiar with the history of economic thought will immediately recognize, practically all the economists of the nineteenth century and many of the twentieth have believed uncritically that all that is needed to explain a given historical development is to indicate conditioning or causal factors, such as an increase in population or the supply of capital. But this is sufficient only in the rarest of cases. As a rule, no factor acts in a uniquely determined way and, whenever it does not, the necessity arises of going into the details of its modus operandi, into the mechanisms through which it acts. Examples will illustrate this. Sometimes an increase in population actually has no other effect than that predicated by classical theory – a fall in per capita real income; but, at other times, it may have an energizing effect that induces new developments with the result that per capita real income rises. Or a protective duty may have no other effect than to increase the price of the protected commodity and, in consequence, its output; but it may also induce a complete reorganization of the protected industry which eventually results in an increase in output so great as to reduce the price below its initial level.

What has not been adequately appreciated among theorists is the distinction between different kinds of reaction to changes in "condition." Whenever an economy or a sector of an economy adapts itself to a change in its data in the way that traditional theory describes, whenever, that is, an economy reacts to an increase in population by simply adding the new brains and hands to the working force in the existing employments, or an industry reacts to a protective duty by expansion within its existing practice, we may speak of the development as adaptive response. And whenever the economy or an industry or some firms in an industry do something else, something that is outside of the range of existing practice, we may speak of creative response.

Creative response has at least three essential characteristics. First, from the standpoint of the observer who is in full possession of all relevant facts, it can always be understood ex post; but it can practically never be understood ex ante; that is to say, it cannot be predicted by applying the ordinary rules of inference from the pre-existing facts. This is why the "how" in what has been called above the "mechanisms" must be investigated in each case. Secondly, creative response shares the whole course of subsequent events and their "long-run" outcome. It is not true that both types of responses dominate only what the economist loves to call "transitions," leaving the ultimate outcome to be determined by the initial data. Creative response changes social and economic situations for good, or, to put it differently, it creates situations from which there is no bridge to those situations that might have emerged in its absence. This is why creative response is an essential element in the historical process; no deterministic credo avails against this. Thirdly, creative response – the frequency of its occurrence in a group, its intensity and success or failure – has obviously something, be that much or little, to do (a) with quality of the personnel available in a society, (b) with relative quality of personnel, that is, with quality available to a particular field of activity relative to quality available, at the same time, to others, and (c) with individual decisions, actions, and patterns of behavior. Accordingly, a study of creative response in business becomes coterminous with a study of entrepreneurship. The mechanisms of economic change in capitalist society pivot on entrepreneurial activity. Whether we emphasize opportunity or conditions, the responses of individuals or of groups, it is patently true that in capitalist society objective opportunities or conditions act through entrepreneurial activity, analysis of which is at the very least a highly important avenue to the investigation of economic changes in the capitalist epoch. This is compatible with widely different views about its importance as an "ultimate cause."

Seen in this light, the entrepreneur and his function are not difficult to conceptualize: the defining characteristic is simply the doing of new things or the doing of things that are already being done in a new way (innovation). It is but natural, and in fact it is an advantage, that such a definition does not draw any sharp line between what is and what is not "enterprise." For actual life itself knows no such sharp division, though it shows up the type well enough. It should be observed at once that the "new thing" need not be spectacular or of historic importance. It need not be Bessemer steel or the explosion motor. It can be the Deerfoot sausage.

To see the phenomenon even in the humblest levels of the business world is quite essential though it may be difficult to find the humble entrepreneurs historically. [...]

Finally, "getting new things done" is not only a distinct process but it is a process which produces consequences that are an essential part of capitalist reality. The whole economic history of capitalism would be different from what it is if new ideas had been currently and smoothly adopted, as a matter of course, by all firms to whose business they were relevant. But they were not. It is in most cases only one man or a few men who see the new possibility and are able to cope with the resistances and difficulties which action always meets with outside of the ruts of established practice. This accounts for the large gains that success often entails, as well as for the losses and vicissitudes of failure. These things are important. If, in every individual case, the difficulties may indeed be called transitional, they are transitional difficulties which are never absent in the economy as a whole and which dominate the atmosphere of capitalist life permanently. Hence it seems appropriate to keep "invention" distinct from "innovation"."

Kapitel 6 Konsum – ein berechenbares Phänomen?

6.1 „... keine rechte Bäckerfreude." Vom Verkäufermarkt zum Käufermarkt

Die Teflonpfanne verdanken wir nicht, wie ein „moderner Mythos" behauptet, der Weltraumforschung, sondern vielmehr dem Zufall. Der Erfinder Roy Plunkett suchte in den 1930er Jahren für die Firma DuPont eigentlich nach einem neuen Kältemittel für Kühlschränke. Beim Experimentieren verbanden sich seine Chemikalien jedoch auf eine so glückliche Art, dass seit Plunketts Versuchen angebrannte Spiegeleier der Vergangenheit angehören (vgl. Panati 1996, S. 276ff.).

Unstrittig scheint zu sein, dass sowohl die Teflonpfanne als auch die Fertig-Backmischung dem neuzeitlichen Bedürfnis nach Schnelligkeit und Einfachheit in allen Lebensbereichen – auch beim Essen – entgegenkommen. Während allerdings besagte Pfanne ein unmittelbarer Verkaufserfolg gewesen ist, wäre das Produkt für den eiligen Amateur-Bäcker um ein Haar unmittelbar nach der Markteinführung wieder aus den Regalen verschwunden. Fertig-Backmischungen verkauften sich schlecht, und das überraschte die verantwortlichen Verkäufer des Lebensmittelkonzerns. Schließlich hatte man ein Produkt entwickelt, das perfekt in die veränderten Lebensumstände und zum immer knapper werdenden Zeitbudget zu passen schien. Mit Hilfe einer Backmischung konnte man, so die Überlegung der Nahrungsmittelhersteller, Gästen selbst Gebackenes anbieten, ohne vorher stundenlang in der Küche stehen zu müssen.

Marktuntersuchungen halfen weiter: Die Backmischungen lagen wie Blei in den Verkaufsregalen, weil die so entstandenen Instant-Kuchen keine rechte Bäckerfreude beim Käufer aufkommen lassen wollten. Wer mit einer Backmischung buk, war selbst zu wenig in das Backen involviert, um auf das Produkt wirklich stolz sein zu können. Das

Problem der fehlenden Selbstbeteiligung sollte wie folgt gelöst werden: Die Käufer der Mischung mussten fortan mindestens ein frisches Hühnerei selbst in den Teig schlagen, obwohl das Ei für das Gelingen des Kuchens eigentlich nicht notwendig war.

Dieses Beispiel zeigt, dass Neuerungen auf Märkten nicht im Sinne von Einbahnstraßen-Konzepten eingeführt werden können. Verbraucher können Anbieter belohnen und bestrafen, sie können im Sinne Hirschmans[32] treu bleiben, abwandern oder Widerspruch einlegen.

Die in Kapitel 5 behandelte Diffusionsforschung beschäftigt sich mit der Verbreitung von Neuerungen, informiert in diesem Zusammenhang aber vergleichsweise wenig über Interaktionseffekte zwischen Anbietern und Nachfragern, über Veränderungen von Marktlagen und damit einhergehende Veränderungen des Konsumentenverhaltens. Zeitgleich mit der ersten Veröffentlichung des Klassikers der Diffusionsforschung von Rogers im Jahr 1962 hatte insbesondere Katona auf die Macht der Verbraucher[32] hingewiesen. Diese leitet sich nach seiner Auffassung insbesondere aus höheren Ermessensspielräumen ab. Die Nachfrageseite ist also hinsichtlich ihres Verwendungsverhaltens knapper Ressourcen flexibler geworden. Die Konsequenzen dieser Erweiterung von Handlungsoptionen wirken auf die Antizipationen des Marktgeschehens seitens der Verkäufer zurück (6.a, siehe S. 310). Mit anderen Worten: Eine in erster Linie angebotsorientierte Marktsituation konkurriert in zunehmendem Maße mit Dispositionsspielräumen der Verbraucher. Aber es ist nicht Katona gewesen, der die Konsequenzen dieser Differenzierung für das Verhältnis von Angebot und Nachfrage analysiert hat. Bei ihm dominierte noch die Analyse von Kaufverzicht und Kaufbereitschaft.

Seit Katonas Analysen haben sich die Rahmenbedingungen des Konsums wesentlich verändert. Die Analysen der 50er und 60er Jahre des 20. Jahrhunderts standen noch unter dem Eindruck der gerade Realität gewordenen Konsumgesellschaft. Riesman, Galbraith, Packard, Katona, Zahn – diese Autoren hatten den Massenmarkt im Visier, ohne damit bereits beobachtbare Differenzierungen leugnen zu wollen. Aber der Fokus war noch eindeutig auf soziale Großgruppen und weniger auf Phänomene der Individualisierung gerichtet. Die Zunahme von

---

32 Siehe hierzu auch die Ausführungen in Kapitel 2.

Differenzierung im Kontext des Konsums korrespondiert mit Charakterisierungen der modernen Gesellschaft, die die Institutionalisierung des Individualismus zu einem dominanten Strukturmerkmal erheben (vgl. hierzu Jäckel 1999, S. 221). Die im Begriff der Individualisierung angelegte Paradoxie wird deutlich, wenn man sich dieses Heraustreten aus Massenphänomenen selbst als massenhaft vorstellt. Wenn das Bedürfnis nach Individualität in unterschiedlichsten Bereichen des Lebens an Bedeutung gewinnt, wird damit nicht nur ein neues Prinzip der Vergesellschaftung benannt, sondern für den Bereich des Konsums auch ein neues Konzept der Vermarktung. Mitten in die Debatte der Individualisierungsthese fiel die provokante These des Marketing: „The mass market is dead." (Kotler 1989, S. 47) Kotler hatte im Jahr 1989 mit dieser markanten Aussage die Vorstellung eines Stufenmodells verbunden, das vom klassischen Massenmarketing über verschiedene Formen der Marktsegmentierung bis hin zur Betrachtung des einzelnen Kunden (Segment of one) ging. Mit dieser Abstufung geht eine stärkere Ausrichtung des Produktangebotes an den individuellen Bedürfnissen der einzelnen Nachfrager einher. An die Stelle des standardisierten und undifferenzierten Marktbeobachtens tritt die persönliche Geschäftsbeziehung mit dem Ziel einer langfristigen Kundenbindung. Für diese Neuausrichtung des Marketing haben Davis (1987) und Kotler (1989) den Begriff bzw. die Strategie „Mass Customization" (MC) geprägt. Sie steht für eine Verzahnung von individuellen Kundenbedürfnissen mit auf Masse ausgerichteten Produktionskonzepten.

Sowohl Kotler als auch Davis hatten den amerikanischen Markt vor Augen. Diesbezüglich stellt Kotler fest: „Mass marketing in the U.S. used to aim products at the typical American family, which consisted of a working husband, a homemaker wife, and two children. But today [1989, Anm. des Verf.], this ‚archetypal' American family makes up just 7 percent of the population." (Kotler 1989, S. 11) Kotler fährt fort und verdeutlicht das Problem am Beispiel der Anfrage eines Lebensmittelunternehmens: „I remember talking to Professor Paul Green at the Wharton School about an assignment he'd received from a food company to design the optimum pizza for the American family. "Optimum for whom?" I asked. No one brand or formulation can satisfy this mythical market. It's become an elusive und futile target, especially when competitors are using a niche strategy. A company chasing the 'mass market' loses it. It's a paradox [...]." (Kotler 1989, S. 11) Das Beispiel suggeriert, dass der Verbraucher sich mit der Frage beschäftigt, wie die Pizza aussehen sollte, die er persönlich haben möchte. Bevor Kotlers strategische Vorschläge erläutert werden, soll hier nur angemerkt werden, dass lange Speisekarten in italienischen Restaurants den Konsumenten nicht unbedingt nur Freude machen. Auch im Bereich des Konsums dürfte nach wie vor gelten, dass der Konsument für Angebote dankbar ist und permanente Selektionsleistungen eher zurückweist. Auch Dauerselektionen verursachen Kosten.

Die hier vermittelte Vorstellung kann auch an einem anderen Beispiel verdeutlicht werden, das der amerikanische Zukunftsforscher Alvin Toffler bereits 1980 in seinem Buch „Die Zukunftschance" erwähnte. Toffler beschreibt dort einen Konsumenten, der aufgrund neuer technischer Möglichkeiten in die Lage versetzt wird, ein Produkt nach seinen eigenen Wünschen zu konfigurieren. Diese Konfigurationsmöglichkeit setzt voraus, dass der Einsatz von Computern die elektronische Übermittlung dieser individuellen Spezifikationen gestattet. Im Falle von Kleidung könnte das beispielsweise folgendermaßen vonstatten gehen (geschrieben im Jahr 1980): „Telefonisch verbunden mit einem Heimcomputer, ermöglicht [ein computergesteuerter Laser] es dem Kunden – zumindest theoretisch – seine Maße durchzugeben, den gewünschten Stoff auszuwählen und dann die Laserschneidevorrichtung in Gang zu setzen – und das alles von der eigenen Wohnung aus." (Toffler 1980, S. 280f.) Diese Zukunftsvision ist heute – zumindest in ähnlicher Form – Realität, und wird durch eine Vielzahl von Anbietern unterstützt. Als Plattform für diese Anbieter-Kunden-Beziehung hat sich das Internet etabliert (siehe auch die Beispiele bei Gates 2000 sowie Voß/Rieder 2005).

Abbildung 6.1 Die vier Ps von Kotler

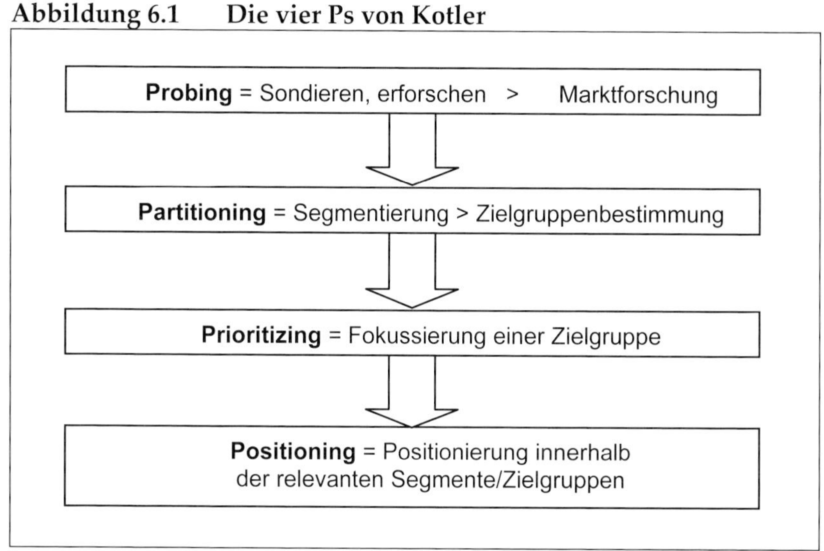

Quelle: In Anlehnung an Kotler 1989, S. 11

Kotlers Analyse erschien in der Zeitschrift „Planning Review" und beschrieb eine Strategie, die als Basis der Positionierung von Produkten und Dienstleistungen auf Märkten dienen sollte. Hierfür hat er vier P's formuliert. Diese sind in der vorangegangenen Abbildung 6.1 kurz dargestellt.

Als Konsequenz dieser strategischen Neuausrichtung tritt an die Stelle der Massenfertigung nach Piller „kundenindividuelle Massenproduktion" (Piller 2006, S. 199). Im Rahmen von MC-Strategien, die hier im Einzelnen nicht erläutert werden sollen (vgl. Reichwald/Piller 2002), geht es im Kern um eine Erhöhung des Individualisierungspotentials der Produkte. Das entsprechende Produkt muss daher näher am „Idealpunkt" des Konsumenten platziert werden. Dies setzt auf Konsumentenseite voraus, dass dieser seine Präferenzen ordnen kann, dass er seinen „Idealpunkt" also überhaupt kennt. Außerdem muss der Verbraucher diese Präferenzen den jeweiligen Anbietern auch mitteilen können. Schließlich muss der jeweilige „Customizer" diese Ansprüche noch effektiv umsetzen. Der Idealpunkt eines Produktes repräsentiert dabei die kumulative Idealvorstellung des Konsumenten bezüglich aller relevanten Eigenschaften eines Produktes. MC-Strategien gehen davon aus, dass eine derart gewährleistete Produktzufriedenheit eine höhere Kundenbindung mit sich bringen wird. Mit der erhöhten Produktflexibilität geht auch die Erwartung eines größeren Marktpotentials einher.

Für den beschriebenen Wandel auf der Produktions- bzw. Herstellungsebene werden auf Seiten der Konsumenten insbesondere die folgenden Faktoren als relevant betrachtet:

- Angesichts einer weitgehenden Deckung von Grundbedürfnissen treten präferenzabhängigere und heterogenere Bedarfsstrukturen in den Vordergrund.
- Aufgrund soziodemografischer Entwicklungen wird es zu einer zunehmenden Individualisierung der Nachfrage kommen, die insbesondere auch mit einem Anstieg der Einpersonenhaushalte in Verbindung gebracht wird. Besondere Erwartungen werden an Einpersonenhaushalte mit höherer Kaufkraft geknüpft, weil sich gerade hier das Kaufpotential auf die Erfüllung von nicht den Grundbedürfnissen zuzurechnenden Bereichen erstrecken wird.
- Die zunehmende Individualisierung der Nachfrage ist aber insbesondere ein Produkt des gestiegenen Wohlstands und damit einhergehender Marktsättigungstendenzen. Gerade dieser Aspekt dürfte für die Diskussion um den so genannten hybriden Konsumenten, die gleich noch näher beleuchtet wird, maßgeblich sein.
- Die generelle Erhöhung des Bildungsstandes der Bevölkerung geht mit einer Verschiebung der Bewertungsmaßstäbe für Produkte und Dienstleistungen einher. Standardisierung wird daher vermehrt im Sinne von Standard interpretiert, der grundsätzlich von Produkten und Dienstleistungen erwartet wird. Gleichsam verlagert sich damit die Beurteilung von Produkten in den Bereich des Zusatznutzens, der sowohl instrumenteller als auch symbolisch-expressiver Art sein kann. Damit tritt der Gebrauchswert des Gutes nicht in den Hintergrund, wird aber auch nicht mehr zu dem ausschlaggebenden Faktor. Produkte, so Wiswede, werden zu „Medien sozialer Bedeutung“ (Wiswede 2000, S. 47).

Während in den 50er Jahren des 20. Jahrhunderts Marktforscher und Werbestrategen noch das Ziel vor Augen hatten, in „das Gehirn der

Masse zu kriechen“ (diese Aussage wird Hans Domizlaff zugeschrieben) und dabei glaubten, sich in großen Tunnels bewegen zu können, werden nun Zielgruppen bzw. Individuen fokussiert, zu denen keine Autobahnen, sondern schmale Pfade führen, an deren Ende unter Umständen ein enges Nadelöhr wartet (siehe zu dieser Charakterisierung Düllo u. a. 2000, S. 39).

Der Kern dieser Einschätzungen ist offensichtlich: Gemeinsamkeiten gehören der Vergangenheit an, Unterschiede werden zum Maß aller Dinge erklärt. Es geht somit auch in der Marktforschung um die Frage, ob der Siegeszug des Individualismus in vollem Gange ist. Aus diesem Grund ist die Diskussion um das Verhältnis von Anbietern und Nachfragern nicht nur im engen Kontext einer Marketingorientierung geführt worden, sondern in gleichem Maße auch in der Debatte um den Wertewandel in modernen Gesellschaften.

6.2 „... trying to make the best of them.“ Wertewandel und Konsumentenverhalten

Wenngleich Max Weber (1864-1920) seine Bestimmungsgründe sozialen Handelns als idealtypische Unterscheidungen aufgebaut hatte, diente dies nicht der Leugnung von Mischformen zwischen traditionalen, affektuellen, wertrationalen und zweckrationalen Handlungen (siehe hierzu Esser 2004). Daher muss man auch den soziologischen Wert-Begriff nicht frei von ökonomischen Überlegungen sehen. Zumindest darf man die Vorstellung von wünschenswerten Zuständen sowohl als Erwartung an Dritte verstehen, aber auch als persönliche Vorstellung oder Zielsetzung, die eine positive Wertung erfährt. Der amerikanische Soziologe George Caspar Homans (1910-1989) war es, der darauf hingewiesen hat, dass die Menschen ihr Verhalten immer auch damit erklärt haben, was es ihnen bringt und was es sie kostet (vgl. Homans 1972, S. 61ff.). Dabei orientieren sie sich nicht nur an den Umständen (restrictions), sondern insbesondere an ihren Wünschen (desires). Historisch betrachtet sind derartige Wünsche durch traditional legitimierte Ordnungen begrenzt worden. Die Moderne dagegen wird durch eine Konkurrenz von Sozialisationsagenten bestimmt. Die Steuerungswirkung von Werten ist letztlich das Resultat eines Wechselspiels von Institutionen einerseits und internalisierten Überzeugungen andererseits. Wenn die Werteforschung beispielsweise eine Verschiebung von Pflicht- und Akzeptanzwerten hin zu Selbstentfaltungswerten konstatiert, werden gleichsam Entscheidungen in ein neues Bewertungsraster eingefügt. Für die Frage, ob sich Konsumenten enthaltsam geben oder zu einer verstärkten Konsumneigung tendieren, sind diese Orientierungsgrößen von Belang. Eine Veränderung dieser Rahmenbedingungen von Entscheidungen signalisiert aber zugleich, dass die Frage von Knappheit und Überfluss nicht unabhängig von den Handlungsfeldern, in denen man sich bewegt, zu bestimmen ist. Bezüglich der Frage der Knappheit hat Hahn (6.b, siehe S. 312) beispielsweise festgestellt: „Grundsätzlich scheint es […] problematisch zu sein, die Knappheit an die Disparität von Bedürfnissen und natürlichen Ressourcen derart zu binden, als ergäbe sich dieses Mißverhältnis immer und überall aus historisch nur gering modifizierbaren anthropologischen Ursachen. Paradoxerweise ist die Spannung zwischen Bedürfnis und Befriedigungsmöglichkeiten nicht in jedem Falle da am ausgeprägtesten, wo tatsächlich die Ressourcen nur in dürftigstem Maße vorhanden sind." (Hahn 1987, S. 121) Zur Präzisierung dieser Paradoxie verweist er auf Studien von Sahlins und betont, „daß in steinzeitlichen Verhältnissen eher Überfluss als Knappheit herrscht, und zwar aufgrund der Angepaßtheit der Bedürfnisse an die verfügbaren Möglichkeiten." (Hahn 1987, S. 121)

Unser sinkender Lebensstandard. Aus einem Essay von Sebastian Haffner

„Nein, ich gehöre nicht zu den Leuten, die lieber im 18. Jahrhundert gelebt hätten. Wenn man mich plötzlich dahin beförderte, würde mir zwar einiges bestimmt besser gefallen – die Architektur, das Mobiliar, die Literatur, Malerei und Musik, auch die Mode, besonders die schönen weißen Perücken und Haarbeutel, mit denen die Männer damals ihre Glatzen so kleidsam bedeckten –, aber vieles würde mir doch fehlen: Wasserklos, Badewannen, Kopfschmerztabletten, Schallplatten, die Möglichkeit, schnell an einen anderen Ort zu kommen, wenn ich dort zu tun habe, die Möglichkeit, betäubt zu werden, wenn ich mich operieren lassen muß, Straßenbeleuchtung, Kühlschränke, Zeitungen, Stadtreinigung, Zentralheizung...

Ich habe durchaus nichts gegen die vielerlei Bequemlichkeiten, Erleichterungen und Annehmlichkeiten, die uns die Technik seither beschert hat und die man unter dem merkwürdigen Begriff »Lebensstandard« zusammenfaßt. Sie sind natürlich nicht das Höchste im Leben, sie bedeuten nicht das Glück – du lieber Gott, nein, das nicht. Aber missen möchte man sie doch nicht, nachdem man sie einmal hat.

[...] wenn mir jemand sagt, er hätte lieber im 18. Jahrhundert gelebt, frage ich immer gern zurück: als was? Die Vorfahren der meisten Barocksnobs waren nämlich damals leibeigene Bauern, lebten in schlechtbeleuchteten Hütten ein kurzes, unhygienisches Leben und hatten keine Gelegenheit, Mozart zu hören.

Alles dies aber nur, um Mißverständnissen vorzubeugen. Denn ich behaupte, daß unser Lebensstandard neuerdings auf vielen Gebieten nicht mehr steigt, sondern ganz deutlich sinkt, und zwar, das ist das Komische, durch die Weiterentwicklung derselben Kräfte, denen wir zunächst sein Steigen verdankten: der Technik, der kapitalistischen Marktwirtschaft und des sozialen Fortschritts. [...]

Um mit etwas ganz Einfachem und Offensichtlichem anzufangen, muß man sich einmal die Post ansehen – die Briefpost, die Möglichkeit, mit Freunden oder Geschäftspartnern schnell, billig und mühelos schriftliche Mitteilungen zu wechseln. Sicher gehört das zum modernen Lebensstandard, und sicher ist es damit im 19. Jahrhundert und auch noch Anfang des 20. prächtig bergauf gegangen. Ebenso sicher aber geht es damit jetzt schon eine ganze Weile erschreckend bergab, und die Zukunftsaussichten, wenn es so weiter geht, sind finster. [...]

[...] daß die Massen auf Grund irgendwelcher tiefgreifender Arbeitsmarktveränderungen nicht mehr bereit sind, die Massen zu bedienen, daß es also auf allen möglichen Gebieten reißend zur »Selbstbedienung«, das heißt, zum sozialen Urzustand zurückgeht. Die zweite aber ist, daß verschiedene Dinge zu Massenartikeln gemacht worden sind, die sich dazu nun einmal absolut nicht eignen: die ihrem Wesen nach Ausnahmen und Luxusgegenstände sind und, massenhaft vervielfältigt, auf fast dämonische Weise ihr Wesen verändern und das Leben zur Hölle machen."

Quelle: Haffner 1985, S. 312-314, 317-318.

Für die Bestimmung des Zusammenhangs von Wertewandel und Konsumentenverhalten ist diese Beobachtung zentral. Wenn Knappheit keine Naturvariable, sondern eine Systemeigenschaft darstellt, ist in historischer Perspektive die Frage gerechtfertigt, ob nicht auch in traditionalen Ordnungen Zyklen von Überfluss und Knappheit charakteristisch waren. Die in Kapitel 1 dieser Einführung angesprochenen Luxusverbote lassen sich auch dahingehend interpretieren, dass Bedürfnisse knapp gehalten wurden, damit bestimmte Formen der Lebensführung ihre Vorbildfunktion weiter entfalten konnten und konkurrenzlos blieben. Ebenso lässt sich der Wechsel von sparsamem Haushalten zu übermäßigem Konsum im Sinne einer flexiblen Reaktion auf die jeweiligen Umstände interpretieren. Inwiefern von solchen Konjunkturen und Fluktuationen Werte langfristig berührt werden, bleibt innerhalb der Wertewandelforschung eine nach wie vor umstrittene Fragestellung. Eine nähere Betrachtung der Wertewandel-Theorie von Inglehart (1977) zeigt beispielsweise, dass seine Knappheits-Hypothese, die den Wert von Dingen an eben dieser misst, im Grunde genommen eine Präferenzenhierarchie beschreibt, die sich im Zuge wachsenden materiellen Wohlstands verschieben kann. An die Stelle der Verdrängung alter durch neue Werte (Wertsubstitutionsthese) tritt stattdessen eher die Vorstellung einer Koexistenz verschiedener Werteordnungen. Diese Auffassung hat insbesondere in dem mehrdimensionalen Wertewandel-Konzept von Klages ihren Niederschlag gefunden. Es soll hier nicht darum gehen, die aus dieser Forschung hervorgegangenen Werte-Typen auf empirischer Ebene genauestens zu beschreiben. Wichtiger ist, dass diese Praxis der Wertewandelforschung ein unterschiedliches Tempo des Wertewandels in verschiedenen sozialen Großgruppen nachgewiesen hat (vgl. Klages 2001). Diese Wertewandelforschung findet ihren Niederschlag auch in Lebensstil-Typologien, die unterschiedliche Wertbindungen in Milieus beschreiben.

Dimensionen der Analyse sind dabei häufig Verzicht versus Hedonismus, Konventionalität versus Unkonventionalität usw.

Auch Wiswede fragt in einem Forschungsüberblick zu der hier zu erörternden Fragestellung, ob es sich bei den konstatierten Veränderungen wirklich um Fakten oder um mehr oder weniger starke Modeströmungen handelt. Längsschnittbetrachtungen sind in diesem Zusammenhang unumgänglich. Alleine der Blick auf den Generationenvergleich mag verdeutlichen, dass unterschiedliche Wertvorstellungen in Abhängigkeit vom jeweiligen Lebenszyklus variieren können. Demzufolge kann Wertewandel das Resultat von aktuellen Strömungen, von Alterseffekten und Generationen-Effekten sein. Auch unter Beachtung dieser Vorbehalte hat Wiswede sechs Entwicklungen identifiziert, die im Folgenden kurz zusammengefasst werden sollen. Diese Entwicklungen betreffen den Stellenwert des Konsums:

- Vom puritanischen Ethos zur Genussmoralität: An die Stelle eines Versorgungskonsums treten unterschiedliche Formen der Konsumlust bzw. Beschaffungslust, die Einkaufen zum Beispiel auch als ein Erlebnis erscheinen lassen. Damit einher geht eine Neubewertung des Verhältnisses von Askese und Konsum. Genuss soll ohne Schuldgefühle möglich sein, die Zwecksetzung wird individualisiert.
- Vom passiven Konsumenten zum Prosumenten: Diese bereits angedeutete Entwicklung beschreibt die Ablehnung ausschließlich passiven Konsumierens und betont den schöpferischen und kreativen Aspekt, der mit verschiedenen Formen des Konsums korrespondieren kann. Es geht nicht nur um die Verlagerung oder Rückkehr von Produktionsfunktionen in Haushalte, in denen beispielsweise Produkte auf der Basis von Rohmaterialien selbst erstellt werden (Do it yourself-Bewegung)[33], sondern es geht auch um eine Reaktion auf die signifikante Verteuerung von Dienstleistungen und einen damit verbundenen Anstieg von informellen Arbeitssektoren. In einem weiteren Sinne verkörpert diese Entwicklung aber auch Prozesse, die mit der bereits beschriebenen Mass Customization-Philosophie in Einklang zu bringen sind: der konsequente Weg zu

[33] Siehe auch das einleitende Beispiel zum Backen und Selbermachen.

einer Selbstbedienungsgesellschaft, die unterschiedlichste Formen der Eigenbeteiligung auf Seiten der Konsumenten mit sich bringt. Auch hier ist übrigens der amerikanische Zukunftsforscher Toffler zu nennen, der den Begriff des Prosumenten geprägt hat (vgl. Toffler 1980, S. 272ff.). Die RFID-Technologie (= Radio Frequency Identification) als neue Warenmarkierungstechnologie in Verbindung mit elektronischen Kassen ist ein weiterer Meilenstein in dieser Entwicklung. Der Kunde arbeitet beim Einkaufen und wird durch mobile Kleincomputer und andere elektronische Assistenten unterstützt. Dabei hinterlässt er (Daten-)Spuren, in denen manche einen weiteren Schritt zum „gläsernen Kunden" sehen.

- Vom Besitzdenken zum Transmaterialismus: Es ist nicht mehr der Besitz von Gütern, der entscheidend ist, sondern vor allem deren Nutzung für Zwecke, die über den eigentlichen Gebrauchswert des Gutes hinausgehen. Für diesen Wandel hat Schulze die Unterscheidung von Außenorientierung und Innenorientierung verwandt (vgl. Schulze 1992, S. 37), um damit der Dimension des Genusses gegenüber der Dimension des Habens einen größeren Stellenwert einzuräumen. Der Besitztatbestand und die Prestigefunktion des Besitzes gehen nicht verloren, sie werden aber zunehmend von einer expressiven Funktion der Güterverwendung überlagert. Das soll der Begriff Transmaterialismus illustrieren.
- Vom Lebensstandard zum Lebensstil: Diese Entwicklung hängt eng mit der gerade genannten zusammen. Es geht um ein Phänomen, das als Nebenprodukt der ökonomischen Angleichung von Lebensbedingungen entsteht: ein wachsendes Bedürfnis nach Differenzierung, auch wenn sich diese Differenzierung häufig nur in sehr oberflächlicher Form zur Geltung bringt. Wiswede formuliert den Sachverhalt wie folgt: „Früher hieß es »Ich bin, was ich ausgeben kann!«; heute heißt es vielmehr: »Ich bin, wie ich es ausgebe«." (Wiswede 1990, S. 32)
- Vom demonstrativen Konsum zur selektiven Bescheidenheit: Der im Zusammenhang mit Veblen bereits ausführlich beschriebene demonstrative Konsum wird ergänzt durch das Setzen auf bewusste Kontraste, die durchaus auch eine zur Schau gestellte Bescheidenheit implizieren können. Damit ist der bewusste Hang zum Einfachen und Schlichten, aber auch das unter dem Begriff „Smart-

Shopping" bekannt gewordene Phänomen gemeint. Der hybride Verbraucher, der in seinen Entscheidungen von unterschiedlichen Maßstäben und Zielsetzungen geleitet wird, erscheint in diesem Kontext als ein ungewöhnliches Phänomen. Vor dem Hintergrund des bisher Gesagten könnte man auch zu der Schlussfolgerung gelangen, dass gerade hybride Strategien ein Erfolgskonzept darstellen, das sich den modernen Angebotskonstellationen gut einfügt.

- Vom genormten Verbrauch zum individualisierten Konsumenten: Bei näherer Betrachtung bestätigt dieser Trend nicht nur das Phänomen Mass Customization, sondern auch die gerade beschriebene Doppelstrategie der Konsumenten. Wiswede bemerkt selbst zu dieser These: „Die neue Individualisierung scheint vielmehr eine unmittelbare Folge der Tatsache zu sein, daß die Menschen einzigartigen Konsum praktizieren wollen, dies jedoch schon durch Einkommensbegrenzungen nicht breitflächig können, sondern erzwungenermaßen Akzente setzen müssen. Nach dieser Vorstellung tritt Individualisierung nur dann auf, wenn Konsumenten auf begrenzte Budgets bzw. Budgetänderungen nicht proportional reagieren, sondern höchst selektiv: nämlich mit Spezialisierungen oder Anreicherungen. Die Amerikaner sprechen von »compartmentalization«: Bereichsbildung." (Wiswede 1990, S. 36)

Viele Beobachtungen weisen darauf hin, dass die moderne Konsumgesellschaft Wege gefunden hat, die Situation der Knappheit im Sinne einer Systemeigenschaft zu behandeln. Es geht nicht mehr in erster Linie um den Verzicht, wie er in den Lebensphilosophien des Protestantismus bzw. Puritanismus ihren Niederschlag gefunden hat (vgl. Weber 1978 [zuerst 1904/05]), sondern um eine modernisierte Variante, die Winkler auch als den „Verzicht auf den Verzicht" (2000, S. 316) beschrieben hat. Das Produkt bzw. die Dienstleistung soll gefälligst sparsam sein, beispielsweise die Waschmaschine oder die Glühbirne usw. Gerade weil etwas günstig oder sparsam ist, wird es vermehrt in Anspruch genommen.

Wenn es die persönlichen Lebensumstände nicht zulassen, wird diese Doppelstrategie gleichwohl nicht praktiziert. Das moderne Konsumangebot verhindert aber zumindest, dass für diese Konsumentengruppen eine weitreichende Exklusion von Produkten die Folge ist. Die Kunst des Verkaufens besteht eben auch darin, vergleichsweise einfachen Produkten die Aura des Besonderen zu verleihen. Wenn die Ermessensspielräume des Verbrauchers steigen, werden solche Entscheidungen nicht mehr aus der Not heraus getroffen, sondern erfolgen freiwillig. Man legt einerseits Wert auf Markenprodukte und damit verbundene Qualität, ist aber gleichzeitig der Auffassung, dass in anderen Bereichen trotz niedriger Preise nicht auf Qualität verzichtet werden muss, weil die Produkte auch ohne Markierung einen guten Ruf genießen. Neuerdings wird nun aber auch im Bereich der Discount-Märkte das Prinzip „schnell und einfach“ durch Elemente der Markenbildung angereichert. Dieser Prozess wiederum bedroht nach Auffassung von Marktbeobachtern die Stellung herkömmlicher Marken massiv. Die auf der Basis der Verbraucheranalyse 2003 abgegebene Prognose , wonach im Laufe der folgenden Jahre viele Marken der No Name-Konkurrenz zum Opfer fallen werden, hat sich nur teilweise bestätigt. Zwar wurde der Wettbewerbsdruck gesteigert durch:

- einen wachsenden Marktanteilsanstieg der Discounter-Märkte
- eine Zunahme sehr preisgünstiger Handelsmarken
- einen Rückgang der Markentreue.

Die vorausgesehene Entwicklung einer Erosion des Markenbewusstseins jedoch ist gebremst worden und nimmt laut Allensbacher Markt- und Werbeträgeranalyse 2009 seit einigen Jahren sogar eine gegenläufige Tendenz ein. Allerdings stellt dieses Ergebnis nicht unbedingt einen Widerspruch zu der Prognose dar, da der Markengedanke inflationärer gebraucht wird und insofern "No-Name"-Produkte in der Wahrnehmung der Verbraucher die Seltenheit werden.

Die Gefahr einer Polarisierung des Marktes, der vorwiegend zwischen preisgünstig und exklusiv unterscheidet, wird immer häufiger thematisiert. Die Beobachtung, dass sich Verbraucher ambivalent verhalten, hat Interpretationen in Gang gesetzt, die darin Widersprüchlichkeit, aber auch Gnadenlosigkeit entdecken wollen. Preiskämpfe werden auf dem Rücken von Erzeugern ausgetragen, deren Situation von den Konsumenten in einem Atemzug bedauert und durch Wahrnehmung des Preisvorteils verschärft wird.

Der gnadenlose Kunde

„Mitten in der Wirtschaftsflaute tritt den Herstellern ein selbstbewusster Konsument entgegen, der die Extreme liebt: Hier treibt ihn die Lust an der Extravaganz – dort der Verzicht. [...]

Für viele Deutsche ist es kein Widerspruch mehr, am Körper ein Häkelkleid von H&M für 9,90 Euro zu tragen, am Handgelenk aber eine Armbanduhr, die mehr als das Hundertfache gekostet hat. 100 Gramm Champagner-Trüffel für vier Euro harmonieren heute mit einer Packung Billig-Salami für 89 Cent. Billig geht. Teuer auch. Was dazwischen liegt, wird weitgehend ignoriert und fliegt aus dem Markt. [...]

Auf den Kunden, der immer selbstbewusster entscheidet, für welche Produkte er einen hohen Preis zahlt, reagieren manche Hersteller mit teils kontrollierter, teils panischer Selbstzerstörung. Niedrigere Preise, mehr Inhalt, Gratiszugaben – so versuchen zunehmend auch beste Adressen, Kunden zu gewinnen. Bei Kellog's Smacks Frühstücksflocken sind schon mal 100 Gramm mehr in der Schachtel, Bounty-Küchentücher gibt's zum selben Preis, dafür aber mit elf Prozent mehr Blättern auf der Rolle."

Quelle: Hamann/Rohwetter 2003 (Internetquelle)

Opaschowski beispielsweise ist der Auffassung, dass der Erlebnishunger des Konsumenten keine Grenzen mehr kennt. Ende der 1990er Jahre zählte er fast die Hälfte der Bevölkerung zur Gruppe der Erlebniskonsumenten, „die sich in ihrer Freizeit Außergewöhnliches leisten, auch wenn sie dafür gelegentlich zu viel Geld ausgeben oder gar über ihre Verhältnisse leben." (Opaschowski 1997, S. 62) Eine solche Beobachtung würde Knappheit weder zu einer Naturvariable noch zu einer Systemeigenschaft machen. Das Phänomen würde schlicht außer Kraft gesetzt. Die Einschränkung seiner These liefert er selbst, indem er den Konsumenten sowohl in einem eisernen Käfig der wirtschaftlichen Notwendigkeit, aber auch in einem luxuriösen Schloss romantischer Träume und Genüsse platziert (vgl. Opaschowski 2004, S. 139).

Empirisch bestätigt sich überdies keine Ausweitung des Erlebniskonsums. Im Jahr 2003 galten nach dieser Konsumenteneinteilung 59% als Versorgungs- und 41% als Erlebniskonsumenten (zur Feindifferenzierung dieser Gruppen siehe ebenda, S. 136ff.). Auch hier wird also ein gespaltener Verbraucher beschrieben, der zwischen demonstrativem Luxus und kalkulierter Bescheidenheit hin- und herpendelt. „Die Erlebnisqualität bleibt ein wichtiges Kaufkriterium - wenn man sie sich leisten kann. " (Opaschowski 2008, S. 164) Dieses Pendeln hat zu dem Etikett „unmanageable consumer" beigetragen.

Bescheidenheit auf höchstem Niveau

„Smart-Shopper kaufen morgens ihre Lebensmittel bei Aldi ein und gehen abends für 200 Euro essen", sagt Wolfgang Twardawa von der Gesellschaft für Konsumforschung. Wer sich aber nur ab und zu Luxus leisten kann, wird schneller nervös, wenn die Krise nicht abklingt. Stimmungskäufer verschieben dann lieber den geplanten Kauf eines Zweitautos. Nicht so die wirklich Reichen. Sie eröffnen mitten in der Flaute den Wettlauf der „happy few": Was ist noch exklusiver, noch teurer, noch seltener? Dabei führen sie die Betriebswirtschaftslehre ad absurdum: Die Nachfrage steigt mit dem Preis."

Quelle: Mortsiefer/Peters 2003 (Internetquelle)

Meldungen wie „Bescheidenheit auf höchstem Niveau" (siehe Kasten) reißen nicht ab. Ein Grund ist die Verfestigung neuer Konsumstrukturen, die sich wie folgt beschreiben lassen

- Ausweitung des Niedrigpreissegments: Die Zahl der Discounter ist in den letzten Jahren (nicht nur) im Lebensmitteleinzelhandel gestiegen. Dort betrug im Jahr 1994 der Anteil am gesamten Lebensmitteleinzelhandel ca. 26%, im Jahr 2009 bereits annähernd 42%. Mittlerweile wird kaum noch Potential für eine signifikante Ausweitung dieses Segments im Lebensmittelbereich gesehen. Daneben haben sich aber viele andere Billig-Branchen etabliert, die (nicht immer zutreffend) mit dem plakativen Begriff „Aldisierung" gekennzeichnet werden. David Bosshart hat diese expandierenden Marktsegmente ausführlich beschrieben und dabei neben dem Modebereich auch das Reisen, die Schönheit, das Essen, die Unterhaltungselektronik, das Kreditwesen usw. als expandierende Branchen identifiziert. Er spricht in diesem Zusammenhang von einer „Logik des Billigen" (Bosshart 2004a, S. 24). Seit dem Wegfall des Rabattgesetzes in Deutschland im Jahr 2001 ist die Bedeutung des Preises als zentrales Beurteilungskriterium für den Wert eines Produktes gewachsen. Für diese Form der Konsumfelderweiterung gilt nach Bosshart: „Wir vergleichen alles mit allem, und tendenziell ist alles gleich viel wert! Denn in einer voll entwickelten individualisierten Marktdemokratie ist der Preis der einzige verbleibende Massstab, über den wir uns noch verständigen können." (Bosshart 2004a, S. 24) Diese Situation trägt die Züge einer „Nachwohlstandswachstumsgesellschaft". Das Konsumverhalten unterstützt durch die vermehrte Nachfrage von Discountgütern zudem bestimmte Formen der Lebensmittelproduktion. Shell hat diese Kosten der Discountkultur in ihrem Buch „Cheap" ausführlich analysiert und zeigt beispielsweise, wie traditionelle Formen der Fischerei in Thailand durch eine Industrialisierung der Shrimpsverarbeitung verdrängt werden (Shell 2009).

- McDonaldisierung: Am augenfälligsten sind diese Entwicklungen nach wie vor im Konsumgüterbereich, dort besonders bei Fast Food-Restaurants. Als der amerikanische Soziologe George Ritzer im Jahr 1983 erstmals den Begriff McDonaldisierung verwandte (vgl. Ritzer 1983), sollte nicht nur der Blick auf das schnelle Essen zu günstigen Preisen gelenkt werden. Mit McDonaldisierung meinte er einen Vorgang, durch den die Prinzipien der Fast Food-Restaurants in zunehmendem Maße alle Gesellschaftsbereiche erfassen. Gemeint sind somit Rationalisierungsprozesse auf der Seite der Produktion und der Seite des Konsums. Es sind im wesentlichen vier Kriterien, die diese McDonaldisierung kennzeichnen: a) Effizienz – gesucht wird nach der optimalen Methode für eine standardisierte Zweck-Mittel-Relation, z. B. jemanden möglichst rasch aus dem Zustand des Hungers in den Zustand der Sättigung zu versetzen oder möglichst schnell von A nach B zu bringen; b) Quantifizierbarkeit und

Berechenbarkeit – das Preis-Leistungsverhältnis ist an allen Verkaufsstellen gleich; c) Vorhersagbarkeit – gleiche Angebote und gleiche Serviceleistungen an allen Verkaufsorten der Welt; d) Kontrolle über Menschen – die Produktion und Distribution von Gütern bzw. Dienstleistungen ist durchrationalisiert. Die Idee einer wissenschaftlichen Betriebsführung (Taylorisierung) wird zu einem unumstößlichen Organisationsprinzip der menschlichen Arbeitskraft (vgl. Ritzer 1997, S. 27ff.).

- Wal-Martisierung: Eine Steigerung des von Ritzer beschriebenen Prinzips sieht Bosshart in dem Phänomen der Wal-Martisierung. Wal-Mart schafft die Strukturen für eine konsequente Durchrationalisierung der Lebenshaltung der Konsumenten. Die Expansion dieses Prinzips geht einher mit der Ausweitung von Beschäftigungsverhältnissen, deren finanzieller Ertrag für die jeweiligen Beschäftigten kaum etwas anderes zulässt als an den Orten, die einem den Verdienst ermöglichen, sein Geld auch wieder auszugeben. Bosshart beschreibt diesen Vorgang wie folgt: „Es verkörpert die Philosophie von „schneller, besser, billiger" und „größer, globaler, standardisiert" am konsequentesten. Wal-Mart senkt Preise, weil es das kann. [...] Wo wir auf der einen Seite von Bergen von günstigen Produkten für Kunden profitieren, beschleunigen wir auf der anderen Seite die Rationalisierung der Jobs in Richtung einerseits schlecht bezahlt, ungelernt, mit wenigen Karrierechancen und andererseits wenige Tobjobs, die hervorragend bezahlt und spannend sind. Die Mitte verschwindet." (Bosshart 2004b, S. 66f.)

Auf Grund dieser Trends ist es gerechtfertigt, den bereits beschriebenen Wandel des Konsumverhaltens durch eine weitere These zu ergänzen:

- vom qualitätsorientierten zum preisorientierten Konsumenten.

Die These einer Polarisierung des Marktes wird gerade durch die Schwächung des Mittelpreissegments nachhaltig unterstützt. Da gerade diese Veränderungen auch auf journalistischer Seite eine große

Resonanz erfahren haben, werden nach wie vor erfolgreiche Strategien, auch solche der Behauptung auf einem sehr umkämpften Markt, seltener in den Blickpunkt der Öffentlichkeit gerückt. Von daher stellen Rodenhäuser u.a. zu Recht fest: „Der Erfolg vieler Mittemarken, gerade auch in jüngster Zeit, zeigt: Zwischen exklusivem Premium-Image und nacktem Discount-Produkt ist noch Platz für jede Menge Mitte." (Rodenhäuser u.a. 2005, S. 8) Die Autoren stützen ihre These „Die Mitte lebt!" insbesondere mit Hinweisen auf die nachlassenden Wachstumsraten im Discounterbereich, aber auch durch den Erfolg von Marken wie Nivea im Pflegebereich und Esprit im Bekleidungssektor (vgl. ebenda, S. 134). Hinzu kommen Strategien, Premium-Marken im mittleren Preissegment zusätzlich zu etablieren. Gleichzeitig experimentieren Discounter mittlerweile mit Konzepten, die mit dem klassischen Hard-Discountmarkt kaum in Verbindung zu bringen sind. Symptomatisch dafür mag die Titelgeschichte des MANAGER MAGAZIN sein, die im Februar 2006 „Aldi in der Falle" als Überschrift trug. In diesem Beitrag wurde die Frage gestellt, warum der über viele Jahre sehr erfolgreiche Discounter seine bisherige Strategie ändern musste. In der Schweiz wurden danach Marketing-Ideen getestet, die dem bisherigen Aldi-Kunden eher unbekannt gewesen sein dürften: „Die Wein- und Schnapsflaschen stehen nicht in Kartons, sondern auf von unten beleuchteten Regalböden. Der Flascheninhalt leuchtet verführerisch. Ein vierfarbiger Prospekt stellt alle 15 Weine vor, die es bei Aldi Suisse zu kaufen gibt, garniert mit weinseligen Weisheiten von Plutarch und Tucholsky." (Freitag u.a. 2006, S. 37) Es wurde erwartet, dass dieses Konzept zumindest auch für den Bereich Aldi-Süd auf dem deutschen Markt angestrebt werden könnte. Gleichwohl ist diese Modernisierung zumindest in der Presse seitdem nicht mehr thematisiert worden. Ungeachtet dessen ist die Preissensibilität des Konsumenten insbesondere seit der Dauerexistenz von Rabatt- und Sonderaktionen gestiegen. Qualität muss in zunehmendem Maße um ihren Preis kämpfen. Die beschriebenen Typisierungen gehen daher keineswegs an der Realität vorbei.

Zu den vielen Versuchen, Konsumenten auf der Ebene von Typenbildungen angemessen beschreiben zu können, bemerkten Gabriel und Lang bereits im Jahr 1995: „But while all these battles are raging above and around the heads und wallets of the consumer, people get on with their everyday lives, trying to make the best of them, whatever their lot, and also to make sense of them." (Gabriel/ Lang 1995, S. 188) Man könnte diese Beobachtung noch ergänzen und darauf verweisen, dass diese neue Marktsituation und die dort beobachtbaren Verhaltensweisen nicht nur die Verbraucher vor neue Herausforderungen stellt, sondern insbesondere die Anbieter zu unentwegten Anstrengungen um die Gunst der Konsumenten bewegt. Die hohe Bedeutung, die dem Event- und Erlebnismarketing in den 90er Jahren des vergangenen Jahrhunderts zugekommen ist, verdeutlicht diese Asymmetrie zwischen Anbietern und Nachfragern sehr deutlich. Es ist insbesondere Schulze gewesen, der auch in jüngster Zeit auf diese neuen Marktbedingungen hingewiesen hat[34]. Der Markt der Erlebnisse ist nach seiner Auffassung dadurch charakterisiert, dass der Konsument einfache und durchschaubare Angebote bevorzugt, der Anbieter aber dennoch etwas Besonderes präsentieren muss. Da sich Erlebnisse im Zuge der Nutzung von Angeboten erst einstellen können, bleiben sie zunächst etwas schwer Kalkulierbares. Dennoch wünscht man sich auf der Ebene der Auswahl eine klare Differenzierung der Orientierungsmarken. Schulze spricht in diesem Zusammenhang immer wieder von einer Vielfalt in der Welt der Zeichen. Die Erlebnisorientierung ist diffus, Entscheidungen sind spontane Akte, weniger das Resultat zweckrationalen Kalküls. Entscheidungsanomalien sind daher programmiert, Erlebnisanbieter müssen diese Situation meistern (vgl. Schulze 1992, S. 421ff.). Auch hier wird somit eine Spielart des vermeintlich gespaltenen Verbrauchers beschrieben, der die neuen Bedingungen mitgestaltet und an der Produktion von Idiosynkrasien beteiligt ist. Dieser Sonderfall von Nachfrageeffekten wird durch die beschriebenen Polarisierungsbewegungen kaum abgeschwächt.

Diese behauptete Asymmetrie bedeutet nicht, dass die Marktbeziehungen zwischen Anbietern und Konsumenten ohne Rückkopplungsprozesse ablaufen. In einem anderen Zusammenhang hat Schulze darauf hingewiesen, dass es sich auch in diesem Falle um ständige Transformationsprozesse handelt. In Bezug auf die Bedeutung der Werbung stellte er beispielsweise fest: „Es kommt darauf an, das Blitzlichtgewitter [gemeint ist die Werbung, Anm. des Verfassers] als

[34] Siehe hierzu die Ausführungen in Kapitel 4.

Prozess zu erfassen und jeden erreichten Zustand als Übergangszustand zu betrachten. Gemeinsam mit Anbietern und Konsumenten befindet sich die Werbung in einer ständigen Transformation. In ihrer Gesamtheit lässt sich diese Transformation als ein Pfad kollektiver Wertfindung verstehen." (Schulze 2002, S. 973) Allgemeiner formuliert könnte man auch sagen: Es geht um dynamische Transaktionen, die sich nicht mehr im Sinne eines linearen Denkens (Stimulus-Response) interpretieren lassen.

In diese Beschreibung eines Vielfalts- und Wohlstandsparadoxons fügt sich die Debatte um die Konsumentenverwirrtheit (Consumer Confusion) nahtlos ein. Gemeint ist eine spezifische Ausprägung von Informationsüberlastung: Mit steigendem Produktangebot steigt die Entscheidungsdichte für Konsumenten, so dass eine optimale Verarbeitung von Umweltstimuli erschwert wird (vgl. Malhotra 1984, S. 10). Diese Entscheidungskonflikte können in Nicht-Entscheidung bzw. lange Entscheidungsketten münden. Walsh (2004, S. 5) hat vorgeschlagen, zwischen einer wahrgenommenen Stimulusähnlichkeit (Me too-Strategien), einer wahrgenommenen Stimulusüberlastung und einer wahrgenommenen Stimulusunklarheit zu unterscheiden. Häufig zitiert wird das Marmeladenexperiment von Iyengar und Lepper (2000). Geprüft wird die Reaktion der Konsumenten auf eine Erhöhung der Alternativenanzahl bei gleichzeitig geringer Zunahme der Unterschiede zwischen den angebotenen Optionen. Zur Veranschaulichung soll hier eine knappe Beschreibung eines Feldexperiments gegeben werden: In einem hochpreisigen Supermarkt wird an einem Präsentationsstand ein limitiertes und ein extensives Marmeladenangebot zur Verkostung offeriert. Es handelte sich um bekannte Produkte, allerdings wird bewusst die populärste Geschmacksrichtung nicht angeboten, ebenso nicht die unpopulärsten Sorten (basierend auf den Ergebnissen einer Vorstudie). Die limitierte Variante umfasste sechs, die extensive Variante 24 verschiedene Sorten. Als Ergebnis wurde festgestellt, dass die extensive Variante zwar mehr Konsumenten dazu veranlasste, an dem Stand stehen zu bleiben, aber weniger Konsumenten sich zum Kauf eines Produktes entschlossen. Eine hohe Alternativenanzahl erscheint somit zunächst signifikant attraktiver, letztlich wird aber seltener gekauft. Ein limitiertes Angebot reduziert die Wahrscheinlichkeit des Kundenkontakts, führt aber eher zum Kauf, wenn dieses gelingt (zu weiteren Details siehe Iyengar/Lepper 2000). Letztlich ist es jedoch schwierig, in solchen Experimenten Voraussetzungen für klare und eindeutige Entscheidungen zu sehen. Wie sollte beispielsweise ein Marktleiter auf die Befunde dieses Experiments reagieren? Für den Konsumenten wiederum gilt, dass er sich in der Regel nicht in einer Situation befindet, die ihm eine endgültige Entscheidung abverlangt. Eher wandelt er zwischen zahlreichen Appetenz-Appetenz-Konflikten (erfordert eine Entscheidung zwischen zwei für den Konsumenten positiv bewerteten Alternativen mit gleichem Wert) und geht diesen auf Grund der Nicht-Dringlichkeit zunächst einmal aus dem Weg. Riesige Sortimente für eine spezifische Produktgruppe wirken auf Konsumenten wie „category killers", weil bereits der Anblick von Vielfalt zu einer Entwertung des eigentlichen Produktwunschs beiträgt. Wenn unter solchen Kaufbedingungen keine erkennbaren Entscheidungshilfen angeboten werden, der Konsument also im Grunde genommen nur alternativenbasiert entscheiden soll, wird er im Falle des Nichtvorhandenseins eines evoked set wahrscheinlich wieder unverrichteter Dinge davonziehen oder seine Entscheidung aufgrund von Intuition und Bauchgefühl treffen (vgl. Gigerenzer 2008). Letztlich wird man somit auf eine bekannte Erkenntnis verwiesen: Es ist immer gut zu wissen, was man will.

Dieses Ergebnis ist symptomatisch für gesättigte Märkte. Man muss häufig nicht dringliche Entscheidungen treffen, und erkennt gleichzeitig, dass der Markt keine Grenzen mehr zu kennen scheint. Die Frage bzw. implizite Empfehlung „Why more is less" macht daher neugierig, aber sie löst nicht das Problem. Barry Schwartz stellt in seinem Buch "The Paradox of Choice" (6.c, siehe S. 314) fest: „Wenn Menschen keine Wahl haben, ist das Leben fast unerträglich. Nimmt die Zahl der zur Verfügung stehenden Optionen zu, wie es in unserer Konsumkultur der Fall ist, bedeutet das einen enormen und positiven Zuwachs an Autonomie, Kontrolle und Befreiung. Doch wenn die Zahl der Wahlmöglichkeiten weiter ansteigt, beginnen sich negative Aspekte zu zeigen. Wächst dann die Zahl der Optionen noch mehr an, nehmen die negativen Elemente so sehr zu, dass wir uns überfordert fühlen." (Schwartz 2006, S. 10f.) Nur in wenigen Fällen gelingen wirkliche Reduktionsstrategien, die sich auch in Phasen starker Konsumzurückhaltung erfolgreich zeigen, z.B. im Falle von Tchibo (vgl. Peters/Herzau

2004). Jedenfalls scheint von der etablierten Kaffeemarke eine positive Ausstrahlung (kein „Billig"-Image) auf eine stets übersichtliche Produktpalette auszugehen, die bislang auch nicht erfolgreich kopiert werden konnte.

Während einer Podiumsdiskussion zum Thema „Consumer Confusion" wurde darauf hingewiesen, dass Kunden eines Stromanbieters Punkte für einen Tanzkurs sammeln können. Ein Zuhörer meldete sich zu Wort und sagte: „Das Problem ist, dass man der Meinung ist, Produkte müssten aufgeladen werden. Es bringt den Kunden durcheinander, wenn Produkte mit Emotionen aufgeladen werden, die der Konsument vielleicht gar nicht damit verbinden möchte, und er diese Emotionen nicht nachvollziehen kann. Das frustriert und verwirrt. Der Kundenverwirrung geht die Managerverwirrung voraus, viele Manager wechseln ihre Vorgaben so häufig wie das Hemd." (N.N. 2004, S. 3)

6.3 „... daß dies Alles nicht alles sei." Die Paradoxie der Zufriedenheit

Damit einhergehende Unwägbarkeiten und Unkalkulierbarkeiten des Marktes haben dazu geführt, dass das Bedürfnis nach Vorhersagen einen neuen Stellenwert erhalten hat. Auf diesem Boden ist auch die Trendforschung gewachsen. Ihre Popularität resultiert aus der Hoffnung auf Gewissheit. Es geht in diesem Zusammenhang weniger um „Futurologie", sondern um häufig kurzfristige Hinweise auf mögliche Marktveränderungen und Bedürfnisse. Trends schaffen auf diese Weise die Voraussetzung für das, was eigentlich in massenhafter Form auftreten soll.

Faith Popcorn im Interview

ZEIT Online: [...] Erklären Sie uns doch bitte kurz, wie eine Trendforscherin zu ihren Vorhersagen kommt?

Faith Popcorn: Wir erspüren, was in der Kultur passiert. Wir schauen sie uns an, lesen sie, fühlen sie, singen sie, schlafen sie, verschlingen sie. [...] Wir haben zum Beispiel zehntausend Trendbeobachter in unserer sogenannten Talentbank. ...

ZEIT Online: ... also eine Art Insider in verschiedenen Lebensbereichen, vom Rechtsanwalt bis zum Indianerhäuptling, die Ihnen über kulturelle Strömungen in ihrem Umfeld berichten können. ...

Popcorn: Ja, aus allen möglichen Lebensbereichen, aus jeder ethnischen Gruppe, wohlhabende und ärmere Leute. Wir beschäftigen 40 Trendspotter auf der Welt, die solche Dinge beobachten. Hier in New York sind es 70 Leute, die ununterbrochen nachdenken. Und wir haben die so genannte Trendbank, die seit Jahrzehnten besteht, und die wir fortentwickeln. ...

ZEIT Online: Also die Sammlung Ihrer Megatrends, die Sie schon sehr lange beobachten. Zum Beispiel die „Pleasure Revenger", die sich in einen hedonistischen Lebensstil fallen lassen. Die „Cashing Out"-Leute, die ein einfaches Leben wollen. Übrigens ein ziemlich krasser Gegensatz.

Popcorn: Es ist nicht so, dass diese Leute eine Entscheidung fürs Leben treffen. Viele springen zwischen den Trends hin und her, abhängig von ihrer Laune. Nehmen Sie zwei andere Entwicklungen: Fitness und Fettsein. Da gehen die Leute ein paar Meilen joggen, kommen nach Hause zurück und essen ein Viertelpfund Häagen-Dasz-Eiscreme. Sie wissen das doch selber. Diese Menschen sind sehr kompliziert.

Quelle: Popcorn 2007

Trends sind in diesem Falle eine Art von Self-Fulfilling Prophecy. Wer sie signalisiert, kann in der Regel auf eine entsprechende Resonanz, gerade auch in den Medien selbst, rechnen. Dadurch werden Prozesse der Anschlusskommunikation in Gang gesetzt (vgl. hierzu Jäckel/ Reinhardt 2002), die dem Modell einer sekundären Zirkulation folgen. Beobachter beobachten Beobachter und setzen dabei immer häufiger auch außerhalb des klassischen Spektrums der Werbeträger (Massenmedien) auf die Macht der Sichtbarkeit: Im Sommer zeigen sich Jugendliche mit modernen Handys und schlüpfen in die Rolle des Touristen; die neuesten Automodelle stehen vor den Diskotheken und gut frequentierten Restaurants; was einmal begehrt sein soll, wird zunächst an die potentiellen Kundenkreise verschenkt. Das Marketing hat für diese Wiederbelebung des öffentlichen Raums als Ort der Werbung viele Begriffe zur Hand: viral marketing, diffusion marketing, below-the-line-marketing. Als Beschleuniger dieser Diffusionsprozesse[35] dienen influentials, trendsetter, scouts usw. Ebenso können weltweite Netzwerke über das Internet aufgebaut werden, die dem Zweck dienen sollen, neue Moden und ungewöhnliche Ideen möglichst rasch zu kommunizieren. Trends unterliegen damit selbst Konjunkturen.

Das Kommen und Gehen von Produkten ist somit das Prinzip, das vom Markt gelebt und zugleich verlangt wird. Einem Trend zu folgen, wird zwar nur ungern zugegeben, weil es als Eingeständnis des Nicht-Individuellen gilt; dennoch ist unverkennbar, dass der Individualismus, wie eingangs bereits erwähnt, auf der kollektiven Ebene zu Beobachtungen führt, die es gestatten, Unterschiede zu markieren: Auf die Ästhetisierung des Alltags folgt der Anti-Geschmack, Stiltreue konkurriert mit dem Eklektizismusprinzip, das den Aufbau von Kontrast und Spannung zu einem neuen Muster der Lebensführung erhebt (vgl. Horx 1995). Kunden, die man für ein Produkt gewinnen möchte, werden nicht auf herkömmliche Weise überzeugt, sondern provoziert. Dadurch werden gleichzeitig Programme für rebellische Reaktionen angeboten, die in einer Konsumgesellschaft eigene Marken und Konformitätserwartungen aufbauen (6.d, siehe S. 317). Die Lebensdauer dieser Trends lässt sich nur sehr schwer bestimmen, weil es zu einer häufig nur oberflächlichen Innovation kommt, die bereits vorhandene Dinge in neuer Weise zu kombinieren versucht. Daher hat Marktforschung immer die Zukunft vor Augen (siehe auch Horx 2005 sowie die Interview-Auszüge aus einem Gespräch mit Matthias Horx). Da die Vergangenheit dabei schnell in Vergessenheit gerät, werden gelegentlich auch noch einmal Trends benannt, die bereits vor längerer Zeit als solche identifiziert worden waren, z.B.: „Es gibt einen Wechsel vom Konsumenten zum „Prosumenten“ [..].“ (Horx, zit. nach Hanser 2006, S. 31)[36]

[35] Siehe hierzu auch die Ausführungen in Kapitel 5.

[36] Siehe hierzu die Ausführungen in Kapitel 6.2. Der Begriff geht auf Alvin Toffler zurück.

„Nicht mehr, sondern sinnvoller kaufen". Auszüge aus einem Interview mit dem Trendforscher Matthias Horx

„[...]

[Hanser]: Schauen wir in die nähere Marketing-Zukunft. Welche Megatrends zeichnen sich ab?

HORX: Schlicht und provokativ gesagt: Das Marketing, so wie wir es in den 80er- und 90er-Jahren kannten, ist am Ende. Die Aufmerksamkeitsschwellen der Menschen werden immer höher, die Medien fraktaler, die Kunden individueller und anspruchsvoller. [...] Es gibt einen Wechsel vom Konsumenten zum „Prosumenten", einem Käufertyp, der seiner Umwelt sehr fordernd und hochkompetent gegenübersteht. Wenn er keinen Unterschied im Angebot erkennt, wird er gnadenlos nach Preis kaufen. [...]

[Hanser]: Wenn der Kunde gnadenlos nach Preis kauft, liegt die Schuld doch beim Marketing, das mit seinen Maßnahmen eher zur Kundenverwirrung beiträgt und dann das Kundenverhalten auch noch fehlinterpretiert und meint, dass der Kunde eigentlich nur billig kaufen will.

HORX: [...] Die meisten Produkt-Branchen sind durch extreme Konkurrenzformen und eher geringe Innovationsraten gekennzeichnet. Die Menschen sind an einem gewissen Punkt müde geworden, sich entscheiden zu müssen. Der Preis ist dann ein unheimlich betörender und einfacher Differenzierungsfaktor. Er setzt ja auch ein archaisches menschliches Beuteverhalten in Gang. Mit dem Spruch „Geiz ist geil" hat man tatsächlich daraus eine Werbekampagne formuliert. Man sieht aber auch, dass sich komplette Märkte mit diesen Kampagnen zum Teil selbst zerstören. Die Billigmärkte befinden sich momentan in einem massiven Verdrängungswettbewerb, weil sie beispielsweise die Servicefrage nicht lösen können. Die Zeiten, in denen die Leute zu Tausenden die Computer von Aldi wegschleppten, sind vorbei; die Firmen, die billige Elektronik angeboten haben, gehen Pleite. Heute stellen sich die Fragen: Wie kann das Gerät funktionieren, wer kann es bedienen und verstehen, wer reparieren? [...]

[Hanser]: Welche Auswege zeichnen sich ab?

HORX: Die Märkte strukturieren sich neu entlang der „Fluchtachsen" Erlebnis/Convenience/neuer Luxus/Design. In diesem Prozess wird alles zerrieben, was mittelmäßig ist, was kein Unterscheidungsmerkmal bietet, was keinen Reiz in einem Hirn auslöst. Das kann man in den Innenstädten sehen, in denen alle mittelmäßigen Läden verschwinden. [...]

[Hanser]: Sie sprachen von einer abnehmenden Innovationsrate, doch die Anzahl der Artikel im Handel ist in den letzten Jahren um 140 Prozent gestiegen und die der Produktvarianten um 420 Prozent!

HORX: Aber es sind für den Käufer keine einsichtigen Innovationen! Meistens sind es nur verquirlte Diversifikationen des Vorhandenen oder Scheininnovationen. Darum haben viele Käufer aufgegeben, etwas Neues zu erwarten. [...]"

Quelle: Hanser 2006, S. 30-34.

Wer sich mit Trendforschung beschäftigt, muss die Risiken, die in Vorhersagen nun einmal liegen, einkalkulieren. Dieser Bereich lebt eben auch davon, dass die Kontingenz des sozialen Lebens zu einem Verwertungsprogramm gemacht wird. Wer in dieser Situation nach Orientierung sucht, wird als Anbieter und Nachfrager vor schwierige Aufgaben gestellt. Weil die Gesellschaft in ihrer Gesamtheit nicht nur als ärgerliche Tatsache, sondern auch als diffuser Signalgeber wahrgenommen wird, erfährt der Einzelne im Zuge seiner Bemühungen, das Projekt seines Lebens angemessen zu gestalten, immer wieder Phasen von Euphorie und Enttäuschung. Der Druck zur Individualisierung erzeugt Spannungen, die immer neue Ansprüche an die eigene Lebensführung hervorbringen. Die Zufriedenheit ist der Anfang der Unzufriedenheit. Sehr deutlich lassen sich diese Entwicklungen in Bereichen beobachten, die das Individuum fokussieren. Ein Beispiel ist der Wellness-Trend, der aus der gestiegenen Bedeutung von Gesundheit, aber auch aus einer seit Jahren erkennbaren Bedeutungssteigerung von Gesundheit und Fitness (z.B. aufgrund einer Zurückdrängung des Körpers im Arbeitsalltag) hervorgegangen ist und nunmehr neue Ansprüche generiert und darauf spezialisierte Branchen schafft (z.B. im Tourismus oder im Sportbereich durch Recreation Center). Eine Erklärung dieses Wandels lautet: „Der Körper stellt eine generell verfügbare und auch noch beeinflußbare

Größe dar, bei der Wirkungen noch bewirkt, beobachtet und auch gefühlt werden können. Er ist zu einem wichtigen Symbol für eine noch kontrollierbare Wirklichkeit geworden. Am Körper können Zeichen gesetzt und Spuren hinterlassen werden." (Bette 2005, S. 38) Eine neue Erwartungshaltung an Arbeit und Freizeit wächst insbesondere mit einer Zunahme der Beteiligung von Frauen am Erwerbsleben. Die amerikanische Trendforscherin Popcorn hat diese Entwicklungsrichtung bereits in einen neuen Begriff ‚gegossen': „EVAlution" (Popcorn/Marigold 2001). Der amerikanische Markt zeigt nach ihrer Auffassung, dass dort viele Kaufentscheidungen und Konsumorientierungen nach wie vor maßgeblich durch das Urteil von Frauen beeinflusst werden[37]. Gleichzeitig werde die Denkweise und das Verhalten von Frauen in verstärktem Maße die Wirtschaft und damit verbunden auch Marketingstrategien verändern (siehe auch Jaffé 2005).

Ob sich daraus eine wachsende Macht der Verbraucher ergeben wird, bleibt abzuwarten. Vertrauen in gute Angebote wird auf der Basis gestiegener Ansprüche und in Kenntnis der Stimulierung von Nachfrageeffekten auf der Nachfragerseite selbst die Konsumgesellschaft der Zukunft aber generell in stärkerem Maße beeinflussen. Die Slow Food-Bewegung (vgl. Petrini 2003) und ihr Plädoyer für eine Wiederkehr der Langsamkeit beim Essen ist hierfür ein Beispiel, ebenso die zunehmende Beobachtung von Konsummärkten durch Non-Profit-Organisationen.

Zufriedenheit ist ein dynamisches Phänomen und wird auf einem Markt zu erreichen versucht, der aber auch selbst an der systematischen Wiederbelebung von Unzufriedenheit interessiert ist (6.e, siehe S. 319). Als es die Konsumgesellschaft heutiger Prägung noch nicht gab, schrieb ein berühmter Philosoph: „Man gebe dem Menschen alles, wonach er sich sehnt, und in dem selben Augenblick, da er es erlangt, wird er empfinden, daß dieses Alles nicht alles sei." (Kant, zit. nach Karamzin 1922, S. 35) Gut ein Jahrhundert später schrieb George Bernard Shaw: „Es gibt im Leben zwei tragische Erfahrungen: die eine ist, daß man nicht bekommt, was man sich sehnlichst wünscht, die andere, daß man es bekommt." (zit. nach Hirschman 1984, S. 67f.) Diese Paradoxie ist und bleibt ein wichtiger Motor des Konsums.

---

[37] Siehe hierzu auch die Ausführungen in Kapitel 4.

Zum Weiterlesen

Gabriel, Yiannis/Lang, Tim (1995): The Unmanageable Consumer. Contemporary Consumption and its Fragmentation. London usw.

Horx, Matthias (2005): Wie wir leben werden. Unsere Zukunft beginnt jetzt. Frankfurt/Main.

Shell, Ellen Ruppel (2009): Cheap. The High Cost of Discount Culture. New York.

Beispieltexte[38] zu Kapitel 6

6.a Gerhard Scherhorn
(1983): Die Funktionsfähigkeit von Konsumgütermärkten. In: Irle, Martin (Hrsg.): Marktpsychologie. 1. Halbband: Marktpsychologie als Sozialwissenschaft. Göttingen u.a., S. 45-150.

Erklärungsansätze für Konsumentenunzufriedenheit
S. 97-99

„Es ist eine Unzufriedenheit im Wohlstand, nicht mit dem Wohlstand. Die weitaus überwiegende Mehrheit der Konsumenten weiß die erreichte Quantität an materieller Wohlfahrt zu schätzen und rechnet damit, daß sie sich weiter erhöht. Die Qualität der Versorgung dagegen läßt offenbar bei wachsendem Wohlstand zunehmend zu wünschen übrig. Das mag durchaus daran liegen, daß sich mit der Zahl der Konsumgüter auch die Häufigkeit der Anlässe für Beanstandungen erhöht. Liegen somit die Anlässe der Unzufriedenheit in der Qualität der Versorgung, so muß man doch nicht unbedingt auch die Ursachen der Unzufriedenheit dort suchen. Sie können ebensowohl in Gesetzmäßigkeiten der Wohlstandsentwicklung liegen, die über den einzelnen Markt weit hinausreichen. Erklärungen der Konsumenten-Unzufriedenheit, die diesen Ansatz verwenden, sollen als wohlstandsorientiert bezeichnet werden. Marktorientiert kann man demgegenüber diejenigen Erklärungsversuche nennen, die mit der Hypothese

[38] Zur Bearbeitung der Beispieltexte siehe die Hinweise am Ende der Einleitung.

arbeiten, daß die die Unzufriedenheit auslösende Diskrepanz zwischen Erwartung und Erfüllung bis zu einzelnen Konsumgütermärkten zurückverfolgt werden kann. Innerhalb des marktorientierten Ansatzes lassen sich zwei Richtungen unterscheiden. Die erste hebt das Verhalten der Anbieter hervor, beispielsweise das nichtbefriedigende Erfüllen von Werbeversprechen [...]. Die zweite sucht zu zeigen, daß die Erwartungen, die die Konsumenten mit dem Kauf von Waren oder Dienstleistungen verbinden, in einer Weise überhöht sind, die nicht nur mit dem Anbieterverhalten zu erklären ist, sondern beispielsweise auch mit dem Fortwirken handwerklicher Qualitätsstandards, denen Güter der Massenproduktion nicht mehr genügen, oder mit der Verteuerung von Waren und Dienstleistungen, die die Ansprüche an diese steigert, obwohl natürlich bei inflationären und knappheitsbedingten Preissteigerungen die Qualität der Leistungen nicht mitsteigt [...].

Es gibt in der Tat Gründe, neben dem marktspezifischen Anbieterverhalten auch den Erwartungen nachzugehen, mit denen die Konsumenten an den Markt kommen. Wenn diese Erwartungen überhöht sind, so wird das nicht am einzelnen Anbieter allein und nicht an den Anbietern eines einzelnen Marktes allein liegen. Wenn alle werben, sind die Wirkungen der Werbung auf dem einzelnen Markt möglicherweise gar nicht bestimmbar [...]. Die Wirkung auf die Erwartungen der Konsumenten kann gleichwohl bedeutend sein. Auf hohem Wohlstandsniveau ist die Mehrzahl aller Konsumgütermärkte in der Sättigungsphase [...], und auf der Anbieterseite tendiert die Entwicklung zu immer mehr „cross-product competition" [...]: Der Abstand zwischen Produkten, die bisher nicht oder nur entfernt miteinander konkurrieren, wird zusehends enger, die Volkswirtschaft steuert auf einen Zustand hin, in dem jedes Produkt mit jedem anderen konkurriert. Die Werbung muß in einer solchen Situation darauf bedacht sein, den Konsumenten möglichst starke Erwartungen an die Problemlösungsfähigkeit des einzelnen Gutes zu vermitteln. Auch wenn das im Einzelfall nicht gelingt, im ganzen wird es zu einer gesteigerten Erwartungshaltung beitragen.

Faßt man beide Interpretationslinien zusammen, so läßt sich die marktorientierte Erklärung der Konsumentenunzufriedenheit wie folgt charakterisieren. Mit wachsendem Wohlstand steigt die Wahrscheinlichkeit solcher Konsumentscheidungen, die den einzelnen Konsumenten in einen Widerspruch zu einzelnen seiner wichtigen Bedürfnisse oder Zielsetzungen bringen. [...]

Soweit die resultierenden Inkonsistenzen bei den Konsumenten bewußt werden, tragen sie zu deren Unzufriedenheit bei. Man kann sich aber auch vorstellen, daß der innere Widerstand gegen solche Frustrationen zu einer wachsenden Neigung führt, Informationen aus dem Wege zu gehen oder zu verdrängen, die zu den bereits gefaßten Entschlüssen, Meinungen und Präferenzen in Widerspruch stehen, also das Erlebnis kognitiver Dissonanz hervorrufen würden, wenn sie dem Konsumenten bewußt würden. Ebenso wie das Erlebnis der Inkonsistenz kann auch die Verdrängung von Inkonsistenz zur Unzufriedenheit beitragen. Unzufriedenheit infolge von wahrgenommener Inkonsistenz kann für die Funktionsfähigkeit des Marktes produktiv sein, wenn sie die Bereitschaft der Konsumenten zu Abwanderung und Widerspruch erhöht [...]. Eine Unzufriedenheit infolge von verdrängter Inkonsistenz dagegen muß man wohl für dysfunktional halten.“

6.b Alois Hahn
(1987): Soziologische Aspekte der Knappheit. In: Heinemann, Klaus (Hrsg.): Soziologie wirtschaftlichen Handelns. Opladen (Kölner Zeitschrift für Soziologie und Sozialpsychologie, Sonderheft 28), S. 119-132.

Zum Begriff der Knappheit
S. 121-123

„Die Bedingungen der Produktivitätssteigerung gehen offenbar Hand in Hand mit sozial erzeugten Erhöhungen von Ansprüchen, so daß die aufklärerische Hoffnung von der Vermehrbarkeit des Glücks durch Verbesserung der Güterversorgung sich als illusionär erweist. Es ist dabei wichtig zu sehen, daß das Bedürfniswachstum hier nicht seinerseits wiederum als anthropologische Konstante unterstellt wird. Es wird nicht behauptet, daß unter allen Umständen der Steigerung der technisch-ökonomischen Potentiale ein proportionales oder gar überproportionales Wachstum von Begierden entspräche, so wie es das Märchem vom „Fischer un siner Fru“ postuliert. Vielmehr ist dieses Prädikament selbst ein historisches, allerdings ein unter den Bedingungen moderner Volkswirtschaften gleichwohl unvermeidliches. Die Bedingungen für diese Unausweichlichkeit werden wir im folgenden zu ergründen versuchen.
Bei Gegebenheit marktwirtschaftlicher Verhältnisse verbietet sich die Ableitung von Knappheit aus der Güter-Bedürfnis-Disparität noch aus einem anderen Grunde. Bedürfnisse als solche sind hier keine systemrelevanten Variablen. Die Spannung zwischen Angebot und Nachfrage bildet die von Bedürfnis und Gütervorrat nicht einfach ab. Vielmehr handelt es sich bei der marktwirksamen

Nachfrage bereits um eine ökonomische, nicht mehr um eine lediglich anthropologische Kategorie. Es kann gewiß nicht geleugnet werden, daß es hier Beziehungen gibt. Aber auf keinen Fall läßt sich das eine aus dem anderen direkt ableiten. Das ergibt sich z. B. schon daraus, daß selbst starke Bedürfnisse nicht nachfragewirksam werden können, wenn sie nicht durch Kaufkraft gedeckt sind. Dafür aber, daß das der Fall ist, besteht keine wirtschaftliche Gewähr. Allenfalls wird man im Falle massenhaften Auseinanderklaffens von Bedürfnissen und Kaufkraft mit politischen Korrekturen rechnen können. Knappheit braucht deshalb u. U. durch bestimmte Bedürfnisse überhaupt nicht beeinflußt zu werden.

Aus all diesen Gründen empfiehlt es sich, den Begriff der Knappheit nicht anthropologisch, sondern historisch zu verorten. Charakteristisch für das Entstehen von Knappheit als sozial relevantem Phänomen scheint insbesondere die gesteigerte Erfahrung von Alternativenreichtum zu sein. Nicht die Spannung von Bedürfnissen zu Naturressourcen steht im Vordergrund, sondern der Schaden, den jede Befriedigung eines Bedürfnisses der eines anderen antut. Diese Erwägung kann aber erst ins Zentrum der Aufmerksamkeit rücken, wenn die Mehrzahl aller oder gar alle Handlungen eines Lebensbereichs unter dem Aspekt ihrer Kosten – diese letzteren ausgedrückt in alternativen Verwendungen von Zeit, Energie, Ressourcen usw. – bewertet werden. Knappheit wäre dann nicht da am größten, wo nur wenige Möglichkeiten bestehen, sondern im Gegenteil dort, wo das Bewußtsein sich aufdrängt, daß man alles anders machen könnte, daß jede Handlung eine Auswahl aus vielen anderen ebenso möglichen darstellt und daß eben jene Alternativen durch die je konkrete Entscheidung entweder definitiv oder jedenfalls fürs erste eliminiert werden, weil man den gleichen Augenblick nicht zum zweiten Mal erleben, sein Geld nicht zweimal ausgeben kann und weil ein Jawort ein Nein für alle anderen Schönen impliziert. Knappheit resultiert also aus Kostenbewußtsein. Dieses aber ergibt sich im strengen Sinne erst, wenn jede zeitliche, sachliche oder soziale Gegebenheit im Lichte aller ihrer Alternativen gespiegelt wird. Im sachlichen Bereich ist das der Fall, wenn alles einen Preis hat. Dann nämlich erst erscheint jedes Gut und jede Leistung vor dem Horizont der sachlichen Äquivalente, wie sie der Markt gestaltet und das Geld mißt. Der Geldpreis formuliert die Höhe des Sachopfers, das die Wahl jeder Alternative bedeutet. Mittels des Geldes wird die Knappheit bezifferbar und in die Form von Äquivalenzgleichungen gesetzt [...].

In zeitlicher Hinsicht spielt sich dann Analoges ab, wenn der Franklinsche Satz „Time is money" wahr wird, wenn also auch jeder Augenblick daraufhin analysierbar wird, wie man ihn anders hätte nutzen können. Dieses Problem stellt sich natürlich nur in bestimmten Gesellschaften, während in anderen die institutionalisierten Muster der Zeitverbringung und des Zeitablaufs Einsicht in temporale Alternativität gar nicht erst aufkommen lassen. Ähnlich wie das Geld als Knappheitsmaß fungiert, produziert die Knappheit der Zeit einen Druck auf verfeinerte Formen der Zeitmessung, die dann ihrerseits die Knappheit der Zeit schärfer zu profilieren erlauben.

In sozialer Hinsicht zeigt sich das Problem der Knappheit einerseits besonders stark in der Sphäre der Macht. Auch hier ist Knappheitsbewußtsein an Alternativenreichtum gebunden. Wo Machteinsatz im wesentlichen über Normierungen und über Gerechtigkeitsideale gesteuert wird, werden Machtmittel nicht als knappe Ressourcen mit geldanalogen Funktionseigenschaften erfahrbar. Solche Einschätzungen dramatisieren sich erst bei freier Wählbarkeit von Machtzielen, deren Erreichbarkeit dann durch ihre Alternativität begrenzt wird, so daß auch hier von „politischen Preisen" gesprochen werden könnte, die verschiedene Machtanwendungen in Vergleich setzen. Allerdings gibt es für Macht keinen derart wirksamen Markt im ökonomischen Bereich, so daß die entsprechenden Preise keine vergleichbare Eindeutigkeit gewinnen können.

In allen hier erwähnten Beispielsfällen zeigt sich bei aller Differenz im einzelnen, daß Knappheit keine Naturvariable, sondern eine Systemeigenschaft ist. Ihre Berechnung ergibt sich jeweils aus Beziehungen von Systemelementen. Die Knappheit jeder einzelnen Variable ist ohne die Einbeziehung des Gesamtzusammenhangs nicht möglich, was partielle Entkopplungen und Interdependenzunterbrechungen natürlich nicht ausschließt. Knappheit ist eine Relation von Relationen."

6.c Barry Schwartz
(2006): Anleitung zur Unzufriedenheit. Warum weniger glücklicher macht. 2. Auflage. Berlin. Ullstein.

Negative Konsequenzen einer zu großen Zahl von Wahlmöglichkeiten S. 9-12

„Vor rund sechs Jahren ging ich zu Gap, um mir Jeans zu kaufen. Da ich meine Jeans trage, bis sie sich auflösen, war es seit meinem letzten Kauf schon eine Zeit lang her. Eine hübsche junge Verkäuferin kam auf mich zu und fragte, ob sie mir helfen könne.

„Ich möchte eine Jeans", sagte ich und nannte meine Größe.

„Gern. Möchten Sie sie Slim Fit, Easy Fit, Relaxed Fit, Baggy oder Extra Baggy? Sollen sie stonewashed oder acidwashed sein - oder im Used-Look? Mit Knöpfen oder Reißverschluss? Verblichen oder normal?"

Ich war wie vor den Kopf geschlagen. Einen Augenblick später stotterte ich: „Ich möchte eine ganz normale Jeans. Wissen Sie, die Art, die früher mal die einzige war." Wie sich herausstellte, wusste sie es nicht, doch nachdem sie eine ältere Kollegin um Rat gefragt hatte, konnte sie sich vorstellen, was früher „normale" Jeans waren, und sie wies mich in die richtige Richtung.

Das Problem war nur, dass ich mir angesichts dieser Fülle von Wahlmöglichkeiten nicht mehr sicher war, dass ich wirklich „normale" Jeans wollte. Vielleicht war der Easy Fit oder Relaxed Fit ja bequemer. Nachdem ich bereits unter Beweis gestellt hatte, wie ahnungslos ich in Sachen Mode war, kannte ich keine Hemmungen mehr. Ich ging zur Verkäuferin zurück und fragte sie, was der Unterschied sei zwischen Slim Fit, Easy Fit und Relaxed Fit. Anhand eines Diagramms zeigte sie mir die Unterschiede zwischen den verschiedenen Schnitten. [...]

Die Jeans, für die ich mich entschieden hatte, erwies sich als genau die passende, doch ging mir durch den Kopf, dass ein Hosenkauf nicht unbedingt einen ganzen Tag in Anspruch nehmen müsse. Dadurch, dass das Geschäft alle diese Kaufalternativen schuf, kam es Kunden mit unterschiedlichen Vorstellungen und Figuren zweifellos entgegen. Doch indem es das Spektrum der Wahlmöglichkeiten so enorm erweiterte, schuf es auch ein neues Problem, das es zu lösen galt. Bevor es diese Alternativen gab, musste sich ein Käufer wie ich mit einem unvollkommenen Sitz des Kleidungsstücks abfinden, dafür war der Jeanskauf jedoch eine Fünf-Minuten-Angelegenheit. Jetzt war er eine komplexe Entscheidung, in die ich Zeit, Energie und nicht wenig Selbstzweifel, Angst und Furcht investieren musste.

Jeans zu kaufen ist eine triviale Angelegenheit, aber auch ein Beispiel für ein viel umfassenderes Thema, [...]: Wenn Menschen keine Wahl haben, ist das Leben fast unerträglich. Nimmt die Zahl der zur Verfügung stehenden Optionen zu, wie es in unserer Konsumkultur der Fall ist, bedeutet das einen enormen und positiven Zuwachs an Autonomie, Kontrolle und Befreiung. Doch wenn die Zahl der Wahlmöglichkeiten weiter ansteigt, beginnen sich negative Aspekte zu zeigen. Wächst dann die Zahl der Optionen noch mehr an, nehmen die negativen Elemente so sehr zu, dass wir uns überfordert fühlen. Von da an ist die Wahl keine

Befreiung mehr, sondern eine Beeinträchtigung. Man könnte sie sogar als tyrannisch bezeichnen.

Tyrannisch?

Eine starke Behauptung, besonders nach einem Beispiel, in dem es einzig um einen Jeanskauf geht. Doch unser Thema ist keineswegs auf die Auswahl von Konsumgütern beschränkt.

Es geht [...] um die Optionen, denen sich die Menschen in unserer Gesellschaft in fast allen Lebensbereichen gegenübersehen: Ausbildung, Beruf, Freundschaft, Sex, Liebe, Kindererziehung, religiöse Ausübung. Kein Zweifel, dass Wahlmöglichkeiten unsere Lebensqualität verbessern. Sie versetzen uns in die Lage, unser Schicksal zu kontrollieren und fast immer genau das zu bekommen, was wir in jeder Situation haben möchten. Wählen ist von entscheidender Bedeutung für unsere Autonomie, die wiederum vollkommen unentbehrlich für unser Wohlgefühl ist. Gesunde Menschen möchten und müssen ihr Leben selbst bestimmen.

Wenn aber etwas Wählen gut ist, folgt daraus nicht notwendig, dass mehr Wählen besser ist. Wie ich zeigen werde, ist ein Übermaß an Wahlmöglichkeiten mit Nachteilen verbunden. Als Kulturmenschen begeistern wir uns für Freiheit, Selbstbestimmung und Vielfalt und sind kaum bereit, eine unserer Optionen aufzugeben. Doch das hartnäckige Festhalten an allen verfügbaren Wahlmöglichkeiten trägt zu falschen Entscheidungen, Angst, Stress und Unzufriedenheit bei – sogar zu klinischer Depression.

Vor vielen Jahren traf der bedeutende britische politische Philosoph Isaiah Berlin eine wichtige Unterscheidung zwischen „negativer Freiheit" und „positiver Freiheit". Negative Freiheit ist „Freiheit von" – Freiheit von Zwang, Freiheit von den Vorschriften anderer. Positive Freiheit ist „Freiheit zu" – die Verfügbarkeit von Möglichkeiten und Chancen, unser Leben zu gestalten, ihm Bedeutung und Sinn zu geben. Wenn die Zwänge, die in den Menschen den Wunsch nach der „Freiheit von" wecken, sehr groß sind, lässt sich die „Freiheit zu" nicht verwirklichen. Doch diese beiden Arten von Freiheit müssen nicht immer zusammengehen. Auch der Nobelpreisträger und indische Wirtschaftswissenschaftler Amartya Sen hat sich mit Wesen und Bedeutung der Freiheit auseinandergesetzt und untersucht, welche Bedingungen ihr förderlich sind. In seinem Buch „Ökonomie für den Frieden" unterscheidet er zwischen der Bedeutung der Wahl an und für sich und der funktionalen Rolle, die sie in unserem Leben spielt. Statt die Wahlfreiheit zu fetischisieren, so Sen, sollten wir uns lieber fragen, ob wir ihr Nahrung oder Entbehrung verdanken, ob sie uns Mobilität gewährt oder vorenthält, ob sie unserer Selbstachtung nützt oder schadet, ob sie uns ermöglicht, am Leben unserer

Gemeinschaft teilzunehmen, oder daran hindert. Freiheit ist von wesentlicher Bedeutung für Selbstachtung, Teilhabe am öffentlichen Leben, Mobilität und Ernährung, aber nicht jede Wahlmöglichkeit kommt der Freiheit zugute. Insbesondere die vermehrte Wahl zwischen Waren und Dienstleistungen trägt unter Umständen wenig oder gar nicht zu jener Art von Freiheit bei, die zählt. Tatsächlich kann sie die Freiheit beeinträchtigen, weil sie uns Zeit und Energie stiehlt, die wir anders und besser nutzen könnten."

6.d Joseph Heath und Andrew Potter
(2009): Konsumrebellen. Der Mythos der Gegenkultur. Berlin. Edition Der Freitag.

Die Unterschiede zwischen Konsum- und Massengesellschaft S. 125-126, 130-131

„Lehnen Sie die Konsumkultur ab? Den ganzen Verpackungskram, den Reklamerummel? Sind Sie besorgt über die „geistige Umweltverschmutzung"? Willkommen im Club. Die konsumkritische Bewegung gehört in Nordamerika heute zu den wichtigsten kulturellen Tendenzen, quer durch alle Schichten und Bevölkerungsgruppen. Gewiss, unsere Gesellschaft gibt Unsummen für Luxusgüter, Urlaubsreisen, Designermoden und Haushaltsgeräte aus. Aber werfen Sie mal einen Blick auf die Sachbuch-Bestsellerlisten. Sie sind seit Jahren mit konsumkritischen Titeln gespickt: No Logo!, Culture Jam, Luxury Fever, Fast-Food-Gesellschaft. Die Zeitschrift Adbusters findet der amerikanische Verbraucher schon im nächsten Musikladen oder Textilgeschäft. Zwei der populärsten Filme der letzten zehn Jahre, die auch von der Filmkritik begrüßt wurden, sind Fight Club und American Beauty mit ihrer fast identischen Anklage gegen die moderne Konsumgesellschaft.

Was können wir daraus entnehmen? Zunächst einmal, dass der Markt offenbar bestens funktioniert, indem er sich auf die Konsumentennachfrage nach konsumkritischen Produkten und Schriften einstellt. Aber wie können wir allesamt das Konsumdenken ablehnen und trotzdem in einer Konsumgesellschaft leben?

Ganz einfach. Was uns Filme wie American Beauty oder Bücher wie No Logo! anbieten, ist eigentlich keine Kritik der Konsumgesellschaft. Es ist eine aufpolierte Kritik der Massengesellschaft. Das ist nicht das Gleiche. Tatsächlich war die Kritik der Massengesellschaft in den letzten vierzig Jahren eine der stärksten Triebkräfte der Konsumkultur.

Den letzten Satz sollte man sich auf der Zunge zergehen lassen. Der Gedanke ist dermaßen ungewohnt, so völlig das Gegenteil von allem, was wir zu hören bekommen, dass er vielen nicht in den Kopf will. Also noch einmal in einfachen Worten: Bücher wie No Logo!, Zeitschriften wie Adbusters und Filme wie American Beauty untergraben nicht die Konsumgesellschaft, sondern stärken sie. Das liegt nicht etwa daran, dass die Autoren, Herausgeber und Regisseure Heuchler wären. Nur haben sie das Wesen der Konsumgesellschaft nicht begriffen. Sie identifizieren Konsumkultur mit Konformismus. Und so entgeht ihnen, dass der Markt schon seit Jahrzehnten nicht dem Konformismus gehorcht, sondern der Rebellion.

In den letzten fünfzig Jahren haben wir den Siegeszug der Konsumwirtschaft erlebt, während der „Markt der Ideen" gleichzeitig von Gegenkulturdenken beherrscht wurde. Zufall? Die Gegenkulturtheoretiker wollen in ihrer Rebellion nur eine Reaktion auf die Übel der Konsumgesellschaft sehen. Aber wenn sie nun gar keine Folge, sondern ein Element des Konsumterrors wäre? Wäre das keine Ironie der Geschichte? [...]

Die Gleichsetzung von Konsumgesellschaft und Massengesellschaft ist so vollständig, dass es für viele gar nicht mehr anders vorstellbar ist. Was kommt uns beim Wort „Konsumdenken" in den Sinn? Einmal mehr das klassische Vorstadtidyll der fünfziger Jahre. Wir denken an Buicks mit Heckflossen, weißgepinselte Lattenzäune, schmucke Reihenhäuser und Männer mit schmaler Krawatte im grauen Flanell. Wir haben Leute vor Augen, die mit ihren Nachbarn mithalten, mit dem neuesten Firlefanz angeben, ihre blitzblanken Autos in der Einfahrt parken und an ihrem sozialen Status polieren. Vor allem stellen wir uns eine Gesellschaft von zwanghaften Konformisten vor, eine Herde von Schafen, die von der Werbung und den Konzernen manipuliert wird.

Es ist aber nicht selbstverständlich, dass sich das Konsumdenken aus dem Verlangen nach Konformität speist. Kinder verlangen manchmal eine bestimmte Jeanssorte oder Sportschuhmarke, „weil die anderen das auch haben". Sie wollen dazugehören, akzeptiert werden. Aber wie viele Erwachsene tun das? Die meisten greifen nicht für Dinge in die Tasche, die sie „dazugehören" lassen, sondern für Dinge, die sie aus der Masse herausheben. Sie geben ihr Geld für Waren aus, mit denen sie sich unterscheiden. Man kauft das, womit man sich überlegen fühlt, indem man cooler wirkt (Nike-Schuhe), situierter (Havanna-Zigarren), informierter

(Single Malt Scotch), differenzierter (Starbucks-Espresso), moralisch überlegen (Body-Shop-Kosmetik) oder einfach vermögender (Louis-Vuitton-Taschen).

Das Konsumdenken wirkt also, anders gesagt, wie das Produkt von Konsumenten, die einander ausstechen wollen. Das Problem ist die Konsumkonkurrenz, nicht der Konformismus. Wenn die Konsumenten bloß Konformisten wären, dann würden sie sich allesamt das Gleich kaufen und damit glücklich und zufrieden sein. Sie hätten auch keinen Grund, sich ständig etwas Neues zu kaufen. Das Verlangen nach Konformität erklärt also nicht die Zwanghaftigkeit des Konsumverhaltens – die Tatsache nämlich, dass man immer mehr ausgibt, auch wenn man über seine Verhältnisse lebt und nicht einmal glücklich wird damit.

Warum lasten wir also das Konsumdenken denjenigen an, die mit ihren Nachbarn gleichziehen wollen? Schuld wären ja dann die Nachbarn. Sie haben doch damit angefangen, indem sie es den anderen zeigen wollten. Es ist ihr Bedürfnis, sich aus der Masse hervorzuheben, ihr Bedürfnis, etwas Besseres zu sein, das die Konsumnormen in ihrer Umgebung hochgeschraubt hat.

Es sind also die Nonkonformisten, nicht die Konformisten, die an der Konsumschraube drehen. Für jeden, der in der Werbung tätig ist, ist dies eine platte Selbstverständlichkeit. Bei der Markenidentität dreht sich alles um Produktdifferenzierung. Es geht darum, das Produkt von anderen abzuheben. Man identifiziert sich mit einer Marke, um sich dadurch zu unterscheiden."

6.e Émile Durkheim
(1988): Über soziale Arbeitsteilung.[Zuerst 1893, aus dem Franz.]. Frankfurt/Main. Suhrkamp.

Erwachen der Bedürfnisse
S. 331-335

„Eine Industrie kann nicht leben, wenn sie nicht irgendwelche Bedürfnisse erfüllt. Eine Funktion kann sich nur spezialisieren, wenn diese Spezialisierung irgendeinem Bedürfnis der Gesellschaft entspricht. Nun führt aber jede neue Spezialisierung dazu, die Produktion zu erhöhen und zu verbessern. Wenn dieser Vorteil auch nicht die Ursache der Arbeitsteilung ist, so ist er doch ihre notwendige Konsequenz. Folglich kann ein Fortschritt nur dauerhaft sein, wenn die Individuen wirklich das Bedürfnis nach reichhaltigeren und besseren Erzeugnissen haben. Solange sich die Transportindustrie nicht herausgebildet hatte, so lange reiste jeder mit den Mitteln, über die er verfügte, und zwar an diesen Zustand angepaßt. Damit jene eine Spezialität wurde, mußten die Menschen aufhören, sich mit dem zufriedenzugeben, was ihnen bis dahin genügt hatte, und anspruchsvoller werden. Woher aber können solche neuen Ansprüche kommen?

Sie haben tatsächlich die gleiche Ursache, die auch die Fortschritte der Arbeitsteilung bestimmen. Wir haben in der Tat gesehen, daß sie auf einen heftigeren Überlebenskampf zurückgehen. Nun geht aber ein heftigerer Kampf nicht ohne ein größeres Aufgebot von Kräften ab und folglich nicht ohne größere Ermüdungen. Damit das Leben sich aber erhält, muß der Wiederaufbau dem Abbau der Kräfte entsprechen. Deshalb genügen die Nahrungsmittel, die bis dahin hinreichend gewesen waren, das organische Gleichgewicht herzustellen, von nun an nicht mehr. Eine ausgiebigere und ausgesuchtere Nahrung ist erforderlich. Darum lebt ein Bauer, dessen Arbeit weniger erschöpft als die des städtischen Arbeiters, weiterhin gut, obwohl seine Verpflegung ärmlicher ist. Der Arbeiter kann sich nicht mit pflanzlicher Nahrung begnügen, und selbst unter diesen Bedingungen fällt es ihm schwer, das Defizit auszugleichen, das die intensive und ständige Arbeit jeden Tag in das Budget seines Organismus reißt.

Andrerseits trägt vor allem das zentrale Nervensystem diese ganzen Lasten; denn man muß sich den Kopf zerbrechen, um die Mittel zu finden, weiterzukämpfen, um neue Spezialisierungen zu erfinden, um sie einzubürgern usw. Ganz allgemein gesagt: Je mehr das Milieu dem Wandel unterworfen ist, desto größer wird der Anteil der Intelligenz im Leben; denn nur sie allein kann die neuen Bedingungen eines sich ständig auflösenden Gleichgewichts finden und wiederherstellen. Das geistige Leben entwickelt sich also in derselben Zeit, in der die Konkurrenz lebhafter wird, und im selben Maß. Diese parallelen Fortschritte kann man nicht nur bei der Elite feststellen, sondern bei allen Klassen der Gesellschaft. [...]

All diese Veränderungen sind also das mechanische Produkt notwendiger Ursachen. Wenn sich unser Geist und unsere Empfindsamkeit entwickeln und schärfen, so liegt das daran, daß wir sie stärker üben; und wenn wir sie stärker üben, so deshalb, weil wir durch den härteren Kampf, den wir führen müssen, dazu gezwungen sind. Ohne es also gewollt zu haben, ist die Menschheit bereit, eine intensivere und abwechslungsreichere Kultur zu empfangen.

Aber wenn nicht ein weiterer Faktor eingriffe, könnte diese einfache Veranlagung selbst nicht die Mittel hervorrufen, sich zu befriedigen, denn sie stellt nur eine Fähigkeit zum Genießen dar [...]. Aber in dem Augenblick, von dem an der Mensch dazu imstand ist, diese neuen Genüsse zu genießen, und auch nur unbewußt nach ihnen verlangt, findet er sie in seiner Reichweite, weil sich zur gleichen Zeit die Arbeitsteilung entwickelt hat und sie ihm anbietet. Ohne daß es dazu der geringsten prästabilisierten Harmonie bedürfte, treffen sich diese beiden Tatsachenreihen, einfach weil sie die Folgen und derselben Ursache sind.

Dieses Zusammentreffen kann man sich folgendermaßen vorstellen. Der Reiz der Neuheit würde schon genügen, um den Menschen zu veranlassen, diese Genüsse auszuprobieren. Er neigt um so natürlicher dazu, als der größere Reichtum und die größere Vielfalt diese Anreize ihm jene mittelmäßiger erscheinen ließen, mit denen er sich bis dahin begnügt hatte. Im übrigen kann er sich im Geist schon an sie gewöhnen, noch eher er sie versucht hat; und da sie in Wirklichkeit den Veränderungen entsprechen, die sich in seiner Konstitution vollzogen haben, fühlt er im vorhinein, daß er sich bei deren Genuß wohlfühlen wird. Die Erfahrung bestätigt dann diese Vorahnung. Die Bedürfnisse, die bis dahin geschlafen hatten, erwachen, grenzen sich von anderen ab, werden sich ihrer selbst bewußt und organisieren sich. Trotzdem heißt das nicht, daß diese Anpassung in allen Fällen vollendet wäre; daß jedes neue Produkt, das wir einem neuen Fortschritt verdanken, immer einem wirklichen Bedürfnis unserer Natur entspräche. Es ist im Gegenteil sogar wahrscheinlich, daß wir recht oft die Bedürfnisse annehmen, weil wir uns an das Objekt gewöhnt haben, auf das sie sich beziehen. Dieses Objekt war weder nötig noch nützlich, aber es ist einfach so gekommen, daß man mehrere Male Erfahrungen mit ihm gemacht und sich so sehr daran gewöhnt hat, daß man es nicht mehr entbehren kann. [...]

Aber noch einmal: Damit sind wir nicht glücklicher. Wenn diese Bedürfnisse einmal geweckt sind, können sich zweifellos nicht ohne Schmerzen befriedigt bleiben. Aber unser Glück ist deswegen nicht größer, weil sie hervorgerufen sind. Der Bezugspunkt, anhand dessen wir die relative Intensität unserer Genüsse messen, hat sich verschoben. Das führt zu einem Umsturz aller Werteinteilungen. Aber diese Deklassierung der Genüsse beinhaltet nicht deren Vermehrung. Weil das Milieu nicht mehr das gleiche ist, mußten wir uns verändern, und diese Veränderungen haben zu Verschiebungen in unserer Art geführt, glücklich zu sein. Wer aber Veränderungen sagt, sagt damit nicht notwendigerweise Fortschritt.“

Die Zukunft des Konsums – Abschließende Thesen

Wer Thesen formuliert, muss mit dem Wandel rechnen. Prognosen haben die eigentümliche Besonderheit, an der Selbsterfüllung (self-fulfilling prophecy) und der Selbstzerstörung (self-destroying prophecy) mitzuwirken. Sie tragen – ganz im Sinne Hirschmans[39] – den Keim der eigenen Zerstörung in sich. Wenn das Neue sich veralltäglicht hat, kümmert es niemanden mehr und Erstaunen stellt sich auch nicht mehr ein. Thesen haben zudem meistens etwas Plakatives, sie überzeichnen die Situation oder das Phänomen und schaffen damit Raum für Kompromisse. Das ist nicht die Absicht der nachfolgenden Abschlussbetrachtung.

Da der Konsum von Gütern und Dienstleistungen nun einmal eine Notwendigkeit darstellt, ist auch seine Zukunft garantiert. Die Investitionen in dieses Programm liefern der Soziologie aufschlussreiches Material für die Analyse des Alltags. Für den amerikanischen Schriftsteller Thoreau (1817-1862) war der Mensch „reich in Proportion zu den Dingen, die sein zu lassen er sich leisten kann." Als Gegner des Materialismus plädierte er für die Abkehr von dieser Kultur. Andere sehen das Besondere einer Konsumgesellschaft und Konsumkultur in der Chance, Ansprüche und Wünsche zu schaffen, weil die Elementarbedürfnisse in den Hintergrund getreten sind. Zwischen Askese und Genuss platzieren sich Konsumstile in vielen Facetten. Trotz dieses Eindrucks einer bunten und abwechslungsreichen Dauerveranstaltung soll auf einige Konstanten in diesem variablen Feld hingewiesen werden.

---

[39] Siehe hierzu die Ausführungen in Kapitel 2.

In Formen des Konsums spiegelt sich auch zukünftig die Ungleichheit der Gesellschaft.

Der Schokoladenmarkt, so eine aufschlussreiche Beobachtung, sei so differenziert wie die Gesellschaft. Der Weinmarkt könnte ebenso als Kandidat genannt werden, auch Krawattenmodelle und Schuhe, Uhren und Schmuck, Kaffee- und Teesorten. Die ökonomische Ungleichheit ist eben nicht nur eine des Einkommens, sondern schlägt sich vielmehr in vielen Dingen des Alltags nieder. Das Ökonomische und das Kulturelle sind aufeinander bezogen, Ressourcen und Präferenzen verhalten sich nicht beliebig zueinander. Kein Wunder also, dass die Lebensstilforschung die harten Indikatoren wie Beruf, Bildung oder Einkommen gerne durch lebensnahe Zeichen ergänzt. Den nüchternen Zahlen der Sozialstatistik werden die praktischen Auswirkungen hinzugefügt. Durch diese Perspektivenerweiterung werden Schicht-, Klassen- oder Milieumodelle nicht zu Nebensächlichkeiten degradiert, sondern durch Beschreibungen ergänzt, die sie implizit als verborgene Details beinhalten. Jenseits einer Verliebtheit in die bunte Vielfalt des Alltags, die Geißler der deutschen Sozialstrukturanalyse vor einigen Jahren in pointierter Form vorgeworfen hat (vgl. Geißler 1996, S. 322), muss der Sinn für Optionen und Grenzen des Konsums eben gewahrt bleiben. Verglichen mit den klaren Signalen der Ständegesellschaft, die über Kleider- und Speiseordnungen dem Alltag eine stabile Struktur verlieh, kennt die Moderne die Polyvalenz von Ordnungen und eine Varianz der Stile. Der Demokratisierungsgedanke, den René König in den 1960er Jahren aus der wachsenden Verfügbarkeit von Produkten und der „Erweiterung des Konsumfeldes“ (König 1965, S. 501) ableitete, beförderte das Gefühl einer geringeren Sichtbarkeit von Unterschieden. Das Ernährungsverhalten scheint trotz einer allgemeinen Veränderung des Ernährungsbewusstseins gleichwohl ein gutes Beispiel für Strukturen langer Dauer zu sein. So wird die Warnung vor einer „Zwei-Essens-Gesellschaft“ von einer Ernährungsexpertin wie folgt umschrieben: „Je schlechter Einkommen und Bildung, desto wahrscheinlicher werden die Hosen eng.“ (zit. nach Gersmann/Willms 2006, S. 3) Selbst die vermeintlich einfachen Dinge des Lebens werden in einen Rahmen versetzt, der kalkulierte Bescheidenheit auf hohem Niveau ermöglicht. Es genügt die besondere Zubereitung einer Kartoffelsuppe, um dem Bedürfnis nach Ungewöhnlichem gerecht zu werden: „Der elitäre Gestus ist nicht verschwunden, sondern einfach raffinierter geworden." (Kaube 2007, S. 76)

Eine Konsumgesellschaft, die sich ihren Konsumenten verschließt, müsste wohl mit Recht als ein Paradoxon bezeichnet werden. Dennoch wird die Attraktivität eines Produkts nicht nur über den Preis gesteuert. Wenn sich Verbraucher um ein Produkt bewerben müssen, z.B. um ein begehrtes Mode-Label, wird (vermeintliche) Knappheit als Steuerungsmedium für Attraktivität eingesetzt. Daher wird auch in Zukunft die offene Gesellschaft viele Formen sozialer Schließungen und Abschottungen erfinden und abnutzen. In Hans Christian Andersens Märchen „Des Kaisers neue Kleider" war es die Autorität des Throninhabers, die seine Umgebung daran hinderte, die falsche Eitelkeit aufzudecken. Heute gilt: Nicht nur Kleider machen Leute, sondern auch Mitgliedschaft. Auf diese Weise vermittelt auch Nicht-Besitz von Club-Karten seinen Reiz. Alice im Wunderland konnte sich schließlich auch über ihren Nichtgeburtstag freuen.

Der Konsum integriert und differenziert zugleich.

Seit Veblen werden Güter, die ihre Begehrlichkeit der Höhe des Preises verdanken, als Veblen-Güter bezeichnet. Die Nachfrage steigt aufgrund einer positiven Preiselastizität (vgl. auch Zentes/Swoboda 2001, S. 395). Der Effekt wird gemeinhin mit hochpreisigen Gütern assoziiert, funktioniert aber durchaus auch, wenn sogenannte Fast Moving Consumer Goods, also Dinge des täglichen Verbrauchs, strategisch positioniert werden sollen. Der etwas höhere Preis soll dann Originalität und Besonderheit signalisieren. Diese Absonderungsstrategie eröffnet wiederum die Chance, Me too-Strategien einzusetzen. Mit dem Vorwurf der Kopie können Anbieter und Konsumenten leben. Man ist nicht wirklich ausgeschlossen und akzeptiert den Unterschied. Hierzu passt ein Paradox, das Solomon gerade in Phasen der Rezession zu beobachten glaubt: „Both discounted goods and luxury items tend to sell well." (1994, S. 405) Offensichtlich ist Knappheit nicht nur eine Systemeigenschaft, sondern mindestens auch ein mehrdimensionales Phänomen.

Mandevilles Beobachtung „Wie eitel ist's nach Glück zu streben! Man sah nicht: es muß Grenzen geben" (1724)[40] darf daher im Jahr 2010 ergänzt werden durch den Satz: „Die Grenzen sind mir wohl bekannt, doch auch die Klasse und der Stand!" Wohlstandsgesellschaften kennen diese Grenzen durchaus, sie werden dort aber weniger spürbar, weil das Gefühl der Teilhabe an vielen Annehmlichkeiten des Alltags die Unterschiede akzeptabel, ja geradezu als leistungsgerecht erscheinen lässt. Die Klassengesellschaft aber, so Rehberg in einer kritischen Bilanz der Ungleichheitsdebatte, verschwimmt „im Wohlstand und tritt in Krisen deutlicher hervor." (2006, S. 23) Reichtum hat in Gestalt eines „mass media star system" eine vielbeachtete Repräsentation gefunden und sorgt für eine Verkürzung von Konsum- und Modezyklen. Die „Phantasie der Massen", so Rehberg (2006, S. 32), wird unentwegt durch neue Impulse versorgt. Dieses Schauspiel verfolgen zu können ist eine Bedürfnisbefriedigung eigener Art. Ohne die Wahrnehmung von Grenzen wäre es funktionslos. Deshalb wird Geltungsbedürfnis auch in Zukunft mit der Faszination des Snob-Appeals bedient. Als Theodor Geiger die Suggestionsversuche der Reklame analysierte, galt ihm die Unterschrift einer Society-Schönheit als Indiz für geborgtes Prestige (vgl. Geiger 1987 [zuerst 1932], S. 489).

Räume des Konsums bleiben zentrale Orte der flüchtigen Begegnung.

Galerien, Kaufhäuser, Shopping Malls, Erlebniszentren usw. sind Orte des Konsums in einem doppelten Sinne: Sie stellen Waren aus und lassen uns Beobachter und Konsument zugleich sein. Das Flanieren vermittelt Teilhabe und stellt eine Art Konsum auf Probe dar. Der Eintritt ist sozusagen frei. Man konsumiert sozusagen ohne zu kaufen. Der Gedanke ist nicht neu. Campbell hatte ihn in seinen historischen Analysen als besondere Form des Hedonismus beschrieben, der Vergnügen durch Vorstellungskraft erzeugt: selbstillusionärer Hedonismus (vgl. Campbell 1987, S. 78ff.). Zugleich wird die Entstehung

[40] Die Bienenfabel, aus der das Zitat entnommen ist, erschien erstmals 1703 und wurde mehrfach erweitert. 1724 erschien die dritte Auflage (vgl. Mandeville 1980, S. 86).

dieser Konsumräume im 19. Jahrhundert als „Feminisierung der öffentlichen Sphäre" eingestuft. Die Kaufhäuser des 19. Jahrhunderts stehen für die „Weiblichkeit der Masse" (Schößler 2005, S. 251). Wenn Männer einmal in diese Situation geraten, setzen sie, so Émile Zola in seinem Roman „Das Paradies der Damen", besorgte Blicke auf (vgl. ebenda). Heute sind Orte des Konsums auch Orte der Kommunikation. Die erste vollklimatisierte Shopping Mall der Welt (Southdale Mall in Minneapolis-St.Paul, Minnesota) sollte als Gegenpol zur anonymen Großstadt dienen, die eben nicht zum Verweilen einlud, sondern dem Raum seinen öffentlichen Charakter nahm. Zu einem Raum für Gemeinschaftlichkeit entwickelten sich die Shopping Malls nicht, sondern eher zu Einkaufsghettos, denen man durch Zusatzangebote wieder Leben einhauchen musste. Ihre demokratisierende Wirkung entfalteten diese geschlossenen Räume durch ihre Offenheit für jedermann. Hier liegt eben auch die Faszination moderner Einkaufszentren.

Das zweckorientierte Element des Kaufs kann nicht nur hier, sondern auch in den Einkaufsstraßen und –passagen der heutigen Großstädte zur Nebensache werden, weil die Dringlichkeit eher die Ausnahme als die Regel darstellt. „Shopping around" ist der eigentliche Impuls für eine Aktivität, die an sich bereits eine Belohnung darstellt. Auch hier wird die Phantasie angeregt: Vom Probesitzen im Einrichtungshaus bis zur Duftprobe in einer Parfümerie wandert der Konsument durch Angebote, die ihm keine verbindlichen Entscheidungen abverlangen.

Die Architektur wiederum erweitert den funktionalen Aspekt der Räume. Die Warenästhetik käme ohne ein entsprechendes Umfeld gar nicht zur Geltung. Pappkartons sind nur beim Discounter geduldet, wenngleich auch dort an minimalistischen Aufwertungskonzepten gearbeitet wird.

Wenn diese Räume durchlaufen werden, werden gerne auch Konsumprodukte mitgeführt. Der „Coffee to go" ist das Symptom einer Gesellschaft, die Gefallen an der Inszenierung von Trends findet und immer unterwegs ist, also in flüchtigen Zeiten lebt (vgl. Bauman 2008).

Moralischer Konsum wird auf allen Ebenen der Gesellschaft verlangt.

Der moralische Konsum ist eine geniale Erfindung. Er ist ein Programm gegen den Verzicht und gibt dem Konsum eine politische Dimension. Konsumkritik bleibt nicht ohne Wirkung und dennoch öffnen sich die Geldbörsen. Aufrufe zum Konsumboykott lassen mögliche Anhänger der Idee mit der Ungewissheit zurück, was noch zum Bereich des Notwendigen im Leben gehören darf. Darüber hinaus bleibt der Nonkonformismus, der sich in einer bewussten Abkehr von den Routinen einer Konsumgesellschaft niederschlägt, nicht auf der Ebene von Individualstrategien stehen. Gesucht wird das Bündnis mit Gleichgesinnten, die sich in ihren Zielen gegenseitig bestärken und aus dieser Selbstverpflichtung ein neues Regelwerk entstehen lassen, das dem durchschnittlichen Konsumenten, von dem man sich abzugrenzen sucht, eher fremd ist. Konsumrebellen kaufen nicht dort, wo sie einkaufen sollen und bezwecken damit eine Lahmlegung des „Systems". Oder sie demonstrieren ihre Marktmacht durch punktuelle Aktionen, die Ladenbesitzern einen Großeinkauf bescheren in der Erwartung guter Taten. „Carrotmob" nennt man dieses Einkaufen mit „ökologischem Ehrgeiz" (Oberhuber 2010, S. 42). Protest und Happening gehen Hand in Hand.

Symbolische Widerstandsakte nehmen zu und sollen zeigen, „dass in der Welt etwas nicht stimmt." (Heath/Potter 2005, S. 20) Ein in sich politisch heterogenes Spektrum von Akteuren ist stets dem Kollektivgedanken verpflichtet. Daher wundert es nicht, dass das Kidnappen von Reklametafeln, von dem Naomi Klein in ihrem Buch „No Logo" (2001) berichtet hat, von vielen in einem übertragenen Sinne praktiziert, gelegentlich auch als Guerilla-Strategie gepriesen wird, aber im Ergebnis einen Kommunikationswettbewerb in Gang hält, der dem der klassischen Werbung in nichts nachsteht.

Während rebellische Formen das Kaufen in allen Lebensbereichen auf die Ebene echter Entscheidungen heben, bedankt sich der klassische Konsument für leicht entzifferbare Siegel, die ihm den Wunsch, ebenfalls ein guter Konsument sein zu wollen, auf einfachem Wege gestatten. Kein Wunder also, dass das Akronym LOHAS (Lifestyle of Health and Sustainability) so viele Fürsprecher findet. Vom Premium-Produkt bis zur Banane muss politische und ökologische Korrektheit gegeben sein –

selbst, wenn diese sich unter Umständen als Illusion herausstellen kann. Wer denkt bei einem umweltfreundlichen Auto noch an den Schaden, den ein Auto nun einmal anrichtet? Ebenso kann die Klimabilanz eines Hybridfahrzeugs abhängig vom Gebrauch durchaus schlechter ausfallen als die eines herkömmlichen Autos (vgl. Geden 2009). Dass man als guter Verbraucher gerade auch hier über mathematisch korrekte Nutzenfunktionen verfügen müsste, wird so zur Nebensache - Rationalitätsfiktionen genügen. „Maximizing" im Sinne der Entscheidungstheorie wird durch „satisficing"-Strategien umgesetzt. Mit low cost-Konzepten werden high cost-Situationen gelöst.

Der Konsument ist mächtiger und verwirrter zugleich.

Unlautere Versuche, die Konsumenten zu irritieren, bleiben nicht unkommentiert, sondern werden der Öffentlichkeit mitgeteilt. Beeinflussungsresistenz mag individuell weit verbreitet sein, als gesellschaftliches Defizit aber wird das Fehlen dieser Selbstkontrolle gerne beklagt. Deshalb geben manche ihre Erfahrungen an Dritte weiter und eröffnen damit die Chance, aus diesen Beurteilungen zu lernen. Der Verbraucher erhält also viele Hilfestellungen, die ihn das Ziel der Konsumentensouveränität erreichen lassen sollen. Hinweise zur Qualität von Produkten und Dienstleistungen werden von Institutionen (z.B. Stiftung Warentest) bereitgestellt, zunehmend aber auch von den Konsumenten selbst, die an der Bewertung Gefallen finden. Das geht weit über die klassische Beteiligung an Produkttests hinaus, die ebenfalls der Produktoptimierung dienen. Sie üben damit Einfluss auf einem Markt aus, der ohnehin durch Informationsüberlastung gekennzeichnet ist. Informationen werden gesammelt und verglichen, um wie in einem Wettbewerb auf der Seite der Erfolgreichen zu stehen. Ob diese Kritik immer ernst genommen wird, weiß man nicht. Aber diese Unsicherheit genügt, um das Gefühl einer wachsenden Konsumentenmacht aufkommen zu lassen. Wer als Anbieter kritisches Feedback missachtet, tut sich damit keinen Gefallen. Da auch registriert wird, wer auf Beschwerden reagiert (z.B. im Tourismusbereich), müssen sich Konsumenten nicht einmal verbünden, um Einfluss geltend zu machen.

Ob aus der Summe der Informationen eine gute Entscheidung hervorgeht, ist gleichwohl nicht nur von der Eigeninitiative des Verbrauchers abhängig. Eine Heuristik muss er zumeist selbst entwickeln bzw. darauf vertrauen, dass die Summe der rezipierten Urteile einer Weisheit der Vielen gleichkommt. Obwohl er sich mächtiger fühlt, nimmt die Transparenz nicht in gleichem Maße zu. Der Satz „Probieren geht über studieren" wird letztlich auch hier bestätigt. Ebenso bleiben im Falle von Unzufriedenheit Grenzen der Selbsttäuschung.

Sich selbst in einem besseren Lichte zu sehen, sorgt augenscheinlich bei vielen Menschen für einen positiven Gefühlshaushalt und eine innere Balance. Wenn die Dinge dann doch anders laufen als erwartet, bleibt immer noch die Möglichkeit, die Umstände dafür verantwortlich zu machen. Levine spricht in diesem Zusammenhang von einem fundamentalen Attributionsfehler: „Wenn wir gebeten werden, die Probleme *anderer* Leute zu erklären, neigen wir automatisch dazu, ihre persönlichen Eigenschaften für diese verantwortlich zu machen: Charakterzüge, emotionale Zustände usw. Wenn ich höre, dass Sie von einem Verkäufer eingeseift worden sind, dann schließe ich daraus, dass das passiert ist, weil Sie sich leicht hereinlegen lassen. Wenn es jedoch um uns selbst geht, dann schieben wir es gewöhnlich auf die Situation." (Levine 2004, S. 27)

Ein Phänomen, das ebenfalls auf Attributionen aufbaut, wird als Dritte-Person-Effekt bezeichnet. Es steht für Konstellationen, in denen die Beeinflussbarkeit anderer Personen höher eingeschätzt wird als die eigene. Dieses weitverbreitete Phänomen führt zu dem Paradoxon, dass die Mehrheit der Bevölkerung sich als weniger beeinflussbar einstuft als der durchschnittliche Mensch. Daran zeigt sich, dass Normalismus eine Fiktion sein kann.

Werbung versucht zu steuern, aber sie wird auch gesteuert.

In der Werbung geht es um Aufmerksamkeit. Wenn es um Aufmerksamkeit geht, herrscht Konkurrenz. Obwohl gerade die Werbung also einen Wettbewerbsmarkt par excellence darstellt, versucht diese dennoch selbst immer wieder einen Grundkonsens zu definieren. Im Jahr 2001 stellte der Zentralverband der deutschen Werbewirtschaft beispielsweise fest: „Eine Grundregel der Werbung lautet: Sie muss sich an der gesellschaftlichen Ist-Situation orientieren. Mit Bildern und Texten von vorgestern und übermorgen wird ihr Ringen um Aufmerksamkeit und Akzeptanz ihrer Botschaft nicht gelingen, Werbung muss aktuell sein." (2001, S. 43) Eine einheitliche Umsetzung dieser Aufforderung wird schon deshalb nicht stattfinden, weil die Werbung von Kreativität lebt und sich im Falle einer Dominanz von Me Too-Strategien den Vorwurf der Fantasielosigkeit bzw. Langeweile einhandeln würde. Nostalgie-Botschaften sind sicher kein dauerhaftes Erfolgsrezept, können aber eine Marke wiederbeleben. Und wer hätte gedacht, dass durch Provokation Zustimmung erkauft werden kann. Auch hier nimmt der Nimbus des Rebellischen eigentümliche Züge an.

Auf ein bestimmtes Programm wird sich die Werbung nicht verständigen können. Wie in der Mode führt zu viel Nachahmung zu Differenzierung. So arbeitet die Werbung, insbesondere im Bereich der Kosmetik, am vollkommenen Äußeren, das offenbar nie vollkommen werden kann. Eigentlich müsste doch das permanente Versprechen von Schönheit die Defizite aus der Welt schaffen. Zugleich findet die Werbung jedoch auch Gefallen am Aufbau von Gegenbotschaften. Die Werbung kritisiert sich selbst und räumt dem Konsumenten, der sich eben noch der zartesten Verführung hingeben sollte, ein Recht auf Unvollkommenheit ein. An die Stelle von Schlankheitsidealen treten Slogans wie „Leben hat Gewicht" oder „Real bodies have real curves."

Diese Widersprüche erklären auch, warum der Werbung die Totalinklusion der avisierten Zielgruppe nicht gelingen kann. Sie benötigt den Unterschied, um Erfolg zu haben. Was auf Außenstehende als bescheidener Erfolg wirkt, kann auf der Ebene des Umsatzes viel bedeuten. Schwellenwerte für einen starken Werbewirkungseffekt sind für umkämpfte Konsumfelder eben niedriger anzusetzen.

Hinzu kommt eine eigentümliche Asymmetrie. Die Zielgruppen werden umworben, weil diese ihre konkreten Produktziele von kreativen Menschen vorentwickeln lassen. Während die Angebotsseite in ein „Hamsterrad" geschickt wird, bleibt der Konsument für seine Zufriedenheit selbst zuständig. Er ist für Überraschungen dankbar, aber auch für Überraschungen gut. Der unzufriedene Kunde kann wechseln, der unzufriedene Anbieter muss neu überlegen. Das Rauschen des Werbemarkts ist nun einmal vorhanden und die meisten Konsumenten können mit diesem aufdringlichen Lebensbegleiter besser umgehen, wenn sie sich entspannt zurücklehnen und das Schauspiel als Wettbewerb um ihre Gunst wahrnehmen. Insofern macht die Werbung vor allem Steuerungsangebote.

Die Eigengesetzlichkeiten der Werbung sorgen dafür, dass Werbung eben nicht ein Spiegelbild der Gesellschaft ist, sondern sich langsam von bewährten Strategien verabschiedet, Neues testet und damit einen Beitrag zum Setzen neuer Maßstäbe leistet. Werbung bleibt durch selektive Wahrnehmung gekennzeichnet und sie gibt gesellschaftliche Entwicklungen in der ihr eigenen Sprache und Symbolik wieder.

Der demografische Wandel stellt die Konsummärkte nicht auf den Kopf.

Die zunächst zögerliche Anpassung der Konsummärkte an den demografischen Wandel ist in vollem Gange. Nach dem Motto „Je früher, desto besser" werden Kinder als Konsumenten zelebriert. Während politische Beteiligung an Reife geknüpft wird, werden im Bereich des Konsums Mitspracherechte gerne bereits in frühen Jahren zugestanden. Die Differenzierung der Gesellschaft wird ebenfalls in stellvertretender Weise in Marktstrukturen gespiegelt. Der stellvertretender Konsum von Veblen war zunächst den Frauen vorbehalten. Den jüngeren Familienmitgliedern hatte er wenig Beachtung geschenkt. Aber gerade die junge Generation wird in Zukunft in besonderer Weise umworben werden. Da sie einen kontinuierlichen Werbedruck als Teil ihrer Sozialisation erlebt hat, wird sie nicht ein williges Opfer von Manipulationen, sondern ein Marktpartner, der sich zu wehren weiß. Peer Groups reagieren zwar bereitwillig auf Moden und Trends, lassen sich dabei aber nicht wirklich steuern. Sie werden in Zukunft ihre neue Marktmacht nicht aus der Hand geben, aber auch nicht dauerhaft die Rolle des Rebellen übernehmen.

Die Märkte passen sich also an veränderte demografische Strukturen und Lebensläufe an. Sie weiten dabei auch die Vorstellung von werberelevanten Zielgruppen aus.

Die zögerliche Abkehr von bewährten Standards (z.B. Definition werberelevanter Zielgruppen) und Stereotypen zeigt sich am deutlichsten beim Umgang mit älteren Verbrauchern. Während vor zehn Jahren über Senior Model-Agenturen noch die Nase gerümpft wurde und jene, die damit ihr Geld verdienen wollten, nicht selten abschätzige Kommentare wie „Für welches Pflegemittel werben Sie denn?" ertragen mussten, deutet die Entwicklung der letzten Jahre eine Umkehr an: Neben der nach wie vor vorhandenen Jugendlichkeitsorientierung wird in der Werbung auch das Älterwerden davon erfasst. Die dosierte Verteilung von Falten über das Gesicht der Werbeprotagonisten kommt einer metaphorischen Spiegelung einer Gesellschaft gleich, die mit dem Älterwerden einen langen Abschied von der Jugend verbindet und weniger ein kontinuierliches Altern. So wie man graue Haare nicht auf einen Schlag, sondern nach und nach bekommt, wandeln sich auch Altersbilder und sprachliche Inszenierungen von Alter und Altern in Werbeanzeigen. Neben die altersexklusive Werbung (z.B. für Medikamente oder Mobilitätshilfen) tritt eine Strategie, die das Alter vermehrt als Imagefaktor einsetzt, als Ausdruck von Vitalität, Ausstrahlung und Synonym für Erfolg. Ein Spiegel der Gesellschaft wird sie also auch in diesem Fall nicht sein. Das perfekte Alter(n) wird zu einem neuen Ideal aufgebaut.

Konsum macht (immer noch) Spaß.

Zu den auffälligsten Gefühlsäußerungen der Moderne gehört die Bewunderung des einfachen Lebens (vgl. Jäckel 2009). Eine tiefgreifende Revolte der „Gesättigten" gegen den Wohlstand findet aber nicht statt. Stattdessen werden Strategien entwickelt, die einem das Gefühl vermitteln, ein gutes und nachhaltiges Leben zu führen. Extreme Formen des Verzichts laufen ohnehin Gefahr, Opfer eines kommerziellen Realismus zu werden. Wer heute für eine Rückkehr zu Bescheidenheit aufruft, geht überwiegend von Individuen aus, denen ein Bewusstsein der eigenen Bedürfnisse abhanden gekommen ist. Mal gelten Konsumenten als wunschlos unglücklich, mal der Vielfalt überdrüssig, mal verlangen moderne Asketen von sich und anderen den radikalen Verzicht, mal praktizieren sie öffentlichkeitswirksame Events und wundern sich über Reaktionen, die Misstrauen gegenüber den Zielen signalisieren.

Die geringe Wirksamkeit dieser Appelle dürfte vor allem einer fehlenden Programmatik der Gegenentwürfe geschuldet sein, aber auch einem Nichteingestehenwollen von Betroffenheit. Die Konsumgesellschaft ist seit ihren Anfängen ein Feld für Ambivalenzen gewesen, für einen Wechsel von Abneigung und Zuspruch, von Neugier und Überdruss, von Zufriedenheit und Unzufriedenheit. Walt W. Rostows „Buddenbrook-Dynamik“ (1960, S. 27) ist dafür ein schönes Beispiel. Bei Thomas Mann strebt die erste Generation nach Geld, die zweite nach gesellschaftlicher Stellung und die dritte – die beides besitzt – sucht ihr Glück in der Musik. Der heutige Konsument muss nicht mehr in „Generationen“-Kategorien denken. Er ist Teil einer Welt, die von Waren- und Dienstleistungsströmen lebt. Er kann seine Beteiligung daran flexibel gestalten. Die bunten Beschreibungen der Lebensstil-Forschung bezeugen das. Zwischen der Tyrannei der kleinen und der Last der echten Entscheidungen ergeben sich viele Gelegenheiten, kluge Anpassungen unter Beweis zu stellen und im Sinne einer Selbstverpflichtung aus den eigenen Fehlern etwas zu lernen. Wer im Konsum keine Konsumfreude sieht, sondern nur einen notwendigen Teil des Alltags, muss sich fragen lassen, wo die Abwechslung ihren Ursprung hat. Einkaufen mag in alltäglichen Situationen eine eher zweckrationale Angelegenheit sein, für Männer nach wie vor mehr als für Frauen. Ein Bummeln ohne Kaufabsicht entlockt ihnen auch im 21. Jahrhundert noch bedenkliche Blicke oder findet seltener ihre Zustimmung.

Aber eine angenehme Atmosphäre wird gewünscht und begünstigt die Verweildauer. Wer etwas besorgt, kann auch was erleben. Dort, wo die Logik des Billigen regiert, werden die Ansprüche an das Umfeld durch den günstigen Preis moderiert. Bevor der Verbraucher verzichtet, schichtet er um und kehrt den Vorwurf der Unberechenbarkeit in Formen selektiver Bescheidenheit um. Wer ihn belehren möchte, kämpft häufig gegen Windmühlen. Wer den Konsumenten dagegen nicht ernst nimmt, ist schlecht beraten. Die Selbststeuerung des Marktes lebt somit immer wieder von neuen Impulsen, die häufig leiser und unspektakulärer erscheinen als die lauteren Töne der Konsumkritik.

Mit seinem Lied „Stop Shopping" versucht Reverend Billy die US-Amerikaner von ihrer Kaufsucht zu befreien. Wahrscheinlich hören sie ihm gerne zu – aber sie denken dabei nicht an sich.

„We will never shop again
Forever and Amen
Alelujiah, Alelujiah, Alelujiah
We won't shop again!"

Literaturverzeichnis

Amann, Melanie (2009): „Die deutsche Frau liebt billige Unterwäsche". Mode von Primark. In: Frankfurter Allgemeine Sonntagszeitung, 29. November.

Baacke, Dieter (1999): Jugend und Jugendkulturen. Darstellung und Deutung. 3. Auflage. Weinheim usw.

Bandura, Albert (2002): Social Cognitive Theory of Mass Communication. In: Bryant, Jennings; Zillmann, Dolf (eds.): Media Effects. Advances in Theory and Research, 2nd Edition. Mahwah, S. 121-153.

Bänsch, Axel (2002): Käuferverhalten. 9., durchgesehene und ergänzte Auflage. München, Wien.

Barlösius, Eva (1999): Soziologie des Essens. Eine sozial- und kulturwissenschaftliche Einführung in die Ernährungsforschung. Weinheim, München.

Bass, Frank M. (1969): A new Product Growth Model for Consumer Durables. In: Management Science 15, January, S. 215-227.

Baudrillard, Jean (1982): Der symbolische Tausch und der Tod. [Aus d. Franz.]. München.

Baudrillard, Jean (1991): Das System der Dinge. Über unser Verhältnis zu den alltäglichen Gegenständen. [Aus d. Franz.]. Frankfurt/Main.

Bauer, Raymond A. (1964): The Obstinate Audience: The Influence Process from the Point of View of Social Communication. In: The American Psychologist 19, S. 319-328.

Bauer, Reinhold (2006): Gescheiterte Innovationen. Fehlschläge und technologischer Wandel. Frankfurt/New York.

Bauman, Zygmunt (2008): Flüchtige Zeiten. Leben in der Ungewissheit. [Aus d. Engl.]. Hamburg.

Becher, Ursula A.J. (1990): Geschichte des modernen Lebensstils: Essen, Wohnen, Freizeit, Reisen. München.

Beckert, Jens u.a. (Hrsg.) (2007): Märkte als soziale Strukturen. Frankfurt, New York.

Berhorst, Ralf (2005): Der Zorn Gottes. In: GEO Epoche, Nr. 19, S. 116-137.

Bertuch, Johann Justin (1793): Ueber die Wichtigkeit der Landes-Industrie-Institute für Teutschland. In: Journal des Luxus und der Moden, August 1793, S. 409-462.

Bette, Karl-Heinrich (2005): Körperspuren. 2. Auflage. Berlin, New York.

Böcker, Franz; Thomas, Lutz (1983): Der Einfluß von Kindern auf die Produktpräferenzen ihrer Mütter. In: Marketing. Zeitschrift für Forschung und Praxis 5, Nr. 4, S. 245-252.

Bocock, Robert (1993): Consumption. London.

Bohn, Cornelia (2000): Kleidung als Kommunikationsmedium. In: Soziale Systeme. Zeitschrift für soziologische Theorie, Jg.6, Heft 1, S. 111-135.

Bohn, Cornelia / Hahn, Alois (2007): Pierre Bourdieu. In: Kaesler, Dirk (Hrsg.): Klassiker der Soziologie. 5., überarbeitete, aktualisierte und erweiterte Auflage. Band 2, S. 289-310.

Borscheid, Peter (1995): Am Anfang war das Wort. Die Wirtschaftswerbung beginnt mit der Zeitungsannonce. In: Borscheid, Peter / Wischermann, Clemens (Hrsg.): Bilderwelt des Alltags. Werbung in der Konsumgesellschaft des 19. und 20. Jahrhunderts. Festschrift für Hans Jürgen Teuteberg. Stuttgart, S. 20-43.

Borscheid, Peter / Wischermann, Clemens (1995) (Hrsg.): Bilderwelt des Alltags. Werbung in der Konsumgesellschaft des 19. und 20. Jahrhunderts. Festschrift für Hans Jürgen Teuteberg. Stuttgart.

Bosshart, David (2004a): Die Ökonomie des Billigen. Der unaufhaltsame Siegeszug in einer satten Wohlstandswelt. In: du 743. Zeitschrift für Kultur, Nr. 1, S. 24-28.

Bosshart, David (2004b): Billig. Wie die Lust am Discount Wirtschaft und Gesellschaft verändert. 2., aktualisierte Auflage. Frankfurt/Main.

Boudon, Raymond (1980): Die Logik des gesellschaftlichen Handelns. Eine Einführung in die soziologische Denk- und Arbeitsweise. [Aus d. Franz.]. Neuwied usw. (Soziologische Texte, 116).

Boulding, Kenneth E. (1972): Human Betterment and the Quality of Life. In: Strümpel, Burkhard u.a. (Hrsg.): Human Behaviour in Economic Affairs. Amsterdam usw., S. 455-470.

Bourdieu, Pierre (1974): Zur Soziologie der symbolischen Formen. [Aus d. Franz.]. Frankfurt am Main.

Bourdieu, Pierre (1982): Die feinen Unterschiede. Kritik der gesellschaftlichen Urteilskraft. [Aus d. Franz.]. Frankfurt am Main.

Braudel, Fernand (1985): Sozialgeschichte des 15. - 18. Jahrhunderts. Der Alltag. [Aus d. Franz.]. München.

Braudel, Fernand (1986): Sozialgeschichte des 15. - 18. Jahrhunderts. Der Handel. [Aus d. Franz.]. München.

Brewer, John (1997): Was können wir aus der Geschichte der frühen Neuzeit für die moderne Konsumgeschichte lernen? In: Siegrist, Hannes u.a. (Hrsg.): Europäische Konsumgeschichte. Zur Gesellschafts- und Kulturgeschichte des Konsums (18. bis 20. Jahrhundert). Frankfurt am Main, New York, S. 51-74.

Brown, George H. (1961): The Automobile Buying Decision within the Family. In: Foote, Nelson H. (Hrsg.): Household Decision-making. New York (Consumer Behaviour, Vol. IV), S. 193-199.

Bücher, Karl (1917): Die Anfänge des Zeitungswesens. In: Die Entstehung der Volkswirtschaft. Band 1. Tübingen.

Buchli, Hanns (1962): 6000 Jahre Werbung. Geschichte der Wirtschaftswerbung und der Propaganda. Band I (Altertum und Mittelalter) und II (Die neuere Zeit). Berlin.

Buchli, Hanns (1966): 6000 Jahre Werbung. Geschichte der Wirtschaftswerbung und der Propaganda. Band III (Das Zeitalter der Revolution). Berlin.

Büchner, Georg (1925): Woyzeck. [zuerst 1879]. Leipzig.

Burgerstein, Leo (1906): Schulhygiene. Leipzig.

Burke, Peter (1981): Helden, Schurken und Narren. Europäische Volkskultur in der frühen Neuzeit. [Aus d. Engl.]. Stuttgart.

Campbell, Colin (1987): The Romantic Ethic and the Spirit of modern Consumerism. Oxford, New York.

Campbell, Colin (1997): When the Meaning is not a Message: A Critique of the Consumption as Communication Thesis. In: Nava, Mica et al. (eds.).: Buy this Book. Studies in Advertising and Consumption. London, New York, S. 340-351.

Clarke, John u.a. (1979): Subkulturen, Kulturen und Klasse. In: Honneth, Axel u.a.. (Hrsg.): Jugendkultur als Widerstand. Millieus, Rituale, Provokationen. Frankfurt am Main, S. 39-131.

Coleman, James S. (1991): Grundlagen der Sozialtheorie. Band 1: Handlungen und Handlungssysteme. [Aus d. Amerik.]. München.

Coleman, Richard P. (1983): The continuing Significance of Social Class to Marketing. In: The Journal of Consumer Research, Vol. 10, Dec. 1983, S. 265-280.

Cunningham, Hugh (1980): Leisure in the Industrial Revolution. 1780-1880. London.

Davis, Stanley M. (1987): Future Perfect. Reading.

Davis, Harry L.; Rigaux, Benny P. (1974): Perception of marital Roles in Decision Processes. In: Journal of Consumer Research 1, Nr. 1, S. 51-62.

Deutsch, Karl W. (1982): George Katona oder über die Besiedlung neuer Wissensgebiete. In: Fachbereich Wirtschaftswissenschaft der Freien Universität Berlin: Ehrenpromotion von Prof. Dr. George Katona. Ann Arbor, Michigan am 15. Juni 1981. Gedenkschrift. Berlin. (Informationen aus Lehre und Forschung, Heft 1), S. 23-25.

Diderot, Denis (1993): Gründe, meinem alten Hausrock nachzutrauern. Über die Frauen. Zwei Essays. [Aus d. Franz., zuerst 1772]. Berlin.

Diogenes Laertius (1998): Leben und Meinungen berühmter Philosophen, neu hrsg. sowie mit Vorwort, Einleitung und Anmerk. versehen von Klaus Reich. Ungekürzte Sonderausgabe. [Aus d. Griech.]. Hamburg.

Disch, Wolfgang (2000): Von wem stammt das Bonmot? In: Marketing Journal, Nr. 6, S. 330-335.

Düllo, Thomas u.a. (2000): Consumer Communications nach dem Ende der Zielgruppen. In: PR magazin, Nr. 11, S. 39-46.

Ebner, Claudia C. (2007): Kleidung verändert. Mode im Kreislauf der Kultur. Bielefeld.

Eichenberger, Reinhard (1992): Verhaltensanomalien und Wirtschaftswissenschaft. Herausforderung, Reaktionen, Perspektiven. Wiesbaden.

Elias, Norbert (1997): Über den Prozeß der Zivilisation. Soziogenetische und psychogenetische Untersuchungen. 2 Bände. [Zuerst 1936]. Frankfurt am Main.

Engel, Ernst (1895): Die Productions- und Consumverhältnisse des Königreichs Sachsen. Unveränderter Abdruck der Zeitschrift des Statistischen Büreaus des Königlich Sächsischen Ministeriums des Inneren, No. 8 u. 9. (22. November 1857). In: Engel, Ernst (1895): Die Lebenskosten belgischer Arbeiter-Familien. Früher und Jetzt. Dresden.

Enzensberger, Hans Magnus (1996): Reminiszenzen an den Überfluß. Der alte und der neue Luxus. In: Der Spiegel, Nr. 51, S. 108-118.

Escalas, Jennifer, Edson; Bettman, James R. (2005): Self-Construal, Reference Groups, and Brand Meaning. In: Journal of Consumer Research 32, December, S. 378-389.

Esser, Hartmut (1999): Soziologie. Allgemeine Grundlagen. 3. Auflage. Frankfurt am Main, New York.

Esser, Hartmut (2004): Wertrationalität. In: Diekmann, Andreas; Voss, Thomas (Hrsg.): Rational-Choice-Theorie in den Sozialwissenschaften. Anwendungen und Probleme. München, S. 97-112.

Falk, Pasi (1997): The Benetton-Toscani Effect: Testing the Limits of Conventional Advertising. In: Nava, Mica et al. (eds.): Buy this Book. Studies in Advertising and Consumption. London, New York, S. 64-83.

Featherstone, Mike (2007): Consumer Culture and Postmodernism. 2nd Edition. London usw..

Ferchhoff, Wilfried / Dewe, Bernd (1991): Postmoderne Stile in den Jugendkulturen. In: Helsper, Werner (Hrsg.): Jugend zwischen Moderne und Postmoderne. Opladen (Studienbuch zur Jugendforschung, 5), S. 183-199.

Fleck, Christian (2002): In Memoriam. David Riesman. In: Kölner Zeitschrift für Soziologie und Sozialpsychologie, Jg. 54, Heft 4, S. 815-816.

Fiske, John (1997): Die kulturelle Ökonomie des Fantums. In: SPoKK (Hrsg.): Kursbuch JugendKultur. Stile, Szenen und Identitäten vor der Jahrtausendwende. Mannheim, S. 54-69.

Foscht, Thomas; Swoboda, Bernhard (2007): Käuferverhalten. Grundlagen – Perspektiven – Anwendungen. 3. Auflage. Wiesbaden.

Fourastié, Jean (1969): Die große Hoffnung des zwanzigsten Jahrhunderts. 2. Auflage. [Aus d. Franz.]. Köln.

Freedman, Paul (Hrsg.) (2007): Essen – eine Kulturgeschichte des Geschmacks. Darmstadt.

Frei, Helmut (1997): Tempel der Kauflust: eine Geschichte der Warenhauskultur. Leipzig.

Freitag, Michael u.a. (2006): Aldi in der Falle. Warum der Discounter seine Strategie radikal ändern muss. In: manager magazin 36, Nr. 2, S. 28-39.

Freyer, Hans (1955): Theorie des gegenwärtigen Zeitalters. Stuttgart.

Gabriel, Yiannis / Lang, Tim (1995): The Unmanageable Consumer. Contemporary Consumption and its Fragmentation. (2006 erschienen in der 2. Auflage). London usw.

Galbraith, John Kenneth (1959): Gesellschaft im Überfluß. [Aus d. Amerik.]. München, Zürich.

Gans, Herbert (1957): The Creator – Audience Relationship in the Mass Media. In: Rosenberg, Bernard / White, David Manning (eds.): Mass Culture. New York, S. 315-324.

Gates, Bill (2000): Der Weg nach vorn. Die Zukunft der Informationsgesellschaft. [Aus d. Amerik.]. 5. Auflage. Hamburg.

Gebhardt, Winfried u.a. (Hrsg.) (2000): Events. Soziologie des Außergewöhnlichen. Opladen.

Geden, Oliver (2009): Macht die Sparlampen heller. In: Frankfurter Allgemeine Sonntagszeitung, Nr. 23, 7. Juni, S. 11.

Geiger, Ludwig (1897): Aus Alt-Weimar. Mittheilungen von Zeitgenossen und Skizzen und Ausführungen. Berlin.

Geiger, Theodor (1932): Die soziale Schichtung des deutschen Volkes. Stuttgart.

Geiger, Theodor (1987): Kritik der Reklame – Wesen, Wirkungsprinzip, Publikum. [zuerst 1932]. In: Soziale Welt, , Jg. 38, Heft 4, S. 471-492.

Geißler, Rainer (1996): „Kein Abschied von Klasse und Schicht. Ideologische Gefahren der deutschen Sozialstrukturanalyse". In: Kölner Zeitschrift für Soziologie und Sozialpsychologie, Jg. 48, 1996, S. 319-338.

Geißler, Rainer (2008): Die Sozialstruktur Deutschlands. zur gesellschaftlichen Entwicklung mit einer Bilanz zur Vereinigung 5., grundlegend überarbeitete Auflage. Wiesbaden.

Gersmann, Hanna; Willms, Beate (2006): Der Arme muss fressen. In: taz, 13. Januar, S. 3.

Gigerenzer, Gerd (2008): Bauchentscheidungen. Die Intellitenz des Unbewussten und die Macht der Intuition. München.

Goffman, Erving (1981): Geschlecht und Werbung. [Aus d. Engl.]. Frankfurt am Main.

Göhre, Paul (1907): Das Warenhaus. Frankfurt am Main.

Goldthorpe, John H. u.a. (1972): The Affluent Worker. Industrial Attitudes and Behaviour. [zuerst 1968]. Cambridge usw.

Gregorovius, Ferdinand (1926): Geschichte der Stadt Rom im Mittelalter vom V. bis zum XVI. Jahrhundert. Stuttgart, Berlin.

Grimm, Jacob; Grimm, Wilhelm (1885): Deutsches Wörterbuch. Band 6. Leipzig.

Gross, Peter (1994): Die Multioptionsgesellschaft. Frankfurt am Main.

Grugel-Pannier, Dorit (1996): Luxus: eine begriffs- und ideengeschichtliche Untersuchung unter besonderer Berücksichtigung von Bernard Mandeville. Frankfurt am Main usw. (Münsteraner Monographien zur englischen Literatur, 19).

Gundle, Stephen (2008): Glamour. A History. Oxford.

Haffner, Sebastian (1985): Im Schatten der Geschichte. Historisch-Politische Variationen aus 20 Jahren. 4. Auflage. Stuttgart.

Hahn, Alois (1987): Soziologische Aspekte der Knappheit. In: Heinemann, Klaus (Hrsg.): Soziologie wirtschaftlichen Handelns. Opladen (Kölner Zeitschrift für Soziologie und Sozialpsychologie, Sonderheft 28), S. 119-132.

Hanser, Peter (2006): „Nicht mehr, sondern sinnvoller kaufen". Interview mit Matthias Horx. In: absatzwirtschaft, Nr. 2, S. 30-34.

Hassenpflug, Dieter (2002): Die europäische Stadt als Erinnerung, Leitbild und Fiktion. In: Hassenpflug, Dieter (Hrsg.): Die Europäische Stadt – Mythos und Wirklichkeit. Münster. (Region - Nation - Europa, Band 4), S. 11-48.

Haubl, Rolf (1996): "Welcome to the pleasure dome". Einkaufen als Zeitvertreib. In: Hartmann, Hans A. / Haubl, Rolf (Hrsg.): Freizeit in der Erlebnisgesellschaft: Amüsement zwischen Selbstverwirklichung und Kommerz. 2. Auflage. Opladen, S. 199-224.

Haupt, Heinz-Gerhard (2003): Konsum und Handel. Europa im 19. und 20. Jahrhundert. Göttingen.

Heckhausen, Heinz (1980): Motivation und Handeln. Lehrbuch der Motivationspsychologie. Berlin usw.

Heine, Ernst W. (1987): Luthers Floh. Geschichten aus der Weltgeschichte. Zürich.

Heller, Eva (1984): Wie Werbung wirkt: Theorien und Tatsachen. Frankfurt am Main.

Hellmann, Kai Uwe (2005): Soziologie der Marke. 2. Auflage. Frankfurt am Main.

Hellmann, Kai-Uwe; Zurstiege, Guido (Hrsg.) (2008): Räume des Konsums. Über den Funktionswandel von Räumlichkeit im Zeitalter des Konsumismus. Wiesbaden.

Hennen, Manfred (1990): Soziale Motivation und paradoxe Handlungsfolgen. Opladen (Studien zur Sozialwissenschaft, 92).

Hennen, Manfred / Springer, Elisabeth (1996): Handlungstheorien – Überblick. In: Kunz, Volker / Druwe, Ulrich (Hrsg.): Handlungs- und Entscheidungstheorie in der Politikwissenschaft. Eine Einführung in Konzepte und Forschungsstand. Opladen, S. 12-41.

Henning, Friedrich-Wilhelm (1974): Das vorindustrielle Deutschland 800 bis 1800. Paderborn.

Hesse, Hans-Werner (1987): Kommunikation und Diffusion von Produktinnovationen im Konsumgüterbereich. Prognose der Erstkäufe bei kauffördernder und kaufhemmender Kommunikation mit Diffusionsmodellen. Berlin usw. (Vertriebswirtschaftliche Abhandlungen, 29).

Heuser, Uwe-Jean (2008). Humanomics. Die Entdeckung des Menschen in der Wirtschaft. Frankfurt, New York.

Hill, Paul B.; Kopp, Johannes (2006): Familiensoziologie. Grundlagen und theoretische Perspektiven. 4., überarbeitete Auflage. Wiesbaden. (Studienskripten zur Soziologie).

Hillmann, Karl-Heinz (1971): Soziale Bestimmungsgründe des Konsumentenverhaltens. Stuttgart.

Hillmann, Karl-Heinz (2007): Wörterbuch der Soziologie. 5., vollst. überarb. und erw. Auflage. Stuttgart.

Hirsch, Fred (1980): Die sozialen Grenzen des Wachstums. Eine ökonomische Analyse der Wachstumskrise. [Aus d. Engl.]. Reinbek bei Hamburg.

Hirschman, Albert O. (1984): Engagement und Enttäuschung. Über das Schwanken der Bürger zwischen Privatwohl und Gemeinwohl. [Aus d. Amerik.]. Frankfurt am Main.

Homans, George Caspar (1972): Grundfragen soziologischer Theorie, hrsg. und mit einem Nachwort versehen von Viktor Vanberg. [Aus d. Engl.]. Opladen.

Hondrich, Karl Otto (1983): Bedürfnisse, Ansprüche und Werte im sozialen Wandel. Eine theoretische Perspektive. In: Hondrich, Karl Otto / Vollmer, Randolph (Hrsg.): Bedürfnisse. Stabilität und Wandel. Opladen, S. 15-74.

Honneth, Axel (1990): Die zerrissene Welt des Sozialen: sozialphilosophische Aufsätze. 3. erweiterte Neuauflage. Frankfurt am Main.

Horkheimer, Max / Adorno, Theodor W. (1969): Dialektik der Aufklärung. Philosophische Fragmente. [zuerst 1944]. Frankfurt am Main.

Horowitz, Daniel (1994): Vance Packard & American Social Criticism. Chapel Hill usw.

Horx, Matthias (1995): Trendbuch 2. Megatrends für die späten Neunziger Jahre. München, Düsseldorf.

Horx, Matthias (2006): Wie wir leben werden. Unsere Zukunft beginnt jetzt. 3., durchges. Auflage. Frankfurt/Main.

Horx, Matthias / Wippermann, Peter (1995) (Hrsg.): Markenkult. Wie Waren zu Ikonen werden. Düsseldorf.

Hradil, Stefan (2001): Soziale Ungleichheit in Deutschland. 8. Auflage. Opladen.

Hunt, Emery K. / Sherman, Howard J. (1993): Volkswirtschaftslehre: Einführung aus traditioneller und kritischer Sicht. [Aus d. Engl.]. Frankfurt am Main, New York.

Iyengar, Shenna S.; Lepper, Mark R. (2000): When Choice is Demotivating: Can one desire too much of a good Thing? In: Journal of Personality and Social Psychology 79, No. 6, S. 995-1006.

Jäckel, Michael (1998): Warum Erlebnisgesellschaft? Erlebnisvermittlung als Werbeziel. In: Jäckel, Michael (Hrsg.): Die umworbene Gesellschaft. Opladen, S. 245-272.

Jäckel, Michael (2008a): Medienwirkungen. Ein Studienbuch zur Einführung. 4., überarbeitete und erweiterte Auflage. Wiesbaden. (Studienbücher zur Kommunikations- und Medienwissenschaft).

Jäckel, Michael (2008b): Wie demonstrativ war und ist der Konsum? In: Jäckel, Michael; Schößler, Franziska (Hrsg.): Luxus. Interdisziplinäre Beiträge zu Formen und Repräsentationen des Konsums. Trier, S. 11-38.

Jäckel, Michael (2009): Moderne Formen des Verzichts. In: Jäckel, Michael u.a.: SchönheitsAnsichten. Geschlechterbilder in Werbeanzeigen und ihre Bewertung. Baden-Baden, S. 119-132..

Jäckel, Michael / Kochhan, Christoph (2000): Notwendigkeit und Luxus. Ein Beitrag zur Geschichte des Konsums. In: Rosenkranz, Doris / Schneider, Norbert F. (Hrsg.): Konsum. Soziologische, ökonomische und psychologische Perspektiven. Opladen, S. 73-93.

Jäckel, Michael / Reinhardt, Jan Dietrich (2002a): Aufmerksamkeitsspiele: Anmerkungen zu provokanter Werbung. In: Willems, Herbert (Hrsg.): Die Gesellschaft der Werbung. Kontexte und Texte. Produktionen und Rezeptionen. Entwicklungen und Perspektiven. Wiesbaden, S.527-548.

Jäckel, Michael / Reinhardt, Jan Dietrich (2002b): Zurechnungsmodelle und Themenrepertoires. Gedanken zur Integrationsleistung von Massenmedien in der Moderne. In: Imhof, Kurt u.a. (Hrsg.): Integration und Medien. Wiesbaden (Mediensymposium Luzern, 7), S . 77-92.

Jäckel, Michael / Reinhardt, Jan Dietrich (2003): Provokante Werbung unter dem Gesichtspunkt einer Ethik der Massenkommunikation. In: Debatin, Bernhard / Funiok, Rüdiger (Hrsg.): Kommunikations- und Medienethik. Konstanz, S. 203-218.

Jaffé, Diana (2005): Der Kunde ist weiblich. Was Frauen wünschen und wie sie bekommen, was sie wollen. Berlin.

Jonas, Friedrich (1976): Geschichte der Soziologie. Band 2. Reinbek bei Hamburg.

Karamzin, Nikolay M. (1922): Briefe eines reisenden Russen [Aus d. Russ.]. Wien usw.

Karrer, Wolfgang (1995): Rap als Jugendkultur zwischen Widerstand und Kommerzialisierung. Hamburg.

Katona, George (1962): Die Macht des Verbrauchers. [Aus d. Amerik.]. Düsseldorf, Wien.

Katona, George (1965): Der Massenkonsum. Eine Psychologie der neuen Käuferschichten. [Aus d. Amerik.]. Wien, Düsseldorf.

Katona, George (1975): Psychological Economics. New York usw.

Katz, Elihu u.a. (1963): Traditions of Research on the Diffusion of Innovations. In: American Sociological Review, Vol. 28, S. 237-252.

Kaube, Jürgen (2007): Das einfache Leben ist unerschwinglich. In: Frankfurter Allgemeine Sonntagszeitung, Nr. 50, S. 76.

Keynes, John Maynard (1972): Essays in Persuasion. [zuerst 1931]. In: The Collected Writings of John Maynard Keynes. Volume IX. London usw.

Kiefer, Klaus (1967): Die Diffusion von Neuerungen. Kultursoziologische und kommunikationswissenschaftliche Aspekte der agrarsoziologischen Diffusionsforschung. Tübingen.

King, Charles W. (1976): Mode und Gesellschaftsstruktur. In: Specht, Karl Gustav / Wiswede, Günter (Hrsg.): Marketing-Soziologie. Soziale Interaktionen als Determinanten des Marktverhaltens. Berlin, S. 375-392.

King, Charles W. / Summers, John O. (1967): Dynamics of Interpersonal Communication: The Interaction Dyad. In: Cox, Donald F. (ed.): Risk Taking and Information Handling in Consumer Behaviour. Boston, S. 240-264.

Klages, Helmut (1969): Geschichte der Soziologie. München (Grundfragen der Soziologie, 3).

Klages, Helmut (2001): Werte und Wertewandel. In: Schäfers, Bernhard; Zapf, Wolfgang (Hrsg.): Handwörterbuch zur Gesellschaft Deutschlands. 2. erw. u. aktual. Auflage. Bonn, S. 726-738.

Klein, Hans-Joachim (1997): Wirtschafts- und Konsumsoziologie. In: Korte, Hermann / Schäfers, Bernhard (Hrsg.): Einführung in die Praxisfelder der Soziologie. 2., erw. u. verb. Auflage. Opladen (Einführungskurs Soziologie, 4), S. 153-178.

Klein, Naomi (2001): No Logo. Der Kampf der Global Players um Marktmacht. [Aus d. Amerik.] München.

Kleinschmidt, Christian (2008): Konsumgesellschaft. Göttingen.

Knapp, Andreas (1996): Über den Erwerb und Konsum von materiellen Gütern. In: Zeitschrift für Sozialpsychologie, Jg. 27, Heft 3, S. 193-206.

Knies, Karl (1996): Der Telegraph als Verkehrsmittel: Über den Nachrichtenverkehr überhaupt, hrsg. von Hans Wagner und Detlef Schröter und eingeleitet von Hans Wagner. [zuerst 1857]. München (ex libris kommunikation, Bd. 6).

Knobloch, Ulrike (1994): Theorie und Ethik des Konsums. Reflexion auf die normativen Grundlagen sozialökonomischer Konsumtheorien. Bern usw. (St. Galler Beiträge zur Wirtschaftsethik, Band 11).

König, René (1965): Die soziale und kulturelle Bedeutung der Ernährung in der industriellen Gesellschaft. In: König, René: Soziologische Orientierungen. Köln, S. 494-505.

König, René (1985): Menschheit auf dem Laufsteg. Die Mode im Zivilisationsprozess. München usw.

König, René (1989): Unter und über der Haut. Die Mode als soziales Totalphänomen. In: Böhm, Thomas u.a. (Hrsg.): Die zweite Haut. Über Moden. Reinbek bei Hamburg, S. 113-123.

König, Wolfgang (2000): Geschichte der Konsumgesellschaft. Stuttgart (Vierteljahrschrift für Sozial- und Wirtschaftsgeschichte: Beihefte, 154).

König, Wolfgang (2008): Kleine Geschichte der Konsumgesellschaft: Konsum als Lebensform der Moderne. Stuttgart.

Kosfeld, Reinhold (1997): Konsumklima und Verbraucherkonjunktur. In: Jahrbuch der Absatz- und Verbrauchesforschung, 43.Jg., S. 298-317.

Kotler, Philip (1989): From Mass Marketing to Mass Customization. In: Planning Review, Jg. 17, Heft 5, S. 10-13 u. 47.

Kroeber-Riel, Werner / Esch, Franz-Rudolf (2004): Strategie und Technik der Werbung. 6., überarbeitete und erweiterte Auflage. Stuttgart

Kroeber-Riel, Werner / Weinberg, Peter / Gröppel-Klein, Andrea (2009): Konsumentenverhalten. 9. Auflage. München.

Krotz, Friedrich (2001): Die Übernahme öffentlicher und privater Kommunikation durch die Privatwirtschaft. Über den Zusammenhang von Mediatisierung und Ökonomisierung. In: Karmasin, Matthias u.a. (Hrsg.) (2001): Medienwirtschaft und Gesellschaft. Band 1. Medienunternehmen und Medienproduktion. Münster usw., S. 197-217.

Kuczynski, Jürgen (1980): Geschichte des Alltags des deutschen Volkes: 1600 bis 1945, Bd.1 1600-1650. Köln.

Kumpf, Martin (1983): Bezugsgruppen und Meinungsführer. In: Irle, Martin (Hrsg.): Marktpsychologie. 1. Halbband: Marktpsychologie als Sozialwissenschaft. Göttingen usw. (Handbuch der Psychologie, 12), S. 282-343.

Kutsch, Thomas / Wiswede, Günter (1986): Wirtschaftssoziologie. Grundlegung, Hauptgebiete, Zusammenschau. Stuttgart.

Kyrk, Hazel (1923): A Theory of Consumption. Boston und New York.

Landes, David S. (1973): Der entfesselte Prometheus. Technologischer Wandel und industrielle Entwicklung in Westeuropa von 1750 bis zur Gegenwart. [Aus d. Engl.]. Köln.

Lee, Martyn J. (2000) (Hrsg.): The Consumer Society Reader. Malden.

Lee, Christina K.C.; Beatty, Sharon E. (2002): Family Structure and Influence in Family Decision Making. In: The Journal of Consumer Marketing 19, Nr. 1, S. 24-41.

Lenz, Thomas (2010): Konsum und Modernisierung. Die Debatte um das Warenhaus als Diskurs um die Moderne. Bielefeld.

Levine, Robert (1998): Eine Landkarte der Zeit. Wie Kulturen mit Zeit umgehen. [Aus d. Engl.]. München, Zürich.

Levine, Robert (2004): Die große Verführung. Psychologie der Manipulation. [Aus d. Amerik.]. München, Zürich.

Lévi-Strauss, Claude (1968): Das wilde Denken. [Aus d. Franz.]. Frankfurt am Main.

Lewin, Kurt (1982): Kurt-Lewin-Werkausgabe. Band 4 Feldtheorie, hrsg. von Carl-Friedrich Graumann. [Aus d. Engl., zuerst 1951]. Bern, Stuttgart.

Litzenroth, Heinrich (1995): Dem Verbraucher auf der Spur. In: Jahrbuch der Absatz- und Verbrauchsforschung, Jg. 41, Heft 3, S. 213-305.

Luhmann, Niklas (1993): Gesellschaftsstruktur und Semantik. Studien zur Wissenssoziologie der modernen Gesellschaft. Band 3. Frankfurt am Main.

Luhmann, Niklas (1996): Die Realität der Massenmedien. 2., erweiterte Auflage, Opladen.

Mahajan, Vijay et al. (1990): New Product Diffusion Models in Marketing: A Review and Directions for Research. In: Journal of Marketing 54, Number 1, S. 1-26.

Malhotra, Naresh K. (1984): Information and Sensory Overload. In: Psychology & Marketing 1, No. 3/4, S. 9-21.

Manceron, Claude (1972): Les Vingt ans du Roi, De la mort de Louis XV à celle de Rousseau, 1774 – 1778. Paris.

Mandeville, Bernard de (1980): Die Bienenfabel oder private Laster, öffentliche Vorteile, hrsg. und eingeleitet von Walter Euchner. [Aus d. Engl., zuerst 1724]. Frankfurt am Main.

Marcuse, Herbert (1989) : Der eindimensionale Mensch. Studien zur Ideologie der fortgeschrittenen Industriegesellschaft. [Aus d. Amerik., zuerst 1967]. Frankfurt am Main.

Marx, Karl (1961): Zur Kritik der Politischen Ökonomie. [zuerst 1859]. Berlin (Karl Marx, Friedrich Engels Werke, Bd. 13).

Maslow, Abraham H. (1977): Motivation und Persönlichkeit. [Aus d. Engl.]. Olten usw.

McAnany, Emile G. (1984): The Diffusion of Innovation: Why does it endure. In: Critical Studies in Mass Communication 1, S. 439-442.

McCracken, Grant (1988): Culture and Consumption. New Approaches to the Symbolic Character of Consumer Goods and Activities. Bloomington, Indianapolis.

McKendrick, Neil et al. (1982) : The Birth of a Consumer Society. The Commercialization of Eighteenth-century England. London.

McQuail, Denis (1997): Audience Analysis. Thousand Oaks usw.

Meier, Beat (1989): John Kenneth Galbraith und seine Wegbereiter. Von Veblen zu Galbraith. Grüsch.

Mercier, Louis-Sébastien (1979): L' an deux mille quatre cent quarante suivi de L'homme de fer [zuerst 1799]. Genève.

Merton, Robert King (1957): Continuities in the Theory of Reference Groups and Social Structure. In: Merton, Robert King (ed.): Social Theory and Social Structure. New York, S. 335-340.

Metzen, Marion (2003): Markenbewusstsein von Jugendlichen im Focus einer qualitativen empirischen Untersuchung. Diplomarbeit Universität Trier. Trier.

Mitterauer, Michael (1986): Sozialgeschichte der Jugend. Frankfurt am Main.

Mueller, Eva (1958): The Desire of Innovations in Households Goods. In: Clark, Lincoln H. (ed.): Consumer Behaviour. Research on Consumer Reactions. New York, S. 13-37.

Müller, Hans-Peter (1992): Sozialstruktur und Lebensstile: der neuere theoretische Diskurs über soziale Ungleichheit. Frankfurt am Main.

Müller, Hans-Peter (1993): Rezension von: Gerhard Schulze: Die Erlebnisgesellschaft. In: Kölner Zeitschrift für Soziologie und Sozialpsychologie, Jg. 45, S. 778-780.

Münch, Richard (2004): Soziologische Theorie. Band 3: Gesellschaftstheorie. Frankfurt am Main, New York.

N.N. (1993): „Nur noch beim Kaufen fühlen sich die Menschen frei". Ein Gespräch mit dem Konsumforscher Professor Gerhard Scherhorn über süchtiges Kaufen und die Armut des Überflusses. In: Psychologie Heute, Januar, S. 22-26.

N.N. (1998) : „Wir veranstalten keinen Rummel." Ein ZEIT-Gespräch mit Hubert Markl. In: Die Zeit, 26. Februar, Nr.10, S. 37.

N.N. (2002): Spiegel-Gespräch mit H&M-Hauptaktionär Stefan Persson. In: Der Spiegel, 28. Oktober, Nr. 44, S. 108.

N.N. (2004): Round Table «Consumer Confusion». In: Thexis, Heft 4, S. 2-4.

N.N. (2005): Spiegel-Gespräch mit Luciano Benetton: „Eine neue Welt verstehen lernen". In: Der Spiegel, Nr. 19, S. 105-106.

N.N. (2006): „Kaufen Sie gar nichts!" Interview mit Vivienne Westwood. In: stern, Nr. 5, 26. Januar, S. 96-101.

Nava, Mica et al. (eds.). (1997): Buy this book. Studies in Advertising and Consumption. London, New York.

Neulinger, John (1981): To leisure: an Introduction. Boston usw.

Nipperdey, Thomas (1990): Deutsche Geschichte. 1866-1918. Band 1: Arbeitswelt und Bürgergeist. München.

Noble, Holcomb B./ Martin, Douglas (2006): John Kenneth Galbraith, Iconoclastic Economist and Diplomat, Dies at 97. In: New York Times, 01. Mai.

Oberhuber, Nadine (2010): Die geballte Macht des Kunden. In: Frankfurter Allgemeine Sonntagszeitung, Nr. 6, 14. Februar, S. 42.

Ogilvy, David (1991): Geständnisse eines Werbefachmannes. [Aus d. Engl., zuerst 1963]. Düsseldorf usw.

Opaschowski, Horst W. (1997): Deutschland 2010. Wie wir morgen leben, Voraussagen der Wissenschaft zur Zukunft unserer Gesellschaft. Hamburg.

Opaschowski, Horst W. (2004): Deutschland 2020. Wie wir morgen leben – Prognosen der Wissenschaft. Wiesbaden.

Opaschowski, Horst W. (2008): Deutschland 2030. Wie wir in Zukunft leben. Gütersloh.

Otte, Gunnar (2004): Sozialstrukturanalysen mit Lebensstilen. Eine Studie zur theoretischen und methodischen Neuorientierung der Lebensstilforschung. Wiesbaden.

Packard, Vance (1958): Die geheimen Verführer. Der Griff nach dem Unbewußten in Jedermann. [Aus d. Engl.]. Düsseldorf, Wien.

Panati, Charles (1996): Universalgeschichte der ganz gewöhnlichen Dinge. Frankfurt am Main.

Parsons, Talcott (1969): On the Concept of Influence. In: Parsons, Talcott (ed.): Politics and Social Structure. [zuerst 1963]. New York, S. 405-429.

Parsons, Talcott; Bales, Robert F. (1955): Family, Socialization and Interaction Process. New York.

Perloff, Richard (2002): „The Third-Person Effect". In: Bryant, Jennings / Zillmann, Dolf (eds.): Media effects. Advances in Theory and Research, 2nd Edition. Mahwah usw., S. 489-506.

Peters, Rolf-Herbert; Herzau, Andreas (2004): Die Welt der Bohne. In: stern, Nr. 52, 16. Dezember, S. 24-36.

Peterson, Richard A. / Kern, Roger M. (1996): Changing Highbrow Taste: From Snob to Omnivor. In: American Sociological Review, Vol 61, S. 900-907.

Petrini, Carlo (2003): Slow Food. Geniessen mit Verstand. Rom.

Piaget, Jean (1986): Die moralische Regel beim Kind. [Aus d. Franz., zuerst 1928]. In: Bertram, Hans (Hrsg.): Gesellschaftlicher Zwang und moralische Autonomie. Frankfurt am Main, S. 106-117.

Piller, Frank Thomas (2006): Mass Customization. Ein wettbewerbsstrategisches Konzept im Informationszeitalter. 4., überarb. und erw. Auflage. Wiesbaden.

Popcorn, Faith / Marigold, Lys (1996): Clicking : der neue Popcorn-Report. Trends für unsere Zukunft. [Aus d. Amerik.]. München.

Popcorn, Faith / Marigold, Lys (2001): EVAlution. Die neue Macht des Weiblichen. [Aus d. Amerik.]. München.

Prahl, Hans-Werner; Setzwein, Monika (1999): Soziologie der Ernährung. Opladen.

Prinz, Michael (1996): Brot und Dividende. Konsumvereine in Deutschland und England vor 1914. Göttingen (Kritische Studien zur Geschichtswissenschaft, 112).

Rasche, Adelheid (2008): Luxus für Alle. Luxusgüter in ausgewählten Modejournalen, 1780 bis 1925. In: Jäckel, Michael; Schößler, Franziska (Hrsg.): Luxus. Interdisziplinäre Beiträge zu Formen und Repräsentationen des Konsums. Trier, S. 129-144.

Rehberg, Karl-Siegbert (2006): Die unsichtbare Klassengesellschaft. In: Rehberg, Karl-Siegbert (Hrsg.): Soziale Ungleichheit, kulturelle Unterschiede. Verhandlungen des 32. Kongresses der Deutschen Gesellschaft für Soziologie in München 2004. Frankfurt/Main, S. 19-38.

Reichertz, Jo (1998): Werbung als moralische Unternehmung. In: Jäckel, Michael (Hrsg.): Die umworbene Gesellschaft. Opladen, S. 273-299.

Reichwald, Ralf / Piller, Frank T. (2002): Mass Customization-Konzepte im Electronic Business. In: Weiber, Rolf (Hrsg.): Handbuch Electronic Business. Informationstechnologien - Electronic Commerce - Geschäftsprozesse. 2. Auflage. Wiesbaden, S. 469-507.

Reif, Heinz (1995): Von der Stände- zur Klassengesellschaft. In: Wehler, Hans-Ulrich (Hrsg.): Scheidewege der deutschen Geschichte. Von der Reformation bis zur Wende. 1517 – 1989. München, S. 79-90.

Reinhardt, Jan Dietrich (2006): Identität, Kommunikation und Massenmedien. Die kommunikative Verortung von Person und Selbst in der Gesellschaft. Würzburg.

Richards, Thomas (1990): The Commodity Culture of Victorian England. Advertising and Spectacle. 1851-1914. Stanford.

Riedle, Gabriele (2004): Wer immer strebend sich bemüht. In: GEO Epoche, Nr. 12, S. 114-123.

Riesman, David u.a (1958): Die einsame Masse. Eine Untersuchung der Wandlungen des amerikanischen Charakters. [Aus d. Amerik.]. München.

Riesman, David (1973): Wohlstand für Wen? [Aus d. Amerik.]. Frankfurt am Main.

Ritzer, George (1983): The McDonaldization of Society. In: Journal of American Culture 6, S. 100-107.

Ritzer, George (1997): Die McDonaldisierung der Gesellschaft. [Aus d. Amerik.]. Frankfurt am Main.

Rivlin, Gary (2007): In Silicon Valley, Millionaires Who Don't Feel Rich. In: New York Times, 05. August.

Rodenhäuser, Ben u.a. (2005): Die Mitte lebt! Neue Konsummuster. Hamburg.

Rodhain, Angelique (2006): Brands and the Identification Process of Children. In: Advances in Consumer Research, Vol. 33, S. 549-555.

Rogers, Everett M. (2003): Diffusion of innovations. 5th Edition. New York.

Roseborough, Howard (1965): Some sociological Dimensions of Consumer Spending. In: Smelser, Neil J. (Hrsg.): Readings on Economic Sociology. Englewood Cliffs, New York, S. 273-285.

Rostow, Walt W. (1960): Stadien wirtschaftlichen Wachstums. Eine Alternative zur marxistischen Entwicklungstheorie. [Aus d. Engl.]. Göttingen.

Ruppert, Wolfgang (1993): Zur Kulturgeschichte der Alltagsdinge. In: Ruppert, Wolfgang (Hrsg.): Fahrrad, Auto, Fernsehschrank. Zur Kulturgeschichte der Alltagsdinge. Frankfurt am Main, S. 14-36.

Sachs, Wolfgang (1987): Die auto-mobile Gesellschaft. Vom Aufstieg und Niedergang einer Utopie. In: Brüggemeier, Franz-Josef / Rommelspacher, Thomas (Hrsg.): Besiegte Natur: Geschichte der Umwelt im 19. und 20. Jahrhundert. München, S. 106-123.

Sassatelli, Roberta (2007): Consumer Culture. History, Theory and Politics. Los Angeles usw.

Schama, Simon (1987): The Embarrassment of Riches. An Interpretation of Dutch Culture in the Golden Age. London usw.

Scheele, Walter (1982): Historische Aspekte der Werbung. In: Tietz, Bruno (Hrsg.): Die Werbung. Handbuch der Kommunikations- und Werbewirtschaft, Band 3: Die Werbe- und Kommunikationspolitik. Landsberg am Lech, S. 3109-3152.

Schelsky, Helmut (1958): Einführung. In: Riesman, David u.a.: Die einsame Masse. Eine Untersuchung der Wandlungen des amerikanischen Charakters. [Aus d. Amerik.]. München, S. 7-19.

Schelsky, Helmut (1965): Auf der Suche nach Wirklichkeit. Gesammelte Aufsätze. Düsseldorf, Köln.

Scherhag, Knut (2003): Destinationsmarken und ihre Bedeutung im touristischen Wettbewerb. Lohmar usw.

Scheuch, Erwin K. (Hrsg.) (1972): Soziologie der Freizeit. Köln.

Schindelbeck, Dirk (2001): Illustrierte Konsumgeschichte der Bundesrepublik Deutschland 1945- 1990. Erfurt.

Schivelbusch, Wolfgang (1990): Das Paradies, der Geschmack und die Vernunft. Eine Geschichte der Genußmittel. Frankfurt am Main.

Schiwy, Günther (1969): Der französische Strukturalismus. Reinbek bei Hamburg.

Schmidt, Jochen (2000): Makroökonomische Perspektiven der privaten Nachfrage. In: Rosenkranz, Doris / Schneider, Norbert F. (Hrsg.). Konsum. Soziologische, ökonomische und psychologische Perspektiven. Opladen, S. 233-264.

Schmidt, Siegfried J. (2000): Kalte Faszination. Medien, Kultur, Wissenschaft in der Mediengesellschaft. Weilerswist.

Schmidt, Doris (Hrsg.) (2003): Jugendkulturelle Moden. Von Hippie bis HipHop. Baltmannsweiler. (Studienreihe Mode- und Textilwissenschaft, Band 1).

Schmidt, Siegfried J. / Spieß, Brigitte (1996): Die Kommerzialisierung der Kommunikation. Fernsehwerbung und sozialer Wandel 1956 - 1989. Frankfurt am Main.

Schmitt, Stefan (2005): Kaufentscheidungen in Familien. Analyse des Entscheidungsverhaltens unter besonderer Berücksichtigung von Ehemann und Ehefrau. Unveröffentlichte Diplomarbeit. Trier.

Schönbach, Klaus (2009): Verkaufen, Flirten, Führen. Persuasive Kommunikation – ein Überblick. Wiesbaden.

Schoenheit, Ingo (2007): Politischer Konsum. Ein Beitrag zum faustischen Konsumentenverhalten. In: Jäckel, Michael (Hrsg.): Ambivalenzen des Konsums und der werblichen Kommunikation. Wiesbaden, S.

Schoenheit, Ingo (2009): Nachhaltiger Konsum. In: Aus Politik und Zeitgeschichte 32-33/2009, S. 19-26.

Schößler, Franziska (2005): Die Konsumentin im Kaufhaus. Weiblichkeit und Tausch in Emile Zolas Roman Au Bonheur des Dames. In: Mein, Georg; Schößler, Franziska (Hrsg.): Tauschprozesse. Kulturwissenschaftliche Verhandlungen des Ökonomischen. Bielefeld, S. 245-273.

Schrader, Ulf / Hansen, Ursula (2001) (Hrsg.): Nachhaltiger Konsum. Forschung und Praxis im Dialog. Frankfurt am Main.

Schrage, Dominik (2009): Die Verfügbarkeit der Dinge. Eine historische Soziologie des Konsums. Frankfurt am Main.

Schülein, Johann August (1990): Die Geburt der Eltern. Über die Entstehung der modernen Elternposition und den Prozeß ihrer Aneignung und Vermittlung. Opladen.

Schulte, Thorsten (2007): Guerilla Marketing für Unternehmertypen. Das Kompendium. 3., überarbeitete und erweiterte Auflage. Sternenfels.

Schulze, Gerhard (1992): Die Erlebnisgesellschaft: Kultursoziologie der Gegenwart. Frankfurt am Main, New York.

Schulze, Gerhard (1996): Erlebnisse am laufenden Band. In: absatzwirtschaft, Nr.6, S. 38-41.

Schulze, Gerhard (2000): Was wird aus der Erlebnisgesellschaft? In: Aus Politik und Zeitgeschichte, Jg. 50, H.12, S. 3-6.

Schulze, Gerhard (2002): Wohin bewegt sich die Werbung? In: Willems, Herbert (Hrsg.): Die Gesellschaft der Werbung. Kontexte und Texte, Produktionen und Rezeptionen, Entwicklungen und Perspektiven. Wiesbaden, S. 973-995.

Schumpeter, Joseph A. (1947): The Creative Response in Economic History. In: The Journal of Economic History, Vol. VII, No.2, S. 149-159.

Schwartz, Barry (2006): Anleitung zur Unzufriedenheit. Warum weniger glücklicher macht. 2. Auflage. Berlin.

Scitovsky, Tibor (1989): Psychologie des Wohlstandes. Die Bedürfnisse des Menschen und der Bedarf des Verbrauchers. [Aus d. Engl.]. Frankfurt am Main, New York.

Sennett, Richard (1983): Verfall und Ende des öffentlichen Lebens. Die Tyrannei der Intimität [Aus d. Amerik.]. Frankfurt am Main.

Sennett, Richard (1994): Das Ende der Soziologie. In: Die Zeit, Nr. 40, S. 61.

Shell, Ellen Ruppel (2009): Cheap. The High Cost od Discount Culture. New York.

Siegert, Gabriele; Brecheis, Dieter (2005): Werbung in der Medien- und Informationsgesellschaft. Eine kommunikationswissenschaftliche Einführung. Wiesbaden. (Studienbücher zur Kommunikations- und Medienwissenschaft).

Siegrist, Hannes u.a. (Hrsg.) (1997): Europäische Konsumgeschichte: zur Gesellschafts- und Kulturgeschichte des Konsums (18. bis 20. Jahrhundert). Frankfurt am Main, New York.

Simmel, Georg (1919): Philosophische Kultur. 2.Auflage. Leipzig.

Simmel, Georg (1989): Die Philosophie des Geldes. [zuerst 1900]. In: Rammstedt, Otthein (Hrsg.): Georg Simmel. Gesamtausgabe. Band 6. Frankfurt am Main.

Simmel, Georg (1995): Die Frau und die Mode. In: Rammstedt, Otthein (Hrsg.): Georg Simmel. Gesamtausgabe, Band 8. Aufsätze und Abhandlungen 1901-1908, Band II. Frankfurt am Main, S. 344-347.

Simmel, Georg (1995): Die Großstädte und das Geistesleben. [zuerst 1903]. In: Rammstedt, Otthein (Hrsg.): Georg Simmel. Gesamtausgabe, Band 7. Aufsätze und Abhandlungen 1901-1908, Band I. Frankfurt am Main, S. 116-131.

Simon, Herbert A. (1993): Homo rationalis. Die Vernunft im menschlichen Leben. [Aus d. Amerik.]. Frankfurt, New York.

Slater, Don (1997): Consumer Culture and Modernity. Cambridge.

Soeffner, Hans-Georg (1986): Stil und Stilisierung. Punk oder die Überhöhung des Alltags. In: Gumbrecht, Hans Ulrich / Pfeiffer, Ludwig (Hrsg.): Stil. Geschichte und Funktionen eines kulturwissenschaftlichen Diskurselements. Frankfurt am Main, S. 317-341.

Solomon, Michael R. (1992): Consumer Behavior: Buying, Having, and Being. Boston usw.

Solomon, Michael R. (1994): Consumer Behavior. Buying, Having, and Being. 2nd Edition. Boston usw.

Solomon, Michael R. (2004): Consumer Behavior: Buying, Having, and Being. 6th Edition. Upper Saddle River.

Solomon, Michael R. (2009): Consumer Behavior: Buying, Having, and Being. 8th Edition, international Edition. Upper Saddle River.

Sombart, Werner (1967): Liebe, Luxus, Kapitalismus. [zuerst 1922]. München.

Sommer, Carlo Michael (1989): Sozialpsychologie der Kleidermode. Regensburg.

Sommer, Carlo Michael / Wind, Thomas (1989): Die Macht der Mode. Seltsame Metamorphosen. In: Aschke, Katja (Hrsg.): Kleider machen viele Leute. Kleider machen – aber wie? Hamburg, S. 213-221.

Sommerlad, Theo (1925): Artikel "Luxus". In: Handwörterbuch der Staatswissenschaften. Band 6. Jena, S. 445-454.

Spiekermann, Uwe (1994): Warenhaussteuer in Deutschland: Mittelstandsbewegung, Kapitalismus und Rechtsstaat im späten Kaiserreich. Frankfurt am Main usw. (Europäische Hochschulschriften: Reihe 3, Geschichte und ihre Hilfswissenschaften, 600).

Spiekermann, Uwe (1999): Basis der Konsumgesellschaft. Entstehung und Entwicklung des modernen Kleinhandels in Deutschland 1850 - 1914. München (Schriftenreihe zur Zeitschrift für Unternehmensgeschichte, 3).

Stehr, Nico (2007): Die Moralisierung der Märkte. Eine Gesellschaftstheorie. Frankfurt am Main.

Stresemann, Gustav (1900): Die Warenhäuser. Ihre Entstehung, Entwicklung, und volkswirtschaftliche Bedeutung. In: Zeitschrift für die gesamte Staatswissenschaft, Jg. 56, S. 696-733.

Strümpel, Burkhard/ Katona, George (1983): Psychologie gesamtwirtschaftlicher Prozesse. In: Irle, Martin (Hrsg.): Marktpsychologie. 1. Halbband: Marktpsychologie als Sozialwissenschaft. Göttingen usw. (Handbuch der Psychologie, 12), S. 225-247.

Sullivan, Oriel; Gershuny, Jonathan (2004): Inconspicious Consumption. Work-rich, time-poor in the liberal market economy. In: Journal of Consumer Culture 4, Number 1, S. 79-100.

Swift, Jonathan (1966): Bickerstaff Papers and Pamphlets on the Church, edited by Herbert Davis. [zuerst 1722]. Oxford (The Prose Writings of Jonathan Swift , 2).

Tarde, Gabriel de (2003): Die Gesetze der Nachahmung. [Aus d. Franz., zuerst 1890]. Frankfurt am Main.

Taylor, Frederick Winslow (1913): Die Grundsätze wissenschaftlicher Betriebsführung. [Aus d. Engl.]. München usw.

Tenbruck, Friedrich H. (1965): Jugend und Gesellschaft. Soziologische Perspektiven. 2. Auflage. Freiburg im Breisgau.

Teuteberg, Hans J. (Hrsg.) (2004): Die Revolution am Esstisch. Neue Studien zur Nahrungskultur im 19./20. Jahrhundert. Stuttgart.

Teuteberg, Hans J. / Wiegelmann, Günter (1972): Der Wandel der Nahrungsgewohnheiten unter dem Einfluß der Industrialisierung. Göttingen (Studien zum Wandel von Gesellschaft und Bildung im Neunzehnten Jahrhundert, 3).

Thompson, Edward P. (1973): Zeit, Arbeitsdisziplin und Industriekapitalismus. [Aus d. Engl., zuerst 1967]. In: Braun, Rudolf u.a. (Hrsg.): Gesellschaft in der industriellen Revolution. Köln, S. 81-112.

Todd, Emmanuel (2003): Weltmacht USA. Ein Nachruf. [Aus d. Franz.]. München.

Toffler, Alvin (1980): Die Zukunftschance. Von der Industriegesellschaft zu einer humaneren Zivilisation. [Aus d. Engl.]. München.

Tokarski, Walter / Schmitz-Scherzer, Reinhard (1985): Freizeit. Stuttgart (Teubner-Studienskripten, 125: Studienskripten zur Soziologie).

Trigg, Andrew B. (2001): Veblen, Bourdieu, and Conspicuous Consumption. In: Journal of Economic Issues 35, No. 1, S. 99-115.

Ullmann, Hans-Peter (2000): "Der Kaiser bei Wertheim" – Warenhäuser im wilhelminischen Deutschland. In: Dipper, Christof u.a. (Hrsg.): Europäische Sozialgeschichte. Festschrift für Wolfgang Schieder. Berlin, S. 223-236.

Veblen, Thorstein B. (1958): Theorie der feinen Leute. [Aus d. Amerik., zuerst 1899]. Köln, Berlin.

Vollbrecht, Ralf (2001): Zur Vermarktung von Jugendkulturen in der Werbung. In: Zurstiege, Guido / Schmidt, Siegfried J. (Hrsg.): Werbung. Mode und Design. Wiesbaden, S. 243-260.

von Engelhardt, Alexander (1999): Werbewirkungsmessung. Hintergründe, Methoden, Möglichkeiten und Grenzen. München (Angewandte Medienforschung , 11).

Voß, Gerd-Günter; Rieder, Kerstin (2005): Der arbeitende Kunde. Wenn Konsumenten zu unbezahlten Mitarbeitern werden. Frankfurt, New York.

Wachtel, Paul L. (1983): The Poverty of Affluence. New York.

Wadle, Elmar (1997): Markenschutz für Konsumartikel. Entwicklungsstufen des modernen Markenrechts. In: Siegrist, Hannes u.a. (Hrsg.): Europäische Konsumgeschichte: zur Gesellschafts- und Kulturgeschichte des Konsums (18. bis 20. Jahrhundert). Frankfurt am Main, New York, S. 649-670.

Walsh, Gianfranco (2004): Ansätze der Messung von Konsumentenverwirrtheit: Ein Überblick. In: Thexis, Heft 4, S. 5-10.

Warner, William Lloyd (1949): Social Class in America. New York.

Wasem, Erich (1987): Das Serienbild. Medium der Werbung und Alltagskultur. Dortmund.

Watts, Duncan J.; Dodds, Peter Sheridan (2007): Influentials, Networks, and Public Opinion Formation. In: Journal of Consumer Research 34, No. 4, S. 441-458.

Weber, Max (1978): Die protestantische Ethik I. Eine Aufsatzsammlung. [zuerst 1904/05], hrsg. von Johannes Winckelmann. Hamburg.

Weiber, Rolf / Pohl, Alexander (1996): Das Phänomen der Nachfrage-Verschiebung: Informationssucher, Kostenreagierer und Leapfrogger. In: Zeitschrift für Betriebswirtschaftslehre, Jg. 66, Heft 6, S. 675-696.

Weimann, Gabriel (1994): The Influentials. People who influence People. Albany.

Weinberg, Harald (1990): Wertewandel im Spiegel der Konsumklima-Forschung. In: Szallies, Rüdiger / Wiswede, Günter (Hrsg.): Wertewandel und Konsum. Fakten, Perspektiven und Szenarien für Markt und Marketing. Landsberg am Lech, S. 61-85.

Wells, William D. / Prensky, David (1996): Consumer Behaviour. New York usw.

Wernicke, Johannes (1911): Warenhaus, Industrie und Mittelstand. Berlin (Rechts- u. Staatswissenschaftliche Studien, H. 44).

Wilkie, William L. (1990): Consumer Behavior. 2nd Edition. New York usw.

Willems, Herbert (2002) (Hrsg.): Die Gesellschaft der Werbung. Kontexte und Texte. Produktionen und Rezeptionen. Entwicklungen und Perspektiven. Wiesbaden.

Winkler, Joachim (2000): Askese bei Aldi. Zur Logik von Distinktion und Askese in der Gegenwartsgesellschaft. In: Hettlage, Robert / Vogt, Ludgera (Hrsg.): Identitäten in der modernen Welt. Opladen, S. 313-326.

Wischermann, Clemens (1995): Einleitung: Der kulturgeschichtliche Ort der Werbung. In: Borscheid, Peter; Wischermann, Clemens (Hrsg.): Bilderwelt des Alltags. Werbung in der Konsumgesellschaft des 19. und 20. Jahrhunderts. Festschrift für Hans Jürgen Teuteberg. Stuttgart, S. 8-19.

Wiswede, Günter (1976): Theorien der Mode aus soziologischer Sicht. In: Specht, Karl Gustav / Wiswede, Günter (Hrsg.): Marketing-Soziologie. Soziale Interaktionen als Determinanten des Marktverhaltens. Berlin, S. 393-409.

Wiswede, Günter (1987): Über die Entstehung von Präferenzen. In: Heinemann, Klaus (Hrsg.): Soziologie wirtschaftlichen Handelns. Opladen (Kölner Zeitschrift für Soziologie und Sozialpsychologie , Sonderheft 28), S. 40-53.

Wiswede, Günter (1990): Der „neue Konsument" im Lichte des Wertewandels. In: Szallies, Rüdiger / Wiswede, Günter (Hrsg.): Wertewandel und Konsum. Fakten, Perspektiven und Szenarien für Markt und Marketing. Landsberg am Lech, S. 11-40.

Wiswede, Günter (2000): Konsumsoziologie – Eine vergessene Disziplin. In: Rosenkranz, Doris / Schneider, Norbert F. (Hrsg.): Konsum. Soziologische, ökonomische und psychologische Perspektiven. Opladen, S. 23-72.

Wyrwa, Ulrich (1997): Consumption, Konsum, Konsumgesellschaft. Ein Beitrag zur Begriffsgeschichte. In: Siegrist, Hannes u.a. (Hrsg.): Europäische Konsumgeschichte: zur Gesellschafts- und Kulturgeschichte des Konsums (18. bis 20. Jahrhundert). Frankfurt am Main, New York, S. 747-762.

Zahn, Ernest (1960): Soziologie der Prosperität. Köln usw.

Zapf, Wolfgang u.a. (1987): Individualisierung und Sicherheit. Untersuchungen zur Lebensqualität in der Bundesrepublik Deutschland. München (Perspektiven und Orientierungen, 4).

Zentes, Joachim / Swoboda, Bernhard (2001): Grundbegriffe des Marketing. 5. Auflage. Düsseldorf.

Zentralverband der deutschen Werbewirtschaft (2001): Werbung in Deutschland 2001. Bonn.

Zintl, Reinhard (1989): Der Homo Oeconomicus: Ausnahmeerscheinung in jeder Situation oder Jedermann in Ausnahmesituationen? In: Analyse und Kritik: Zeitschrift für Sozialwissenschaften, Jg. 11, Heft 1, S. 52-69.

Zurstiege, Guido (2002): Die Gesellschaft der Werbung – was wir beobachten, wenn wir die Werbung beobachten, wie sie die Gesellschaft beobachtet. In: Willems, Herbert (Hrsg.): Die Gesellschaft der Werbung. Kontexte und Texte. Produktionen und Rezeptionen. Entwicklungen und Perspektiven. Wiesbaden, S. 121-138.

Internetquellen:

Gross, Peter (2001): Gesellschaft X. In: St. Galler Tagblatt (1. Mai 2001), www.tagblatt.ch, Abruf: 05. Februar 2010.

Hamann, Götz / Rohwetter, Marcus (2003): Der gnadenlose Kunde. In: Die Zeit (17. Juli 2003), Nr. 29, http://www.zeit.de, Abruf: 05. Februar 2010.

Hassenpflug, Dieter (1998): Atopien - Die Herausforderung des "Citytainment". In: Wolkenkuckucksheim, Heft 1, 3. Jg., 1998, http://www.theo.tu-cottbus.de/wolke, Abruf: 05. Februar 2010.

Mortsiefer, Henrik / Peters, Maren (2003): Bescheidenheit auf höchstem Niveau. In: Tagesspiegel (27.04.2003), http://www.tagesspiegel.de, Abruf: 05. Februar 2010.

Popcorn, Faith (2007): Zu schick! Zu heiß! Zu richtig! In: Die ZEIT 52, http://www.zeit.de, Abruf: 05. Februar 2010.

VA-Pressekonferenz (2003): Dialog. Verbraucheranalyse 2003 (8. September 2003), http://www.bauermedia.com, Abruf: 2. Februar 2004.

Sachregister

Das Sachregister berücksichtigt vorwiegend Begriffe, die nicht bereits durch die Gesamtthematik inkl. Inhaltsverzeichnis erwartbar bzw. erfasst sind (z.B. Konsum, Konsumgesellschaft, Bedürfnisse, Werbung). Die Beispieltexte sind berücksichtigt worden.